国家卫生健康委员会“十四五”规划教材
全国高等学校药学类专业研究生规划教材
供药学类专业用

药学论文写作

主　　编　章新友

副 主 编　张爱平　杜　斌　陈　军

编　　委（以姓氏笔画为序）

王柳萍 / 广西中医药大学
朱　虹 / 浙江大学
杜　斌 / 郑州大学
吴地尧 / 江西中医药大学
何　宁 / 安徽中医药大学
张文学 / 宁夏医科大学
张爱平 / 山西医科大学
陆金健 / 澳门大学
陈　军 / 南京中医药大学
金　楚 / 温州医科大学
黄　艳 / 安徽医科大学
章新友 / 江西中医药大学
董德利 / 哈尔滨医科大学

人民卫生出版社

·北　京·

图书在版编目（CIP）数据

药学论文写作 / 章新友主编 . —北京：人民卫生出版社，2021.1
ISBN 978-7-117-29706-6

Ⅰ.①药… Ⅱ.①章… Ⅲ.①医学—论文—写作—研究生—教材 Ⅳ.①R②H152.2

中国版本图书馆 CIP 数据核字（2020）第 073561 号

人卫智网	**www.ipmph.com**	**医学教育、学术、考试、健康，购书智慧智能综合服务平台**
人卫官网	**www.pmph.com**	**人卫官方资讯发布平台**

药学论文写作
Yaoxue Lunwen Xiezuo

主　　编：章新友
出版发行：人民卫生出版社（中继线 010-59780011）
地　　址：北京市朝阳区潘家园南里 19 号
邮　　编：100021
E - mail：pmph @ pmph.com
购书热线：010-59787592　010-59787584　010-65264830
印　　刷：三河市宏达印刷有限公司（胜利）
经　　销：新华书店
开　　本：850 × 1168　1/16　　**印张**：17
字　　数：515 千字
版　　次：2021 年 1 月第 1 版
印　　次：2021 年 2 月第 1 次印刷
标准书号：ISBN 978-7-117-29706-6
定　　价：78.00 元
打击盗版举报电话：010-59787491　E-mail：WQ @ pmph.com
质量问题联系电话：010-59787234　E-mail：zhiliang @ pmph.com

出版说明

研究生教育是高等教育体系的重要组成部分，承担着我国高层次拔尖创新型人才培养的艰巨使命，代表着国家科学研究潜力的发展水平，对于实现创新驱动发展、促进经济提质增效具有重大意义。我国的研究生教育经历了从无到有、从小到大、高速规模化发展的时期，正在逐渐步入“内涵式发展，以提高质量为主线”的全新阶段。为顺应新时期药学类专业研究生教育教学改革需要，深入贯彻习近平总书记关于研究生教育工作的重要指示精神，充分发挥教材在医药人才培养过程中的载体作用，更好地满足教学与科研的需要，人民卫生出版社经过一系列细致、广泛的前期调研工作，启动了国内首套专门定位于研究生层次的药学类专业规划教材编写出版工作。全套教材为国家卫生健康委员会“十四五”规划教材。

针对当前药学类专业研究生教育概况，特别是研究生课程设置与教学情况，本套教材重点突出如下特点：

1. **以科学性为根本，展现学科发展趋势**　科学性是教材建设的根本要求，也是教材实现教学载体功能的必然需求。因此，本套教材原则上不编入学术争议较大、不确定性较高的内容。同时，作为培养高层次创新人才的规划教材，本套教材特别强调反映所属学术领域的发展势态和前沿问题，在本领域内起到指导和引领作用，体现时代特色。

2. **以问题为导向，合理规划教材内容**　与本科生相比，研究生阶段更注重的是培养学生发现、分析和解决问题的能力。从问题出发，以最终解决问题为目标，培养学生形成分析、综合、概括、质疑、发现与创新的思维模式。因此，教材在内容组织上，坚持以问题为导向，强调对理论知识进行评析，帮助学生通过案例进行思考，从而不断提升分析和解决问题的能力。

3. **以适用性为基础　避免教材“本科化”**　本套教材建设特别注重适用性，体现教材适用于研究生层次的定位。知识内容的选择与组织立足于为学生创新性思维的培养提供必要的基础知识与基本技能。区别于本科教材，本套教材强调方法与技术的应用，在做好与本科教材衔接的同时，适当增加理论内容的深度与广度，反映学科发展的最新研究动向与热点。

4. **以实践性为纽带，打造参考书型教材**　当前我国药学类专业研究生阶段人才培养已经能与科研实践紧密对接，研究生阶段的学习与实验过程中的知识需求与实际科研工作中的需求具有相通性。因此，本套教材强化能力培养类内容，由“知识传授为主”向“能力培养为主”转变，强调理论学习与实际应用相结合，使其也可以为科研人员提供日常案头参考。

5. 以信息平台为依托,升级教材使用模式 为适应新时期教学模式数字化、信息化的需要,本套教材倡导以纸质教材内容为核心,借用二维码的方式,突破传统纸质教材的容量限制与内容表现形式的单一,从广度和深度上拓展教材内容,增加相关的数字资源,以满足读者多元化的使用需求。

作为国内首套药学类专业研究生规划教材,编写过程中必然会存在诸多难点与困惑,来自全国相关院校、科研院所、企事业单位的众多学术水平一流、教学经验丰富的专家教授,以高度负责的科学精神、开拓进取的创新思维、求真务实的治学态度积极参与了本套教材的编写工作,从而使教材得以高质量地如期付梓,在此对于有关单位和专家教授表示诚挚的感谢!教材出版后,各位老师、学生和其他广大读者在使用过程中,如发现问题请反馈给我们(renweiyaoxue2019@163.com),以便及时更正和修订完善。

人民卫生出版社

2021 年 1 月

全国高等学校药学类专业研究生规划教材

教材目录

序号	教材名称	主编	学校
1	高等药理学	杨宝峰	哈尔滨医科大学
2	药代动力学理论与实践	王广基	中国药科大学
3	高等药物分析学	毕开顺	沈阳药科大学
4	高等临床药理学	李俊	安徽医科大学
5	高等天然药物化学	孔令义	中国药科大学
6	药物递送系统设计理论与实践	方亮	沈阳药科大学
7	高等药物化学 ——创新药物研究的原理与案例	尤启冬 郭宗儒	中国药科大学 中国医学科学院药物研究所
8	现代生物技术制药	高向东	中国药科大学
9	体内药物分析	于治国	沈阳药科大学
10	新药研究方法与技术	张予阳	沈阳药科大学
11	循证药学	张伶俐	四川大学华西药学院
12	药物经济学	孙利华	沈阳药科大学
13	药学科研思维方法	胡明	四川大学华西药学院
14	药学论文写作	章新友	江西中医药大学
15	药用材料	郭圣荣	上海交通大学药学院

章新友简介

章新友

章新友，理学博士学位，教授，博士生导师，江西中医药大学研究生院院长。全国中医药高等教育学会研究生教育研究会副理事长，教育部大学物理教学指导委员会医药工委会副主任委员，中国中医物理与中医工程专业委员会主任委员，全国高等院校计算机基础教育研究会常务理事、医学专委会副主任委员，江西省物理学会常务理事，江西省教育督导评估专家。主要从事物理学、图形图像处理、文献检索等相关课程的教学，以及开展宇宙学、中医药量子信息和数据挖掘等领域的研究，主持国家自然科学基金等课题 20 余项；主讲的《中医药论文写作》和《中医药文献检索与利用》被评为江西省研究生优质课程，主讲的《药用物理学》和《医学影像与三维图像重建》被评为江西省本科精品课程；创建《创新教学师友名师工作室》；主编全国规划教材《物理学》《医学图形图像处理》《中药文献检索》和《药学文献检索》等 20 余部，共编写出版著作 40 余部；主编的《药用物理学》荣获江西省优秀教材一等奖；荣获江西省教学成果一等奖 4 项、二等奖 2 项，先后在 SCI 等刊物上发表学术论文 150 余篇。

前 言

药学论文写作是全国高等学校药学类专业研究生的一门必修课程，本教材正是为了满足新时期药学论文写作课程教学要求而编写。本教材是国家卫生健康委员会“十四五”规划教材，供全国高等学校药学类专业研究生使用，由全国 12 所高等医药院校从事科学研究并具有多年本课程教学经验的教师和药学科研人员联合编写。

本书是在参考了众多论文写作类教材的基础上，结合药学类专业研究生培养特色编写而成。书中系统阐述的各类药学论文的选题、写作、投稿等方法和技巧，是药学类专业学生和从事药学科研工作者进行相关论文撰写必备的基础知识。本书还重点介绍了学位论文的撰写等。本教材旨在培养药学类专业研究生的论文写作能力，特别注重学位论文撰写能力的培养。

全书共分 7 章，分别介绍了药学论文写作基础、药学综述论文写作、药学科技论文写作、药学 SCI 论文写作与投稿、药学学位论文写作、药学其他论文与专利文书写作，以及药学文献应用与学术不端文献检测。教材的编写力求与药学的教学、科研和论文撰写实际相结合，每章后附有思考题，书后还附有中文药学主要期刊、外文药学主要期刊、药学文献检索主要工具及数据库和网络药学信息主要资源，以及《学位论文编写规则》(GB/T 7713.1—2006)，以供读者参考。《药学论文写作》可作为药学类研究生或本科生的教材，也可供从事药学工作的教学、科研工作人员参考。

本书的编写分工如下：第一章药学论文写作基础，由杜斌、吴地尧编写；第二章药学综述论文写作，由朱虹、陆金健编写；第三章药学科技论文写作，由黄艳、何宁编写；第四章药学 SCI 论文写作与投稿，由陈军、张文学编写；第五章药学学位论文写作，由章新友、董德利编写；第六章药学其他论文与专利文书写作，由张爱平、陈军、王柳萍、吴地尧编写；第七章药学文献应用与学术不端文献检测，由章新友、金楚编写；附录由章新友编写。各章排名第一的编写人员为主要执笔者及统稿负责人。

本书在编写过程中，得到了各院校领导的支持，以及高校和科研院所等相关专家、教授的帮助，在此表示衷心的感谢！由于作者水平有限，教材可能存在不足之处，希望广大读者提出宝贵意见，以便改进。

编 者

2021 年 1 月

目　录

第一章　药学论文写作基础

[导引]

撰写和发表学术论文是我国药学研究生取得学位的必要条件，药学论文写作也是药学工作者必须具备的能力。要撰写高水平的药学论文必须掌握论文写作的知识和技巧，本章将重点介绍药学论文写作的基础知识。

第一节　药学论文概述

药学论文是对药学领域某些问题进行创造性的科学实验和理论分析，并运用逻辑思维方法揭示其客观规律和本质的一种论说性文体，也是药学相关领域科研成果和学术动态的主要表现形式，对推动医药行业的发展具有重要意义。研读《药学论文写作》可以使研究生系统地了解并掌握与药学论文写作相关的专业知识、科研方法、科学思维，并结合自身的专业知识，更好地将研究工作中的发现或科研成果展示出来。这不仅可提高研究生的论文写作水平，培养学生的科研能力和创新思维，也能为以后的科研和教学工作奠定良好的基础。

一、写作意义

（一）有助于提高科研创新能力

撰写药学论文可以培养学生发现、分析和解决问题的能力。科研课题的顺利开展和有价值的研究成果的取得，除了需要科学的方案设计、合理的实验方法，更需要有创新的思维方式。因此，创新是一篇论文的灵魂。许多作者不擅长在论文中表达自己的观点和见解，而是简单地重复前人的观点和研究成果，没有加工整合自己的观点，无法体现科研创新。因此，作者若想发表高水平论文，必须学会提炼创新点、梳理论文的逻辑性和归纳总结，对新发现做出合理的解释说明。许多作者在药学论文写作过程中不断学习，按照专家提出的意见反复修改论文，从而使自身科研水平得到提高，科研思维更加敏捷。

（二）有助于提高自身业务水平和写作能力

国内部分院校没有为药学类专业研究生开设药学论文写作课，导致学生缺乏必要的药学论文写作知识和能力。学生大多通过导师的指导或查阅相关文献完成论文写作，个别学生还套用他人的论文结构草草了事，以至于常出现论文内容前后矛盾、数据不一致等问题。从论文的构思到完成，需要作者综合运用药学理论、实践经验和其他相关知识。仅科学选题这一个环节，就需要作者查阅大量药学相关文献，从中汲取有价值的信息，这本身就是一个主动的学习过程。作者从自己选课题到撰写论文，若能自行适当加压，不仅能培养刻苦钻研的精神，发挥自己的聪明才智，也能较好地锻炼逻辑思维能力和文字表达能力，提高自身业务水平。同时，业务水平的提高也会进一步提升论文质量，二者相互促进，相辅相成。

（三）有助于医药领域的科技交流

当今医药领域的发现、发明、创造不断涌现，任何一个药学科研工作者都需在前人研究工作的基础上进行探索，经过不断地思考、实践、提炼，一旦有新发现，能及时写出结构严谨、思路清晰、论证有力、文笔流畅的研究报告。药学论文的公开发表，能够交流与推广药物研发的科研成果，促进科研成果向现实生产力的转化或推动新药研制技术的发展。药学论文是国内外进行学术和技术交流的有力工具。

（四）有助于培养和发现药学人才

研究生在读期间的主要任务是阅读文献、进行探索性科学研究，最终形成研究报告。通过药学科技论文、毕业论文或学位论文的写作，运用已学知识对未知领域进行研究和探索，锻炼和培养独立分析和解决问题的能力。撰写药学论文，有助于培养学生对科学研究的热情和对未来工作的责任感。药学科研人员的科研成果及发明创造，用学术论文的形式展示和发表，被社会认可，转化为社会生产力，也是药学工作者科研能力成熟的标志。

（五）有助于学位晋升、业绩考核和职称评定

我国是一个人口大国，需要千千万万的药学工作者和专家来保障广大人民群众的用药安全。药学人才的选拔需要通过培养和考核，而考核的主要内容之一就是撰写药学论文。一个药学工作者撰写和发表的论文数量和质量，已成为晋升学位、考核业绩和评定职称的重要标准之一。无论从个人、单位还是国家角度，均需要培养和提高药学人员论文写作的能力。此外，国内外许多事例表明，一些著名科学家的社会声望，不仅取决于他们的学术成就和工作能力，在同等学识的条件下，文笔和口才出众的专家、学者往往更会赢得社会的认可。

（六）有助于体现自身劳动价值

科学研究是一项创新性的活动，也是一种积累性的活动。药学专业知识的增长和知识体系的完善，正是在这种不断创新和积累的过程中实现的。将新的科学研究及其成果用语言文字表达出来，体现了科学研究的创新性和积累性。当作者的科研成果以论文的形式发表、被同行及社会认可时，其创新性劳动的价值也得以体现。

二、分类

（一）按论文资料来源分类

1. 原著论文　又称原始论文，是作者的第一手资料，是经过选题后进行的实验研究、调查研究或临床研究的科学总结。原著论文既是个人和单位科研水平的重要标志，也是药学科研工作者提出新假说和新观点的主要载体，其主要形式有论著、著述等，药学类相关期刊主要由原著论文组成。这类论文要求作者应有自己的新见解、新理论或新方法，以推动药学领域的全面发展。

2. 编著论文　内容主要来源于已发表的文献，即以间接资料为主，结合作者自身的经验和部分研究资料，把分散的、重复的、系统性不强的、多渠道甚至矛盾的资料，依据个人观点和理论体系编排，使读者在短时间内迅速了解某学科或某专题的研究进展情况。药学类期刊杂志中的综述、讲座、专题笔谈、专题讨论等多属于编著论文，其中以综述类论文为主。

编著论文内容上虽不完全是作者的亲身科研体验，但也有新观点、新见解、新资料、新设想，可为原著论文提供大量最新信息，使药学领域的某个专题更系统化、条理化和理论化，是药学论文的重要组成部分。

（二）按药学学科及课题的性质分类

1. 基础药学论文　多属于药学学科基础理论研究的论文，包括实验室研究、技术交流（介绍实验技术、有关仪器的设计制造和使用等）。

2. 临床药学论文　多为应用研究型论文，以患者为研究对象，运用药剂学、药理学及药物分析学等

专业知识，结合临床患者的状况，探索用药规律、监测用药过程，以确保用药的安全性、有效性、经济性。

3. 社会与管理药学论文　应用社会学、法学、经济学、管理与行为科学等多学科理论与方法，研究“药事”的管理活动及其规律的论文，其时事性和应用性较强。

4. 药学信息学论文　药学信息学是药学和信息科学交叉产生的新兴学科。关于对大量医药信息资源进行采集、深度分析与利用，医药图像处理和模式识别，计算机辅助药物设计，医药企业信息化，生物统计，医药情报资源的开发利用等方面的论文，都属于药学信息学论文。

5. 药学教育论文　探讨各层次药学教育规律的论文，研究药学教育理论、改革成果，结合实际介绍药学教育的先进经验。这类论文具有思想性、学术性和实用性的特点。

（三）按论文的研究内容分类

1. 实验研究型论文　用人工处理因素给予受试的细胞、动物或人用药后，进行观察、研究、评价其效果的论文。

2. 实验观察型论文　不加人工处理因素，对实验对象进行观察，取得资料而形成的论文。

3. 调查报告型论文　针对社会药学中某一问题，进行深入、细致的调查研究，真实地表述以反映问题，揭示事物发展的规律，向人们提供经验教训和改进办法，为有关部门提供决策依据，为科学研究和教学部门提供研究资料和信息的书面报告。药事管理类论文常涉及此类论文。

4. 经验体会型论文　综合既往的资料和部分自己的实验观察结果的一类论文。

5. 资料分析型论文　对既往的资料经过统计学处理后再分析而形成的论文。

（四）按写作的表述方法分类

1. 科普型论文　把已有的药学知识、科学方法及科学思想，通过文字的方式表达，形成的易为读者理解的一类文章。

2. 综述型论文　将已发表的文献资料作为原始素材撰写的论文，包括“综”和“述”两方面。所谓“综”是指作者围绕某个问题收集一定的文献资料，对其进行归纳整理、综合分析。所谓“述”就是评述，是对所写专题较全面、深入、系统地论述。因而，综述是对某一专题、某一领域的历史背景、前人工作、争论焦点、研究现状与发展前景等方面，写成的严谨而系统的评论性、资料性论文。

3. 研究型论文　通过实验、调查观测、理论分析、计算取得原创性或创新性的研究成果，或将某种理论、方法和技术应用于实际所取得的技术发明、技术改进、产品研制等研究成果。

4. 评论型论文　作者针对他人发表的论文，对其观点、论据、理论、方法、结果、结论及意义等展开分析、评价、质疑或商榷，并提出自己的观点和创见。

（五）按论文写作目的分类

1. 学术型论文　是指药学工作者针对某一学术课题在实验性、理论性或预测性方面有新的科学研究成果及创新见解的科学记录，或是某种已知原理应用于实际取得新进展的科学总结，用以在学术会议上宣读、交流、讨论或在学术刊物上发表，或用作其他用途的书面文件，它以报道学术研究成果为主要内容。学术型论文反映了药学学科领域最新、最前沿的科学水平和发展动态，对医药事业的发展起着重要的推动作用。这类论文以创新性和科学性为主要特点。药学类大部分学术型论文都属于自然科学类，只有少数社会与管理药学的学术论文属于社会科学类。

2. 技术型论文　是指药学类工程技术人员为报道制药工程技术研究成果而提交的论文，应用现有理论解决设计、技术、工艺、设备、材料等具体技术问题。技术型论文对技术进步和提高生产力起着直接的推动作用。这类论文具有技术先进性、实用性和科学性的特点。

3. 学位论文　是指作者为获得某种学位而撰写的研究报告或科学论文。一般分为学士论文、硕士论文和博士论文三个级别。其中，博士论文质量要求最高，由于具有一定的独创性而成为学习的重点。学位论文一般不在刊物上公开发表，只能通过学位授予单位、指定收藏单位和私人途径获得。国内学位论文可从中国知网上查找获得，国外学位论文可从《国际学位论文文摘》(*Dissertation Abstracts International*)、UMI_ProQuest 博硕士论文全文数据库、HKMO(港澳)优秀博硕论文全文数据库等检索工具中获得。

三、特点

药学作为一门综合性应用学科，其内容涵盖化学、生物学、医学、材料学和数学等多门学科，属于典型的交叉学科，涉及自然科学和社会科学等方面。药学比其他学科更具有鲜明的时代特征，实用性极强。因此，药学论文具有以下特点。

（一）论文种类多

基于药学学科的多学科交叉性，相比于其他学科论文，药学论文的种类繁多，包括基础药学研究、临床药学及临床应用研究、社会药学研究等论文。因此，药学论文既涵盖自然科学类论文，也涵盖社会科学类论文。

（二）信息量大

由于药学学科的多学科交叉性，与其他科技论文相比，药学论文包含信息量较大，涉及材料合成、表征、体内和体外效果及安全性考察等。

（三）图表数量多

药学论文中，图和表使用频率高，需要作者恰当处理好论文中图、表、文三者的关系。凡是文字能叙述清楚的则不用图表；若有要精确表达的数据，则用表较好；若要表示形象直观的量变关系或趋势及形态学特征，则用图表示更好。药学论文因报告的信息量大，为了便于读者阅读和理解，一些不太重要或不是特别突出主题的研究结果及其图表常置于补充材料中。

（四）使用统计分析频率高

撰写药学论文的目的是报告药学实验研究的结果，并通过统计学分析方法来分析所得的研究数据以突出新发现、新见解、新观点等。这些常用的统计学分析方法，已成为药学科研工作中不可缺少的工具。目前，几乎所有的药学相关期刊都要求对论文中报告的实验数据进行统计学处理，以确保科研工作的科学性、严谨性和可靠性。

（五）专业术语多

药学论文中出现的专业术语较多，具有高度概括性和专业性。专业术语具有单义性、稳定性及严肃性。所谓单义性是指一个术语在药学领域中只有一个规定的意义，不能多义，如抗原、抗体、包封率、载药量等术语，没有第二种意义；所谓稳定性是指专业术语经规范化被公认后，其含义和词语形式被医药界长久使用，如X射线、粒径、电位、磁共振成像等不会改变；所谓严肃性是指专业术语是质朴的，不需修饰，不带任何感情色彩。

（六）语言符号系统多

药学论文中多种语言符号的使用是主要特点。语言符号系统分两种：一种是自然语言符号系统，即全民共同使用的、用文字书写的语言符号系统，如中文、英文、日文、韩文、拉丁文等；另一种是人工语言符号系统，指除自然语言符号系统以外，用于交流思想、传递信息的假定性书面符号系统，如图像、表格、公式等。一篇药学论文中常含有2种及2种以上自然语言符号系统，3种及3种以上人工语言符号系统。

（七）实用性强

药学是一门与人类健康密切相关的应用学科，实用性很强。药学论文通常针对当前药学研究的热点或前沿问题，重点解决药学领域的关键科学问题及药物生产中亟待解决的技术问题等。

（八）时效性强

当今是医药科技迅猛发展的时代，知识的更新速度非常快，因而药学论文的写作、发表必须及时，科研成果的公布越快越好，否则会因时间的延误而被他人的研究成果取代或被淘汰。

（九）读者具有稳定性和专门性

药学论文的读者主要是医药院校或综合性大学相关专业的教师与研究生、医药学研究所的研究人员、医院药学工作者、医药企业专业技术人员等。药学期刊的级别不同，其读者层次也不尽相同。中文核心期刊的药学类杂志，其读者对象多为资历较深的药学工作者，而地方性期刊的读者对象多为基层药学工作者，药学 SCI 论文的读者多为高等学校、科研院所的师生。此外，随着药学学科分支越来越细化，药学期刊的专业范围也越来越窄，专业性越强的药学期刊，读者对象也就越集中。

第二节　药学论文基本要求

药学论文虽然种类不同，写作目的、内容、表现形式也各异，但要求却是相同的。总的要求是创新、求实、达理。在撰写论文时，应坚持严肃的态度、严谨的学风和科学的方法。

一、写作要求

（一）思想性

药学论文应遵循辩证唯物主义的思想路线，符合党和国家对卫生工作的方针和政策，遵守科学道德，遵守国家保密和专利保护的有关规定。在选题和内容上应体现为国民经济服务、为医药卫生事业服务，坚持理论和实践相结合、普及与提高相结合的方针。

（二）科学性

科学性是药学论文的生命和立足点。没有科学性的药学论文则失去了价值，其科学性体现在以下几方面。

1. 真实性　即实事求是，不得有半点虚假，如实反映研究过程。取材过程应确凿可靠，真实客观；课题设计严谨、缜密、合理，排除影响结果的各种干扰因素，选择的方法应具有充分的可比性和必要的随机性；准确提供观察数据，全面分析研究资料；推理具有逻辑性，结论具有科学性。

2. 准确性　指选题、论点、数据、引文和措辞等均需要准确。

3. 可重复性　论文中的数据经过反复论证，实验结果可重复，且经任何人在任何地点、任何时间用相同条件和方法进行，结果均可重复出现，为他人提供借鉴。

4. 逻辑性　论文结构和推理应符合逻辑、思路清晰、论述透彻、前后照应，不能杂乱无章。分析、推理及判断不仅应有事实根据，还应符合辩证逻辑关系。

5. 公正性　对自己和他人的工作应实事求是、客观公正地评价。对不同结论或意见应以事实为依据，不夸大、不失真，符合实验证据。对实验研究，应如实反映，不随意取舍、不舍弃偶然现象。

（三）创新性

药学论文贵在创新，创新是论文的灵魂，是决定论文质量好坏的重要标志。与已发表的文章相比，在内容上应有新的发现或发明。基础研究要求选题新颖、方法先进、有新观点；应用研究要求收集的样本数更多，观察研究更深入，诊断和药物治疗方法有创新、效果更好，提出新见解等。许多论文投稿后未被录用，主要原因是作者仅重复已有的文献结果而缺乏创新性。

（四）实用性

实用性指论文的实用价值，决定了论文的生命力，除少量纯理论研究性论文外，大多数药学论文同其他学科的论文一样，应具有实用价值，应结合临床、预防工作的实际要求。一篇药学论文的实用价值主要体现在社会效益和经济效益上，其理论是否能用于指导临床实践、是否能推广应用，其技术方法是否为现实所需、是否有助于解决疾病诊断或防治中的技术问题，均是判断论文实用性的标准。

（五）可读性

可读性是指论文的核心内容和表达形式，论文的发表是为了更好地传播交流或存储新的药学科技信息，以便为读者或后人所用。因此，药学论文的文字表达应准确、简练、通顺，词语搭配应得当、层次清晰、段落衔接应流畅易懂，标点符号应使用正确、不用口语或俗语，应使用规范化的科技语体。撰写论文应逻辑性强、结构严谨、论点鲜明、论据充分、结论正确、重点突出和图文并茂，使读者在最短时间内，获取最多的知识信息。

二、基本格式

多年来，药学论文已形成了一种固定的格式，主要由以下部分组成：文题；作者署名、工作单位和邮政编码；摘要，包括目的、方法、结果、结论；关键词；正文，包括前言、材料与方法、结果与讨论、结论；致谢；参考文献。此外，每篇英文论文都有 DOI（数字对象唯一标识符），有些英文论文还附有补充材料，中文期刊论文有中图分类号、文献标识码等。

（一）文题

文题又称论文题目、篇名、标题或题名。它是对论文内容的高度概括，其作用是使读者一目了然，迅速了解论文的主要内容，便于确定关键词。论文的标题应简短、易懂，能激发读者的阅读兴趣，避免长而冗杂的题目。因此，对论文题目的要求是：准确、精练、醒目、规范。

1. 准确　文题应实事求是地反映研究范围和深度，防止"小题大做"或小内容大标题；文题应相符，文要切题，题要得体，避免题目所指范围过大。

2. 精练　文题应短小、精悍，中文文题一般少于 20 个字，最多不超过 30 个字；英文文题应与中文文题内容一致（实词不超过 10 个），文题中一般不使用标点符号且文题后不使用句号。

3. 醒目　文题应确切反映全文的特定内容，不抽象、不含糊、不笼统，主要内容及亮点体现在文题中，使读者阅读后明白论文目的和意义，见题如见文。

4. 规范　①文题中不得使用疑问句；②尽可能不设副标题，在主标题不足以表达清楚时，方可使用副标题，但一般用破折号与主标题分开，位于主标题之下，以示区分；③避免使用非公认的缩略语、字符、代号及公式等，常见缩略词和符号（如 HPLC、CT、MRI、DNA、IR、UV）可使用，但不宜同时列出其中文全称；④文题在论文中不同地方多次出现时，应保持前后完全一致；⑤文题中不使用标点符号；⑥论文若系某科研基金资助的课题总结，中文期刊一般要求在文题右上角加脚注，并在论文首页左下角列出脚号，并加注"本文系某科研基金会资助"；外文期刊要求在致谢中具体说明该论文所资助的全部科研基金项目。

（二）作者署名、工作单位和邮政编码

1. 作者署名

(1) 署名的意义：药学论文的撰写发表，均应有作者署名，表示对论文内容负责，也是对作者著作权的尊重。其意义在于论文作者版权的法律地位；社会对作者辛勤劳动的尊重和给予的荣誉；作者对该论文所承担的学术责任；便于读者与作者联系。署名与责、权、利及荣誉息息相关，作者应认真对待。

(2) 署名的条件：作者署名不可过多，署名应具备以下条件①参加全部或主要工作，对本文内容负责并能进行答辩；②负责论文执笔，或参加过文稿的讨论或定稿；③第一作者应是科研选题、解答本文和直接参与本文工作的主要贡献者，也是论文责任的主要承担者；研究生导师一般为论文的通讯作者，不写通讯作者一般默认第一作者为通讯作者。

(3) 署名的形式：署名有个人署名和集体署名 2 种形式。由集体共同设计、协作完成的，署上集体名字；由个人设计完成的，署个人名字。大多数署名形式为后者。

(4) 署名的要求：①署名排列顺序应按在该论文中的贡献大小排序，而不应按学术威望和职务高低排名。②论文署名不宜过多，一般不超过 8 人，指导者、审阅者、协作者及提供各种资料的单位和个人不应作为作者署名，而应写在文末致谢部分，但需征得被致谢者同意。③作者署名应署真名、全名，不应署笔名。④中文期刊中文署名写全名，外文署名一律用汉语拼音，复姓双名者，复姓 / 双名拼音字符连写，姓前名后。姓要全部大写，名的首字母大写，其间空 1 格。英文期刊署名一律用作者姓名的汉语拼音，一般名前姓后，复姓 / 双名连写，首字母大写。⑤署名在文题之下居中书写，作者之间用逗号隔开，不同工作单位的作者，应在姓名右上角用不同的阿拉伯数字作为上标进行标注区分。如：

中文期刊署名：

赵飞飞[1]，欧阳李伟[1]，杜　倩[2]，王清会[3]

（1. A大学药学院，江西　南昌　330006；2. B大学药学院，江西　南昌　330004；

3. C大学药学院，江西　南昌　330002）

英文期刊署名：

Feifei Zhao[1], Liwei Ouyang[1], Qian Du[2], Qinghui Wang[3]

（1. College of Pharmacy, A University, Nanchang Jiangxi 330006, China; 2. College of Pharmacy, B University, Nanchang Jiangxi 330004, China;

3. College of Pharmacy, C University, Nanchang Jiangxi 330002, China）

⑥多学科综合研究课题的署名，应按课题组排列，组长姓名一般排在前，组员按贡献大小依次排列在后。若是总课题中又有子课题，子课题单独发表论文时，子课题组组长名列在前，组员按在研究成果中的贡献大小依次排列。⑦作者排序按贡献大小在投稿时确定，不允许随意增删或改动。⑧应注明通讯作者的电子邮箱。

2. 工作单位及邮政编码　工作单位及邮政编码是指作者从事论文工作时所在的单位及其邮政编码。论文列出作者单位是为了方便读者、作者及编者之间的联系。单位署名应写全称和院系，之后用逗号隔开书写单位所在省、市，省与所在市之间空一格，其后空一格再书写邮政编码。若有多个单位，不同单位之间应分别列出，并按数字序号、单位、省市、所在地邮编的顺序书写或者用分号隔开接着书写。如：

1. 郑州大学药学院，河南　郑州　450001

2. 四川大学药学院，四川　成都　610041

3. 江西中医药大学药学院，江西　南昌　330004

研究生、进修生均按其完成论文的所在单位署名，作者调动单位可注明现在所在单位，进修生姓名后加星角号标记，并在论文首页左下方加脚注说明。若第一作者已经调离原工作单位，还应标注其现在所在的工作单位、城市及其邮编。

（三）摘要

摘要即内容提要，是论文中不可缺少的一部分，分为中文摘要和外文（一般为英文）摘要。它是建立在对论文进行总结的基础上，用简单、易懂、精辟的语言对全文内容加以概括，留主干去枝叶，提取论文的主要信息。作者的观点、独到见解，论文的主要内容、研究成果，均应在摘要中体现。好的摘要便于索引与查找，易于收录到大型资料库中为他人提供信息，因此，摘要具有至关重要的作用。

1. 书写要求　①摘要在篇幅方面的限定，不同的学校和期刊有不同的要求，发表的论文摘要通常在150~250字为宜，中英文摘要应保持一致，学位论文摘要可适当增加篇幅。②摘要是完整的短文，具有独立性，可单独使用。即使不看全文，仍可了解论文的主要内容、作者的新观点和想法以及课题所要实现的目的、采取的方法、研究的结果与结论。③叙述完整，突出逻辑性，结构应合理。④文字简明扼要，提取重要内容，不包括前言、背景等，不加评论和注释。采用直接表述的方法，删除不必要的文学修饰。摘要不体现作者将来的计划及与此课题无关的内容，用最少的文字提供最大的信息量。⑤禁止使用第一、第二人称。⑥摘要中不使用特殊字符、数学表达式、图表和化学结构式，不列举例证。

2. 四要素　国际通用的四要素式摘要，即目的、方法、结果和结论四部分。①目的：指出研究的范围、目的和任务，不是主题的简单重复；②方法：简述课题的基本设计、材料、方法、对象、分组及统计学处理等；③结果：陈述研究的重要新发现、新成果及价值，包括通过调研、实验、观察取得的数据和结果；④结论：通过对课题的结果进行科学推理所得出的正确推论，包括理论价值和应用价值。

3. 英文摘要的时态和语态　作者所做工作用过去时表述；结论用现在时，多使用主动语态。

4. 摘要编排和书写位置　药学期刊的摘要通常位于作者署名和正文之间，中文摘要在前，英文摘要在后，称为前置式摘要。

（四）关键词

关键词是从论文的题目、摘要和正文中提炼的，能准确反映论文主题思想和内容的规范化词语。关键词也是论文论述的核心、论文中出现频度最高的词汇或论述篇幅较多的内容，并具有独立的检索意义。

1. 用词要求　关键词常用较定型的名词，多为单词或词组，应写原形词而非缩略词，概念应准确且具有较强的专指性。一般要求从最近1年的美国国立图书馆编制的医学主题词表*Medical Subject Headings*（MeSH）、中国医学科学院医学信息研究所编制的《中文医学主题词表》或中国中医科学院中医药信息研究所编制的《中医药学主题词表》中选用。如名词未被收录而确有必要，也可作为关键词标注，各关键词间用"；"隔开，每篇论文一般选取3~5个词汇作为关键词。

2. 词序要求　注意关键词的中文词组排列顺序。为了满足检索需要，主题词表中许多词的排列顺序不同于日常汉语排列习惯，如"贫血 - 再生障碍性"，不能按习惯写成"再生障碍性贫血"。

3. 词的位置　大多数的期刊是将"关键词"排在文题、摘要之后，单独起一行，且在段落之前空2个汉字后书写。也有一些期刊将关键词的排位置于摘要之前，为编制索引和检索系统使用，以便进入国际检索体系。

4. 用词规范　有些约定俗成的词应转换为规范化的专业主题词，如怀孕转换成妊娠等。论文有英文摘要时，关键词需中、英文对应且数量完全一致。各个关键词之间以空格或"；"隔开书写，最末一个词后不加标点，英文的各个关键词除首个字母大写外，其余均为小写。下列情形不能作为关键词标引：①冠词、连词、介词、代词、情态动词及无检索意义的副词、形容词等，如：必须、探讨、观察、调查、分析等；②化学分子式或结构式等不可作为关键词，如$NaHCO_3$应标注为碳酸氢钠；复杂有机化合物名称一般只取基本结构名称为关键词，表示取代基或异构体的词可以省略，如L- 脯氨酸中的"L-"可省略；③一些具体说明的词，如在"抗肿瘤抗生素放线菌素D"中，"抗肿瘤抗生素"不应标引，只需要以"放线菌素D"为关键词。

（五）正文

大多数科学期刊的正文遵循所谓的"IMRaD"格式，即引言（introduction）、材料和方法（materials and methods）、结果和讨论（results and discussion），国外取其首字母，简称为IMRaD，本书称之为"四段式"，其普遍适用于大多数药学论著。当然，也有一些例外，作者应经常核查拟投稿期刊"作者指南"，以确保格式无误。论著正文的篇幅一般为5 000字左右，其中，引言占5%~7%，材料、方法和结果分别占25%~35%，讨论占30%~40%。由于IMRaD格式的广泛性，本书将重点讨论该格式。正文中涉及的计量单位必须执行国务院最新颁布的《中华人民共和国法定计量单位》，并以单位符号表示。正文中首次出现的非公认的中、英文缩略语，应在圆括号内标注中、英文全称和缩略语。

1. 引言　也称前言或导言，是论文开始部分的一段短文，是对正文主要内容的简要说明，可以引起读者兴趣。引言在吸引读者的注意力方面是至关重要的，特别是在审稿过程中，引言必须吸引审稿人的"眼球"，让审稿人更愿意读下文。因此，在引言中作者应解释进行这项研究的原因以及研究拟达到的目的，介绍所开展的研究如何对现有主题进行论证，并构成一个有价值的阐述。引言部分的主要功能见表1-1，其包括以下内容：

（1）引言简要介绍本文研究内容的起源和目的、研究思路、理论依据、研究方法、预期结果和意义等。某些研究有必要交代研究开始的年月，使读者对本文的主旨和背景有初步的了解，以引出下文。

（2）简述本研究工作的历史背景和目前国内外关于本研究的进展情况。

（3）与本文有关的论文和著作回顾。

（4）资料来源和搜集方法。

（5）前人针对同类课题的具体研究状况、研究结果或结论，比如哪些问题已经解决，哪些问题还待研究。

(6)不要轻易使用“国内外首创”“文献未见报道”“前人未如何”等自我评价。

如何写作引言:具体地说,应先用适当的参考资料简短地解释一下关于这个主题的已知内容。然后,稍微缩小范围,确定仍然存在一些需要解决的问题,并适当引用以前的文献。从逻辑上讲,即将开展的论文有希望填补前人所做工作的不足,这是证明将开展的工作有价值的重要因素。然后,应该清楚地在论文中说明研究工作的假设和目标。最后,非常简要地说明实现这些目标的策略。

表 1-1　引言部分的主要功能

主要功能	示例
描述该主题的研究背景与现有研究成果	Percutaneous coronary intervention is the cornerstone of therapy for acute coronary syndromes, but may be associated with procedure-related complications
要做什么?	What do you want to do ?
为什么要做?	Why do you want to do it ?
怎么做?	How do you want to do it ?
有什么用 ?	What is the use ?
目标(工作假设)	We hypothesized that the administration of... would reduce/increase...in the context of...
论文计划测定的确切参数	We aimed to identify/assess/evaluate/investigate...
患者群体或临床背景的类型	Through a prospective, single-/multicentre, observational/interventional...study

在引言中,促使作者进行本研究的原因应清楚地展现给读者,并以参考文献中描述的科学知识为合理依据。没有必要引用关于该研究问题的每一篇文献,仔细挑选其中密切相关的文献即可。同样,也没有必要陈述一些过于简单或公认的原理。然而,作者应该在相关的背景信息和过多的细节之间尝试取得恰当的平衡。在这方面,作者应考虑自己的目标读者,如果是专业杂志的读者,那么要求论文的研究背景更详细、更专业。

引言应该有逻辑地指出论文希望填补的知识空白,这是作者陈述自己研究的附加价值的机会,也是推销自己论文的机会。应避免偏离主题,每个句子都应该为一个目的服务。许多期刊对引言的长度有限制,包括字数或页数,应仔细检查目标期刊的写作说明,以确定引言的长度。在没有任何明确建议的情况下,一般引言在 1~1.5 页。

最后,介绍英文文章引言中使用的时态。对国内研究者而言,英语不是我们的母语,这是写作过程中需要克服的困难。应该利用任何可用的资源来提高英语写作的质量。许多大型机构都有专业翻译或科学作家,可对论文进行润色或修改,但均是收费的。对于那些没有足够资源可利用的作者来说,应该仔细阅读高质量期刊上发表的重要文章,摘录想要的格式,翻译软件翻译的句子不能拿来直接使用,仅供参考。表 1-2 列出了引言中所用时态的建议。

表 1-2　引言中所用时态的建议

目的	所用时态	示例
描述目前的知识	现在时	Cancer is a common disease
描述以前由他人发表的观察结果	过去时	Smith et al.showed that drug A reduced the rate of death, whereas drug B did not
描述一个在过去某个不确定的时间开始,且目前尚未完成的过程	现在完成时	Several researchers have investigated the effect of drug A on this disease
描述尚未发生的事情	现在完成时	It has not yet been determined whether...
表达自己的假设	“假设”用过去时,假设的内容用现在时	We hypothesized that drug A increases the risk of bleeding
确定自己的目标	过去时	We aimed to measure...

2. 材料与方法　主要介绍研究对象(人或实验动物等)的选择及研究所采取的方法。常用标题有“材料和方法”“对象和方法”“资料和方法”等。方法部分的目标是准确描述作者做了什么,以及如何做的。充分展示细节,以便让任何一个读者,使用相同的材料,都可重复作者的实验。对于包含在结果部分的每项结果,都必须有相应的方法描述。在方法中未提及的内容,不能出现在结果中。相反,如果任何过程的详细资料曾在其他地方发表过,那么一份简短的摘要就足够了,同时还要提到相关的出版物。

(1)实验研究需注明的情况:①实验条件,包括动物的名称、种系、等级、数量、来源、性别、年龄、体重、饲养条件和健康状况,分组标准与方法,实验的注意事项等。②实验方法,包括感染接种方法;仪器、设备应注明名称、型号、规格、生产厂家、精密度或误差范围,无须描述操作原理;药品、试剂应使用化学名称,并注明剂量、单位、纯度、批号、生产厂家及生产时间等。③季节、温度、湿度及其他条件等。

(2)写作要求:①一般实验研究用“材料与方法”,调查研究用“对象与方法”,临床药学用“资料与方法”。②临床药物治疗学研究应说明是否为前瞻性的随机同期对照研究;诊断性研究则应交代诊断试验的金标准,新试验的理论依据和方法等。新药的临床研究必须介绍病例和对照者来源、选择标准及一般情况等,并应注明参与研究者是否知情同意。③论文建立的新方法应详细说明“方法”的细节,以便他人重复;如果是改进的方法,应详述改进之处,并引用原方法的文献;直接采用他人的方法,应以引用文献的形式注明方法的出处,不需展开描述。④应说明具体的统计学处理方法、选择依据及统计学评价强度。

3. 结果　是论文的核心部分。药学论文的学术价值,主要取决于结果部分,其内容是描述作者所观察到的最终状态,不需要评论、解释或讨论。这部分不再需要描述方法,只需给出结果即可。像“令人惊讶地”或“有趣的”这样的主观评价词汇不应出现在结果部分。

(1)内容:作者必须对列举的所有方法分别描述它们的结果,以便使文章更加简单易懂,一般按照方法部分的顺序来列举对应的结果。可列小标题,其下可再设分标题。

(2)形式:结果的表达有文字、图及表3种形式。①表格主要包括统计学处理表、对照表、数据测定表、影响因素表、分布情况表、关系表等。②图是形象化的表示方法,包括线条图、柱形图、坐标图、散点图、描记图、照片等。③文字表达结果是必不可少的手段,力求以最少的文字、最简洁的语言把结果表达清楚,结果部分一般不宜引用参考文献。许多作者在编写结果时面临的一个主要问题是:以文字形式描述结果,还是采用表格或图形?虽然没有严格的规定,但总的原则是:能用文字说清楚的用文字,文字不易表达清楚的用图或表描述结果。根据目标期刊的不同,允许使用的图表总数可能有限制。因此,在添加过多的图表之前,再次检查投稿指南。注意不要包含太多的图表(一般约8个),以免读者失去兴趣。最重要的是,文字不要重复表或图中已有的数据。

(3)要求

1)结果中不应简单罗列研究过程中所得到的各种原始材料和数据,而必须进行科学合理的整理,然后用文字或图、表进行表达。①表格应简明扼要、科学性强、栏目清楚、数字准确、一目了然。采用三线表,表内不设横线、竖线、端线及斜线。表内计量单位一致,同一项目有效数字一致,备注项目可用星号(*)、角号(△)或井号(#)表示。②图应主题明确、重点突出、线条美观、影像清晰(一般线条图要求像素不小于600dpi,照片图要求像素不小于300dpi)、立体感强。图中字母、数字和符号须清晰、匀整、缩放后仍清晰可见。

2)结果的叙述要求真实、准确,无论结果是阳性还是阴性都应如实反映。

3)论著中所有数据都应经过统计学处理。对均值和百分率应进行显著性检验,否则易造成假象。当统计学的显著性检验显示 $P<0.05$ 或 $P<0.01$ 时,应分别写为“差异有显著意义”或“差异有非常显著意义”。

4. 讨论　是论文的精华部分,也是最难写的部分,主要是对论文研究结果进行评价、阐明和推论。这一部分的内容因文而异,大致包括:①对本文研究结果进行理论概括,提出新观点、明确新发现;②比较本文结果与他人结果的异同,分析各自的优势和不足;③将本文的观点与前人的观点进行比较和评价；④新发现的可能原因；⑤分析和说明下一步研究的方向；⑥简明扼要地总结该研究的意义；⑦对未来研究的建议。写讨论之前可先列一个大纲，列出自己想要表达的内容。“大纲”的第一段是对研究结果的简要总结，最后一段是结论，其他段落应写的是本文研究与先前研究结果的比较、意义和局限性。也可以讨论本论文是否成功地填补了引言中证明是正确的“知识空白”。

当然，以上问题不可能在每篇文章中面面俱到，要“因文制宜”，言之有物。讨论要紧扣论文研究结果，突出新发现和新观点，避免重复前述内容和以往文献曾报道的内容，但也不能仅仅描述为与他人的报告“相一致”“相符合”等。讨论一般不列图和表，不宜过长，一般占全文的 1/3~1/2。文献一般不整段引用，而是引用其观点或结论，用“角码”标出参考文献。

此外，不要害怕写一篇研究结果与预期结果不同的文章。一项实施良好的研究，如果是对目前的贡献没有产生积极的结果，作者可适当讨论其影响。例如，可通过对广泛持有的观点提出质疑，通过挑战以前的发现，或通过加强少数以前被认为是“轶事”的冲突数据，服务该领域的认知。只要作者的研究设计合理、实施得当，即使结果是负面的，也没有理由认为论文研究结果是无用的。

5. 结论　又称小结、总结，是论文的总体结束语和总论点，反映论文的目的、解决的问题及最后得出的结论。一般地，读者先看标题、摘要、引言，再看结论，才决定是否阅读。因此，写好结论非常重要。结论在论文中篇幅不多，但写起来并不轻松，结论应与引言呼应，逐条列出，可由一句话或几句话组成，文字简短，一般在 100~300 字，不用图表。

（1）内容：结论的内容包括以下几种，①进一步概括、提炼主题；②在充分论证的基础上，提出最终结论；③提出问题，发人深思；④展望未来。

（2）分类和要求：结论分小结和总结。小结的内容少，篇幅短，位于原著论文正文之后，仅用简短文字列出全文表达的主要内容，其中包括主要结果和结论，目的在于阐明本文的成果和理论。而总结的篇幅和内容相对较多，常用于综述类论文，起概括主题的作用；内容上，需将全文已论述的问题再扼要概括一下，还可发表作者的见解和观点（此处小结中不允许）。

6. 致谢　是作者向对本研究有实质性贡献的、不能列为作者的单位或个人表达谢意的一种方式，是对他人的贡献与责任的肯定。

（1）对象：①对研究提供资助的单位和个人；②协助完成研究工作和提供便利条件的组织和个人；③提出重要建议的人；④给予转载和引用权的资料、图片、文献、研究思想和设想的所有者，⑤提供技术帮助和给予财力、物力支持的人，需阐明其支援的性质；⑥对论文进行全面修改者。

（2）要求：须实事求是，并征得被致谢人的书面同意。在正文后面列出其姓名或单位、具体贡献，如“技术指导”“财政支持”“数据收集”“语言编辑”等。致谢置于文末、参考文献之前。

7. 参考文献　作者通过引用参考文献反映论文的科学依据，体现尊重他人研究成果的态度。同时也向读者提供引文出处，便于检索。对于何时需要引入参考文献，事实上，任何其他来源（除了作者自己）的想法或事实都需要一个引入参考文献来支持。但普遍或共知的事实（如心血管疾病是非常普遍的，或癌症是死亡的一个主要原因）无须引用参考文献。

（1）引用意义：①传承性，是对前人成果集成的反映，是尊重他人劳动成果的标志，是向读者提供原始方法的线索，是确定作者研究成果的依据；②真实性，反映论文中一些论点、论据、资料来龙去脉的依据，引用他人的资料有出处，可避免抄袭、剽窃。

（2）引用原则：①引用文献应是作者直接阅读的原著，而不是间接转引他人阅读的原文，且以近 5 年的文献为主。②互联网上的信息、个人通信和未公开发表的论文不引用。③摘要中不引用参考文献。④文献著录时，中文论文一律采用作者姓在前、名在后的格式，仅列出著录前 3 位作者，以后加“等”；英文论文一律名在前、姓在后，根据期刊不同要求，有的要求列出前 5 位作者，以后加“et al”，有些杂志要求列出所有作者。⑤参考文献为书籍的，其出版地为该出版社所在的城市名称。当书籍中印有多个出版地时，仅著录第一出版地。⑥如果有几个可能的参考文献，应引用最新的，或发表在最可靠且最著名的期刊上的一篇。尽量优先考虑原创性的研究论文，而不是评论。

(3) 参考文献类型及其标识：根据 GB3469—83《文献类型与文献载体代码》规定，以单字母方式标识参考文献类型，如 M 表示专著，C 表示论文集，N 表示报纸，J 表示期刊，D 表示学位论文，R 表示报告，S 表示标准，P 表示专利，等等。

(4) 著录内容与格式：参考文献著录内容包括主要作者，题名（书名或刊名），出版事项（版本、出版社或其他出版者、出版日期）。

参考文献书写格式有 2 种格式：①中文期刊应符合国家标准 GB/T 7714—2015《信息与文献　参考文献著录规则》的规定，文后参考文献按顺序编码制或著者 - 出版年制格式著录。顺序编码制是按参考文献在正文中出现的先后为序，用阿拉伯数字连续编号，附于正文引文句末右上角方括号内（英文期刊有些不加方括号）。2 篇引用文献相连序号，记为[1,2]；3 篇及以上连续的文献序号，应写成[1-3]。②英文论文应符合国际标准 ISO690—2010（E）*Information and documentation-Quidelines for bibliographic references and citation to information resources* 规定用顺序编码者、著者 - 出版年制和引文引注法。

(5) 参考文献的编排格式及示例

1) 期刊论文

A. 中文期刊论文：[序号]主要作者 . 文献题名[J]. 刊名，年，卷（期）：起止页码 . 如：

[1] 高燕华，郭玉慧，周静，等 . 医学论文写作应该掌握的基本原则[J]. 中国老年学杂志，2017，37（18）：4686-4687.

B. 英文期刊论文（各期刊不尽相同，投稿时以拟投杂志投稿须知为准）：[序号]主要作者 . 文献题名[J]. 刊名，年，卷：起止页码 . 如：

[1] ECARNOT F，SERONDE M F，CHOPARD R，et al.Writing a scientific article：A step-by-step guide for beginners [J].European Geriatric Medicine，2015，6：573-579.

2) 专著：[序号]著者 . 书名[M]. 出版地：出版者，出版年：起止页码 . 如：

[2] 章新友 . 药学文献检索[M]. 北京：中国中医药出版社，2017：30-60.

3) 论文集：[序号]著者 . 文献题名[C]. 编者 . 论文集名 . 出版地：出版者，出版年：起止页码 . 如：

[3] 孙品一 . 高校学报编辑工作现代化特征[C]. 中国高等学校自然科学学报研究会 . 科技编辑学论文集 . 北京：北京师范大学出版社，1998：10-22.

4) 学位论文：[序号]作者 . 题名[D]. 保存地：保存单位，年份 . 如：

[4] 赵飞飞 . 基于双适配体精准靶向的智能控释纳米诊疗系统的研究[D]. 郑州：郑州大学，2017.

5) 报告：[序号]作者 . 文献题名[R]. 报告地：报告会主办单位，年份 . 如：

[5] 姚寒春 . "巡航式" pH/ 酶双响应程序释放化疗 - 免疫治疗控释体系研究[R]. 郑州：中国微米纳米技术学会纳米科技技术分会，2018.

6) 专利文献：[序号]专利所有者 . 专利题名[P]. 专利国别：专利号，发布日期 . 如：

[6] 杜斌，韩淑萍，赵飞飞，等 . 一种近红外激光触发的复合纳米制剂的制备[P]. 中国专利：ZL 2015 1 0432200.9，2015-10-21.

7) 国际、国家标准：[序号]标准代号，标准名称[S]. 出版地：出版者，出版年 . 如：

[7] GB/T 16159—2012，汉语拼音正词法基本规则[S]. 北京：中国标准出版社，2012.

8) 电子文献：[序号]作者 . 电子文献题名[文献类型标识 / 载体类型标识]. 电子文献的出版者，发表或更新的日期 / 引用日期（任选）. 可获得的网址（可选）. 如：

[8] M Oguro，S Imahiro，S Saito，T Nakashizuka.Mortality data for Japanese oak wilt disease and surrounding forest compositions [M/CD].Mendeley Data，2015-11-21.http：//dx.doi.org/10.17632/xwj98nb39r.1.

附：与药学相关的[文献类型标识 / 载体类型标识]

[DB/OL] ——联机网上数据库（database online）

[M/CD] ——光盘图书（monograph on CD-ROM）

[J/OL] ——网上期刊（serial online）

8. 脚注 排在正文首页的左下角,常用于注明作者和通讯作者的工作单位、邮编、E-mail 地址等,以及基金资助项目和基金编号等。

9. 收稿日期和本文编辑 中文期刊文末应由编辑注明收稿日期和本文编辑姓名。例如:"收稿日期:2018 8 30",转行标注"本文编辑:×××";英文期刊的收稿日期常在论文首页,不注明本文编辑。

10. 其他(中图分类号,文献标识码,补充材料,DOI)

(1)中图分类号:指采用《中国图书馆图书分类法》对科技文献进行主题分析,并依照文献内容的学科属性和特征,分门别类地组织文献所获取的分类代号。因此,中图分类号是中文期刊特有的。中国图书馆图书分类法共分 5 个基本部类、22 个大类。采用英文字母与阿拉伯数字相结合的混合号码,用一个字母代表一个大类,以字母顺序反映大类的次序,在字母后用数字作标记。为适应工业技术发展及该类文献的分类,对工业技术二级类目采用双字母。药学位于 22 大类中 R 医药、卫生中 R9 药学,其下又分 R91 药物基础科学,R917 药物分析,R92 药典、药方集(处方集)、药物鉴定,R93 生药学(天然药物学),R94 药剂学,R95 药事组织,R96 药理学,R97 药品,R99 毒物学(毒理学)。此外,每个 2 级代码下又有不同 3 级分类号,如"中图分类号:R994.4 食品毒理学"。

(2)文献标识码:是按照《中国学术期刊(光盘版)检索与评价数据规范》规定的分类码,作用在于对文章按其内容进行归类,以便于文献的统计、期刊评价、确定文献的检索范围,提高检索结果的适用性等。每篇论文标识一个文献标识码,位于中图分类号之后。规范共设置 5 种,具体如下:"A"表示理论与应用研究学术论文(包括综述报告);"B"表示实用性技术成果报告(科技)、理论学习与社会实践总结(社科);"C"表示业务指导与技术管理性文章(包括领导讲话、特约评论等);"D"表示一般动态性信息(通讯、报道、会议活动、专访等);"E"表示文件、资料(包括历史资料、统计资料、机构、人物、书刊、知识介绍等)。

(3)补充材料:补充材料不是必需的,当论文有些图表、有些详细方法的介绍或者有些额外的结果,因为字数或篇幅的限制,无法在正文里展示,而作者又觉得对读者很有帮助,或者是本文不可缺少的,可考虑放在补充材料里面。补充材料可与作者的文章一起发布以增强论文的说服力。补充材料与文章一起提交,并为每个补充文件提供简明的描述性标题,其文字和图表的质量要求与正文相同。

(4)数字对象唯一标识符(digital object unique identifier,DOI):具有唯一性,被喻为"互联网上的条形码""科技论文的身份证",无须作者提供。通过它可方便、可靠地链接到论文全文。此外,一个数字化对象的 DOI 一经产生永久不变,不随其所标识的数字化对象的版权所有者或存储地址等属性的变更而改变。

一个 DOI 包括两个部分:前缀和后缀,中间用"/"分割。如"DOI:10.1002/smll.201603990",前缀由两部分组成,一个是目录代码,所有 DOI 的目录都是"10.",即所有 DOI 代码都以"10."开头;另一个是登记机构代码,任何需登记 DOI 的组织或单位都可以向 IDF(国际 DOI 基金会)申请登记机构代码。后缀是一个在特定前缀下唯一的后缀,由登记机构分配并确保其唯一性。后缀可以是任何字母数字码,其编码方案完全由登记机构自己规定。它可以是一个机器码,或者是一个已有的规范码,如 ISBN 号或 ISSN 号。

第三节 药学论文参考文献的获取与书写格式

参考文献是论文的重要组成部分。中华人民共和国国家标准 GB/T 7714—2015《信息与文献 参考文献著录规则》将"参考文献"定义为对一个信息资源或其中一部分进行准确和详细著录的数据,位于文末或文中的信息源。撰写论文时应注意区分注释和参考文献,注释为对正文中某一内容进一步解释或补充说明的文字。如征引过的文献在注释中已注明,则不再出现于参考文献中。

论文作者在选题论证、实验研究、总结和书写论文的过程中，都应参阅大量的科学文献，撰写论文时可以引用参考文献中的相关内容并注明出处列于文后。合理准确地引用和标注参考文献，有助于反映论文的学术背景，阐述科学依据，说明研究方法和过程的合理性以及结果的可靠性。

一、获取

一篇优秀的论文必然是基于丰富全面的科学引证，其引用的参考文献也能充分体现论文内容的价值。高质量的论文除了包含高水准的正文外，其参考文献也应满足“博”“准”“新”的要求。所谓“博”，即写作的前期应当尽可能博览更多的参考文献，对论文研究对象的现状和发展趋势要了如指掌；所谓“准”，一是在标注和著录参考文献时应谨慎仔细、确保准确，二是务必引用原始文献以避免引用二次文献造成原文意思的曲解；所谓“新”，即论文的研究内容应是建立在最新的科研基础之上，需尽可能阅读并参考专业领域内最新的相关文献。

写作中，想要引用高质量的参考文献以提高论文的学术水平，首先应学会如何获取参考文献。那么，怎样才能查找到与论文研究方向相关的文献呢？其途径有如下几种：

（一）纸质书籍

纸质书籍是提供参考文献的一个重要资源。阅读纸质书籍不仅可以直接获取所需信息，且书籍的内容撰写具有系统性、全面性、准确性的特点，因此可通过阅读上下文帮助作者更深入掌握信息的本质，作出科学的阐释。

虽然利用图书馆等机构查找纸质书籍的快捷性相对较差，但纸质书籍作为一种人类从古至今长久使用的信息载体，其涵盖书籍的种类和内容都是电子资源不可比拟的，纸质书籍中也可以找出许多网络上缺失的资料。

（二）网络资源

随着互联网信息技术的发展与普及，网络信息资源日益丰富。网络资源时效性强、传播共享率高、查找方式简单快捷，我们可以充分利用网络资源下载参考文献，获取相关信息资源。提供参考文献的网络资源有如下几种：

1. 中文全文数据库　下面介绍几个最常用的中文全文数据库，利用以下数据库查找我们所需文献的同时，还可以对论文进行引文关联检索和指标统计，获取相关的分析、数据、图表等信息，补充观点、开拓思路。

（1）维普资讯：维普资讯的《中文科技期刊数据库》是我国较大的期刊全文数据库之一，也是我国数字图书馆建设的核心资源之一。期刊总量有 14 000 余种，其中有现刊 900 余种，核心期刊有近 2 000 种，文献总量达 5 900 万余篇。数据库的回溯年限为 1989 年，部分期刊回溯至创刊年。学科分类有医药卫生、农业科学、机械工程、自动化与计算机技术、化学工程、经济管理、政治法律、哲学宗教、文学艺术等 35 个学科大类，450 余个学科小类。

平台网址：http://www.cqvip.com/。

（2）万方数据：万方数据知识服务平台汇集了中国学术期刊、学位论文、会议论文、科技报告、科技成果、专利技术、标准、法律法规、地方志、视频、外文文献等近百个数据库，整合了全球的学术资源，致力于学术的精准发现与获取。

平台网址：http://www.wanfangdata.com.cn/。

（3）国家知识基础设施（National Knowledge Infrastructure，NKI）：即中国知网（China National Knowledge Infrastructure，CNKI），该平台为读者提供中国学术文献、外文文献、学位论文、报纸、会议、年鉴、工具书等各类资源统一检索、统一导航、在线阅读和下载服务。目前已集结了多种期刊、报纸、博士 / 硕士论文、会议论文、图书以及国内外数千个专业数据库。

平台网址：http://epub.cnki.net/。

（4）超星发现系统：超星数字图书馆目前拥有数字图书八十多万种，覆盖范围涉及哲学、宗教、社科总论、经典理论、民族学、经济学、自然科学总论、计算机等各个学科门类，收录年限从 1977 年至今。超星发现系统整合了超星图书馆的所有资源及馆外资源，支持一站式跨库检索，可提供原文下载，并且支持免费文献传递功能，对检索结果可以进行筛选和引证分析等。

平台网址：http://www.chaoxing.com/。

(5) 中国科学引文数据库（Chinese Science Citation Database，CSCD）：CSCD 创建于 1989 年，收录我国数学、物理、化学、天文学、地学、生物学、农林科学、医药卫生、工程技术、环境科学和管理科学等领域出版的中英文科技核心期刊和优秀期刊千余种。中国科学引文数据库内容丰富、结构科学、数据准确。系统除具备一般的检索功能外，还提供新型的索引关系——引文索引，用户可迅速从数百万条引文中查询到某篇科技文献被引用的详细情况，还可从一篇早期的重要文献或著者姓名入手，检索到一批近期发表的相关文献，对交叉学科和新学科的发展研究具有十分重要的作用。中国科学引文数据库还提供了数据链接机制，支持用户获取全文。

平台网址：http://sciencechina.cn/。

(6) 中国生物医学文献服务系统（SinoMed）：SinoMed 由中国医学科学院医学信息研究所开发，该系统资源丰富，包括多种数据库资源。系统平台集检索、开放获取、个性化服务、全文传递服务等多功能于一体，能全面、快速反映国内外生物医学领域研究的新进展。

平台网址：http://sinomed.imicams.ac.cn/。

(7) 中医药在线：中医药在线是中国中医科学院中医药信息研究所 1984 年创办的国内提供中医药学信息服务的专业化信息网站，是一个集信息共建、组织管理、语言支撑、检索共享为一体的信息化系统集成平台，数据库总数 48 个，分为期刊文献类、中药类、方剂类、药品类、不良反应类、疾病类、机构类、标准类和其他类 9 大类。

平台网址：http://www.cintcm.com/。

2. 外文数据库

(1) PubMed：PubMed 是美国国立医学图书馆（NLM）所属的国家生物技术信息中心（NCBI）开发的一个以 Web 方式向用户提供服务的生物医学文献检索系统。其收录了全世界 80 多个国家、60 多个语种、11 000 多种期刊的生物医学文献，最早可回溯至 1865 年。收录文献内容涉及基础医学、临床医学、护理学、口腔医学、兽医学、营养卫生、药理和药剂学、预防医学、卫生管理和医疗保健等领域。

平台网址：https://www.ncbi.nlm.nih.gov/pubmed/。

(2) ScienceDirect：荷兰爱思唯尔（Elsevier）出版集团是世界上著名的经营科学、技术和医学信息产品及出版服务的出版公司，已有 100 多年的历史。ScienceDirect 是 Elsevier 公司的核心产品，是全球最大的科学文献全文数据库，涵盖了科学、技术以及医学领域的 21 个学科（数学、物理、化学、天文学、医学、生命科学、商业及经济管理、计算机科学、工程技术、能源学、环境科学、材料科学、社会科学等众多学科）。它提供 Elsevier 的近 2 000 种期刊的检索和全文下载服务，其中美国科学引文索引（SCI）收录近 1 500 种，工程索引（EI）收录 500 余种。

平台网址：https://www.sciencedirect.com/。

(3) Scopus：Scopus 也是荷兰爱思唯尔公司旗下产品，它是全球最大的文献摘要和引文数据库，收录的文献均经同行评议，搜索内容包括科学期刊、图书和会议论文集。Scopus 提供科学、技术、医药、社会科学、艺术和人文领域的世界科研成果全面概览，是可以追踪、分析和可视化研究成果的智能工具，涵盖了由 5 000 多家出版商出版发行的科技、医学和社会科学方面的 20 000 多种期刊，其中同行评审期刊 19 000 多种，另外还有丛书、会议记录、专利及网页。

平台网址：https://www.scopus.com/。

(4) SciFinder：SciFinder 是美国化学学会（ACS）旗下的化学文摘服务社（Chemical Abstract Service，CAS）所出版的《化学文摘》（*Chemical Abstract*）的在线版数据库，它涵盖的学科包括应用化学、化学工程、普通化学、物理、生物学、生命科学、医学、聚合体学、材料学、地质学、食品科学和农学等诸多领域，是全世界最大、最全面的化学和科学信息数据库。

平台网址：https://www.cas.org/products/scifinder/。

(5) SpringerLink：德国斯普林格（Springer）是著名的科技出版集团，主要出版科学图书和期刊。1996 年开始推出电子期刊全文数据库检索平台 SpringerLink，其整合了 Springer 的出版资源，包括图书、期刊、参考工具书、实验指南等。收录文献超过 800 万篇，涵盖学科包括数学、化学和材料科学、计算机科学、地球和环境科学、工程学、物理和天文学、医学、生物医学和生命科学、行为科学、商业和经济、人文、社科和法律等 24 个学科领域。2002 年 7 月开始，Springer 公司在中国开通了 SpringerLink 服务。

平台网址：http://link.springer.com/。

(6) ProQuest：ProQuest 系统是美国 ProQuest Information and Learning 公司出版的网络平台，公司旗下产品包括电子书、期刊、学位论文等。该系统目前拥有 70 多个文献数据库，其中与生物医学相关的数据库有 ProQuest 科学全文期刊数据库（ProQuest Science Journals）、心理学全文期刊数据库（PsycARTICLES）、心理学文摘索引数据库（PsycINFO）、ProQuest 健康医学大全数据库（ProQuest Health & Medical Complete，简称 PHMC）、ProQuest 博硕士论文文摘索引数据库（ProQuest Dissertations and Theses A & I）和 ProQuest 博硕士论文全文数据库［ProQuest Dissertations and Theses（PQDT）Full Text］

平台网址：http://www.proquest.com/APAC-CN/cn-connect/

(7) Wiley online library：Wiley online library 的前身是 Wiley InterScience，Wiley InterScience 是 Wiley 公司创建的动态在线内容服务，Wiley 是全球历史悠久、较知名的学术出版商之一。Wiley online library 的在线图书多达 10 000 余种书目，涵盖科学、技术、医学、商业、社会科学等各种学科，涵盖 14 种数据库，其中包括化学数据库、医学资料库（循证医学在线资源）、考克兰图书馆（The Cochrane Library）、EBM 指南（EBM Guidelines）、卫生经济评价数据库（Health Economic Evaluations Database，HEED）。

平台网址：https://onlinelibrary.wiley.com/。

3. 医药杂志社及出版商官网　期刊杂志社的网站一般都能免费下载该期刊已发表的论文。若已知一篇参考文献的出版源，则可登录该网站通过检索年期号或关键词查找和下载电子版全文。或者在网站内进行关键词检索，查找该期刊已发表的所有相关文献。

如想要了解国外的一些学术期刊，也可从官网上查找出版商旗下的期刊。每年全球多数研究成果都发表在世界著名五大出版集团旗下的学术期刊中。

(1) 爱思唯尔（Elsevier）：爱思唯尔创办于 1880 年，其产品与服务包括期刊、图书专著、教科书和参考书的纸版和电子版，出版领域涵盖医学、生命科学、自然科学和社会科学等。每年超过 35 万篇论文发表在爱思唯尔公司出版的 2 000 种期刊中，包括《柳叶刀》《四面体》《细胞》和教科书《格氏解剖学》，并在世界最大的数据库 ScienceDirect 和 Scopus 发布。

官方网址：https://www.elsevier.com/。

(2) 斯普林格（Springer）：斯普林格创办于 1842 年，以出版学术性刊物而闻名于世，它也是最早将纸质期刊做成电子版发行的出版商，主要出版教科书、学术参考书以及同行评论性杂志，专注于科学、技术、数学以及医学领域。斯普林格通过 SpringerLink 系统提供其学术期刊及电子图书的在线服务，该数据库包含各类期刊、丛书、图书以及回溯文档等。

官方网址：https://www.springer.com/cn/。

(3) 威力（Wiley-Blackwell）：Wiley 公司于 1807 年在美国创建，是一家有 200 年历史的专业出版机构，出版高质量的学术期刊、实验室指南、循证医学图书馆（The Cochrane Library）、数据库等。Wiley 出版的期刊涵盖化学、物理、工程、农业、兽医学、食品科学、医学、护理、口腔、生命科学、心理、商业、经济、社会科学、艺术、人类学等多个学科，旗下总共有 1 500 多种期刊。Wiley-Blackwell 出版的 *CA：A Cancer Journal for Clinicians*，近年来一直是自然科学版期刊引用报告中影响因子最高的期刊，2018 年其影响因子为 223.679。

官方网址：https://www.wiley.com/。

(4) 泰勒弗朗西斯（Taylor & Francis）：泰勒弗朗西斯出版集团成立于 1798 年，每年出版超过 1 600 种期刊和 4 000 种新书，目前已出版的专业书籍达到 100 000 余种，广泛涉及人文科学、社会科学、自然科学、经济、金融、商业管理和法律等专业领域。2006 年底推出全新电子平台 informa world，该平台涵盖 1 600 种电子期刊，22 000 种电子书、参考工具书及文摘数据库等，用户可以在最大范围内检索学术信息。

官方网址：https://china.taylorandfrancis.com/

(5) 赛奇（Sage Publications）：赛奇出版社成立于 1965 年，每年出版超过 700 种期刊、1 000 种书籍和工具书，还有数据库。它的产品内容涵盖了商业、人文科学、社会科学、科技、医学等各个学科领域，为全球的学者、从业者、研究人员和学生提供最新的教育学术支持。

官方网址：https://uk.sagepub.com/en-gb/asi/home/

4. 作者个人　某些情况下，例如文献在数据库中查找不到，或者受制于权限无法下载时，亦可通过作者的电子邮箱地址向其发送邮件问询。

二、书写格式

不同杂志社对参考文献格式的要求也有所差异，作者在投稿前，应仔细阅读拟投稿期刊上的投稿须知，根据格式要求著录。目前，国内期刊一般采取国家标准 GB/T 7714—2015《信息与文献　参考文献著录规则》的著录规则，本文也参照该规则进行详细介绍。

（一）著录项目

1. 主要责任者　即对信息资源的知识内容或艺术内容负主要责任的个人或团体，包括著者、编者、学位论文撰写者、专利申请者或专利权人、报告撰写者、标准提出者、析出文章的著者等。

(1) 个人著者采用姓在前名在后的著录形式。欧美著者的名可采用缩写字母，缩写名后省略缩写点(即省略“.”)；欧美著者的中译名只著录其姓；同姓不同名的欧美著者，其中译名不仅要著录其姓，还需要著录其名的首字母。用汉语拼音书写的人名，姓全大写，其名可缩写，取每个汉字拼音的首字母。

示例 1：李时珍　　原题：(明)李时珍

示例 2：乔纳斯　　原题：(瑞士)伊迪斯·乔纳斯

示例 3：昂温　　原题：(美)S. 昂温（Stephen Unwin）

示例 4：EINSTEIN A　　原题：Albert Einstein

示例 5：DE MORGAN A　　原题：Augustus De Morgan

示例 6：LI J N　　原题：Li Jiangning

(2) 著作方式相同的责任者不超过 3 个时，全部照录。超过 3 个时，著录前 3 个责任者，其后加“，等”或与之相应的词。

示例 1：印森林，吴胜和，李俊飞，等

原题：印森林　吴胜和　李俊飞　冯文杰

示例 2：FORDHAN E，ALI A，TURNER D A，et al.

原题：Evenst Fordhan Amiad Ali David A.Turner John R.Charters

(3) 无责任或责任情况不明的文献，“主要责任者”项应注明“佚名”或与之相应的词。凡采用顺序编码制组织的参考文献可省略此项，直接著录题名。

(4) 凡是对文献负责的机关团体名称，通常根据著录信息源著录。机关名称应由上至下分级著录，上下级用“.”分隔，用汉字书写的机关团体名称除外。

示例 1：贵州省土壤普查办公室

示例 2：Stanford University.Department of Civil Engineering

2. 题名项　题名包括书名、刊名、报纸名、专利题名、报告名、学位论文名、档案名、舆图名、析出的文献题名等。

(1)同一责任者的多个合订题名,著录前3个合订题名。不同责任者的多个合订题名,可以只著录第一个或处于显要位置的合订题名。参考文献中不著录并列题名。

示例1:为人民服务;纪念白求恩;愚公移山

原题:为人民服务　纪念白求恩　愚公移山　毛泽东著

示例2:大趋势

原题:大趋势　Megatrends

(2)文献类型标识应按代码表1-3和表1-4录入。电子资源既要著录文献类型标识,又要注明文献载体标识。

表1-3　文献类型及标识代码

参考文献类型	文献类型标识代码
普通图书	M
会议录	C
汇编	G
报纸	N
期刊	J
学位论文	D
报告	R
标准	S
专利	P
数据库	DB
计算机程序	CP
电子公告	EB
档案	A
舆图	CM
数据集	DS
其他	Z

表1-4　电子资源载体类型及标识代码

电子资源的载体类型	载体类型标识代码
磁带(magnetic tape)	MT
磁盘(disk)	DK
光盘(CD-ROM)	CD
联机网络(online)	OL

(3)其他题名信息根据信息资源外部特征的具体情况决定取舍。其他题名信息包括副题名,说明题名文字,多卷书的分卷书名、卷次、册次,专利号,标准号等。

示例1:ELC集成电路:原理与设计[M]

示例2:中国科学:D辑地球科学[J]

示例3:信息与文献-都柏林核心元数据元素集:GB/T25100—2010 [S]

示例4:中子反射数据分析技术:CNIC-01887 [R]

(4) 年卷期或其他标识：凡是从期刊中析出的文章，应在刊名之后注明年、卷、期、页码，期号置于“( )”中。阅读型参考文献的页码著录文章的起讫页或起始页，引文参考文献著录引用信息所在页。凡是同一期刊上连载的文献，其后续部分不必另行著录，可在原参考文献后直接注明后续部分的年、卷、期、页码等。凡是从报纸中析出的文献，应在报纸名后著录其出版日期与版次，版次置于“( )”中。

示例 1：2001，1(1)：5-6

年　卷期 页码

示例 2：江西日报，2013-03-16(1)

3. 版本　第一版不著录，其他版本说明应著录。版本用阿拉伯数字、序数缩写或其他标识表示，古籍的版本可著录“写本”“抄本”“刻本”“活字本”等。

示例 1：3 版　　原题：第三版

示例 2：明刻本　原题：明刻本

示例 3：　5th ed　原题：Fifth edition

4. 出版项　包括出版地、出版者、出版年、引用页码、引用日期及更新修改日期。

(1) 出版项应按出版地、出版者、出版年顺序著录。

示例 1：北京：人民出版社，2013

示例 2：New York：Academic Press，2012

(2)出版地：著录出版者所在的城市名称，对同名异地或不为人们熟悉的城市名，宜在城市名后附省、州名或国名等限定语。文献中载有多个出版地，只著录第一个或处于重要位置的出版地。无出版地的中文文献著录“出版地不详”，外文文献著录“S.l.”，并置于方括号内。无出版地的电子资源可省略此项。

示例 1：Cambridge，Eng

示例 2：北京：科学出版社，2013　原题：科学出版社　北京　上海　2013

示例 3：[出版地不详]：三户图书刊行社，1990

示例 4：[S.l.]：MacMillan，1975

(3) 出版者：文献中载有多个出版者，只著录第一个或处于显要位置的出版者。无出版者的中文文献著录“出版者不详”，外文文献著录“s.n.”，并置于方括号内。无出版者的电子资源可省略此项。

示例 1：Chicago：ALA，1978

原题：American Library Association/Chicago Canadian Library/Ottawa 1978

示例 2：哈尔滨：[出版者不详]，2013

原题：论文写作指导，2013

(4) 出版日期：出版年采用公元纪年，并用阿拉伯数字著录。如有其他纪年形式，将原有的纪年形式置于“( )”内。报纸出版日期按照“YYYY-MM-DD”格式，用阿拉伯数字著录。出版年无法确定时，可一次选用版权年、印刷年、估计的出版年。估计的出版年应置于方括号内。

示例 1：1947(民国三十六年)

示例 2：2013-01-08

示例 3：1995 印刷

示例 4：[1936]

5. 引文页码　专著或期刊中析出文献的页码或引文页码，应采用阿拉伯数字著录。

示例：钱学森．创建系统学[M]．太原：山西科学技术出版社，2001：序 2-3.

6. 获取和访问路径(电子资源必备)　根据电子资源在互联网中的实际情况，著录其获取和访问路径。

示例：储大同．恶性肿瘤个体化治疗靶向药物的临床表现[J/OL]．中华肿瘤杂志，2010，32(10)：721-724 [2014-06-25].http：//vip.calis.edu.cn/asp/Detail.asp.

7. 数字对象唯一标识符(电子资源必备)　数字对象唯一标识符(DOI)是对包括互联网信息在内的数字信息进行标识的一种工具。电子资源类型的文献可以通过 DOI 直接指引到出版物的本身，使国内外各种来源、不同物理地址的各种类型的学术信息实现互联、互通。

示例：刘乃安．生物质材料热解失重动力学及其分析方法研究[D/OL].安徽：中国科学技术大学，2000：17-18[2014-08-29].http://www.wanfangdata.com.cn/details/detail.do ?_type=degree&id=Y351065. DOI：10.7666/d.y351065.

（二）著录格式

1. 参考文献数量　参考文献的引用数量没有具体的规定，应参照杂志社所规定的投稿要求或学位论文要求核定参考文献的数量，一般国内期刊上学术论文的参考文献数量以 20~40 篇为宜，综述类文章的参考文献数量更多。硕士学位论文一般应不少于 50 篇，博士学位论文一般应不少于 100 篇，外文文献均不低于总数的 1/2。

参考文献中近五年的文献数应不少于总数的 1/3，并应有近两年的参考文献。

2. 参考文献表　参考文献可以按顺序编码制组织，也可以按照著者 - 出版年制组织，其中以顺序编码制组织的运用更为广泛。注释可以集中著录在文后或书末，也可以分散在页下端；阅读型参考文献著录在文后、书的各章节后或书末。

(1) 顺序制编码：各文献应按正文部分标注的序号依次列出。

示例：

[1] 周易外传：卷 5 [M]// 王夫之．船山全书：第 6 册．长沙：岳麓书社，2011：1109.

[2] 贾东琴，柯平．面向数字素养的高校图书馆数字服务体系研究[C]// 中国图书馆学会．中国图书馆学会论文集：2011 年卷．北京：国家图书馆出版社，2011：45-52.

[3] 袁训来，陈哲，肖书海，等．蓝田生物群：一个认识多细胞生物起源和早期演化的新窗口[J]. 科学通报，2012，57 (34)：3219.

(2) 著者 - 出版年制编码：各文献可先按文种集中，分为中文、日文、西文、俄文、其他文种 5 部分，然后按著者字顺和出版年份排列。中文文献可按著者汉语拼音字顺排列，也可按照笔画排列。

示例：

尼葛洛庞帝，1996. 数字化生存[M]. 胡泳，范海燕，译．海口：海南出版社．

汪冰，1997. 电子图书馆理论与实践研究[M]. 北京：北京图书馆出版社：16.

BAKER S K，JACKSON M E，1995.The future of resource sharing [M].New York：The Haworth Press.

3. 参考文献标注法　以顺序编码制组织应按正文中引用文献出现的先后顺序连续编码，将序号置于方括号中，也可以脚注方式由计算机自动生成圈码。同一处引用多篇文献，应将各篇文献的序号在方括号内全部列出，各序号间用“,”，连续序号、起讫序号可用短横线连接。多次引用同一著者的同一文献时，在正文中标注首次引用的文献序号，并在序号的“[ ]”外著录引文页码。

示例 1：引用多篇文献

裴伟[11,23]提出……

莫拉德对稳定区的节理格式的研究[12-15]……

示例 2：多次引用同一文献

伴随着中药领域数据的暴涨[1]，中药数据挖掘应运而生。中药数据挖掘是在中医药理论指导下，用知识发现技术对中药新药、中药组方规律、作用机制、有效成分和组效关系等多个方面进行深入的、系统的研究[2]15……本文以“数据挖掘任务”为分类依据，对常用算法进行逐个统计和应用分析，数据挖掘分析能完成的任务总体可概括为两类——描述性任务和预测性任务[2]22……再将这两类任务细分则可划分为六类：特征化与区分、关联规则分析、分类分析、回归分析、聚类分析、离群点检测分析[3]。鉴于“特征化与区分”任务主要用于建立数据库及数据预处理，而“离群点检测”的任务大部分是由聚类分析方法完成[2]24。

4. 参考文献著录格式及其示例　根据参考文献的信息资源类型的不同，其著录项目亦有差异。具体如下：

(1)专著：主要责任者．题名：其他题名信息[文献类型标识/文献载体标识]．其他责任者．版本项．出版地：出版者，出版年：引文页码[引用日期]．获取和访问路径．数字对象唯一标识符．

示例：

[1] 哈里森，沃尔德伦．经济数学与金融数学[M]．谢远涛，译．北京：中国人民大学出版社，2012：235-236.

[2] 中国造纸学会．中国造纸年鉴：2003 [M/OL]．北京：中国轻工业出版社，2003 [2014-04-25]. http://www.cadal.zju.edu.cn/book/view/25010080.

(2)专著中的析出文献：析出文献责任者．析出文献题名[文献类型标识/文献载体标识]；析出文献其他责任者//专著主要责任者．专著题名：其他题名信息．版本项．出版地：出版者，出版年：析出文献的页码[引用日期]．获取和访问路径．数字对象唯一标识符．

示例：

[1] 周易外传：卷 5 [M]// 王夫之．船山全书：第 6 册．长沙：岳麓书社，2011：1109.

[2] 贾东琴，柯平．面向数字素养的高校图书馆数字服务体系研究[C]// 中国图书馆学会．中国图书馆学会论文集：2011 年卷．北京：国家图书馆出版社，2011：45-52.

(3)连续出版物：主要责任者．题名：其他题名信息[文献类型标识/文献载体标识]．年，卷(期)-年，卷(期)．出版地：出版者，出版年：引文页码[引用日期]．获取和访问路径．数字对象唯一标识符．

示例：中华医学会湖北分会．临床内科杂志[J].1984，1(1)-．武汉，中华医学会湖北分会，1984-.

(4)连续出版物中的析出文献：析出文献主要责任者．析出文献题名[文献类型标识/文献载体标识]．连续出版物题名：其他题名信息，年，卷(期)：页码[引用日期]．获取和访问路径．数字对象唯一标识符．

示例：

[1] 袁训来，陈哲，肖书海，等．蓝田生物群：一个认识多细胞生物起源和早期演化的新窗口[J]．科学通报，2012，57(34)：3219.

[2] 李炳穆．韩国图书馆法[J/OL]．图书情报工作，2008，52(6)：6-12 [2013-10-25].http://www.docin.com/p-400265742.html.

(5)专利文献：专利申请者或所有者．专利题名；专利号[文献类型标识/文献载体标识]．公告日期或公开日期[引用日期]．获取和访问路径．数字对象唯一标识符．

示例：邓一刚．全智能节电器：200610171314.3 [P].2006-12-13.

(6)电子资源：主要责任者．题名：其他题名信息[文献类型标识/文献载体标识]．出版地：出版者，出版年：引文页码(更新或修改日期)[引用日期]．获取和访问路径．数字对象唯一标识符．

示例：中国互联网络信息中心．第 29 次中国互联网络发展现状统计报告[R/OL].(2012-01-16) [2013-03-26].http://www.cnnic.net.cn/hlwfzyj/hlwxzbg/201201/P020120709345264469680.pdf.

(三) 直接导出参考文献及快速生成参考文献目录

目前，已有很多学术型网站提供了快速导出参考文献及文献目录的服务，如此既可避免烦琐的著录，也有助于提高录入的准确性。下面介绍几个常用的提供参考文献导出服务的学术搜索资源平台：

1. EndNote　是 Clarivate Analytics 公司开发的旗舰型文献管理系统。它的功能有：①在线搜索文献，直接从网络搜索相关文献并导入到 EndNote 文献库内；②建立文献库和图片库，收藏、管理和搜索个人文献、图片和表格；③定制文稿，直接在 Word 中格式化引文和图形，利用文稿模板直接书写合乎杂志社要求的文章；④引文编排，可以自动编辑参考文献的格式。

EndNote 是科研人员常用的一款参考文献管理软件，在 EndNote 里可以加入文本、图像、表格和方程式及链接等信息，可与 Microsoft Word 很好地链接，方便插入所引用的文献并按照格式进行编排。使用步骤如下：

（1）查找文献：从各大期刊检索网站上选择需要的文献，使用 EndNote 导出到本地。如图 1-1 所示：

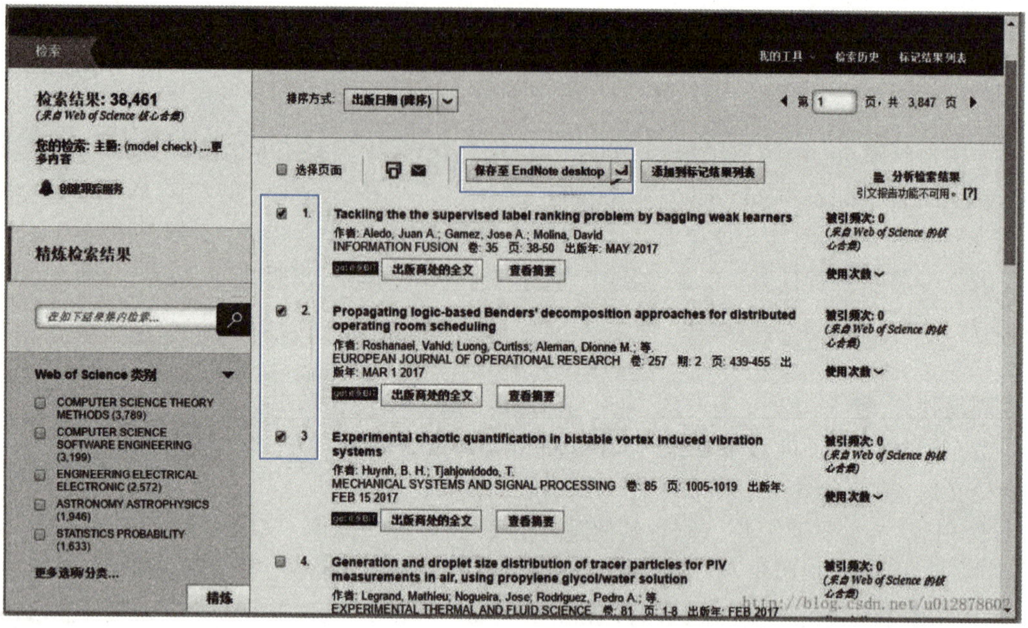

图 1-1　EndNote 导出文献到本地

（2）导入文献：EndNote 点击 File=>Import=>file，然后选择我们本地的文件进行导入，如图 1-2 所示。另外，还可以建立 Group 将导入的文献放到 Group 里面方便管理。

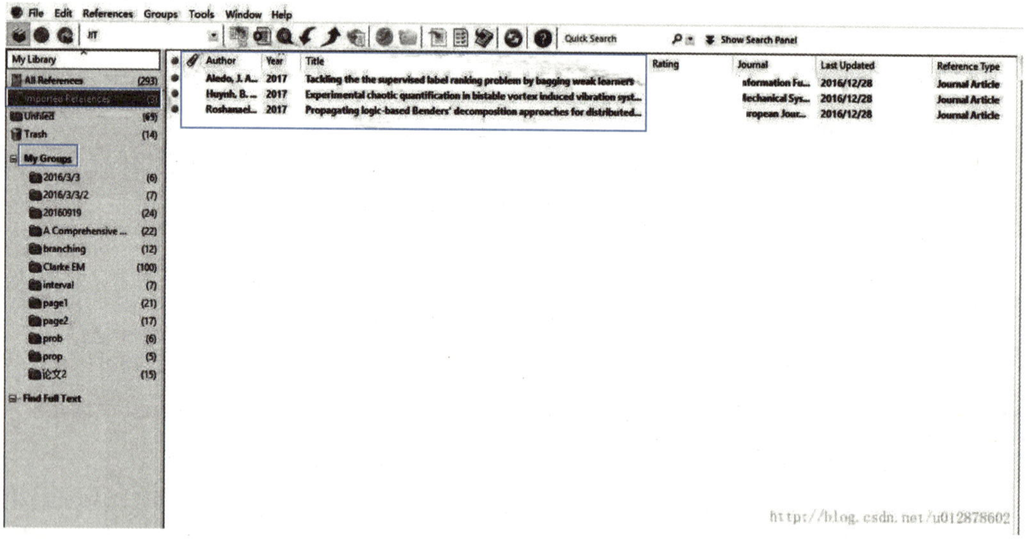

图 1-2　EndNote 中导入文献

（3）导出文献：EndNote 有一个庞大的期刊参考文献格式库，可在 Style Manager 里查找，编辑时可根据期刊要求选择相应的格式，也可以自定义一个格式库。之后选择需要导出的文献，点击 File=>Export 弹出对话框，选择需要的格式然后导出，如图 1-3 所示。

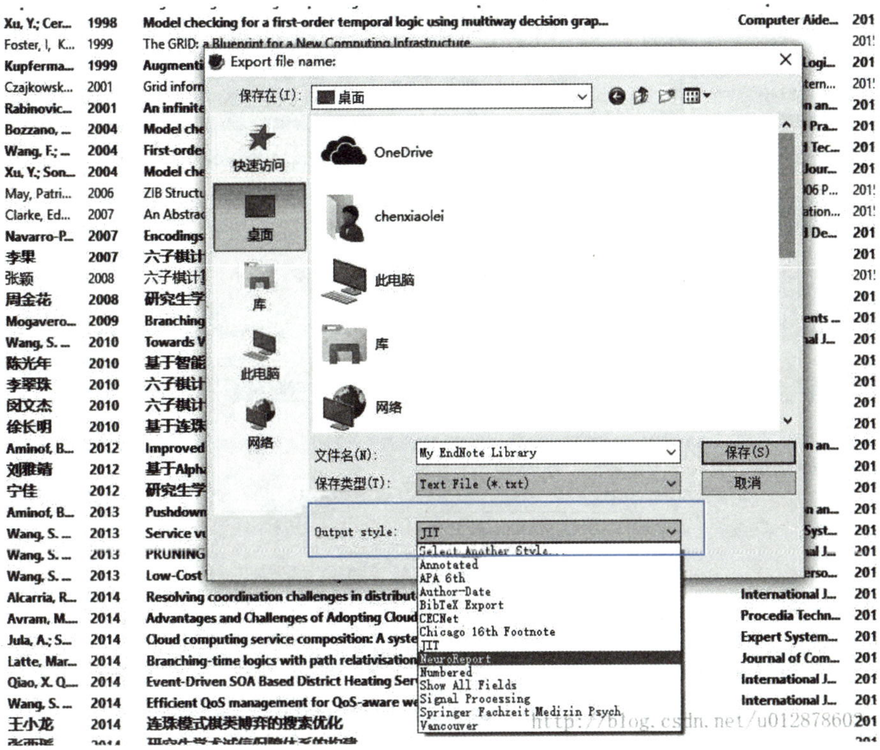

图 1-3　EndNote 中导出文献

2. 中国知网　在中国知网的检索栏中输入相关搜索字段后，检索得出相关文献，再依据需求逐个筛选，然后点击“导出 / 参考文献”，即可导出各种格式的参考文献，如图 1-4 所示。写作时可根据投稿杂志要求复制或导出所需格式的参考文献。

3. 百度学术　在百度学术的检索栏中输入检索词后，可显示出相关文献，在每篇文献标题的下方点击“引用”直接获取该文献的各种引用格式，写作时可根据投稿杂志要求复制或导出所需格式的参考文献。另外，也可点击“批量引用”，自动生成参考文献表，如图 1-5 所示。

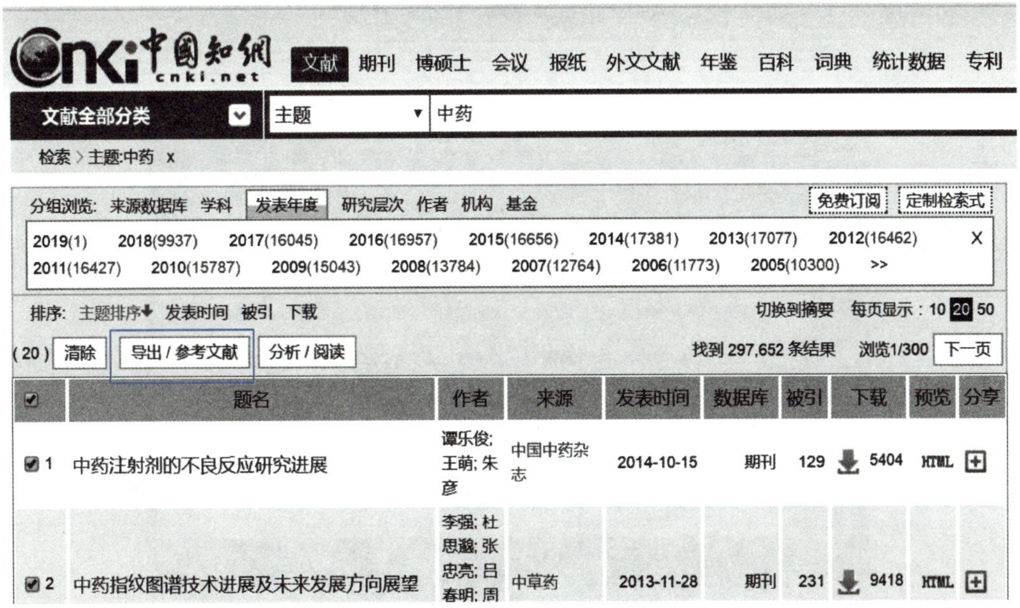

(a)

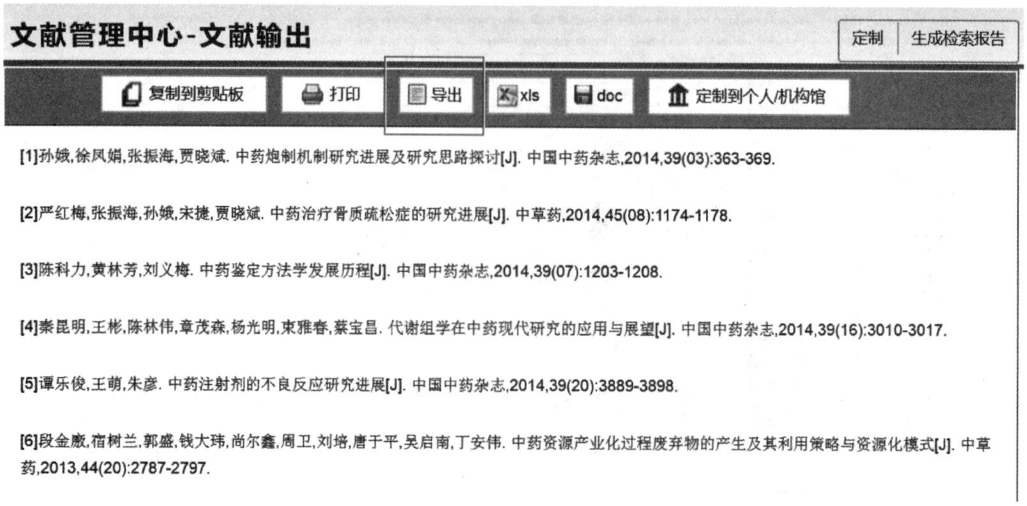

(b)

图 1-4　利用中国知网导出参考文献

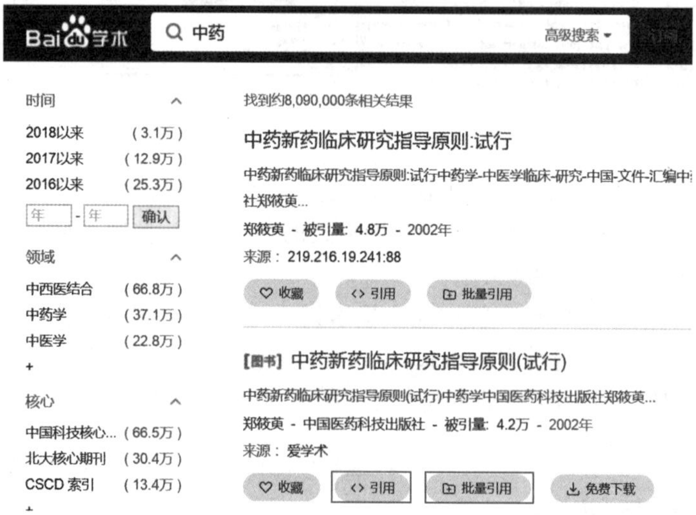

(a)

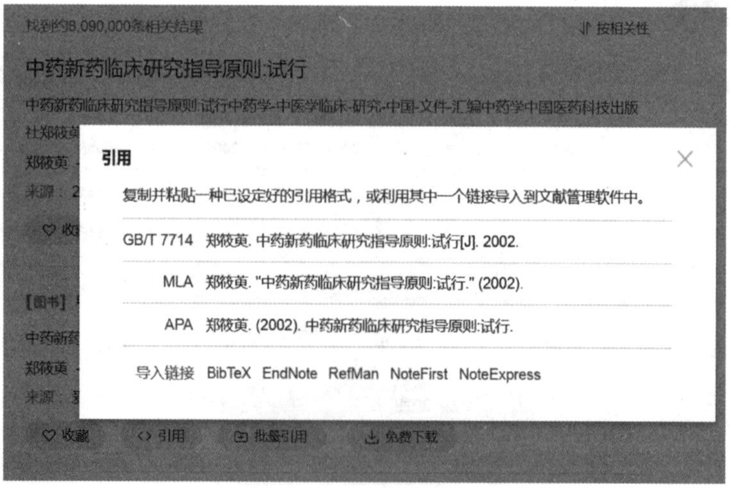

(b)

图 1-5　利用百度学术导出参考文献

4. 微软学术（Microsoft Academic）　在微软学术的检索栏中输入检索词后，可显示出相关文献，在每篇文献标题的下方点击“Cite”直接获取该文献的各种引用格式。写作时可根据投稿杂志要求复制或导出所需格式的参考文献，如图 1-6 所示。

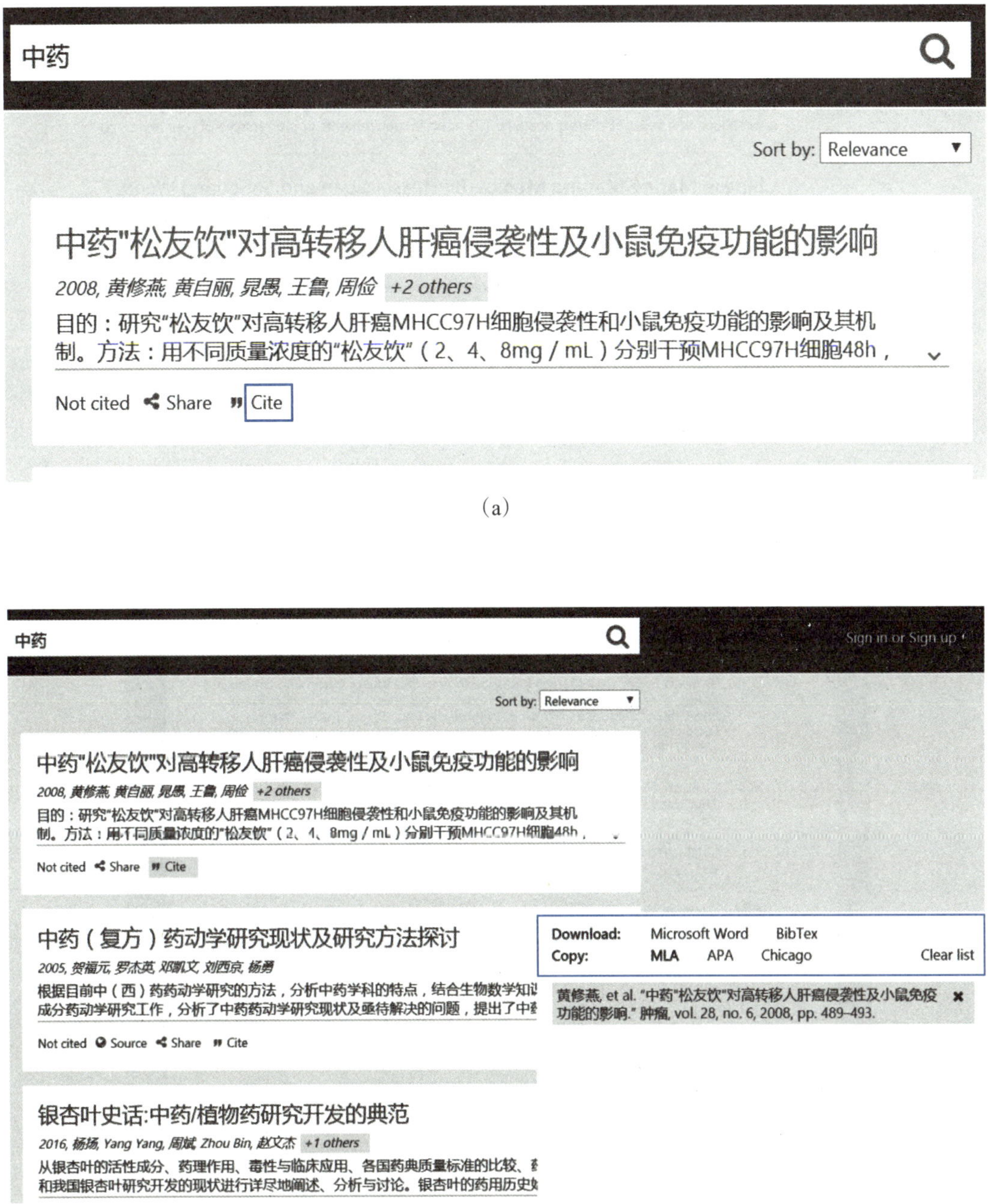

（a）

（b）

图 1-6　利用微软学术导出参考文献

5. 必应学术　在必应学术的检索栏中输入检索词后，可显示出相关文献，在每篇文献标题的下方点击“引用”直接获取该文献的各种引用格式，写作时可根据投稿杂志要求复制或导出所需格式的参考文献。另外，也可点击“批量引用”，自动生成参考文献表，如图 1-7 所示。

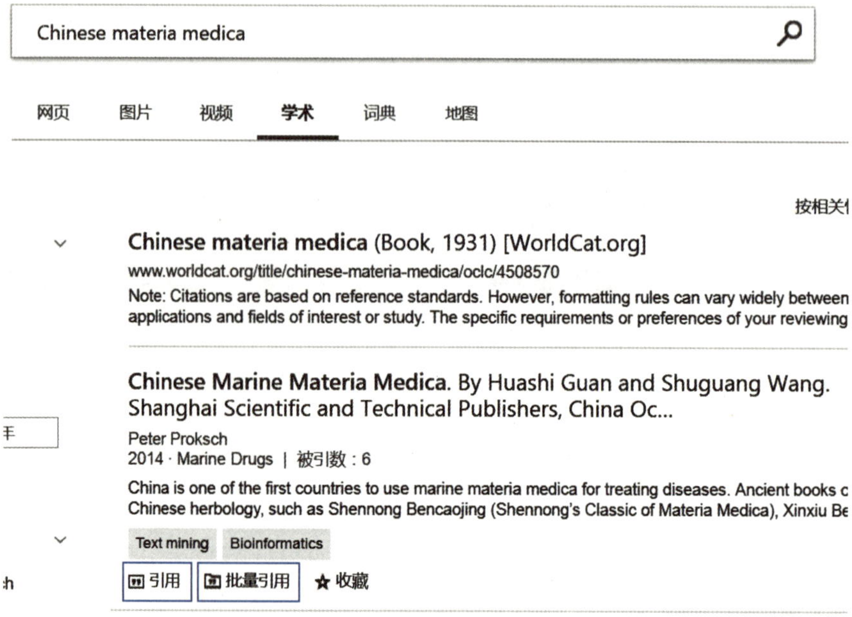

(a)

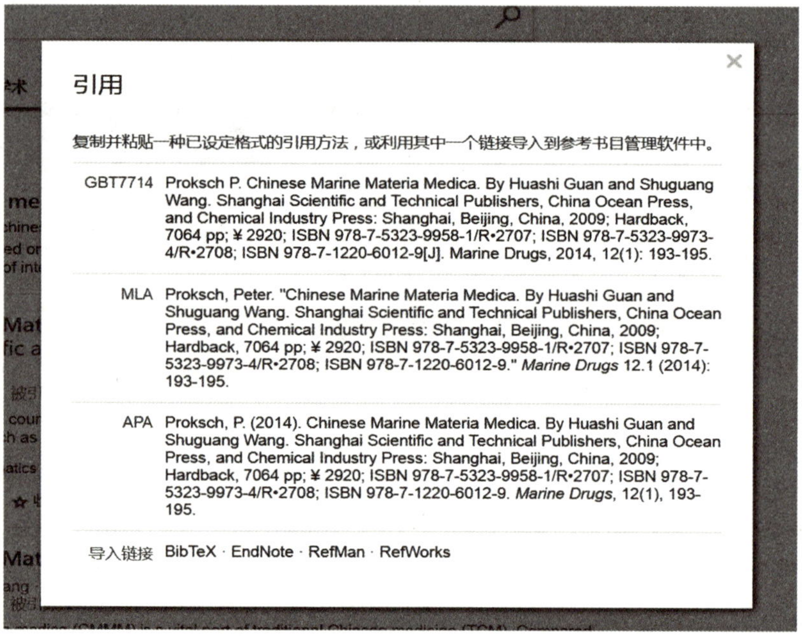

(b)

图 1-7　利用必应学术导出参考文献

第四节　药学论文的发表

一、论文写作伦理

论文写作伦理是一个关乎道德的原则性问题，遵守论文写作伦理方能体现作者的学术道德和科研操守。教育部在 2009 年 3 月 19 日发出《关于严肃处理高等学校学术不端行为的通知》,通知列举了必须严肃处理的七种学术不端行为:①抄袭、剽窃、侵吞他人学术成果;②篡改他人学术成果;③伪造或者篡改数据、文献,捏造事实;④伪造注释;⑤未参加创作,在他人学术成果上署名;⑥未经他人许可,不当使用他人署名;⑦其他学术不端行为。作者在撰写论文时,应保证科学知识的准确性,尊重他人和维护自己的知识产权,严禁学术不端的行为,遵守写作伦理。

(一) 论文内容应实事求是

科学方法的本质是能够被重复和验证。身为科研工作者,如实地报告研究过程、方法及结果是应尽的职责。不应为了某种利益而伪造数据或篡改结果,更不应为了能自圆其说而隐瞒研究中的错误。例如,因为获得了企业赞助而刻意报告对企业有利的数据;为了得到"完美结果"而忽略一些无效的数据,以及删除那些不利于研究假设却有效的数据;或者明明只做了 3 组实验而伪造出 5 组实验结果,这些行为都违反了论文写作的伦理道德。严谨如实地撰写论文内容是投稿的基本要求,既需要作者能精准地描述实验方法、数据、参考文献,也要求论文用准确的措辞,避免对读者造成误导。虽然错误难以避免,但如果论文出版后发现错误,作者有责任与有关期刊编辑部、数据库联系,以便及时作出更正。在审稿和出版过程中,如果编辑或审稿人对研究数据的准确性或统计方法提出质疑,作者应随时能够提供原始数据。因此,在文章发表之后,作者还应把原始数据(包括原始的调查问卷、研究程序等原始资料)保存 5 年以上,以备他人查证或重复分析。

(二) 严禁学术剽窃

在我国《著作权法》的相关条款中规定,"剽窃他人作品"属侵权行为,意指将他人作品的全部或者一部分直接或者略加修改后以自己的名义发表的行为。所谓学术剽窃就是在文章中使用他人的思想见解或语言表述作为自己的观点,而没有申明其来源。学术剽窃违反了学术界公平竞争的机制,属于学术不端的行为。虽然在科学研究中,应该学习他人的思想从而增长自己的知识储备,通过多读、多听、多看,把获得的信息融进自己的思考和写作当中。但是在写作中,应该用学术界认可的规范去引用和诠释他人的思想和表述。此时,我们承认别人的贡献,通常采用"引用"的方法。在论文写作中,如果直接引用其他研究者的原话,应该把原话用引号括起来,并注明出处;对其他研究者的思想的重新阐释,也应注明出处。尤其是研究报告的问题提出和讨论部分以及综述性文章中,当引用或参考他人的思想或工作时,一定要在文后的参考文献表中如实列出,尊重他人劳动成果。由于在诠释科学原理的过程中,只有追本溯源才能明确事物发展背后的逻辑,如果所有的论文都不注明出处,势必会给整个研究领域带来混乱,造成无证可考、无据可凭的后果。在研究中引用他人的资料时,应注意以下几点:

1. 直接引用他人原话需用引号。
2. 引用要符合原文,即使原文是错误的。
3. 不要忽略引用中的引用,但在参考文献中不必列出。
4. 引用时应避免二次引用,即不能直接引用别人的引用,应找到原文出处。

(三) 保证论文署名准确

论文作者不仅是执笔人,还包括那些对研究有实质性科学贡献的人,他们可能参与提出问题假设、构思实验设计、统计分析、结果解释及文章主要部分的写作。对于辅助人员(如参与设计或制造仪器者、统计分析的建议者、数据收集或录入者、调试计算机程序者、所找的被测试者或观察动物者等)没有必要列入作者名单,但应在正文后的致谢栏里注明。承担日常性事务的人也不应列入作者名单。论文署名的基本原则是按贡献的大小排序,在有多个研究者参与的合作研究项目中,合作者之间应该事先商定好研究的分工、谁有论文署名权以及署名的先后顺序。论文中所有署名的作者都应对文章的准确性负责,所以在论文投递前,每个作者都应认真审阅。一旦论文被接收,多数期刊还要求署名的每位作者都签名确认。

(四) 严禁重复发表和一稿多投

论文的重复发表不仅是违反学术道德的行为,同时也会导致版权纠纷。作者在投稿的同时,等于默认把论文的专用使用权转让给编辑部或其他出版机构，但不能同时把专用使用权转让多家。已经发表过的论文不应再投稿，以简报形式在期刊上发表的论文也不能扩充全文后重新发表。但以摘要形式（如会议摘要）或在小范围内传播的非正式出版物（如某机构的年报）上刊出，这种做法是允许的。另外，也不能为了提高命中率而一稿多投。如果在三个月内没有接到编辑部对稿件的处理通知，作者有权把稿件再投向其他期刊，但在投递前应通知原先投稿的期刊。为防止论文的重复发表，作者在投稿时，还须通知编辑有哪些类似的相关文章在何处发表或被何处接收、正准备向何处投稿，以便编辑给出适当的判断。如被发现违规，将被无条件退稿，并被存档备案，这将影响作者以后的投稿信誉。尽可能地节约期刊资源也是作者应尽的义务。研究结果应尽可能地写成一篇论文，以提高信息交流的效率。不赞成把一个研究拆成多篇文章发表。把一个研究拆成多篇文章发表的作者应向编辑说明，如果编辑要求知道详细情况，作者应提供。禁止拆分发表并不包括根据新的理论和方法对已发表过的数据进行重新分析。特别是在时间跨度大的纵向研究中，发表多篇研究报告是必要的、适当的。但基于纵向研究发表的多篇研究报告，应引用以前的研究报告，以便读者进行准确的评价。

（五）遵守医药科研伦理道德

由于医学和药学科研的特殊性，多数实验中会应用到活体动物，甚至有时候会进行药物临床试验，这些都要遵循一定的伦理学准则。在写作医药学论文时，一定要对敏感问题进行声明(例如患者知情权、利益风险等)，避免出现伦理问题。随着医药学科的发展，无论是国内还是国际都颁布了相关的执行标准、规范，要求相关科研人员应遵守医学伦理道德。作者在撰写医药学论文时也应重视伦理道德问题，并提供相关的许可文件。

1. 动物实验　动物实验是医药学研究中不可缺少的主要环节之一。在全球已经颁发的 100 多项诺贝尔生理学或医学奖中，多数奖项都与动物实验相关。当撰写此类论文时，作者必须说明是否遵循了所在国家或地区实验动物管理的规定。早在 2001 年，我国科技部、农业部等 7 部联合印发了实施《实验动物许可证管理》的文件；2006 年，我国科技部又颁布了《关于善待实验动物的指导性意见》。就期刊要求而言，绝大多数医药学期刊均要求涉及动物实验的论文，必须提供动物生产许可证号和动物使用许可证号的相关文件复印件。

2. 人体实验　《赫尔辛基宣言》是以人体为医学研究对象的伦理指导主要依据之一。该宣言于 1964 年首次发布，现行版本是于 2013 年在第 64 届世界医学大会上通过的。以人体为医学研究对象时，所涉及的以下试验品或信息均需要被保护：身体组成部分、残余检验样本，以及很容易识别的个人信息，如患者的医疗资料、DNA 等。宣言内容主要包括：

(1)研究对象的自主：研究者应尊重研究对象的人权、尊严和自由，对研究对象实施干预措施的科学研究目的，应当是使研究对象能有更多的机会作出有利于人体自身健康的决策。研究者不能把研究对象放在较低的地位，更不能视之为试验品。人体作为研究对象，有权了解研究的目的，有权决定是否参加研究，有权要求获得最恰当的治疗，有权在研究过程中的任何阶段退出研究。

(2)志愿者的知情同意：知情同意是在研究对象充分了解研究的目的、意义、可能的利益及风险的基础上，自愿同意参加研究工作，并在知情同意书上自愿签字的过程。签署知情同意的原则主要包括：①信息，提供充足的信息使志愿者能据此给出正确的自主决定；②理解，研究对象在理解上述信息的基础上给出合理的自主选择；③同意，研究对象自愿或在其监护人的帮助下，自愿同意参加此项研究。

(3)利益风险比较：在人体医学研究和医学伦理学评价中，主要有可能发生 4 种情况：①研究工作可能给研究对象带来的利益很明显，造成伤害的可能性很小，此时拟进行的医学研究工作符合伦理学要求；②研究可能给研究对象带来的利益很小，而造成伤害的风险却很大，这样的医学研究就不符合伦理学要求，不能进行此类研究；③研究可能给研究对象带来的利益很大，但造成伤害的风险也很大，对于这种情况，应当综合评价再决定是否进行医学研究工作；④研究可能给研究对象带来的利益很小，造成伤害的风险也很小，对于这类医学研究应更多地从社会的角度考虑，研究的主要价值在于其社会价值，尤其是在今后将可能给整个人群或是人类带来的利益。

(4) 医学伦理委员会通过：医学伦理委员会是一个独立的专门组织，是由医学专家、法学 / 法医学专家、非医务人员和其他相关人员等组成，其一切活动不受医学研究组织和科研人员的干扰或影响。医学伦理委员会通常设在研究项目所在单位或上级单位，负责该单位医学研究项目的医学伦理学审查等相关工作。

(5) 弱势群体的保护：美国国家生物医学伦理委员会（National Bioethics Advisory Commission，NBAC）将在医学研究中的弱势群体定义为，因认知、制度、经济及易受伤害等原因组成的人群，如儿童、没有完全行为能力的成人、老年人、囚犯、胎儿、孕妇、临终者、学生 / 雇员和昏迷的患者等。这类人群因为受困于各种主观或客观的原因，在接受医学研究时，很可能非主观地不去拒绝。在进行研究过程中，虽然取得了其本人或者监护人的知情同意，医学伦理委员会还会要求研究者提供额外的伦理审查资料等。

(6) 参与者的保密性：作为医药科研工作者，对患者资料的保护是最基本的素质要求。然而，以人体为对象的大样本随机对照研究将会涉及到大量的医务人员和研究对象的参与。随着参与人数的增加，其保密性也就很难得到保证。因此，在任何一项医学研究项目开展之前，项目负责人应当专门指定 1 名工作人员作为研究对象资料的保管员，确保参与者对相关信息的保密。

如果研究涉及到人体实验，那么整个科研过程都应遵守《赫尔辛基宣言》中的条约规范，研究者、作者和出版者都对研究成果的出版和发布有伦理义务。不遵守该宣言的科研行为不会受到学术界和大众认可，其论文也不应予以发表。大多数期刊均要求作者在涉及人体的研究论文中，确认该研究所涉及的研究对象均已签署知情同意书，如有必要，还会要求作者提供该知情同意书的样本，以及要求作者提供该研究项目所在单位医学伦理委员会审查复印件。

二、期刊的选择

完成论文后，接下来的重要步骤就是选择期刊投稿。选择合适的期刊投稿，将大大增加论文的发表概率。那么，如何选择与自己论文的研究范畴相适宜的期刊呢？如何选择与论文等级相应的期刊呢？

投稿前，作者应了解拟投期刊的收稿范围和期刊编辑的研究兴趣，以及近几年的侧重点。首先，可以通过登录杂志主页查询该杂志刊载论文范围的说明，如不符合，应另选他刊。其次，下载期刊近几年的文章归纳其感兴趣的热点趋势，确定自己的论文符合该期刊的研究倾向。然后，查找期刊主编、编辑和评审专家们的学术专业介绍，最好能有与本人研究方向相符合的专家，避免因审稿人对论文相关专业不熟悉而延误审稿进程甚至拒稿。另外，欲使自己的研究成果能与同行进行最有效地交流，需要将论文发表在“目标读者”最多的期刊，最简单的途径是将论文投往作者本人经常阅读和引用的期刊，因为这些期刊通常也最适合发表作者本人的论文。

此外，作者应根据论文写作目的或者对论文的自我评估选定合适等级的期刊投递。例如，根据某学校硕士学位申请要求，必须在中文核心期刊或国家级期刊上发表一篇论文，那么投稿时应选择符合该等级要求的期刊投递。再例如，若自己的论文立题新颖、成果显著，选择期刊时，应尽量投递到具有学术权威性和高影响力的杂志；反之，若自己的论文缺乏创新性、学术深度不足，若贸然投递到等级过高的杂志，则容易被拒稿。因此，明确杂志的等级也是投稿时必须注意的重要环节。尽管国家行政管理部门声明从未从行政角度对现行期刊进行过级别划分，但期刊级别的观念早已深入人心，也被各单位和机构所认同，论文刊登的杂志等级亦成为评价论文质量的重要指标。下面就中文期刊和外文期刊的几种期刊等级分类法进行说明。

（一）中文期刊的等级划分

1. 按期刊主管部门划分　按照这种方法分级，期刊被分为国家级、省部级、地市级三种级别。由代表国家科研水平的科研院所、高等学校、国家一级学会主办的学术期刊一般被认为是国家级期刊，省部级、地市级同理类推。例如，《中草药》是中国药学会和天津药物研究院共同主办的国家级期刊，《江西医药》是江西省医学会主办的省级期刊，《家庭医生报》则是南昌市卫生宣传教育馆主办的地市级刊物。

2. 按期刊是否公开出版划分　并不是所有期刊都是公开出版发行的，因而期刊也就分为公开发行和内部发行两种。一般认为，在主办者级别相同的情况下，公开发行期刊等级要高于内部发行期刊（有保密要求或非学术因素暂不便公开的除外）。例如，有些会议论文集也只供内部学术交流，即使论文被收录也不属于刊登发表。因此，投稿前应询问是公开发行还是内部刊登。

3. 按期刊刊号划分　正式期刊的刊号分为国际标准刊号（ISSN）和国内统一刊号（CN）。因此，期刊也可分为 CN 刊号期刊和 ISSN 刊号期刊。另外，许多杂志现在已同时具有 CN 刊号和 ISSN 刊号。具有 CN 刊号的期刊是我国境内注册，国内公开发行的刊物，其刊号结构式为：CN 地区代码—期刊序号 / 分类号，例如海南省的《中国热带医学》杂志刊号为 CN46—1064/R，其中 46 是海南省的地区代号，1064 是海南省期刊的顺序号，分类号 R 表示该刊为医学类刊物。ISSN 刊号的期刊是我国境外注册，国内外公开发行的刊物，其格式为 ISSN1234-5678（"1234" 和 "5678" 各代表四位数字）。两者相比，CN 刊号是经过申报国家新闻出版署核批后分配给连续出版物的代号（它实际是出版许可证），对于中文杂志而言具有 CN 刊号的期刊更为正规。此外，我们也可以通过查询是否有 CN 刊号或者 ISSN 刊号来判断是否是公开发行的杂志。

4. 按期刊质量划分　以质量划分等级是目前最为复杂的分类方法，但同时也是最具有学术价值和最科学合理的一种分级。采用核心期刊与非核心期刊两种类别划分期刊质量的方法，现已被各界广泛采纳。核心期刊是学术界通过一整套科学的方法，对期刊质量进行跟踪评价，并以情报学理论为基础，将期刊进行分类定级，把最为重要的一级称之为核心期刊。核心期刊中收载的论文通常也是与本学科发展水平、发展动向密切相关的论文。此外，选定数据库来源期刊也可看作是期刊质量分级的方式之一，近几年我国一些权威科研机构开发了几种与期刊和论文评价有关的大型数据库，选定数据库来源期刊是建立这类数据库最基础的工作，也是保证数据库质量的重要环节之一。因此，选定的来源期刊必须在其学科领域内有权威性、代表性及较高的学术质量。目前，国内共有七大核心期刊和数据库来源期刊的遴选体系。

（1）中文核心期刊：中文核心期刊是指收录在《中文核心期刊要目总览》中的期刊，是根据期刊影响因子、被引量、基金论文比等诸多因素评选出的，在学术界具有权威性的中文期刊。《中文核心期刊要目总览》由北京多所高校图书馆及原中国科学院文献情报中心、中国社会科学院图书馆、中国人民大学书报资料中心等 28 个相关单位的百余名专家和期刊工作者参加评审鉴定，此前已由北京大学出版社出版了八版：第一版（1992 年）、第二版（1996 年）、第三版（2000 年）、第四版（2004 年）、第五版（2008 年）、第六版（2011 年）、第七版（2014 年）和最新版本第八版（2017 年）。作者可登录拟投期刊的官方网站查询期刊简介，确定其是否属于中文核心期刊；或者可以登录中国知网和维普网等网站查询拟投期刊是否属于中文核心期刊。北京大学图书馆官方网站上可查询《中文核心期刊要目总览》的相关信息。官方网址：http://www.lib.pku.edu.cn/portal/。

（2）中国科技核心期刊：中国科技核心期刊是指收录在《中国科技期刊引证报告》中的期刊，又称中国科技论文统计源期刊。该报告是中国科学技术信息研究所受国家科学技术部委托出版的，专门用于期刊引用分析研究的重要检索评价工具，也是目前国内比较公认的科技统计源期刊目录。统计源期刊的选刊标准有总被引频次、影响因子、国际论文比和基金论文比等 17 项。收录的中国科技核心期刊按学科范畴可分为社会科学卷（2018 版）和自然科学卷（2018 版），与药学相关的科技核心期刊均收录在自然科学卷中。可登录拟投期刊的官方网站查询期刊简介，确定其是否属于科技核心期刊；或者可以登录中国知网和维普网等，查询拟投期刊是否属于科技核心期刊。官方网址：http://www.istic.ac.cn/。

（3）中国科学引文数据库来源期刊：中国科学引文数据库（Chinese Science Citation Database，简称 CSCD）是我国第一个引文数据库，经过中国科学引文数据库定量遴选、专家定性评估，中国科学引文数据库（2019—2020 年）收录来源期刊 1 230 种，其中中国出版的英文期刊 229 种（目前中国内地出版 431 种英文学术期刊），中文期刊 1 001 种。中国科学引文数据库来源期刊每两年遴选一次。每次遴选均采用定量与定性相结合的方法，定量数据来自于中国科学引文数据库，定性评价则通过聘请国内专家定性评估对期刊进行评审。定量与定性综合评估结果构成了中国科学引文数据库来源期刊。作者可登录CSCD官方网站查询拟投期刊是否被该数据库收录。官方网址：http://sciencechina.cn/。

(4) 中国核心期刊(遴选)数据库：万方数据股份有限公司于2003年建成的“中国核心期刊(遴选)数据库”，基本包括了我国文献计量单位的中文科技类核心源期刊和社科类统计源期刊。它是核心期刊测评和论文统计分析的数据源基础。该数据库集合多年建设的中国科技文献数据库、中国科技论文与引文数据库以及其他相关数据库中的期刊条目部分内容，建立完整、全面、规范的核心期刊遴选数据库，用于文献计量分析、定量地评价学术期刊、测定核心期刊。作者可登录官方网站查询拟投期刊是否被该数据库收录。官方网址：http://www.ccjad.net/。

另外，还有南京大学发布的《中文社会科学引文索引》(CSSCI)、中国社会科学院文献信息中心发布的《中国人文社会科学核心期刊要览》、中国人文社会科学学报学会发布的《中国人文社科学报核心期刊》三大社科类期刊遴选体系，因药学类论文一般不发表在社科类期刊杂志中，这里不作赘述。

5. 以影响因子划分等级 影响因子是指某一期刊的文章在特定年份或时期被引用的频率，是衡量学术期刊影响力的一个重要指标，即某期刊前两年发表的论文在该报告年份中被引用总次数除以该期刊在这两年内发表的论文总数，这是一个国际上通行的期刊评价指标。查询中文期刊的影响因子，可使用中国学术期刊(光盘版)电子杂志社和中国科学文献计量评价中心联合推出的《中国学术期刊综合引证报告》，PubMed中文网旗下的SCI期刊数据库及中国知网也可以查询期刊影响因子及变化曲线。

(二) 外文期刊的等级划分

国内学者选择外文期刊投稿时，一般都以期刊质量划分等级。科学引文索引(Science Citation Index，简称SCI)、工程索引(Engineering Index，简称EI)、会议录索引(Conference Proceedings Citation Index，简称CPCI，前身是ISTP)是世界著名的三大科技文献检索系统，是国际公认的进行科学统计与评价的主要检索工具，被这三大索引收录的期刊在专业领域里都具有较高的学术影响力，其中以SCI最为各界认可。

1. SCI 于1957年由美国科学信息研究所(Institute for Scientific Information，ISI)创办，是学术界公认的权威的科技文献检索，且适用于全球科学领域的学术评价体系。ISI每年出版《期刊引证报告》(*Journal Citation Reports*，JCR)对SCI收录的所有期刊之间的引用和被引用数据进行统计、运算，并针对每种期刊定义了影响因子(impact factor，IF)等指数。影响因子指的是该刊前二年发表的文献在当前年的平均被引用次数。刊物的影响因子越高，即其刊载的文献被引用率越高，一方面说明这些文献报道的研究成果影响力越大，另一方面也反映该刊物的学术水平越高。JCR以其大量的期刊统计数据及计算的影响因子等指数，而成为一种期刊评价工具。图书馆可根据JCR提供的数据制定期刊引进政策；论文作者可根据期刊的影响因子排名决定投稿方向。

除了影响因子之外，还可以从期刊分区来评价期刊质量。根据分区表对SCI论文进行评价的模式已被国内部分高校和科研机构采纳，有利于鼓励科研工作者向本学科的高级区域投稿。国内主流参考的SCI分区依据主要有中科院JCR分区以及汤森路透JCR的Journal Ranking分区两种。其中，中科院期刊分区表则被更多的机构采纳以作为科研评价的指标。

汤森路透JCR的Journal Ranking分区没有设置大类学科，只分为176个具体学科，以当年的影响因子为基础，对每个分类学科内的期刊按照当年的影响因子由高到低排序，平均分为Q1、Q2、Q3和Q4四个区，Q表示quartile in category。

中科院JCR分区是中国科学院国家科学图书馆科学前沿分析中心(原中国科学院文献情报中心)划分的，该分区法先将所有学科分为13个大类(医学、生物、农林科学、环境科学与生态学、化学、工程技术、数学、物理、地学、地学天文、社会科学、管理科学及综合性期刊)，将各大类中的期刊根据3年平均影响因子由高到低排序，划分为1区、2区、3区和4区四个等级。前5%为1区、6%~20%为2区、21%~50%为3区，其余为4区。一般而言，发表在1区和2区的SCI论文，通常被认为是该学科领域比较重要的成果。汤森路透JCR分区的四个分区期刊数都是相等的，而中科院JCR分区的1区到4区的期刊数量不等，呈金字塔状分布。

另外，科学引文索引扩展版（SCI Expanded，SCIE）是科学引文索引（SCI）的扩展版，也称为网络版。SCIE 与 SCI 的区别在于载体不同以及收载的期刊数量不同。SCI 是以纸质书籍和光盘为载体，SCIE 则是以网络为载体。SCIE 包含了 SCI 收载的期刊，并在此基础上又扩充了一千多种来源期刊。随着网络资源越来越普及，科研工作者也越来越淡化 SCIE 和 SCI 之间的区分。因此，现在通常说的 SCI 收录，就是 SCIE 收录；SCI 文章，也就是 SCIE 文章。中国乃至世界相关机构的统计分析也多用 SCIE 数据，也习惯性称为 SCI 数据。

作者可登录官方网站或相关查询网站确定拟投期刊是否被 SCI 收录。官方网址：http://mjl.clarivate.com/。

2. EI　创刊于 1884 年，是美国工程信息公司（Engineering Information Inc.）出版的著名工程技术类综合性检索工具。收录文献几乎涉及工程技术各个领域。例如：动力、电工、电子、自动控制、矿冶、金属工艺、机械制造、土建、水利等。它是目前国际比较认可的学术检索系统。

作者可登录 Engineering Village 查询拟投期刊是否被 EI 收录。官方网址：https://www.engineeringvillage.com/home.url。

3. CPCI　前身是科技会议录索引（Index to Scientific & Technical Proceedings，ISTP），创刊于 1978 年，由美国科学情报研究所编辑出版。该索引收录生命科学、物理与化学科学、农业、生物和环境科学、工程技术和应用科学等学科的会议文献，包括一般性会议、座谈会、研究会、讨论会、发表会等。ISTP 现已更名为 CPCI，但仍有部分科研机构沿用 ISTP 这个称呼。

作者可登录官方网站或相关查询网站确定拟投期刊是否被 CPCI 收录。官方网址：http://mjl.clarivate.com/。

三、投稿注意事项与技巧

（一）投稿须知

选定投稿的期刊后，首先应仔细阅读该期刊杂志的投稿须知，然后根据要求修改论文，尤其应注意对稿件字体、图表、文档格式的要求，以避免在初审时因为格式不规范而直接被拒稿。另外，还需根据要求补全投稿材料，例如投稿信（cover letter）、版权协议（copyright agreement）、利益冲突说明（conflicts of interests）、医学伦理批准文件及知情同意书（medical ethics approval document and informed consent）等，有些杂志会要求提交一份可供盲审（blind-peer review）的论文版本，那么应注意该版本需删去所有作者名字、单位及相关信息，只保留文章摘要、正文和参考文献即可。

（二）投稿方式

通常情况下，除了少部分期刊接收电子邮件或邮寄纸质稿件的投稿方式，大部分期刊杂志都使用在线投稿采编系统，注册账户后登录系统，按系统提示步骤上传稿件及相关文档即可。

投稿成功后，作者需及时关注稿件的实时状态，定期查看邮箱或期刊投稿系统，以便及时修改文章及相关信息，避免因延迟递交而被退稿。初审环节一般会在一到两个月内完成，如果三个月未收到对稿件的处理通知，作者有权把稿件再投向其他期刊，但在再投递前应通知原先投稿的期刊。

（三）跟踪稿件状态

投稿成功后，稿件状态可依次显示为初审、外审、复审及终审。外文期刊的稿件状态可依次显示为 with editor（主编分派给编辑）、reviewer invited（审稿人邀请中）、under review（正在审稿中）、decision in process（正在商讨结果）、minor revision/major revision（小修 / 大修）、revision submitted to journal（修改后重新提交再审）、accepted/rejected（接收 / 拒稿）。在不同阶段，编辑部都会对稿件提出修改意见或者拒稿，作者应根据意见仔细修改论文并发回编辑部重审，修改注意事项详见“修稿注意事项与技巧”。

（四）选刊助手

上文介绍了选择 SCI 期刊的方法，还有一种更为简单的方式可以帮助作者提升选刊的准确度，找到更适合自己论文发表的SCI期刊。即利用各网站开发的“选刊助手”，只需在检索栏中输入论文的题目、摘要或关键词等相关信息，就可显示出与该论文相关的所有期刊，包括名称、影响因子、审稿速度、接受率等相关信息，方便作者按需选择。常用选刊助手如下：

1. Journal Finder：http://journalfinder.elsevier.com/。
2. Journal Suggester：https://journalsuggester.springer.com/。
3. 梅斯投稿经验系统：https://www.medsci.cn/sci/submit.do。
4. 丁香通选刊助手：http://guide.biomart.cn/index.php。

四、修稿注意事项与技巧

（一）中文期刊

中文期刊编辑部通常会对投递的稿件进行初审、外审、复审及终审。初审的内容主要包括稿件选题、创新性、学术质量、写作质量、学术不端检测等，凡初审后认为学术水平差或不符合期刊收录范畴的稿件，将直接予以退稿，并给出简要的退稿意见。初审通过后，编辑部会将稿件的“匿名”版发送给专家进行外审，外审是编辑部依据论文的科研范畴选择恰当的评审专家对稿件进一步审理，外审意见也是决定稿件是否被录用的重要参考。外审完成后，编辑部会根据审稿意见决定稿件是否还需修改，或能否进入终审环节，以及是否退稿。若稿件还需修改，则会将审稿意见发给作者，要求作者在规定期限内修改发回，编辑部会对修改后的稿件进行复审。若稿件进入终审环节，则主编或编审会根据审稿意见对作者发回的修改稿和修改说明进行逐一审核，修改完善即可告知作者发表。进入终审环节的论文如没有按要求修改又没有充分说明，依然可能被退稿。

（二）外文期刊

外文期刊的审稿过程与国内期刊大同小异，大多采取三审制，即编辑初审、专家复审、主编终审。为了客观公正，也会采取“双向匿名审稿”制，隐去作者和专家信息。当论文发回作者修改时，应认真对照审稿意见逐一修改并回复意见，并注意对“修回期限”的要求。另外，投递英文稿件时，通常会收到编辑部关于语言润色的修改意见，如“Please check the manuscript by English native speakers（请由英语母语者修改书稿）”。所以，在英文稿件完成后，作者最好能请母语为英语的人士通读一遍，或者请专业的翻译润色机构进行修正，避免语句不通或者词不达意，英语水平不佳的作者应请专业的翻译机构进行翻译。对于一篇科学论文，结构严谨、语句通顺、用词精准是最基本的要求，如果论文表达不清晰，通篇充斥低级词汇或隐晦词语，即使有独到的学术见解和创新的科学论证，也无法被录用。

另外，国外某些高质量的期刊会对参考文献有高规格的要求，例如不允许引用报刊、百度百科、维基百科等的内容。修稿时，要注意审稿专家是否有提出相关的修改要求。如果不慎被拒稿，除了反思论文内容本身是否科学严谨、论点是否新颖之外，作者还应考虑论文结构是否过于刻板；叙述是否太抽象复杂；是否只靠堆砌文字、缺乏生动的说服力。在修改时，作者应多使用图表来对论文内容进行说明或解说，例如用流程图解释实验过程，用彩图解释物种分类或者用表格对比实验结果。目前，很多期刊都有电子版或采用彩色印刷技术（投稿时也会有选项询问是否需要彩印，通常需另外付费），构建一篇图文并茂的论文更容易获得评审青睐，也更容易被读者接受和认可。

五、其他事项

（一）合同或版权

版权也被称为著作权，英文为copyright，是指原创者对其所创作的文学、艺术和科技作品依法享有的专有权利。论文在正式发表前，作者就必须签署版权转让协议，有些杂志社不管论文录用与否，投稿时就必须递交版权转让书；如若发生退稿，则版权转让也自动取消。版权转让即版权所有者将其版权中的全部或部分财产权利转让给他人享有。签订了版权转让协议，意味着作者须遵守以下条约：

1. 作者保证该论文为其原创作品，未公开发表过，未一稿多投，不涉及他人知识产权，并且不涉及泄密问题和保密科研项目。若发生侵权或泄密问题，一切责任由作者承担。

2. 作者保证该论文署名权无争议。若发生署名权争议问题，一切责任由作者承担。

3. 作者将该论文的以下权利转让给期刊编辑部：印刷版和电子版的复制权；网络传播权；发行权；数字化汇编权、数字化复制权、数字化制品形式(包括光盘、互联网出版物)发行权。并且，这些权利不得再以任何形式转让给他人使用，但作者本人可以在其后作品中引用(或翻译)该论文中部分内容或将其汇编在作者非期刊类的文集中。所登论文的中、英文摘要或全文同时被有关文摘刊物、检索系统、中国学术期刊(光盘版)电子杂志社等有关网上期刊转载、传播，若无其他声明，杂志社默认作者同意论文收录在文摘库或数据库中。

4. 该论文在某期刊首次发表后，编辑部将向作者按稿费标准支付一次性稿酬和著作权使用费，并赠送样刊。若编辑部再以其他形式出版该论文，将不再支付作者稿酬。

5. 作者授权某期刊编辑部在出版该论文的期刊版权上作如下声明："未经期刊编辑部许可，任何人、任何单位不能以任何形式转载、摘编本刊所刊载的作品。"

签署版权转让合同时，所有作者必须亲笔签名，以示知晓。关于版权其他问题，在发表论文前，一定要和杂志期刊编辑部协商好，避免日后发生纠纷。

(二) 利益冲突

目前，国内期刊较少要求作者公开论文涉及到的利益冲突关系，但是国外的期刊一般都要求作者投稿时要有一份关于利益冲突的说明，以此作为作者研究客观公正的保证性声明。论文的利益冲突是指学术诚信利益被经济利益或其他利益过度影响从而使论文结果违背客观事实的情况。论文的利益冲突最常出现在医药学研究人员和医药企业或销售企业之间，常见的形式是夸大某一药物或治疗手段的疗效。因此，期刊要求作者主动披露为研究提供支持的组织以及该组织在研究和结果分析中扮演的角色，或者向编辑部如实说明隶属机构的相关信息。这是一种学术伦理的常见要求，也是对于科研人员自身行为规范的约束。

1. 无利益冲突的声明　如果论文不涉及任何利益冲突，可以在文章末尾或者另起文件进行说明。

示例 1：All authors declare that:(i) no support, financial or otherwise, has been received from any organization that may have an interest in the submitted work; and(ii) there are no other relationships or activities that could appear to have influenced the submitted work.

示例 2：The authors have no conflict of interests, financial or otherwise.

2. 有利益冲突的声明　如果存在利益冲突，根据国际医学期刊编辑委员会(ICMJE)推荐，关于利益冲突的声明应该涵盖如下信息：

(1) 支持研究的资源来历和赞助商的名字，并说明这些资源在该研究的实验设计、数据收集、分析和解释、撰写报告、决定提交报告等环节的作用。或者提供一份声明，说明这些资源没有参与研究的各项环节。

(2) 作者是否能够访问研究数据，并说明访问的性质和范围，包括访问是否能够正常进行。

(3) 为了支持上面的声明，有基金或财务支持的研究作者需要签署一份声明，如"在这项研究中，我有权利访问所有的数据，我对数据的完整性和分析的准确性全权负责。""I had full access to all of the data in this study and I take complete responsibility for the integrity of the data and the accuracy of the data analysis."

示例：Author A receives research support/consulting fees from*** (sponsors'name); a detailed list of author A's financial disclosures is available at*** (website); Author B has equity in*** (organization) and serves on the board of directors*** (organization); a detailed list of author B's financial disclosures is available at*** (website).No other author has reported a potential conflict of interest relevant to this article.

值得注意的是，某些期刊不接受研究中涉及商业产品的论文，尤其当这项研究是由生产或销售该产品的商业组织所提供的经费支持。因此，在撰写稿件时，应尽量合理规避"商品名""生产厂家"等商业信息。声明中如实反映利益冲突，也可以让编辑部在指派审稿专家时，回避有潜在经济利益冲突的人员，从而对论文作出客观公正的学术评价。

（三）论文致谢及分工

1. 论文致谢　论文致谢是作者对论文写作过程中给予指导和帮助的人表达尊重和感谢。通常硕士或博士学位论文需要撰写致谢词，一般写在正文末及参考文献之间，而学位论文的致谢要求放在论文的目录之前。致谢词写作应态度诚恳、措词恰当，遵照规范的格式。

某些国外期刊要求英文稿件中附有论文致谢（Acknowledgement）部分。对于不符合署名要求但对研究确有贡献者，可在“致谢”中列出。另外，有些期刊要求将论文的课题基金资助信息也放到“致谢”中，这同时也可作为课题结题时的重要依据。

示例 1：本课题及学位论文是在我的导师 *** 老师的亲切关怀和悉心指导下完成的。他严肃的科学态度、严谨的治学精神、精益求精的工作作风，深深地感染和激励着我。* 老师不仅在学业上给我以精心指导，同时在思想、生活上给我以无微不至的关怀，在此谨向 * 老师致以诚挚的谢意和崇高的敬意。还要感谢帮助我完成毕业论文的课题组成员们，正是由于你们的协助和支持，我才能克服一个个困难和疑惑，直至本文的顺利完成。另外，还要感谢 *** 等各位老师在论文开题、修改初稿、预答辩期间所提出的宝贵意见。在论文即将完成之际，我心怀感激，向给予我无私帮助的师长、同学、朋友致以诚挚的谢意！

示例 2：

ACKNOWLEDGEMENTS

I would like to express my gratitude to all those who helped me during the writing of this thesis.A special acknowledgement should be shown to Professor*, from whose lectures I benefited greatly.I am particularly indebted to Mr.*, who gave me kind encouragement and useful instructions all through my writing.Finally, I wish to extend my thanks to the***library which supplied me with reference materials of great value.

示例 3：

ACKNOWLEDGEMENTS

This project was supported partially by China National Funds for Distinguished Young Scientists（No12345678）.

2. 论文分工说明　针对多位作者的论文，某些国外期刊也会要求附上论文分工说明（Statement of Author Contribution/Authorship Contribution Statement）。有些期刊会提供模版或表单，有些期刊则是完全开放让作者自己写。根据国际医学期刊编辑委员会（ICMJE）推荐，在分工说明中需要解释在论文的以下几个方面每位作者作出的贡献：研究概念或设计、数据收集、起草论文、论文修改、核准终稿（所有作者都需完成该内容）。

示例：

Statement of Author Contribution

anddesigned experiments; ***and***carried out experiments; ***analyzed experimental results; ***analyzed sequencing data and developed analysis tools; ***and***wrote the manuscript.

（四）论文校样及缴纳版面费

1. 论文校样　校样是论文出版过程中的重要环节，也是编辑论文的最后一道工序。因此，在论文发表前，编辑部都会发来出版样稿给作者进行校对。校样不仅要消除排版中的差错，也要进一步发现原稿当中存在的问题，在出版之前尽量减少差错。因药学论文多为学术科技类论文，它具有专业术语多、引用文献多、图表和公式复杂、计量单位和符号多、上下角标多的特点，因此校对起来更为烦琐复杂。

论文作者应仔细对待校样工作，不应存在侥幸心理或依赖编辑人员，而忽视这道程序。出版有差错的论文不仅会误导读者，也会给杂志社和作者本人带来不良影响。

2. 缴纳版面费　当论文被杂志社正式录用之后，除了少部分免版面费的期刊之外，作者都会收到版面费的缴纳通知。一般普通期刊版面费较低，核心期刊版面费较高。收费标准各期刊不一，某些期刊以字数为核算依据，某些期刊以页数为核算依据，费用一般在几百到几千不等。国外期刊收费更为昂贵，尤其是被SCI收录的期刊，费用一般为两千到三千美金，如有彩印需求，还需另外收费。因为国外期刊上刊登的论文通常都可以从数据库中免费开放获取（open access，投稿时也会询问作者是否同意这种方式），所以作者需要缴纳高昂的版面费给杂志社或数据库。如果作者不同意开放获取，那么其他读者想要下载文章则需缴纳不菲的下载费用，这将大大影响论文的引用率和作者的学术影响力。

鉴于目前各种网络支付的便利，杂志社也逐渐接受各种版面费缴纳方式，除了以往的银行转账汇款之外，网上银行或者电子支付方式也越来越被各杂志社接受，可参见杂志社官网的版面费缴纳方式。

[思考题一]

1-1　药学论文分为哪几类？

1-2　药学论文有哪些特点？

1-3　简述药学论文的基本格式。

1-4　简述论文写作伦理。

1-5　简述论文投稿注意事项与技巧。

第二章　药学综述论文写作

[导引]

药学综述论文写作是对药学学科研究生的基本要求，也是药学工作者应当具备的基本能力。综述是在阅读和分析大量相关文献的基础上，对所获信息进行内化后所撰写的论文。撰写综述论文应遵循一定的规范，本章将重点介绍药学综述论文的写作规范与实例。

第一节　药学综述写作概述

一、定义

“综述”是文献综述类论文的简称，“药学综述”是药学文献综述类论文的简称。纵观国内外药学期刊，绝大多数都设有药学综述专栏，部分顶级药学期刊甚至只邀请对某个领域研究历史、研究现状以及发展趋势具有深度见解的作家撰写综述，例如 *Nature Reviews Drug Discovery*，*Trends in Pharmacological Sciences*，*Annual Review of Pharmacology and Toxicology*，*Pharmacological Reviews*，*Pharmacology & Therapeutics*，*Drug Resistance Updates*，*Natural Product Reports* 和 *Journal of Medicinal Chemistry* 等期刊，一般以邀请领域内有深度研究的专家撰写综述为主要的综述稿件来源。由此可见，药学综述一方面是评价研究者专业素质的标准，另一方面也是推动药学研究领域蓬勃发展的助力。“综述”是作者在大量阅读某一研究领域已发表的文献资料或调研已有的研究成果后，经过分析理解、分类归纳，最终总结、凝练而成的文章。药学综述是综述的分支，是对药学学科某一研究领域文献资料和成果的集中概述。

二、特征

1. 综合性　从字面上理解，药学综述具有综合性。较为详尽的综合概述是综述类论文最基本的要求。这种综合性体现在时间和空间两个方面。在时间上，综述内容应该以某一专题的发展历史为轴，纵向阐述其研究历史、描述现状、憧憬未来。在空间上，作者应该通览国内外相关研究成果，横向对比。综述内容不仅要阐明不同研究的相似性、确认相同研究结论的真实性和科学性，还要体现不同研究结论的差异性、提出产生差异可能的原因，尤其是作者要发表具有独立性和创新性的论述与见解。

2. 科学性　药学作为自然科学研究领域的重要部分，药学综述必然具备科学性。药学综述中的语言文字要准确合理，既不能任由主观意识支配而夸大其词，也不能投机取巧、含糊不清。综述用语中，我们既要正确使用属性词或助动词，如“一定”“必然”以及“可能”等，也要合理地使用表示范围和程度的词语，如“绝大多数”“多数地区”等。科学严谨的语言不仅是综述类文章的要求，也体现了综述作者的基本研究素养。

3. 先进性 作者在总结概述已有文献资料的过程中，势必会重点关注相关领域的最新研究成果。如此形成的药学综述必然具备一定的先进性。作为综述作者，要保证综述的先进性可以从以下三个方面着手。第一，选题要新颖。一个好的主题是综述成功的关键。作者应该以前人的综述主题为基础，标新立异，做到既不落入俗套，又不脱离实际。例如，综述某类药物和相关疾病的关系时，我们可以从药物角度或从疾病角度展开讨论，但两者的最终效果不尽相同。第二，内容要新颖。药学综述不完全是对某一专题研究历史的阐述，更重要的是对最新的药学研究成果以及药学发展动向进行剖析，让读者熟知该领域的研究进度和未来的发展方向。最直接的方式便是避免选择过于老旧的文献，挑选近5年的文献资料作为综述的理论基础。第三，角度有创意。在主题确定、参考文献相同的情况下，不同的作者有不同的叙述角度。独到的综述角度不仅有助于更清晰地解释新概念、提出新问题，还有利于提高综述类文章的参考价值。

对于现有研究成果的分条罗列是药学综述最基本的要求，除此之外绝大多数的药学综述都会融入作者个人的理解和评价，这充分体现了药学综述的评述性。综述类文章区别于一般课本和手册的原因在于综述融入了大量作者的见解和观点，是具有一定态度性的科学文章。因此，在综述撰写的过程中，要尽量使研究成果和作者评述相辅相成、整体统一。当然，评述是否精准到位和讨论的创新程度决定了综述的水平和价值。

除了以上特点之外，综述类论文作为一种特殊且严谨的写作形式，具有更高的逻辑性。这便要求文章主题明确、线索清晰、环环相扣，并且具有合理的上下文因果关系。

三、写作意义

如今，越来越多高水平的综述发表在国内外各大杂志上，这提示我们综述类论文在各大研究领域都具有至关重要的作用。就药学综述本身而言，它具有三大功能。第一，凝聚提炼综合信息；第二，分类汇总专题文献；第三，反映研究现状和趋势。

对于作者而言，撰写药学综述具有三个方面的意义。第一，系统性学习。撰写的过程即专业知识积累和学习的过程，作者可以通过撰写综述更为全面地掌握相关领域的知识，构建一个较为完整的知识网络体系，有利于高水平研究人员在领域内创新和突破。第二，综合能力提升。综述的撰写是锻炼科研能力的重要手段。在撰写过程中，作者的文献检索能力、资料速览能力、分析归纳能力以及阐述表达能力都得以提高。如果是英文综述，作者的英文写作能力也能够在撰写过程中突飞猛进。第三，逻辑思维训练。上述综述类论文的逻辑性要求作者具备较好的逻辑思维能力。所以，作者在撰写过程中，其思维的缜密性得以大幅度提升。

药学综述是给读者提供系统性学习的资料。尤其是对于某个专题刚入门的研究人员来说，阅读综述可以更系统地了解所在领域的发展历史、研究现状以及未来趋势进而指导自己的研究工作。例如，刚入学的研究生通过阅读相关综述，有助于选择一个适合自己的研究方向。因此，综述类论文是研究生选择科研方向的重要风向标。最重要的是，阅读综述是最为高效地入门方式，极大地节约了学习时间。同样，对于某一领域刚起步的读者来说，阅读综述的过程等同于汲取前人研究经验甚至是吸取教训的过程，可以让研究人员少走弯路，提高研究效率。

综上，药学综述具有综合性、科学性、先进性、评述性以及严谨性等特点，对于作者和读者来说都意义非凡。因此，我们要明析药学综述写作规范，理清其写作步骤并且合理地选择投稿杂志。

四、期刊选择

目前，很多期刊均接受药学综述发表，具体可通过网络进入期刊主页，阅读期刊办刊目的及接受文章类别进行判断。除常规药学期刊外，很多综合性期刊也接受综述。*Journal Citation Reports*（JCR）

提供有关自然科学和社会科学学术期刊的多方面信息，包括影响因子（impact factor，IF）、期刊分类等。它是 Clarivate Analytics 的年度出版物，已与美国科学引文索引（Web of Science）集成，可从 Web of Science-Core Collections 访问。经查询 JCR 数据库中 2018 年 6 月公布的影响因子，药学及药理学分类中共有 261 个 SCI 学术期刊，其中影响因子大于 3 的有 96 个（见表 2-1），这些期刊几乎均接受综述，但部分期刊只接受约稿。影响因子大于 10 的，包括 *Nature Reviews Drug Discovery* 和 *Pharmacological Reviews* 等顶级期刊为综述类型杂志，目前只接受约稿；影响因子小于 5 的期刊较多，且大多数不需要约稿。凡没有明确说明仅接受约稿的，作者均可尝试投稿。这些期刊主要由 Elsevier、Wiley 及 Taylor&Francis Ltd. 等出版商发行。作者可根据实际情况，综合考虑选择发表相关药学综述的期刊。

2019 年 6 月，Clarivate Analytics 发布 2019 年的期刊引证报告（基于 2018 年的数据），公布的 2019 年最新 SCI 影响因子（JCR2018）收录了来自五大洲 81 个国家的 12 538 类期刊（其中，药学及药理学分类中共有 260 多个 SCI 学术期刊），涵盖 236 个学科。

表 2-1 刊登综述的药学及药理学期刊名录（IF>3）

期刊名字	出版者	影响因子（2017）	Review
Nature Reviews Drug Discovery	Springer Nature	50.167	Invited
Pharmacological Reviews	The American Society for Pharmacology and Experimental Therapeutics	18.964	Invited
Advanced Drug Delivery Reviews	Elsevier	13.660	Invited
Annual Review of Pharmacology and Toxicology	Annual Reviews Inc.	13.295	Invited
Trends in Pharmacological Sciences	Elsevier	12.108	Invited
Drug Resistance Updates	Elsevier	11.630	Invited
Pharmacology & Therapeutics	Elsevier	10.376	Invited
Medicinal Research Reviews	Wiley	8.290	Invited
Journal of Controlled Release	Elsevier	7.877	Yes
Alimentary Pharmacology & Therapeutics	Wiley	7.357	Yes
Drug Discovery Today	Elsevier	6.848	Invited
British Journal of Pharmacology	Wiley	6.810	Invited
Clinical Pharmacology & Therapeutics	Wiley	6.544	Yes
Neuropsychopharmacology	Springer Nature	6.544	Invited
Current Opinion in Pharmacology	Elsevier	6.313	Invited
ActaPharmaceuticaSinica B	Elsevier	6.014	Yes
Neurotherapeutics	Springer	5.719	Invited
Expert Opinion on Drug Delivery	Taylor & Francis Ltd.	5.553	Yes
Journal of Antimicrobial Chemotherapy	Oxford University Press	5.217	Invited
Therapeutic Advances in Chronic Disease	Sage Publications Ltd.	4.900	Yes
Pharmacological Research	Elsevier	4.897	Yes
Journal of Psychopharmacology	Sage Publications Ltd.	4.738	Yes
Expert Opinion on Drug Discovery	Taylor & Francis Ltd.	4.692	Yes
Drugs	Springer	4.690	Yes
Expert Opinion on Therapeutic Targets	Taylor & Francis Ltd.	4.598	Yes
Asian Journal of Pharmaceutical Sciences	Elsevier	4.560	Yes

续表

期刊名字	出版者	影响因子(2017)	Review
Molecular Pharmaceutics	American Chemical Society	4.556	Yes
European Journal of Pharmaceutics and Biopharmaceutics	Elsevier	4.491	Yes
Clinical Pharmacokinetics	Springer	4.464	Yes
Drug Metabolism Reviews	Taylor & Francis Ltd.	4.450	Yes
International Journal of Nanomedicine	Dove Medical Press	4.370	Yes
Antiviral Research	Elsevier	4.307	Invited
Antimicrobial Agents and Chemotherapy	American Society for Microbiology	4.255	Yes
International Journal of Antimicrobial Agents	Elsevier	4.253	Yes
Neuropharmacology	Elsevier	4.249	Invited
Biochemical Pharmacology	Elsevier	4.235	Invited
CNS Drugs	Springer	4.206	Yes
Progress in Neuro-Psychopharmacology & Biological Psychiatry	Elsevier	4.185	Yes
European Neuropsychopharmacology	Elsevier	4.129	Yes
Current Neuropharmacology	Bentham Science Publishers	4.068	Yes
Pharmacoeconomics	Springer	3.989	Yes
International Journal of Neuropsychopharmacology	Oxford University Press	3.981	Invited
Molecular Pharmacology	The American Society for Pharmacology and Experimental Therapeutics	3.978	Yes
Journal of Natural Products	American Chemical Society	3.885	Yes
Expert Opinion on Investigational Drugs	Taylor & Francis Ltd.	3.883	Yes
International Journal of Pharmaceutics	Elsevier	3.862	Yes
British Journal of Clinical Pharmacology	Wiley	3.838	Yes
Frontiers in Pharmacology	Frontiers Media S.A	3.831	Yes
Biodrugs	Springer	3.825	Yes
Pharmacogenomics Journal	Springer Nature	3.812	Yes
The AAPS Journal	Springer	3.804	Invited
Pharmaceutics	Multidisciplinary Digital Publishing Institute (MDPI)	3.746	Yes
Journal of Pharmacology and Experimental Therapeutics	American Society for Pharmacology and Experimental Therapeutics	3.706	Invited
Expert Review of Neurotherapeutics	Taylor & Francis Ltd.	3.692	Yes
Journal of Neuroimmune Pharmacology	Springer	3.664	Invited
Drug Metabolism and Disposition	American Society for Pharmacology and Experimental Therapeutics	3.640	Yes
Toxicology and Applied Pharmacology	Elsevier	3.616	Invited
Phytomedicine	Elsevier	3.610	Yes
Vascular Pharmacology	Elsevier	3.607	Invited
Drug Safety	Springer	3.585	Yes

续表

期刊名字	出版者	影响因子(2017)	Review
Journal of Clinical Lipidology	Elsevier	3.580	Yes
Expert Opinion on Emerging Drugs	Taylor & Francis Ltd.	3.579	Yes
Acta Pharmacologica Sinica	Springer Nature	3.562	Yes
Investigational New Drugs	Springer	3.502	Yes
CNS Neuroscience & Therapeutics	Wiley	3.495	Yes
Expert Opinion on Pharmacotherapy	Taylor & Francis Ltd.	3.475	Yes
Current Medicinal Chemistry	Bentham Science Publishers	3.469	Yes
European Journal of Pharmaceutical Sciences	Elsevier	3.466	Yes
Biomedicine & Pharmacotherapy	Elsevier	3.457	Yes
Infection and Drug Resistance	Dove Medical Press Ltd.	3.443	Yes
Journal of Drug Targeting	Taylor & Francis Ltd.	3.408	Yes
Drug Delivery and Translational Research	Springer	3.395	Yes
Phytotherapy Research	Wiley	3.349	Invited
Pharmaceutical Research	Springer	3.335	Invited
Chemico-Biological Interactions	Elsevier	3.296	Yes
Toxicology	Elsevier	3.265	Yes
Reviews of Physiology Biochemistry and Pharmacology	Springer	3.235	Yes
Life Sciences	Elsevier	3.234	Yes
Psychopharmacology	Springer	3.222	Yes
Pharmacotherapy	Wiley	3.196	Invited
Clinical Therapeutics	Elsevier	3.185	Yes
Expert Opinion on Drug Safety	Taylor & Francis Ltd.	3.156	Yes
Expert Opinion on Drug Metabolism & Toxicology	Taylor & Francis Ltd.	3.151	Yes
Expert Review of Anti-Infective Therapy	Taylor & Francis Ltd.	3.141	Yes
Journal of Clinical Psychopharmacology	Lippincott Williams&Wilkins Ltd.	3.134	Yes
International Immunopharmacology	Elsevier	3.118	Yes
Journal of Ethnopharmacology	Elsevier	3.115	Yes
Current Drug Targets	Bentham Science Publishers	3.112	Yes
Saudi Pharmaceutical Journal	Elsevier	3.110	Yes
Drug Delivery	Taylor & Francis Ltd.	3.095	Yes
Advances in Therapy	Springer	3.085	Yes
Neurotoxicology	Elsevier	3.076	Yes
Journal of Pharmaceutical Sciences	Wiley	3.075	Yes
European Journal of Pharmacology	Elsevier	3.040	Yes
International Journal for Parasitology-Drugs and Drug Resistance	Elsevier	3.030	Yes
Chemmedchem	Wiley	3.009	Invited

注:经 Web of Science 查询,以 JCR 数据库中 2018 年公布的影响因子列出。

除常规药学期刊外，一些专注天然产物及传统药物研究的 SCI 期刊也接受药学综述，经 JCR 数据库查询，表 2-2 列出了部分接受药学综述发表的相关 SCI 期刊，如 *Phytochemistry Reviews*，该期刊可发表天然药物化学相关方面的综述。

表 2-2 刊登天然产物、传统药物等综述的 SCI 期刊名录

期刊名称	出版者	影响因子 (2017)	Review
Natural Product Reports	Royal Society of Chemistry	11.406	Invited
Journal of Medicinal Chemistry	American Chemical Society	6.253	Invited
European Journal of Medicinal Chemistry	Elsevier	4.816	Invited
Journal of Ginseng Research	Elsevier	4.053	Yes
Phytochemistry Reviews	Springer	3.875	Yes
Phytochemistry	Elsevier	3.186	Yes
American Journal of Chinese Medicine	World Scientific Publishing Co.	3.120	Yes
Fitoterapia	Elsevier	2.642	Yes
Anti-Cancer Agents in Medicinal Chemistry	Bentham Science Publishers	2.556	Yes
Planta Medica	Thieme Medical Publishers	2.494	Yes
Journal of Medicinal Food	Mary Ann Liebert Inc.	1.954	Yes
Natural Product Research	Taylor & Francis Ltd.	1.928	Yes
Journal of Natural Medicines	Springer	1.920	Yes
Chinese Medicine	Biomed Central	1.802	Yes
Phytochemistry Letters	Elsevier	1.575	Invited
Pharmacognosy Magazine	Medknow Publications	1.525	Yes
Chinese Journal of Integrative Medicine	Springer	1.346	Yes
Records of Natural Products	ACG Publications	1.311	Invited
Journal of Asian Natural Products Research	Taylor & Francis Ltd.	1.091	Yes
Journal of Traditional Chinese Medicine	Elsevier	0.857	Yes
Natural Product Communications	Natural Product Inc.	0.809	Invited
Chemistry of Natural Compounds	Springer	0.450	Yes

注：经 Web of Science 查询，以 JCR 数据库中 2018 年公布的影响因子列出。

很多中文专业期刊也接受药学综述的发表。北大中文核心期刊是学术界对某类期刊的定义，是根据期刊影响因子等诸多因素对中文学术资讯网类期刊进行划分。以 2019 年版北大中文核心期刊目录进行查询，表 2-3 含药学领域期刊 17 个，其中不乏报道我国药学科研成果、促进国内外学术交流的综合性学术刊物。如《药学学报》杂志以探讨新理论，介绍新技术、新方法、新进展，开展学术交流为主要宗旨，其接收文章涵盖药理学、药物化学、药物分析化学、生药学和药剂学等方面的综述，并在国内外公开发行。中国医药领域期刊 20 个，包括《中草药》《中国中药杂志》等综合性中医药学术期刊。《中草药》杂志突出报道中药新药研究的新理论、新成果、新技术、新方法和临床应用，促进中药现代化、标准化、国际化，接受研究论文、专论、综述等发表。表 2-3 中所列出的中文期刊均接受药学综述发表，且均未特别说明需约稿。

表 2-3　北大中文核心期刊（药学和中国医药杂志）中可接受综述发表的期刊名录

杂志名	出版社 / 主办单位
药学学报	中国药学会
中国药学杂志	中国药学会
中国药理学通报	中国药理学会
药物分析杂志	中国药学会
中国新药杂志	中国医药科技出版社
中国新药与临床杂志	中国药学会
中国医院药学杂志	中国药学会
中国医药工业杂志	上海医药工业研究院
中国药科大学学报	中国药科大学
沈阳药科大学学报	沈阳药科大学
中国药理学与毒理学杂志	军事医学科学院毒物药物研究所
中国临床药理学杂志	中国药学会
中国药房	中国药房杂志社；中国医院协会
中国生化药物杂志	无锡锡报期刊传媒有限公司
中国现代应用药学	中国药学会
中国抗生素杂志	四川抗菌素工业研究所；中国医学科学院医药生物技术研究所
中国海洋药物	中国药学会
华西药学杂志	四川大学；四川省药学会
中草药	天津药物研究院；中国药学会
中国中药杂志	中国药学会
中国中西医结合杂志	中国中西医结合学会；中国中医科学院
中国针灸	中国针灸学会；中国中医科学院针灸研究所
中成药	国家药品监督管理局
北京中医药大学学报	北京中医药大学
中药材	国家药品监督管理局
中国中医基础医学杂志	中国中医研究院基础理论研究所
中药药理与临床	中国药理学会
中华中医药杂志	中华中医药学会
针刺研究	中国针灸学会；中国中医科学院针灸研究所
中药新药与临床药理	广州中医药大学
南京中医药大学学报	南京中医药大学
中国实验方剂学杂志	中华中医药学会；中国中医科学院中药研究所
辽宁中医杂志	辽宁中医药大学

续表

杂志名	出版社 / 主办单位
时珍国医国药	时珍国医国药杂志社
中医杂志	中华中医药学会;中国中医科学院
新中医	广州中医药大学;中华中医药学会
中国中西医结合急救杂志	中国中西医结合学会
中国天然药物	中国药科大学;中国药学会

注:以最新公布的2019年版北大中文核心期刊目录进行查询。

从上述归纳和分析可以看出,药学综述的投稿选择非常广泛,从中文核心期刊到SCI英文期刊,从药学期刊到聚焦天然药物及传统药物的期刊,均可发表相应的综述文章。大部分期刊可接受作者的主动投稿,但也有部分期刊仅接受邀请投稿。作者在选择期刊的时候可阅读相关期刊的投稿指南。需要特别注意的是,目前有很多开放阅读期刊,且经常通过发送邮件来邀请作者投稿,但由于其中可能存在某些质量不高的期刊,因此投稿时需要仔细甄别。

第二节　药学综述写作规范

一、写作要求及格式

药学综述的格式与一般研究性论文的格式有所不同,这是因为研究性论文侧重于对研究方法、结果的阐述,而文献综述则要求向读者介绍主题相关的详细资料、动态、进展以及对上述方面的评述。根据不同的需要,药学综述可以从不同的广度和深度阐述主题,其写作格式相对灵活,无严格规定。通常,国内外药学期刊如《药学学报》、*Medicinal Research Reviews* 对具体的综述格式各有明确的标准和要求,在撰写的过程中需仔细阅读"作者须知"或"Instructions for authors"。一篇药学综述一般包括以下几个元素:题目、作者、第一作者单位、摘要、关键词、前言、正文、小结及参考文献。下面将着重介绍题目、前言、正文、小结和参考文献5个部分。

(一) 题目

与研究性论文不同,药学综述的标题要简洁明了、重点突出,对文章内容起到概括和揭示的作用,同时应能反映学科研究范围和学术深度。题目多用名词词组表达,中文字符数一般控制在20字之内,英文标题则一般不超过10个实词。可直接写出综述的主题内容,也可在主题内容后加上"……的研究现状""……的研究进展"等标志性词汇。如以下两个综述题目所示:

Regulation of the Hippo signaling pathway by ubiquitin modification

Bromodomain drug discovery—the past, the present, and the future

除此之外,药学综述题目应尽量避免使用化学结构式,以及易引起歧义或不太为人熟知的符号、简称及缩写,如题目"Calcium-independent phospholipase A2γ(iPLA2γ) and its roles in cellular functions and diseases"较直接使用简称"iPLA2γ"入题更为恰当。药学综述的题目应特别注意要恰当,体现出综述的独到、新颖之处,且需文题相符,切不可"小题大做"或文不对题。例如,综述血管内皮生长因子的文章,若取题为"血管内皮生长因子研究进展"则显得宽泛而缺乏吸引力,可根据综述内容框定题目为"血管内皮生长因子与肿瘤转移"等。

(二) 前言

前言又称引言或导言,是一篇综述的开始,主要回答研究目的,字数一般控制在300~500字。该部分内容应开宗明义，起到破题的作用。其不仅要对下文中的专有名词进行解释，明确相关的定义，还需要简明扼要地介绍本综述的背景材料、研究现状、争论的焦点和主流发展趋势，引出综述的学术意义与目的以及读者最感兴趣的综述核心。

（三）正文

正文作为药学综述的主体，是整个综述中内容最为详尽、价值最高的部分。根据主题的不同，其写作形式没有固定的格式，但通常应包含论点和论据两部分。一般通过历史回顾和现状介绍提出问题或现象，并抛出论点，继而以此为中心比较不同研究人员的研究结论或看法，进一步分析总结后提出本综述的见解，字数一般控制在 3 000~5 000 字。

为把问题说得透彻明白，正文每段之间应有论点相互衔接，以论点带论据的方式阐述为宜，其中引用的资料以使用公开出版的文献为原则，尽可能引用近 5 年出版的文献，在保证本药学综述新颖性的同时，如实反映原文的观点和数据。主体部分内容的次序与结构多采用大标题下分列多级小标题的方式展开，如下例对盐酸安罗替尼（anlotinib）的治疗效果进行综述：

1 Therapeutic efficacy of anlotinib

1.1 Advanced NSCLC

1.2 Advanced STS

1.3 Metastatic renal cell carcinoma

1.4 Advanced medullary thyroid cancer

药学综述主体既要求全面系统、客观公正地反映事实，又要求条理清楚、层次分明地阐述观点，为达到写作目的，有以下三种常用的写作技巧可供参考：

（1）纵式写作法：该方法强调时间的进展性，一般按照主题发展的先后顺序描述某一专题的动态轨迹，进而体现各阶段的研究水平。这种写法切忌孤立地罗列各个事实，应根据一定的逻辑内涵体现事物发展的层次性。另外，某些课题如基因测序，其发展历程的时间跨度大，科研成果繁多，在介绍时要详略得当，重点阐述具有创造性、突破性的结果，不可泛泛而谈。

（2）横式写作法：该方法是针对某一主题在国内外的发展状况进行总结阐述，其时间跨度较短，主要反映某一时段的研究热点。通过这种横向对比，可以寻找各国关注点之间的差异，对药学同领域工作者起到更好的借鉴和指示作用。

（3）纵横结合写作法：为更加全面地阐释本综述的论点，在同一篇综述中也会采用纵横结合的写作方法。其中较为典型的一种方式是在叙述主题发展历史时采用纵式写作法，而在叙述现状时采用横式写作法。纵横交错下，读者能够更系统全面地理解本综述的论点。

（四）小结

小结首先要对正文部分的主要观点、结论以及主题目前的研究水平简明扼要地进行概括；其次需要对主题未来的发展趋势提出自己的意见或评述，应能够引起读者的思考，启示新的研究课题。该部分需与前言相呼应，形成闭环，同时突出重点，使读者通过阅读前言和小结就能了解本综述的主要内容，字数一般控制在 300~500 字。

（五）参考文献

综述类文章通常附有较多的参考文献，其一是为了保护他人的知识产权，对被引者的劳动成果表示尊重，同时也为读者检索相关文献提供方便；其二是为了反映本综述的可信程度，做到有据可循。值得注意的是，该部分内容应以作者亲自阅读过的原始文献为限，不可引用非公开出版或发表的文献，不能引用其他文章中引用的但未经核对原文的文献。

二、写作步骤

综述一般是某一领域的专家就相关主题进行归纳总结，指出目前已经取得的进展及存在的不足之处，并提出未来可能的研究方向。但综述有时也作为学生或研究者步入某一领域而进行相关研究工作的总结。一般来说，前者更能把握研究的方向，对研究进展的剖析更加透彻，对今后该领域的发展更具预见性，因而具有更大的参考价值。就写作步骤而言，每个人都可以有适应自己写作的步骤，不必强求统一。通常，写作步骤归纳为以下几步：确定撰写主题、拟定目标期刊、系统收集资料、综合分析归纳、撰写综述框架、填充丰富内容、适当使用图表以及反复修改定稿。下面就各个步骤作简单说明。

（一）确定撰写主题

主题的确定非常重要。主题不宜太大，比如以“抗肿瘤药物研究进展”为主题，内容涵盖面较大，不太好把握。如侧重某个方面，比如针对肿瘤类型，或针对某类药物，相对来说范围就会缩小，文献数量容易接受，较容易撰写。综述为后续研究服务的指导，其主题应是撰写者熟悉的研究领域为好。如是研究生撰写某一领域的综述，应结合自己的研究情况，在导师的指导下确定合适的撰写主题。

（二）拟定目标期刊

目标期刊的选择同样重要，各杂志对综述的篇幅、格式等有不同的要求。因此在撰写之前心中应有一定的目标期刊，可以是一本期刊，也可以是同一类型的几本不同期刊。选择目标期刊时，尽可能选择领域中口碑好、有影响力的期刊。有些期刊虽具有较高的影响因子，但在行业内并不具有良好的口碑，作者可以通过网络搜索和向专家咨询等途径进行分析。很多时候受到出版经费的限制，作者在选择目标期刊时，需注意相关期刊是否需要版面费，很多开放阅读的期刊往往是需要版面费的。部分单位可能是某一出版集团的集体会员单位，在版面费上会有所优惠，但往往需要作者在提交稿件时加以说明。此外，不同期刊对发表综述的要求也不尽相同，有些喜欢大而全的综述，有些则更青睐于小而精的综述。无论哪种，作者都应仔细了解相关期刊的要求，再进行相应的构思和撰写。

（三）系统收集资料

药学研究往往不单涉及药学，也涉及医学、生物学及化学的相关研究，在主题确定的前提下，可选取数个关键词，中文期刊可在中国知网等数据库中，英文期刊可在 Pubmed、Scopus 等数据库中进行搜索。在文献检索过程中最大限度地搜集这一领域相关主题的所有文献，而不是根据自己的喜好只选取自己感兴趣的文献进行综述，以免总结不完整或者得出不准确的结果。为了防止这种现象的出现，可以选择不同的搜索引擎以及不同的关键词进行检索。从已有文献的引用文献中查找原文文献也是获得全面信息的一种重要方式。此外，建议使用文献阅读管理软件进行文献的收集整理，如 EndNote 等，这将大大提高效率。特别是后期在综述稿件中插入参考文献或变换格式时将非常方便。作者需要特别注意资料来源的年代和杂志，尽可能选用年代新且杂志有影响力的文献。对于质量一般的文献尽可能不采用，以免产生误导。如多篇研究论文阐述较为近似的结果，则建议采用最先发现这一结果的文献作为参考文献。当然，作者也可以多列出一些相应的参考文献，以便读者对相关领域的发展有一个更为深刻的了解，但很多杂志都有对参考文献条目数的要求，建议精选参考文献。

（四）综合分析归纳

在获得文献的基础上，要对文献进行阅读，并综合分析归纳，重视对原始研究文献的研读，除非特别需要，在一般情况下避免直接引用综述来说明某个问题。综述撰写初学者经常出现这一问题，最后发现无法找到支持证据的根源。归根结底是作者对该研究领域的不熟悉，以及把握不好方向，这一点在一些普通杂志中尤为普遍。实际上真正有意义的综述，往往是由对该领域长期研究的团队所写。因此，我们强烈建议在阅读文献的时候记录好相应的笔记，包括文章的主要观点、你感兴趣的信息、对你的启发甚至在阅读其他综述文章的时候还可以记下文章的结构以及可以借鉴的地方等。好的综述绝不仅仅是对前人研究的单纯总结，更为重要的是批判性地探讨这些研究，寻找方法学的问题以及研究的不足。多读文献、多动笔墨，在阅读了一定量的文献后，对该领域的理解会迅速深化，同时对综述撰写也有了一个初步的框架，当然这个框架还需要进一步完善。此外，在分析归纳中建议采用图表的方式，一方面避免搜集材料的遗漏，另一方面相应的图表也可用于综述的发表，图文并茂，读者更加容易理解。

（五）撰写综述框架

由于综述要写的内容往往很多，选择哪些内容、进行怎样的排布等都需要仔细思考。逻辑结构对于科技论文及综述的撰写都极为重要。好的逻辑结构能够有助于科学问题的阐述，使读者更容易理解，同时也便于作者更好地撰写文章。因此，在阅读前人文献、综合分析归纳的前提下，可以先撰写综述提纲。提纲的各个部分之间要有内在的联系，有的甚至是内容上的递进关系。在框架的撰写过程中不必拘泥于文字语言的表达，更重要的是注意逻辑的通顺以及对问题的说明。不仅是整个文章的大框架，每一个部分中的小框架也要做到心中有数，考虑好写作顺序。由于综述的功能除了归纳总结以往研究之外，还有对今后研究的指导作用。因此，在总结过去研究的基础上，还要指出现有研究的不足之处，为将来研究提出可能的方向。可以把“已经进行了哪些研究，现有研究有什么不足，将来应该怎样研究”的模式整合到各个小框架中。特别需要指出的是，综述框架需要建立在阅读归纳的基础上，并进行不断修改和完善。

（六）填充丰富内容

获得写作框架的基础上，结合阅读的文献及自己的分析归纳，对各部分内容进行填充丰富。建议在此环节应根据自己的理解直接撰写，不用过于在意语法、用词，只需要将自己想表达的意思充分写出来，之后可进一步修改。不建议在此步骤中仍然捧着文献，边看边写。更重要的是，边看边写的做法很容易造成重复语句等问题，严重的会造成学术问题。现在有很多软件可在短时间内进行查重，比如 turnitin。目前，部分期刊的投稿系统也同时具有文献查重系统。

（七）适当使用图表

图表的使用可以解决很多文字无法解决的事情。比如一些信息的总结归纳可使用表格的形式呈现；而一些药物作用机制的阐释可采用图的形式呈现。一般表格采用三线式表格，也可按期刊要求绘制。对图的清晰度有严格的要求，图的其他要求可根据杂志的需求进行准备，但务必做到图片清晰。当然，一篇综述中也不能有过多的图表，否则反而会显得凌乱。

（八）反复修改定稿

综述的修改至关重要，需要在已经完成的初稿中进行多次修改。修改时要特别注意有没有遗漏重要文献、逻辑是否合理、语言是否流畅、是否说清问题和是否符合杂志要求等，需要不厌其烦地对文章进行反复阅读和修改。也可以请同行阅读已经完稿的综述，请他们提出修改意见。特别需要提出的是，综述的一大重要作用是为后来者在相关领域的研究提出建议和指导。因此，作者对相关问题研究方向的讨论以及作者自己的创新思考与建议就显得尤为重要。很多综述在归纳总结部分做得相当好，但缺乏必要的讨论或者讨论得不够充分，这也会影响综述整体的质量。总之，必须通过一定时间的反复阅读，充分征求他人的意见，修改到自己认为“改无可改”方可定稿。

综上所述，药学综述论文的撰写不是拘泥于某一固定步骤，而是针对不同的情况（包括不同的主题、类型、目标期刊、潜在读者人群，以及作者自身对该领域的了解情况等），采用合适的方式和步骤进行资料收集、信息整理和综述写作，以体现该综述的最大价值为目标。如作者是研究生，则会在撰写、修改和反复总结观点的过程中，加深对领域相关背景知识和前沿问题的了解和认识，同时写作水平和科研能力也将得到非常快速的提高。

第三节 药学综述论文实例

一、中文实例

实例 1

陈军 . 抗肿瘤热敏靶向脂质体的研究进展[J]. 药学学报，2011，46(05)：502-506.

中文综述论文实例 1 的首页面和最后两个页面的书写格式，如图 2-1 所示。

DOI:10.16438/j.0513-4870.2011.05.017

· 502 ·　　药学学报 Acta Pharmaceutica Sinica 2011, 46 (5): 502−506

抗肿瘤热敏靶向脂质体的研究进展

陈　军*

(南京中医药大学药学院药剂学教研室，江苏 南京 210046)

摘要：脂质体具有靶向传递药物进入肿瘤部位的优势，被广泛用于肿瘤的临床治疗，但是靶向传递并不能保证药物在肿瘤部位被生物利用。为了解决此问题，热敏靶向脂质体 (TTL) 已经成为目前的研究热点。TTL 既能提高药物在肿瘤部位的浓度，又能在加热条件下触发释放所载药物，从而显著改善所载药物的抗肿瘤效果。本文主要综述了近年来该领域的研究进展。

关键词：脂质体；靶向给药；抗肿瘤药物；触发释放

中图分类号：R944　　**文献标识码**：A　　**文章编号**：0513-4870 (2011) 05-0502-05

Development of targeting thermosensitive liposomes for tumor treatment

CHEN Jun*

(Department of Pharmaceutics, College of Pharmacy, Nanjing University of Chinese Medicine, Nanjing 210046, China)

Abstract: Liposomes which offer the advantage of the enhanced drug accumulation at tumor sites are currently applied extensively in the clinical treatment of tumor. However, accumulation of the liposomes in the tumor area cannot guarantee the drug bioavailability. To resolve the question, thermosensitive targeting liposomes (TTL) have been the hotspot of current studies. TTL can enhance drug accumulation at tumor sites and be triggered to release their contents upon hyperthermia. By applying these two strategies, antitumor efficacy of encapsulated drug can be significantly improved. The present paper reviews the development of TTL in recent years.

Key words: liposome; drug targeting; antitumor drug; triggered release

脂质体 (liposomes) 是一种结构和组成都类似于生物膜的超微型药物载体，在过去 40 年中作为抗肿瘤药物的载体得到了广泛的发展，已经临床应用了近 20 年。近年来，结合了物理化学靶向、主动靶向传递效果以及脉冲释药性能的热敏靶向脂质体 (thermosensitive targeting liposomes, TTL) 在抗肿瘤领域越来越引起重视。

抗肿瘤 TTL 是指采用温度敏感材料和主动靶向修饰材料 (如隐形修饰材料 DSPE-PEG2000 即二硬脂酰磷脂酰乙醇胺-聚乙二醇 2000, 1, 2-distearoyl-sn-glycero-3-phosphoethanolamine-N-PEG2000) 制成的载药脂质体，给药后通过对肿瘤部位局部加热，选择性地在肿瘤部位释放药物，从而实现对肿瘤细胞最大程度的杀伤作用。TTL 增强抗肿瘤作用的机制除了选择性释放药物外，还包括通过加热增加肿瘤血管的通透性，从而增加 TTL 在肿瘤部位的聚集[1]。

本文从抗肿瘤脂质体所面临的问题入手，主要介绍了 TTL 在增强抗肿瘤作用的机制、释放药物的影响因素、新型材料的研究进展、常用研究方法与技术、临床研究进展等 5 个主要方面的研究进展，并对 TTL 存在的主要问题进行了分析，介绍了最新的研究动向。

1　抗肿瘤脂质体研究所面临的问题

目前的抗肿瘤脂质体以隐形脂质体 (stealth liposomes, SL) 为主。SL 经 DSPE-PEG2000 修饰具

收稿日期：2011-01-05.
基金项目：江苏省青蓝工程资助项目.
*通讯作者 Tel: 86-25-85811050, Fax: 86-25-85811524,
E-mail: chenjun75@163.com

(a)首页面

准确性，取样后立即置于冰浴中冷却终止释放，并在 4 ℃测定荧光强度[19]。但是，在测定指定温度下短时间内 (1 min) 的释放度时，往往需要荧光分光光度计中自带恒温与搅拌装置，能实现在线检测[17]。

5.2　体外抗肿瘤实验　将肿瘤细胞在 96 孔板中孵育 24 h (37 ℃, 5% CO_2)，每孔培养液 100 μL 中加入等体积的含 TTL 的培养液，密闭，在 37 ℃或 42 ℃水浴放置 15 min，再培养细胞 24 h 后测定细胞活力[20]。根据具体实验的要求，加热温度和时间可以改变，也有在 45 ℃放置 5 min 的报道[21]。

5.3　体内抗肿瘤实验　Wu 等[11]采用皮下接种 Lewis 肺癌小鼠考察 TTL 的抗肿瘤效果。取接种后 10 d、肿瘤体积为 7 mm×7 mm 的荷瘤小鼠进行实验。给药方案为腹腔注射 50 mg·kg^{-1} 剂量苯巴比妥麻醉后，静脉注射表柔比星 TTL 等制剂，注射后立即将肿瘤部位浸没在43 ℃水浴中 30 min，每两天给药 1 次，初次给药后第 9 天结束实验。必须指出的是，为了保证肿瘤部位加热的效果，需要提前麻醉动物。

为了保证加热温度的准确性，也有报道[10]指出，水浴温度应该比设定的肿瘤加热温度高 1 ℃，同时监测动物的肛温是否保持在正常范围。

6　热敏靶向脂质体的临床研究

由 Celsion 公司开发的多柔比星热敏靶向脂质体 (商品名 ThermoDox®) 目前已经进入临床试验阶段 (治疗肝癌、前列腺癌和乳腺癌等)。ThermoDox®的磷脂组成为DPPC/P-lyso-PC/DSPE-PEG2000 = 90：10：4，具有良好的热敏释药性质。在 41.3 ℃时能在 20 s 内释放 100% 药物，临床试验结果表明，其具有很好的耐受性，最大耐受剂量为 0.93 mg·kg^{-1} [22]。该产品被用于治疗中型 (3.1～5.0 cm) 或大型 (>5 cm) 肝脏肿瘤，静脉滴注 30 min 给药，在给药完成时血药浓度达到最高峰，同时通过皮下或手术方法对肿瘤加热，治疗结果良好，并且表现出明显的量效关系[23]。

7　存在的问题

TTL 存在的主要问题包括：① 热敏材料是制备 TTL 的基础。目前的热敏材料普遍采用合成磷脂，虽然稳定性好，但品种少且价格昂贵，限制了其推广使用。② TTL 必须与临床对肿瘤加热的装置合并使用，但目前在前期研究中对临床加热条件的限制考虑较少，条件不相匹配，例如临床普遍应用的射频消融技术加热肿瘤温度普遍在 50 ℃以上，明显高于 TTL 设定的释放温度。③ TTL 对粒径的要求比较高，现有的制备工艺还不能完全保证粒径的均一化和重现性，也会影响到 TTL 的肿瘤靶向效果。

此外，通过隐形修饰 (属于主动靶向修饰) 达到靶向效果的 TTL 主要依赖于 EPR 效应靶向传递进入肿瘤部位，但这种依赖于肿瘤自身结构的靶向作用还很不可靠，因为各种肿瘤之间的血管壁通透性相差很大，造成了目前实验报道的结果也存在很大差异。此外，隐形修饰目前还存在多次注射丧失长循环效果的 ABC (accelerated blood clearance) 现象[24]，并不能完全保证靶向传递效果。

8　研究新动向

8.1　结合新型靶向技术　目前在 TTL 研究中已经出现利用抗体进行靶向修饰的报道[18]。也有报道结合磁性靶向技术，即根据磁性粒子在磁场作用下产生热量的原理，将磁性粒子包裹进入 TTL，实现双靶向 (磁敏 + 热敏) 进一步提高靶向分布的效果，并且通过磁场触发释放，在此基础上还可以再采用叶酸等主动靶向配体修饰同时实现对肿瘤细胞的主动靶向[25]。

8.2　采用复合磷脂组成　为了进一步提高 TTL 的稳定性，有研究报道在 DPPC 为基础的脂质体膜材中添加一定比例相变温度更高 (56 ℃) 的 DSPC，发现对相变温度没有显著影响。例如，磷脂组成为 DPPC/DSPC/胆固醇/DSPE-PEG2000 = 67：15：13：5 的 TTL 测定其相变温度为 41.5 ℃[19]，与 DPPC 的相变温度几乎没有差别，但加入 DSPC 对热敏释放性能的具体影响和最合适用量还未见报道。此外，也有将相变温度更低的天然磷脂与 DPPC 混合使用制备 TTL 的报道[26]。

References

[1] Koning GA, Eggermont AMM, Linder LH, et al. Hyperthermia and thermosensitive liposomes for improved delivery of chemotherapeutic drugs to solid tumors [J]. Pharm Res, 2010, 27: 1750–1754.

[2] Newman MS, Colbern GT, Working PK, et al. Comparative pharmacokinetics, tissue distribution, and therapeutic effectiveness of cisplatin encapsulated in long-circulating, pegylated liposomes (SPI-077) in tumor-bearing mice [J]. Cancer Chemother Pharmacol, 1999, 43: 1–7.

[3] Harrington KJ, Lewanski CR, Northcote AD, et al. Phase I-II study of pegylated liposomal (SPI-077) in patients with inoperable head and neck cancer [J]. Ann Oncol, 2001, 12: 493–496.

[4] Judson I, Radford JA, Harris M, et al. Randomised phase II trial of pegylated liposomal doxorubicin (DOXIL/CALYX) *versus* doxorubicin in the treatment of advanced or metastatic

(b) 倒数第二页

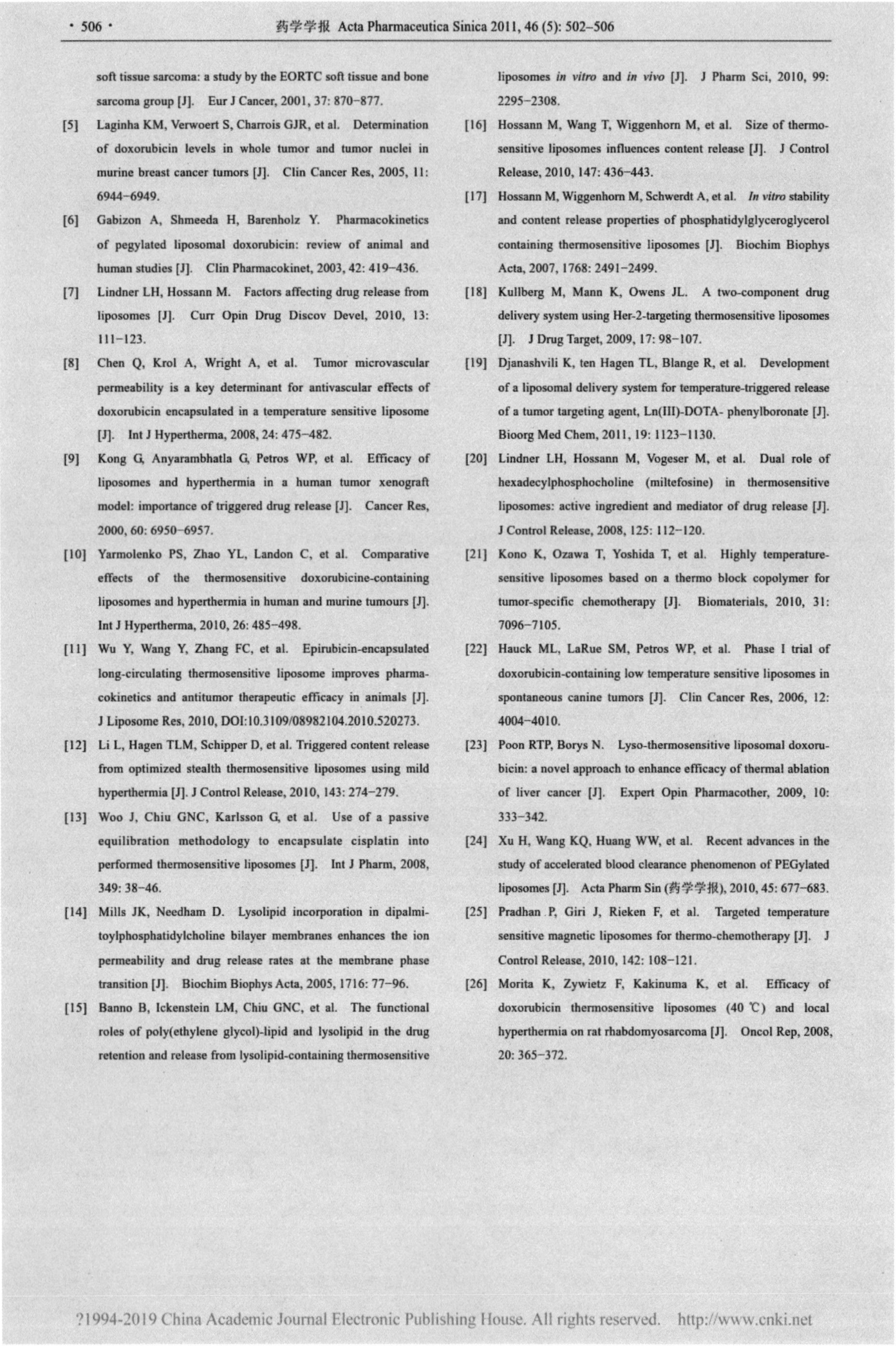

· 506 ·　　药学学报 Acta Pharmaceutica Sinica 2011, 46 (5): 502−506

soft tissue sarcoma: a study by the EORTC soft tissue and bone sarcoma group [J]. Eur J Cancer, 2001, 37: 870−877.

[5] Laginha KM, Verwoert S, Charrois GJR, et al. Determination of doxorubicin levels in whole tumor and tumor nuclei in murine breast cancer tumors [J]. Clin Cancer Res, 2005, 11: 6944−6949.

[6] Gabizon A, Shmeeda H, Barenholz Y. Pharmacokinetics of pegylated liposomal doxorubicin: review of animal and human studies [J]. Clin Pharmacokinet, 2003, 42: 419−436.

[7] Lindner LH, Hossann M. Factors affecting drug release from liposomes [J]. Curr Opin Drug Discov Devel, 2010, 13: 111−123.

[8] Chen Q, Krol A, Wright A, et al. Tumor microvascular permeability is a key determinant for antivascular effects of doxorubicin encapsulated in a temperature sensitive liposome [J]. Int J Hypertherma, 2008, 24: 475−482.

[9] Kong G, Anyarambhatla G, Petros WP, et al. Efficacy of liposomes and hyperthermia in a human tumor xenograft model: importance of triggered drug release [J]. Cancer Res, 2000, 60: 6950−6957.

[10] Yarmolenko PS, Zhao YL, Landon C, et al. Comparative effects of the thermosensitive doxorubicine-containing liposomes and hyperthermia in human and murine tumours [J]. Int J Hypertherma, 2010, 26: 485−498.

[11] Wu Y, Wang Y, Zhang FC, et al. Epirubicin-encapsulated long-circulating thermosensitive liposome improves pharmacokinetics and antitumor therapeutic efficacy in animals [J]. J Liposome Res, 2010, DOI:10.3109/08982104.2010.520273.

[12] Li L, Hagen TLM, Schipper D, et al. Triggered content release from optimized stealth thermosensitive liposomes using mild hyperthermia [J]. J Control Release, 2010, 143: 274−279.

[13] Woo J, Chiu GNC, Karlsson G, et al. Use of a passive equilibration methodology to encapsulate cisplatin into performed thermosensitive liposomes [J]. Int J Pharm, 2008, 349: 38−46.

[14] Mills JK, Needham D. Lysolipid incorporation in dipalmitoylphosphatidylcholine bilayer membranes enhances the ion permeability and drug release rates at the membrane phase transition [J]. Biochim Biophys Acta, 2005, 1716: 77−96.

[15] Banno B, Ickenstein LM, Chiu GNC, et al. The functional roles of poly(ethylene glycol)-lipid and lysolipid in the drug retention and release from lysolipid-containing thermosensitive liposomes *in vitro* and *in vivo* [J]. J Pharm Sci, 2010, 99: 2295−2308.

[16] Hossann M, Wang T, Wiggenhorn M, et al. Size of thermosensitive liposomes influences content release [J]. J Control Release, 2010, 147: 436−443.

[17] Hossann M, Wiggenhorn M, Schwerdt A, et al. *In vitro* stability and content release properties of phosphatidylglyceroglycerol containing thermosensitive liposomes [J]. Biochim Biophys Acta, 2007, 1768: 2491−2499.

[18] Kullberg M, Mann K, Owens JL. A two-component drug delivery system using Her-2-targeting thermosensitive liposomes [J]. J Drug Target, 2009, 17: 98−107.

[19] Djanashvili K, ten Hagen TL, Blange R, et al. Development of a liposomal delivery system for temperature-triggered release of a tumor targeting agent, Ln(III)-DOTA- phenylboronate [J]. Bioorg Med Chem, 2011, 19: 1123−1130.

[20] Lindner LH, Hossann M, Vogeser M, et al. Dual role of hexadecylphosphocholine (miltefosine) in thermosensitive liposomes: active ingredient and mediator of drug release [J]. J Control Release, 2008, 125: 112−120.

[21] Kono K, Ozawa T, Yoshida T, et al. Highly temperature-sensitive liposomes based on a thermo block copolymer for tumor-specific chemotherapy [J]. Biomaterials, 2010, 31: 7096−7105.

[22] Hauck ML, LaRue SM, Petros WP, et al. Phase I trial of doxorubicin-containing low temperature sensitive liposomes in spontaneous canine tumors [J]. Clin Cancer Res, 2006, 12: 4004−4010.

[23] Poon RTP, Borys N. Lyso-thermosensitive liposomal doxorubicin: a novel approach to enhance efficacy of thermal ablation of liver cancer [J]. Expert Opin Pharmacother, 2009, 10: 333−342.

[24] Xu H, Wang KQ, Huang WW, et al. Recent advances in the study of accelerated blood clearance phenomenon of PEGylated liposomes [J]. Acta Pharm Sin (药学学报), 2010, 45: 677−683.

[25] Pradhan P, Giri J, Rieken F, et al. Targeted temperature sensitive magnetic liposomes for thermo-chemotherapy [J]. J Control Release, 2010, 142: 108−121.

[26] Morita K, Zywietz F, Kakinuma K, et al. Efficacy of doxorubicin thermosensitive liposomes (40 ℃) and local hyperthermia on rat rhabdomyosarcoma [J]. Oncol Rep, 2008, 20: 365−372.

(c) 最后一页

图 2-1　中文综述论文实例 1

实例 2

吴地尧,章新友 *,甘宇汾,等 . 数据挖掘算法在中药研究中的应用[J]. 中国药房,2018,29(19):2717-2721.

中文综述论文实例 2 的首页面和最后页面的书写格式,如图 2-2 所示。

·综述讲座·

数据挖掘算法在中药研究中的应用Δ

吴地尧*,章新友#,甘宇汾,于思婷(江西中医药大学药学院,南昌　330004)

中图分类号　R28　　**文献标志码**　A　　**文章编号**　1001-0408(2018)19-2717-06

DOI　10.6039/j.issn.1001-0408.2018.19.28

摘　要　目的:为数据挖掘算法在中药研究中的进一步应用提供参考。方法:以"中药""Apriori""FP-growth""层次聚类""熵聚类""决策树""随机森林""贝叶斯""支持向量机""人工神经网络""logistic 回归""线性回归"等为关键词,组合查询2000年1月—2018年5月发表于中国知网、万方数据、维普网相关文献,对数据挖掘算法在中药研究各子领域中的应用现状进行综述。结果:共检索到相关有效文献573篇。数据挖掘算法较常应用在方剂配伍规律、药物分析、中药药性研究、制剂工艺研究等中药研究子领域,但在医案研究、谱效关系、量化诊断标准等子领域的应用较少。在各子领域中,以在方剂配伍规律研究中运用的数据挖掘算法种类最多,包括Apriori、FP-growth、层次聚类、熵聚类、决策树、人工神经网络、贝叶斯分类、logistic 回归等,并以人工神经网络和支持向量机两种数据挖掘算法在中药研究各子领域中应用最广。结论:数据挖掘算法在中药研究各子领域中应用广泛,可为中药现代化研究提供有力的技术支持。

关键词　数据挖掘算法;中药研究;方剂配伍规律;药物分析;子领域

伴随着中药领域数据的暴涨[1],中药数据挖掘应运而生。中药数据挖掘是在中医药理理论指导下,对中药新药、中药组方规律、作用机制、有效成分和组效关系等多个方面进行深入挖掘的研究[2]。数据挖掘算法是根据数据的需要,创建数据挖掘模型的一系列探索和计算的方法。探讨数据挖掘算法在中药研究中的应用现状既可以直观地阐述中药研究领域中各数据挖掘算法的使用现状,也能更详尽地了解数据挖掘算法应用的特点及领域,拓展数据挖掘算法在中药研究中的应用,为各算法的深入研究提供参考和借鉴。

异性分析[J].中国卫生事业管理,2016,33(8):575-577.

[2] 马彬,杨克虎,刘雅莉,等.英国医疗风险监管体系的循证评价及其对我国医疗风险管理的启示:关注病人安全,预防医疗差错,提高医疗质量[J].中国循证医学杂志,2006,6(7):514-522.

[3] LEAPE LL,BATES DW,CULLEN DJ,et al. Systems analysis of adverse drug events[J]. *JAMA*,1995,274(1):35-43.

[4] RICHARD NK,STEVEN DW,JONATHAN C,et al. Prevalence and nature of medication administration error s in health care settings:a systematic review of direct observational evidence[J]. *Annals of Pharmacotherapy*,2013,47(2):237-256.

[5] 陈禾凤,许倍铭,徐蕾,等.医务人员对药品零加成政策认知情况的调查与分析[J].中国药房,2015,26(10):1431-1434.

[6] 王存伟.自动发药机在我院门诊药房实践与体会[J].药学研究,2017,36(3):177-179.

[7] 李基,邵琼玲,王盛军.基于STM32与串口服务器的IP语音通信系统设计[J].计算机测量与控制,2017,25(12):172-176.

[8] 鱼兆虎,王永艳,柴文政.排队叫号系统与HIS系统接口方式的探讨[J].电脑知识与技术,2015,11(11):97-98、100.

[9] 欧微,程岚,陈圣荣.基于C#的数据库表结构报表系统的设计与实现[J].微型机与应用,2013(21):7-9.

[10] WICKENS CD. *Engineering psychology and human performance*[M]. New York:Charles E.Merrill Publishing Company,1984:121-123.

[11] SAMARANAYAKE NR,CHEUNG ST,CHENG K,et al. Implementing a bar code assisted medication administration system:effects on the dispensing process and user perceptions[J]. *Int J Med Inform*,2014,83(6):450-458.

[12] 徐帆,徐贵丽,夏伟,等.医疗机构门诊用药溯源管理系统的设计与应用[J].中国药房,2017,28(10):1379-1382.

[13] 任正,李茜,顾中盛,等. RFID医药周转箱在我院住院药房的应用[J].中国药房,2017,28(19):2733-2736.

[14] 杨文宇,陈磊,余靓平,等.全自动单剂量摆药机实施效果评价[J].药学实践杂志,2013,31(3):231-234.

[15] 焦蕾,胡扬,张岩,等.我院形似音似药品的安全管理模式和成效[J].中国药房,2015,26(4):509-512.

(收稿日期:2018-04-24　修回日期:2018-07-02)

(编辑:刘　萍)

Δ基金项目:国家自然科学基金资助项目(No.81660727)

*讲师,主管药师,博士研究生。研究方向:中药信息管理与应用。电话:0791-87118630。E-mail:53792068@qq.com

#通信作者:教授,博士生导师。研究方向:中医药信息管理。电话:0791-87118630。E-mail:xinyouzhang@163.com

(a)首页面

算法主要应用于方剂配伍规律、药物安全性评价、药物疗效评价、量化诊断标准等几个中药研究子领域。(1)方剂配伍规律。如文献中的研究大多是利用logistic回归算法对疾病分型用药建立模型，或是统计药物性味归经等因素建立多元回归模型，为医师用药提供参考依据[53]。(2)中药安全性评价。如利用logistic回归算法分析中药诱发不良反应或毒性的相关因素及发生规律，促进临床合理用药[54]。(3)药物疗效评价。如利用logistic回归分析影响疗效、并发证或是依从性的相关因素[55]。(4)量化诊断标准。如统计患者的中西医临床指标、生理相关因素，再利用logistic回归分析建立疾病证型分类模型用于疾病的预测[56]。

4 讨论

通过分析研究发现，在中药研究领域，数据挖掘算法的运用种类较多，研究范围涵盖方剂配伍规律、药物分析等十几个研究子领域。尤其在方剂配伍规律分析中，挖掘算法的运用相当成熟，已形成标准模式化操作，且邹锦等[57]和董俊龙[58]的研究也报道运用多种算法相结合对方剂配伍规律进行深入挖掘，促进了中药新处方的发现，为新药研发提供了新的手段。在药物剂量研究、中药活性成分研究、药物疗效评价等几个子领域中，数据挖掘算法也逐步开展，但相关应用报道较少，一般更倾向于用传统的临床试验或是药物试验作为研究分析手段。但是，仅靠烦琐复杂的试验去解决问题不仅耗材、耗力、效率低，且试验得出的大量数据也无法得到有效处理。笔者建议将数据挖掘方法与传统试验相结合，用人工智能算法得出的结果指导药物试验，从而减少不必要的损耗或者避免处理繁冗的数据。

总体而言，目前结合两种以上算法的应用报道较少，只出现于方剂配伍规律、药物分析、中药药性研究等几个子领域中，若能在处理中药数据时充分结合各算法的优点，促进数据挖掘技术在中药研究的应用。另外，在中药鉴定和制剂工艺研究方面，建议利用支持向量机和人工神经网络来对多个药物属性或工艺条件进行分类预测。

综上，本文研究了各数据挖掘算法在中药各子领域中的应用，具有一定的参考价值。建议在今后的研究中，拓展数据挖掘算法的应用领域，推动子领域内挖掘算法的应用，提升结果可信度，促进数据挖掘在中药研究中的应用，为中药现代化研究提供有力的技术支持。

参考文献

[1] 佟旭，谢晴宇，孟庆刚.论大数据时代背景下中医药数据集成分析的科学价值[J].中国中医药信息杂志，2015，22(8)：1-3.

[2] 张博.基于关联规则的数据挖掘技术在中药方剂配伍中的应用研究[J].兰州文理学院学报（自然科学版），2011，25(1)：82-86.

[3] HAN JIAWEI，KAMBER MICHELINE，PEI JIAN. *Data mining：concepts and techniques*[M]. 3rd edition.北京：机械工业出版社，2017：10-320.

[4] 邹志文，朱金伟.数据挖掘算法研究与综述[J].计算机工程与设计，2005，26(9)：2304-2307.

[5] 周牒岚，陈琳，向华.数据挖掘算法研究[J].现代电子技术，2011，34(20)：75-78.

[6] 潘碧琦，潘建科，刘军，等.基于关联规则和复杂系统熵聚类的痛风用药规律研究[J].中华中医药杂志，2014，29(6)：2040-2043.

[7] 袁锋.基于数据挖掘的中医医案分析系统的设计与实现[D].济南：山东师范大学，2006.

[8] 金锐，林茜，张冰，等.基于Apriori算法的中药气-味-效三维数据关联规则挖掘研究[J].结合医学学报，2011，9(7)：794-803.

[9] 李德琳，魏本征，张诏，等.基于FP-growth算法的中医抗病毒方剂配伍规律探索[J].中华中医药学刊，2018，36(3)：663-668.

[10] 刘闽碧.基于FP-growth算法的中药配方数据挖掘[J].医学信息，2009，22(12)：2629-2631.

[11] 肖汉杰.基于数据挖掘的药材并发关系和调剂效率提升研究[D].昆明：昆明理工大学，2013.

[12] 唐仕欢，陈建新，杨洪军，等.基于复杂系统熵聚类方法的中药新药处方发现研究思路[J].世界科学技术-中医药现代化，2009，11(2)：225-228.

[13] 鲁可，陈腾宇，黄慈辉，等.基于中医传承辅助平台软件的治疗咳血方剂的组方规律分析[J].中国药房，2018，29(6)：769-773.

[14] 秦桂超.焦中华教授治疗恶性肿瘤遣方用药规律数据挖掘研究[D].济南：山东中医药大学，2015.

[15] 陈军辉.西洋参活性成分及其指纹图谱研究[D].南昌：南昌大学，2005.

[16] 杨旭杰.基于统计方法模型分析的中药复方专利保护研究[D].北京：北京中医药大学，2012.

[17] 姚美村，张燕玲，袁月梅，等.中药药性量化方法对补虚药功效归类预测的研究[J].北京中医药大学学报，2004，27(4)：7-9.

[18] 崔盈盈，吴嘉瑞，张丹，等.基于数据挖掘的清热类中药注射剂不良反应流行病学特点研究[J].药物流行病学杂志，2017，26(10)：675-682.

[19] 查青林，何羿婷，喻建平，等.基于决策树分析方法探索类风湿性关节炎证病信息与疗效的相关关系[J].中国中西医结合杂志，2006，26(10)：871-876.

[20] 吴嘉瑞，郭位先，张晓朦，等.基于数据挖掘的国医大师颜正华临床用药规律研究[J].中国中医药信息杂志，2014，21(8)：16-18.

[21] 惠娜.近红外光谱分析技术在党参及复方丹参片质量控制中的应用[D].兰州：兰州大学，2011.

[22] 周天宁，明冬萍，赵睿.参数优化随机森林算法的土地覆盖分类[J].测绘科学，2017，42(2)：88-94.

(b)倒数第二页

[23] 于亚运,刘勇国,蒋羽,等.基于指纹相似度的药物-靶点相互作用预测[J].中国中药杂志,2017,42(18):3578-3583.

[24] 夏伯候,胡玉珍,熊苏慧,等.随机森林算法在中药指纹图谱中的应用:以不同品牌夏桑菊颗粒指纹图谱分析为例[J].中国中药杂志,2017,42(7):1324-1330.

[25] 雷蕾,王新洲,张黎,等.中药化学成分对大鼠心脏毒性的QSAR研究[J].世界科学技术-中医药现代化,2015,17(9):1833-1837.

[26] 吴思媛,胡幼芬,刘晓伟,等.中药寒热药性分类的随机森林模型研究[J].软件导刊,2014,13(10):71-74.

[27] 邱一卉,林成德.基于随机森林方法的异常样本检测方法[J].福建工程学院学报,2007,5(4):392-396.

[28] 齐方,容蓉,薛付忠.贝叶斯网络模型在中药整体药性特征分析中的应用[J].山东大学学报(医学版),2011,49(5):147-152.

[29] 田野,李舒.战丽彬治疗恶性肿瘤用药规律的数据挖掘分析[J].中医杂志,2014,55(8):657-660.

[30] 刘颖,李江,王耘,等.贝叶斯网络在中药活血化瘀功效预测中的应用[J].北京中医药大学学报,2008,31(4):229-231.

[31] 孙继佳,张蕾,邵建华,等.基于贝叶斯方法的中药治疗乙肝后肝硬化疗效评价[J].数理医药学杂志,2012,25(4):436-440.

[32] 师宇,饶惠霞,翁开源.5类抗类风湿性关节炎类药物的成本-效果分析:基于贝叶斯MTC法[J].广东药学院学报,2016,32(6):790-796.

[33] 秦玉平.基于支持向量机的文本分类算法研究[D].大连:大连理工大学,2008.

[34] 张福强,唐向阳,王俊全,等.基于机器学习的红外光谱丹参聚类分析[J].计算机与应用化学,2010,27(9):1301-1303.

[35] 郭立玮,李玲娟,董洁.基于计算机化学方法的中药膜过程研究[J].膜科学与技术,2011,31(3):196-204.

[36] 刘逊,邓家刚,覃洁萍,等.基于红外光谱数据的中药药性识别研究[J].时珍国医国药,2010,21(3):561-563.

[37] 李飞雁,徐曼菲,乔延江.基于近红外光谱技术天麻的产地区分[J].世界科学技术-中医药现代化,2015,17(7):1405-1408.

[38] 徐明玲.活血化瘀类中药的构效关系研究[D].北京:北京化工大学,2009.

[39] 张景芳,蒋芦荻,张燕玲.支持向量机在中药肾毒性研究中的应用[J].中国中药杂志,2015,40(6):1134-1138.

[40] 吴惠敏,叶少珍.基于粗糙集与SVM骨性关节炎复方中药功效分析研究[J].福州大学学报(自然科学版),2013,41(3):311-316.

[41] 周玉.模糊竞争神经网络在中医舌诊中的应用研究[D].广州:广东工业大学,2007.

[42] 吴纯伟,郭嘉雯,陈超,等.基于人工神经网络优化脑脉通治疗缺血性脑中风组分配伍研究[J].中国药学杂志,2016,51(6):454-458.

[43] 侯立强,王爽.中药指纹图谱识别的机器学习算法研究[J].内蒙古中医药,2014,33(22):97-98.

[44] 刘现磊,孙志海.人工神经网络在中药制剂研究中的应用[J].中国中医药现代远程教育,2012,10(3):128-130.

[45] 雍小嘉.采用知识发现技术判断方剂功效的方法研究[D].成都:成都中医药大学,2006.

[46] 李雨,李骁,薛付忠,等.基于人工神经网络的中药药性判别研究[J].山东大学学报(医学版),2011,49(1):57-61.

[47] 元四辉,苏薇薇,吴忠.中药鉴定新方法:计算机模式分类技术及其应用[J].中药材,1997(8):424-427.

[48] 韩胜男.基于中药组效关系的花椒挥发油抗肿瘤活性组分的研究[D].天津:天津大学,2014.

[49] 冯军勤,周誉昌,吕华,等.运用近红外漫反射光谱技术检测中药水分含量[J].大众科技,2006(2):46-47.

[50] 许良,毕开顺.多元线性回归分析法在蒙药森登-4汤谱效关系解析中的应用[J].计算机与应用化学,2008(10):1189-1192.

[51] 刘吉楠.北豆根细胞毒活性谱效关系研究[D].哈尔滨:黑龙江大学,2012.

[52] 李爱敏,王立堂,宋丽军.对现代六经辨证中运用中药配伍用量的数理统计分析[J].中医研究,1995(5):9-10.

[53] 周保安,冯玉林,吴成.2型糖尿病的补益药证治用药规律及logistic多元回归分析[J].实用糖尿病杂志,2015,11(3):30-32.

[54] 刘红杰,陈亮,李天昊,等.基于中医传统理论建立中药肾毒性的logistic回归预测模型[J].中药新药与临床药理,2016,27(4):571-577.

[55] 林宁,余楚婷,范海媚,等.上呼吸道感染治疗用药对感染后咳嗽发病的影响[J].中国中医急症,2016,25(10):1904-1906.

[56] 黄罡.慢性乙型肝炎中医辨证计量诊断及用药特点的研究[D].广州:暨南大学,2005.

[57] 邹锦,杨学琴,张小勇,等.基于关联规则和熵聚类的中医经方治疗抑郁症用药规律[J].中国实验方剂学杂志,2017,23(10):211-215.

[58] 董俊龙.关联规则和聚类分析在方剂配伍规律研究中的应用[D].沈阳:东北大学,2010.

(收稿日期:2018-04-16　修回日期:2018-07-05)

(编辑:唐晓莲)

(c)最后一页

图 2-2　中文综述论文实例 2

二、英文实例

实例 1

WU D Y, ZHANG X Y, ZHOU X L. Mining and Correlation Analysis of Association Rules between Properties and Therapeutic Efficacy of Chinese Materia Medica Based on Strategy Pattern [J].Chinese Medical Journal, 2018, 131 (22): 2755-2757.

英文综述论文实例 1 的首页面和最后页面的书写格式，分别如图 2-3 所示。

Correspondence

Mining and Correlation Analysis of Association Rules between Properties and Therapeutic Efficacy of Chinese Materia Medica Based on Strategy Pattern

Di-Yao Wu[1], Xin-You Zhang[1], Xiao-Ling Zhou[2]

[1]College of Pharmacy, Jiangxi University of Traditional Chinese Medicine, Nanchang, Jiangxi 330004, China

[2]College of Computer Science, Jiangxi University of Traditional Chinese Medicine, Nanchang, Jiangxi 330004, China

To the Editor: Chinese physicians often address the combination of the properties and therapeutic efficacy of Chinese materia medica (CMM). They believe that the properties and therapeutic efficacy of traditional Chinese medicines (TCMs) should be considered as an "organic whole." "Use based on therapeutic efficacy" can lead to omission of the properties of CMM. It also fails to meet the requirements of "differential diagnosis and treatment," thus restricting the flexibility in using CMM. The four natures, five flavors, channel tropism, and therapeutic efficacy of CMM are corresponded to visceral syndromes, which indicate the concept of "wholeness" in TCM.[1] Currently, many studies have been conducted to mine association rules between the properties and therapeutic efficacy of CMM. Some researchers mined text data for correlation between the properties and therapeutic efficacy of CMM. Although some results are obtained, limitations exist in the results, and it remains undetermined whether the obtained association rules are significant. In this paper, based on strategy pattern, we designed and developed a system for mining association rules between the properties and therapeutic efficacy of CMM. Strategy pattern defines a family of algorithms, encapsulates each one and makes them interchangeable. This pattern enables the implementations or interchange of different algorithms according to the option of the user.[2] Thus, we can choose the appropriate algorithm on the basis of the characteristics of the data set. Strategy pattern was fully utilized for the selection of proper mining algorithm, which could make the association mining process user-friendly, intelligent, and fast.

First of all, we need to carry out the steps of quantization of Chinese medicine data. Quantization refers that by reasonable analysis the complex CMM data are divided into independent and exclusive minimum information units that consist of several Chinese characters and numbers and cannot be subdivided.[3] Regarding research subject selection, the authoritative work *Pharmacopoeia of the People's Republic of China* 2015 edition (hereinafter referred to as Pharmacopoeia) was taken as reference, and the information of 619 CMM recorded in the Pharmacopoeia was extracted. The extracted information included the natures, flavors, channel tropisms, toxicities, therapeutic efficacies, and indications of CMM. Since the characteristics of ascending, descending, floating, and sinking of CMM are not included in the Pharmacopoeia, we also did not consider these characteristics in this paper. During information extraction, 13 CMM with incomplete information was excluded, and thus, a total of 606 CMM were studied in this paper. In the initial extraction of CMM information, Chinese punctuation symbols such as comma (，), enumerated comma (、), full stop (。) and so on were used as split points for information extraction. If the toxicity of medicine is not given, it can be considered as nontoxic. In the descriptions concerning the therapeutic efficacies and indications of CMM, different words/phrases are often used to mean the same thing. Therefore, one word/phrase among these different words/phrases was selected for use. The information about the therapeutic efficacy and indications of CMM when used externally was kept.

According to the definition of quantization, vague descriptions should be processed to ensure the exclusivity and uniqueness of CMM data. On this basis, data mining can be performed. In the Pharmacopoeia, the descriptions about the natures, flavors, channel tropism and indications of each CMM have already met the requirements of quantization, thus quantization of these data is unnecessary. However, the descriptions about the toxicity and therapeutic efficacy of each CMM are relatively vague and not very exclusive. Therefore, the toxicity and therapeutic efficacy information was quantized. In the information table, the toxicity was classified into no toxicity, little toxicity, having toxicity, and high toxicity. "Having toxicity" means its toxicity is between "little toxicity" and "high toxicity". In order to compare the toxicity of each CMM directly, we used "medium toxicity" to replace "having toxicity" in this quantization research. In the *Pharmacopoeia*, the therapeutic efficacy of CMM is described using natural language,

Address for correspondence: Dr. Xin-You Zhang, College of Pharmacy, Jiangxi University of Traditional Chinese Medicine, Nanchang, Jiangxi 330004, China
E-Mail: xinyouzhang@jxutcm.edu.cn

Access this article online

Quick Response Code:

Website: www.cmj.org

DOI: 10.4103/0366-6999.245262

Received: 24-06-2018 **Edited by:** Qiang Shi

How to cite this article: Wu DY, Zhang XY, Zhou XL. Mining and Correlation Analysis of Association Rules between Properties and Therapeutic Efficacy of Chinese Materia Medica Based on Strategy Pattern. Chin Med J 2018;131:2755-7.

Chinese Medical Journal ¦ November 20, 2018 ¦ Volume 131 ¦ Issue 22 2755

(a)首页面

Chi-square test is the deviation degree between the actual observed value and the theoretical inferred value of the statistical sample. The Chi-square value is compared with the *P* value. If it is greater than or equal to the *P* value, the rule is of significance. If the value of Chi-square is less than the *P* value,the rule is not significant. The final results showed that all the Chi-square values were 0 and less than *P* values, so there was no significant difference in all rules.

Kulc (A, B) refers to the mean value of two conditional probabilities (the probability of containing B under the condition of containing A; the probability of containing A under the condition of containing B). If the value of Kulc (A, B) is <0.5, A and B are negatively correlated. If the value is equal to 0.5, and A and B are neutral. If the value is >0.5, and A and B are positively correlated. The final results showed that 82 rules were positively correlated and 51 rules were negatively correlated.

Cosines (A, B) can be viewed as the harmonic lift measure. It is similar to Lift except that the cosine takes the square root of the product of the probabilities of A and B. If the value of Cosine (A, B) is <0.5, A and B are negatively correlated. If the value is equal to 0.5, A and B are neutral. If the value is >0.5, A and B are positively correlated. The final results showed that 38 rules are positive and 95 rules are negative.

According to the experimental result, the system designed with proper mining algorithm selection enables to obtain good association rule mining results, and the operation is intelligent and fast. In addition, correlation measures are integrated into the system. During operation, users are free to choose among these measures for the evaluation of correlation between the antecedents and consequents of rules. For example, regarding the rule "cool blood => no toxicity" listed in Supplementary Table 1, 8.5809% of 606 CMM are nontoxic and at the same time are able to cool blood. The 100% confidence level demonstrates all CMM that can cool blood are nontoxic. All confidence and cosine show that there is a negative correlation between the antecedent and consequent of this rule. However, max confidence, lift, and Kulc reveals positive correlation between the antecedent and consequent of this rule. The rule analysis results of the system are intuitive, diverse, and user-friendly. Correlation measures can be selected in accordance with mining targets. Alternatively, "voting principles" can be used. For example, if four out of the six correlation measures reveal that there is a positive correlation between the antecedent and consequent of a certain rule, a positive correlation is recorded as the evaluation result. In other cases, such as if three correlation measures reveal positive correlation and the other three reveal a negative correlation, "support-confidence" is used as standard[4] to determine whether the certain rule is significant.

As we know, many results have been obtained from CMM data mining, especially association mining of the properties and therapeutic efficacy of TCMs. Before association mining, researchers often need to process the data. However, during preprocessing, they may simply split the phrases into several shorter ones. For example, "remove heat and eliminate toxicity" is splitted d into "remove heat" and "eliminate toxicity." They may also combine phrases with similar meaning into one phase/word. For instance, "extremely cold" and "slightly cold" are combined as "cold." Such pretreatments may ignore the fact that some CMM have similar properties or therapeutic efficacy, but their strengths are different. These pretreatments may also fail to include other possible meanings of phrases describing the therapeutic efficacy of CMM. These shortcomings suggest that current CMM data preprocessing methods often lead to loss of information. Therefore, the concept of quantization was introduced here. Some vague descriptions about the therapeutic efficacy CMM were quantized. On this basis, a database of quantized CMM information was constructed, and this was conducive for subsequent CMM data. Due to the database, more information can be retained, and data can be described clearly and in more detail. The mining results are thus more accurate.

Generally speaking, the researchers often use one method for data mining of properties and therapeutic efficacy of CMM ("one to one" pattern, i.e., one method solves one problem).[5] In fact, there are many mining algorithms available. These algorithms have different efficiencies under different conditions, and the selection of the best algorithm depends on circumstance. If only one algorithm is used, the mining efficiency can be affected. This is also not conducive to the improvement of mining method. Moreover, many studies neglect to evaluate the obtained association rules. Therefore, even if strong rules are obtained, valuable conclusions still cannot be drawn since the rules might be insignificant. In order to address these problems, we designed and developed a system based on strategy pattern for mining association rules between properties and therapeutic efficacy of CMM. Users are free to choose among several mining algorithms and proper mining algorithm can be chosen using the strategy pattern. These make the association mining process more intelligent, fast, and convenient. The results are also more intuitive. Therefore, correlation analysis can be easily performed to determine whether these association rules are significant.

Although the database can retain as much information as possible, the quantization process is not aimed for specific CMM, thus limitations may exist. Moreover, the minimum support threshold was still set in the system, and it may be not suitable for other datasets. Therefore, our future research will focus on how to overcome these limitations.

Supplementary information is linked to the online version of the paper on the Chinese Medical Journal website.

Financial support and sponsorship

This study was supported by a grant from the National Natural Science Foundation of China (No. 81660727).

Conflicts of interest

There are no conflicts of interest.

References

1. Sun LM. Synchronous treatment of the heart and brain and the holistic view of traditional Chinese medicine (in Chinese). J Tradit Chin Med 2012;53:1705-6. doi: 10.13288/j.11-2166/r.2012.19.021.
2. Luo SS, Zhang XY, Zhang CQ, Li WW, Qi CC. Data mining study and system design of traditional Chinese medicine based on strategy model (In Chinese).World Sci Technol Mod J Tradit Chin Med 2015;5:929-33. doi: 10.11842/wst.2015.05.002.
3. Liu LJ. Research and application of improved Apriori algorithm (in Chinese). Comput Eng Des 2017;38:3324-8. doi: 10.16208/j.issn1000-7024.2017.12.023.
4. Chen L, Feng S. Two-level confidence threshold setting method for positive and negative association rules (in Chinese). J Comput Appl 2018;38:1315-9. doi: 10.11772/j.issn.1001-9081.2017102469.
5. Jin R, Lin Q, Zhang B, Liu X, Liu SM, Zhao Q, *et al*. A study of association rules in three-dimensional property-taste-effect data of Chinese herbal medicines based on Apriori algorithm (in Chinese). J Chin Integr Med 2011;9:794-803. doi: 10.3736/jcim20110715.

(b)最后的页面

图 2-3　英文综述论文实例 1

实例 2

XU X H, LI T, FONG C M, et al.Saponins from Chinese Medicines as Anticancer Agents [J]. Molecules, 2016(21): 1326.

英文综述论文实例 2 首页面的书写格式，如图 2-4(a)所示，正文结束和最后页面的书写格式，分别如(b)(c)所示。

molecules

MDPI

Review

Saponins from Chinese Medicines as Anticancer Agents

Xiao-Huang Xu [1,†], Ting Li [1,†], Chi Man Vivienne Fong [1], Xiuping Chen [1], Xiao-Jia Chen [1], Yi-Tao Wang [1], Ming-Qing Huang [2,*] and Jin-Jian Lu [1,*]

[1] State Key Laboratory of Quality Research in Chinese Medicine, Institute of Chinese Medical Sciences, University of Macau, Macao, China; xuxiaohuang1125@gmail.com (X.-H.X.); liting19890717@msn.cn (T.L.); vivfong530@gmail.com (C.M.V.F.); xpchen@umac.mo (X.C.); xiaojiachen@umac.mo (X.-J.C.); ytwang@umac.mo (Y.-T.W.)

[2] College of Pharmacy, Fujian University of Traditional Chinese Medicine, Fuzhou 350122, China

* Correspondence: hmq1115@126.com (M.-Q.H.); jinjianlu@umac.mo (J.-J.L.); Tel.: +86-591-2286-1135 (M.-Q.H.); +85-388-224-674 (J.-J.L.)

Academic Editor: Derek J. McPhee

Received: 15 August 2016; Accepted: 30 September 2016; Published: 5 October 2016

Abstract: Saponins are glycosides with triterpenoid or spirostane aglycones that demonstrate various pharmacological effects against mammalian diseases. To promote the research and development of anticancer agents from saponins, this review focuses on the anticancer properties of several typical naturally derived triterpenoid saponins (ginsenosides and saikosaponins) and steroid saponins (dioscin, polyphyllin, and timosaponin) isolated from Chinese medicines. These saponins exhibit in vitro and in vivo anticancer effects, such as anti-proliferation, anti-metastasis, anti-angiogenesis, anti-multidrug resistance, and autophagy regulation actions. In addition, related signaling pathways and target proteins involved in the anticancer effects of saponins are also summarized in this work.

Keywords: triterpenoid saponins; steroid saponins; mechanism; target; cancer

1. Introduction

Natural compounds isolated from Chinese medicines represent a large reservoir of potential leads for drug discovery. We have previously summarized the anticancer activities and mechanisms of action of terpenoids [1], quinones [2], and alkaloids [3] which have shown promising medicinal properties. Some naturally derived compounds, such as taxol and vincristine, have long been widely used as anticancer agents. Saponins, another type of plant-derived secondary metabolites, are glycosides containing aglycones of triterpene sapogenins or steroidal sapogenins. Based on their aglycone, saponins are divided into two main types, namely, triterpenoid saponins and steroidal saponins. The former type mainly exists in plants from the *Araliaceae*, *Leguminosae*, *Polygalaceae* and *Campanulaceae* families, whereas the latter mainly exists in the *Dioscoreaceae*, *Liliaceae*, and *Scrophulariaceae*.

Saponins exert various pharmacological effects, including cardiovascular protective activity [4], anti-inflammatory [5], antiviral [6], and immunoregulatory effects [7]. Moreover, recent studies have reported that saponins demonstrate significant anticancer activity, such as anti-proliferation [8], anti-metastasis [9], anti-angiogenesis [10] and reversal of multi-drug resistance (MDR) effects [11] through mechanisms that include induction of apoptosis and promotion of cell-differentiation. They had also been reported to reduce the side-effects of radiotherapy and chemotherapy [12], suggesting that saponins are a promising prospect for anticancer research and development. Our group has worked on the anticancer effects and mechanisms of saponins such as ginsenosides and platycodin D, and we found that the reviews on the anticancer properties of saponins were still lacking. For this

Molecules **2016**, *21*, 1326; doi:10.3390/molecules21101326 www.mdpi.com/journal/molecules

(a)首页面

Like most compounds isolated from Chinese medicines, saponins affect multiple targets, and current research has not yet succeeded in providing a clear picture of the mechanisms at work because of lack of proper technique and modeling both in vitro and in vivo. Most of the current investigations are still in vitro studies, and in vivo studies are further needed. Moreover, although some saponins found in herbal medicines and formulations have been used in clinical setting based on the theory of Chinese medicine, evidence-based clinical study remains lacking. Additionally, some issues are still needed to be addressed before saponins can be developed into anticancer agents.

Interestingly, many Chinese medicines, such as *Ginseng radix*, that are known as tonifying herbs in traditional Chinese medicine theory, demonstrate effects on immunoregulation. Saponins, as well as numerous naturally occurring polysaccharides, affect immunocytes and modulate immune function both in vitro and in vivo [209–211]. However, despite these findings, only few current studies have focused on the effects of saponins on cancer immunotherapy [69,212]. Immunotherapy in cancer treatment, of late years, had achieved a promising breakthrough. However, concentration of the active compound can hardly be enriched in targeted tumor tissue to the expected concentration through oral administration, leading to the speculation that saponins is effective in modulating immune response or in attenuating immune evasion rather than directly killing tumor cells in vivo.

In terms of toxicity, saponins mainly affect the function of the gastrointestinal system, liver, kidney, heart, and genital system but only at high dosages [150,213]. At a therapeutic dosage, no significant side-effects or toxic reactions were observed in most cases in rodents (Table 2). Hence, saponins display a potential clinical use; however, despite these findings, in-depth studies and strict monitoring are still required. In addition, high dose and long-term medication of saponins should be avoided.

It is worth mentioning that, many saponins, such as PPT- and oleanolic acid-type ginsenosides, exhibit hemolytic effect, depending on their aglycones and glycosides [214]. A safer administration strategy to avoid hemolysis is oral delivery or local injection; however, the majority of saponins show low bioavailability with minimal oral absorption as a result of archenteric pH, poor membrane permeabilities, first-pass effects, and microfloral hydrolysis [215,216]. Thus, development and evaluation of a new drug delivery system for saponins is necessary. In vitro and in vivo studies on delivery systems consisting of nanoparticles, such as proliposome [217], phosphatidylcholine, and polyethylene glycol (PEG) [218] were performed, but more thorough studies are still needed.

5. Conclusions

In summary, saponins, a class of chemical compounds commonly found in plants and herbs and in formulations traditionally used in Chinese medicine, have been shown to exhibit promising anticancer potential. More in-depth research and development combining high-throughput and high-content screening, proteomics, biochip technology, and chemical structure modification are needed. In addition, drug delivery systems development is required to utilize this class of compound to their full potential, especially in cancer treatment. The theory of Chinese medicine and clinical practice could be also worth referring to in the process of development because of its historical use.

Acknowledgments: This work was supported by Science and Technology Development Fund, Macao S.A.R (FDCT) (074/2012/A3) and the Research Fund of University of Macau (CPG2014-00012-ICMS, MYRG2015-00091-ICMS-QRCM, and MYRG2015-00101-ICMS-QRCM).

Author Contributions: Xiao-Huang Xu and Ting Li shared the same amount of work on writing this manuscript. Chi Man Vivienne Fong, Xiuping Chen, Xiao-Jia Chen, Yi-Tao Wang, Ming-Qing Huang, and Jin-Jian Lu wrote and edited this manuscript. Jin-Jian Lu provided the professional guidance. Yi-Tao Wang and Jin-Jian Lu provided the financial support for this manuscript.

Conflicts of Interest: The authors declare no conflict of interest.

References

1. Lu, J.J.; Dang, Y.Y.; Huang, M.; Xu, W.S.; Chen, X.P.; Wang, Y.T. Anti-cancer properties of terpenoids isolated from *Rhizoma Curcumae*—A review. *J. Ethnopharmacol.* **2012**, *143*, 406–411.

(b)正文结束页面

207. Tang, Z.H.; Li, T.; Gao, H.W.; Sun, W.; Chen, X.P.; Wang, Y.T.; Lu, J.J. Platycodin d from *Platycodonis radix* enhances the anti-proliferative effects of doxorubicin on breast cancer MCF-7 and MDA-MB-231 cells. *Chin. Med.* **2014**, *9*, doi:10.1186/1749-8546-9-16.
208. Lu, J.J.; Lu, D.Z.; Chen, Y.F.; Dong, Y.T.; Zhang, J.R.; Li, T.; Tang, Z.H.; Yang, Z. Proteomic analysis of hepatocellular carcinoma HepG2 cells treated with platycodin d. *Chin. J. Natl. Med.* **2015**, *13*, 673–679.
209. Lee, Y.J.; Son, Y.M.; Gu, M.J.; Song, K.D.; Park, S.M.; Song, H.J.; Kang, J.S.; Woo, J.S.; Jung, J.H.; Yang, D.C.; et al. Ginsenoside fractions regulate the action of monocytes and their differentiation into dendritic cells. *J. Ginseng Res.* **2015**, *39*, 29–37.
210. Yuan, D.; Yuan, Q.; Cui, Q.; Liu, C.; Zhou, Z.; Zhao, H.; Dun, Y.; Wang, T.; Zhang, C. Vaccine adjuvant ginsenoside Rg1 enhances immune responses against hepatitis b surface antigen in mice. *Can. J. Physiol. Pharmacol.* **2016**, *94*, 676–681.
211. Wei, Z.; Wang, J.; Shi, M.; Liu, W.; Yang, Z.; Fu, Y. Saikosaponin a inhibits LPS-induced inflammatory response by inducing liver X receptor α activation in primary mouse macrophages. *Oncotarget* **2016**, doi:10.18632/oncotarget.9863.
212. Li, W.; Tian, Y.H.; Liu, Y.; Wang, Z.; Tang, S.; Zhang, J.; Wang, Y.P. Platycodin d exerts anti-tumor efficacy in H22 tumor-bearing mice via improving immune function and inducing apoptosis. *J. Toxicol. Sci.* **2016**, *41*, 417–428.
213. Wisloff, H.; Uhlig, S.; Scheie, E.; Loader, J.; Wilkins, A.; Flaoyen, A. Toxicity testing of saponin-containing *Yucca schidigera* Roetzl. juice in relation to hepato- and nephrotoxicity of *Narthecium ossifragum* (L.) Huds. *Toxicon* **2008**, *51*, 140–150.
214. Lorent, J.H.; Quetin-Leclercq, J.; Mingeot-Leclercq, M.P. The amphiphilic nature of saponins and their effects on artificial and biological membranes and potential consequences for red blood and cancer cells. *Org. Biomol. Chem.* **2014**, *12*, 8803–8822.
215. Yu, K.; Chen, F.; Li, C. Absorption, disposition, and pharmacokinetics of saponins from Chinese medicinal herbs: What do we know and what do we need to know more? *Curr. Drug Metab.* **2012**, *13*, 577–598.
216. Gao, S.; Basu, S.; Yang, Z.; Deb, A.; Hu, M. Bioavailability challenges associated with development of saponins as therapeutic and chemopreventive agents. *Curr. Drug Targets* **2012**, *13*, 1885–1899.
217. Hao, F.; He, Y.; Sun, Y.; Zheng, B.; Liu, Y.; Wang, X.; Zhang, Y.; Lee, R.J.; Teng, L.; Xie, J. Improvement of oral availability of ginseng fruit saponins by a proliposome delivery system containing sodium deoxycholate. *Saudi J. Biol. Sci.* **2016**, *23*, S113–S125.
218. Lee, J.Y.; Yang, H.; Yoon, I.S.; Kim, S.B.; Ko, S.H.; Shim, J.S.; Sung, S.H.; Cho, H.J.; Kim, D.D. Nanocomplexes based on amphiphilic hyaluronic acid derivative and polyethylene glycol-lipid for ginsenoside Rg3 delivery. *J. Pharm. Sci.* **2014**, *103*, 3254–3262.

(c)最后的页面

图 2-4 英文综述论文实例 2

[思考题二]

2-1 什么是文献综述论文?

2-2 如何选择药学综述投稿期刊?

2-3 简述药学综述写作要求。

2-4 简述药学综述写作步骤。

第三章　药学科技论文写作

[导引]

药学科技论文写作是药学学科研究生必须具备的能力，更是药学工作者必备的技能。药学科技论文作为药学科技信息传播的载体，是药学科研人员科研成果的一种常用的文字表现。如何撰写一篇科学、新颖、有逻辑性，又符合读者阅读习惯的药学科技论文是本章探究的重点。

第一节　药学科技论文写作概述

一、定义

药学科技论文是人们在生产生活实践和科学研究过程中所获得的信息，经过分析推理、数据统计等过程，以最简洁的语言形式展示事物潜在规律和内在本质，或提出见解、预示事物的发展趋势，富有科学性、新颖性、实用性和可读性，是科学研究成果的文字性报告。

二、现存问题

随着改革的发展和我国高等学校的不断扩招，药学类专业的招生数量不断增加，高校对研究生的毕业要求也在提高。大部分高校不但要求学生在校期间提高学术理论水平、培养自身实践技能，而且还要求毕业前在正规刊号的学术期刊上发表论文。而很多科研人员尤其是初次投稿的科研人员，常由于所投的稿件内容不严谨、层次不清晰、结构不完整、语句不通顺，达不到出版要求而被退稿。此种情况客观上反映出研究生的写作素养偏低，写作知识匮乏。因此，找出研究生及其他科研人员初次撰写药学科技论文时遇到的问题，并“对症下药”解决问题，可以大大提高研究生及其他科研人员初次论文投稿的命中率，并减少编辑审稿工作的难度和工作量。常见问题如下：

1. 缺乏严谨性，表述前后矛盾　部分科研人员初次撰写论文质量不佳，主要表现为对药学科技论文的基本框架不熟悉，归其原因为写作过程中缺乏严谨治学、认真细致的态度。其具体表现有：

(1) 论文结构雷同：部分科研人员仅简单地修改一些实验数据，文字叙述部分完全照搬照抄已发表论文或参考书目，以至于全文重复率非常高，无逻辑推理过程。

(2) 参考文献不贴切：对参考文献中其他科研人员得出的实验数据不能仔细研究、反复推敲，盲目照搬（实际上某些照搬来的内容是无关的），缺少科研探索、追求真理的精神。

(3) 表述前后矛盾：对实验中得出的数据不认真核对，数据表述前后矛盾；或是科研思路不清晰，前后不一致，使其他科研人员对其研究成果的可信度产生怀疑。

(4)修稿时忽略编辑建议:对编辑提出的论文撰写方面的建议不仔细阅读,敷衍了事或者根本不予理睬,使稿件需要进行多次修改,从而延误了发表时间。

2. 缺乏规范性,论文条理不清　在初次投稿时,常因缺少期刊所要求的基本项目或是缺少药学科技论文的写作要素,而在初审阶段就被编辑退稿。有些科研人员初次撰写论文,文章层次不分明、详略不得当,应该重点交待的没有说清楚、应当简单介绍的叙述篇幅较长。其具体表现为:

(1)摘要部分:摘要是以提供文献内容梗概为目的,不加评论和补充解释,简明、确切地记述文献重要内容的短文,主要包括目的、方法、结果和结论四大要素。常出现的问题为四要素不完整,写的过繁或是过简,无法正确而简洁地表达论文的主要内容,难以使读者通过阅读摘要基本了解文章的主要思想。

(2)前言部分:前言是对药学科技论文的研究背景以及科研人员研究的意义和创新之处的基本介绍。常见问题是用大量的篇幅介绍基础知识,而对于研究的背景内容及本文研究的意义和创新之处只字未提或者介绍不全面。

(3)结果部分:该部分是药学科技论文中最重要的部分之一,是对科研人员贡献的集中体现,也是读者最关注的内容。常出现的问题为缺少必要的文字说明和具体的实验数据,只是简单地图表罗列,或是插图太多,图表与正文表述的内容重复等。

(4)讨论部分:讨论是对研究结果的推断,实事求是地对研究工作的进展和欠缺进行评价,并对文章的思路提供合理的解释,对比前人在该研究领域的研究结果及相关性。常出现的问题为缺乏新意,缺少科研人员自身的认识和判断,只是单纯地重复结果或是罗列文献的相关内容,并没有对其进行比较和分析。

(5)结论部分:结论的重点是对研究内容的提炼和总结,表达了作者的主要观点及其内涵,进一步总结性地表达科研人员对其研究结果可能的应用前景和局限性以及需要进一步深入研究的问题。常出现的问题为没有正确而客观地评价本实验的研究结果,而仅对结果妄加推测、妄下结论,没有足够的数据支持。

(6)参考文献部分:参考文献是药学科技论文中不可或缺的部分,其作用是注明前人的相关工作以及研究背景和依据等。常出现的问题有作者名称书写不完整、文题或书名 / 期刊名书写不完整或有误、期刊卷和期标注不规范或缺少卷期页信息,尤其是外文期刊著录不正确,英文刊名没有缩写或缩写不规范,引用参考文献过于陈旧,近 5 年参考文献引用较少等情况。

(7)其他部分:由于科研人员不熟悉国家标准,对于文中出现的量和单位,图和表格,表示各种意义符号的正斜体、大小写、上下角标等随意撰写,没有章法,不符合编辑出版的要求。

3. 缺乏科学性,设计不合理,体现不出专业性　科学性是对药学科技论文的研究质量及结果可靠性的评价。如果科研设计缺乏科学性、合理性,药学科技论文的结果及结论就无法成立。某些论文的实验设计未体现出随机对照等原则。科研人员的药学科技论文缺乏科学性、合理性和专业性而被拒稿的现象亦屡见不鲜。

三、写作意义

1. 培养科研人员的科研创新能力　创新是一篇论文的价值所在,科研人员要想发表高水平的论文,无论是想法还是内容,都必须要创新。很多研究生在论文中简单重复前人的观点和研究成果而无法准确地表达出自己的观点和见解,不知道如何将阅读的文献和自己的观点整合在一起,不懂科研创新。因此,培养研究生的科研创新思维是至关重要的,而药学科技论文写作的过程是提高学生科研创新能力的重要方法。撰写药学科技论文可以培养学生发现问题、分析问题、解决问题的能力。在校研究生的科研工作很多都是导师承担的国家课题,想要得到具有创新性的科研成果,科学的实验设计方案、合理的实验方法是极其重要的,而创新的科研思维也是必不可少的。

2. 提高科研人员的论文写作能力　科研人员及研究生是在专家或导师的指导下,查阅相关的文献完成论文的写作。多数研究生无科技论文写作经验,仅模仿前人的论文结构,对于论文的撰写细节及注意事项不够清楚，因此出现论文的内容前后矛盾、数据不一致以及格式不规范等问题。

药学科技论文写作可以提高科研人员的药学科技论文写作能力：

(1) 培养逻辑思维能力：要写出高质量的药学科技论文必须要有清晰的逻辑思维，学会借助概念和判断、推理来表达思想和主张。

(2) 提高语言驾驭能力：药学科技论文不同于其他文章，其语言需要严谨、准确、精练、逻辑性强，能充分地表达文章主旨并具有学术性。

(3) 掌握写作方法和技巧：虽然研究生在科学研究过程中，提出了许多创新性的想法，所做的工作和取得的结果也相当出色，但很可能因为写作时缺乏方法和技巧，而无法将自己的成果充分地展示给他人，这必然会对其科研成果大打折扣。为此，对研究生论文写作的指导，将有利于其掌握恰当的写作方法和技巧，以更好地表达自己的研究成果。

3. 提高科研人员的诚实守信能力　研究生在论文写作过程中，同时得到教师对于论文写作的指导。这个过程可以培养学生诚实守信、勇于探索的科研精神，加强科研诚信建设，遏制学术不端行为。尤其是在收集数据、整理数据、统计数据以及论文写作中，学生更应实事求是，杜绝捏造、篡改和剽窃数据、一稿多投、侵占学术成果、伪造学术履历等违反学术规范、学术道德和学术不端的行为。

4. 培养科研人员的专业信息获取能力　扎实的专业知识是从事科学研究的基础，为了完成某一项科学技术研究，研究生仅仅利用课堂上和教材里的知识，是远远不够的。因此，从大量的各种形式和来源的信息中捕捉相关有效的专业内容，和从事科研工作必备的能力。事实上，经常阅读相关专业文献，有助于巩固对本专业知识的理解，更有助于拓展对本专业知识的了解，使自己在相关领域更加专业化。

5. 提高科研人员的业务和核心竞争力　药学科技论文写作是科研人员进行科学技术研究的重要手段，是科学技术研究工作的重要组成部分。论文的数量和质量是科研人员学识水平与业务素质的集中体现，是考核科研人员业务成绩的重要依据，也是研究生阶段评奖评优的一个重要指标。因此，高水平的药学科技论文写作对科研人员的专业水平提升及未来发展都有重要的意义。

6. 提高科研人员投稿的命中率　怎样如实反映科研价值、写好药学科技论文，如何有效表达学术观点、提高稿件录用率，一直是众多一线科研人员特别是青年科研人员关注的核心问题。研究生期间，学生通过论文和来自指导老师对写作的建议，能有效提高此后作为科研人员投稿的命中率。实践表明，一篇文章最终能否被高水平学术期刊录用，虽然在根本上取决于论文的科学性、创新性，但是论文的写作质量也不容忽视。错误频出、逻辑混乱的稿件，难以准确表达作者的研究成果和学术思想，还可能导致审稿人和编辑对科研人员科研能力的质疑，这必将影响到论文的最终发表。

7. 推动科技进步、促进学术交流　一个成熟的科技人员不仅应具备研究发现、创造发明的能力，还必须牢固掌握写作发表、交流互动等手段。药学科技论文的写作可以促进学术交流，促进研究成果的推广和应用，有利于科学事业的繁荣和发展。为了有效推动科技进步、促进学术交流，及时表达观点、总结经验，扩大学科自身与研究领域的影响，越来越多的科研人员期望在学术期刊上发表论文。

四、期刊选择

目前，有很多有关药学类的期刊，如何选择合适的期刊显得尤为重要。论文投稿后能否被采用、发表，除文稿的质量之外，选择合适的期刊至关重要。为此，在投稿之前首先要对期刊的类型、办刊宗旨、栏目设置等有一个较全面的了解，再结合论文的水平及特点进行投稿。下面将从以下四个方面来阐述药学科技论文期刊的选择。

（一）药学期刊选择的重要性

在种类众多的药学期刊中选择合适的投稿期刊是发表论文的重要环节。有些药学科技论文被编辑拒稿，并非论文质量不达标，而是选择的期刊不适合。例如，某中医药大学学报在读者须知中明确规定只刊登中医药领域综述，而科研人员投了一篇西药药理机制相关的文章；或者某药学杂志在投稿须知中有论文撰写要求，而科研人员没有按照要求进行撰写，在审稿的第一环节即编辑的形式审查中即被退稿。论文投稿后经历的第一步是所投期刊的编辑对文章的初评，编辑初审一般会从硬性指标和软性指标两大方面来进行综合评价。硬性指标：每本刊物都有自己设立的个性化的收稿硬性指标，如科研人员层次（科研人员机构、职称、学历等）、基金项目、栏目对口等。软性指标：包括形式和内容两个方面。形式指标是指稿件的整体结构是否符合药学科技论文的撰写格式。内容指标是稿件的内容在学科方面是否具有创新性和前沿性，是否具有较高的学术价值。第二步是同行评议。一篇投稿论文如形式审查通过即进入到同行评议阶段。该阶段决定来稿是否被录用。这个过程可能会经历数月，如最终稿件被退稿，则会耽误稿件发表的进程。其次，由于同时具备药学专业和编辑专业素质的专业人才非常欠缺，不同药学期刊的编辑人员和审稿人员有可能对作者研究领域的了解较为模糊，缺乏必要的药学知识，从而使稿件被拒。如果选择一个与稿件主题密切相关的期刊，该稿件可能就会被接收。综合以上分析可以看出，选择合适的药学期刊进行投稿是非常重要的。

（二）药学期刊的期刊类别

药学科技期刊是记录科研成果的主要载体，也是学术交流传播的重要平台，是发现和培养科技人才的重要途径，在推动药学学科发展以及推动科技创新的过程中发挥着重要作用。药学科技期刊影响力评价指标，可依据总被引频次、影响因子，即年度指标、基金论文比、他引率、参考文献量以及平均引文数等计量指标，分为以下核心期刊和非核心期刊。

1. 核心期刊　指所含专业情报信息量大，质量高，能够代表专业学科发展水平并受到本学科读者重视的专业期刊。确定核心期刊的方法有多种，我国一般根据以下几条原则来综合测定：①载文量（即刊载本学科的文献量）多的期刊；②被二次文献摘录量大的期刊；③被读者引用次数多的期刊。

国内对核心期刊评价的体系主要分为北京大学图书馆的“中文核心期刊”和中国科技论文统计源期刊。能被这两个评价体系收录的药学科技期刊，在药学学科同类期刊中，论文的使用率（含被引率、摘转率和流通率）较高、学术影响较大，具体分类如下：

(1) 中文核心期刊：北京大学图书馆的“中文核心期刊”（也称“北京大学核心期刊”或“北大核心期刊”），由中国知网、中国学术期刊网和北京大学图书馆联合众多学术界权威专家鉴定，通过采用被索量、被摘量、被引量、他引量、被摘率、影响因子、被国内外重要检索工具收录、基金论文比、Web 下载量等 9 个评价指标作为依据评价，收录在《中文核心期刊要目总览》的期刊，受到了学术界的广泛认同。第八版北京大学核心期刊目录（R9 药学）见表 3-1；第八版北京大学核心期刊目录（R 综合性医药卫生）见表 3-2。

表 3-1　第八版北京大学核心期刊目录（R9 药学）

序号	期刊
1	药学学报
2	中国药学杂志
3	药物分析杂志
4	中国新药杂志
5	中国现代应用药学
6	中国药理学通报
7	中国医院药学杂志
8	中国药科大学学报
9	中国药理学与毒理学杂志
10	中国医药工业杂志

续表

序号	期刊
11	中国临床药理学杂志
12	中国新药与临床杂志
13	中国药物化学杂志
14	沈阳药科大学学报
15	中国药房
16	国际药学研究杂志

表 3-2　第八版北京大学核心期刊目录（R 综合性医药卫生）

序号	期刊	序号	期刊
1	中华医学杂志	17	中山大学学报（医学版）
2	南方医科大学学报	18	吉林大学学报（医学版）
3	北京大学学报（医学版）	19	中国医科大学学报
4	中国医学科学院学报	20	四川大学学报（医学版）
5	第三军医大学学报	21	重庆医科大学学报
6	解放军医学杂志	22	首都医科大学学报
7	中南大学学报（医学版）	23	安徽医科大学学报
8	华中科技大学学报（医学版）	24	医学研究生学报
9	浙江大学学报（医学版）	25	南京医科大学学报（自然科学版）
10	复旦学报（医学版）	26	山东大学学报（医学版）
11	西安交通大学学报（医学版）	27	医药导报
12	第二军医大学学报	28	天津医药
13	郑州大学学报（医学版）	29	军事医学
14	上海交通大学学报（医学版）	30	上海医学
15	中国全科医学	31	中国比较医学杂志
16	实用医学杂志		

(2) 中国科技论文统计源期刊："中国科技论文统计源期刊"（又称"中国科技核心期刊"），是中国科技信息研究所（ISTIC）受国家科技部委托，按照美国科学情报研究所《期刊引证报告》的模式，结合中国科技期刊发展的实际情况，将总被引频次、影响因子、年指标、自引率、他引率、普赖斯指数、引用半衰期、被引半衰期、老化系数、来源文献量、参考文献量、平均引用率、平均作者数、地区分布数、机构数、国际论文比、基金论文比等 17 项作为评价指标，进行统计分析，并利用统计数据建立了中国科技论文与引文数据库（CSTPCD），确定了在中国出版的 40 多种药学科技期刊作为中国科技论文统计源期刊。通过中国科技期刊综合指标评价体系对期刊学术质量的考核，CSTPCD 每年对收录期刊的范围进行调整。中国科技论文统计源期刊部分目录，见表 3-3。

表 3-3　中国科技论文统计源期刊部分目录

序号	期刊	序号	期刊
1	药学学报	22	临床药物治疗杂志
2	中国药理学通报	23	中国新药与临床杂志
3	药物评价研究	24	中南药学
4	中国临床药理学杂志	25	中国药房
5	中国药物应用与监测	26	药物流行病学杂志
6	药物分析杂志	27	中国药物化学杂志
7	中国药理学与毒理学杂志	28	中国药科大学学报
8	药物不良反应杂志	29	中国海洋药物
9	中国天然药物	30	华西药学杂志
10	中国新药杂志	31	儿科药学杂志
11	中国医院药学杂志	32	沈阳药科大学学报
12	现代药物与临床	33	广东药学院学报
13	中国现代应用药学	34	世界临床药学
14	实用药物与临床	35	药学服务与研究
15	中国药学杂志	36	中国医药工业杂志
16	中国药物警戒	37	中国药物依赖性杂志
17	医药导报	38	药物生物技术
18	药学与临床研究	39	解放军药学学报
19	西北药学杂志	40	药学实践杂志
20	中国抗生素杂志	41	中国临床药学杂志
21	中国药师		

2. 非核心期刊　是指没有进入北大核心期刊目录或者中国科技论文统计源期刊目录的期刊，主要包括一些由党中央和国务院及所属各部门、中国科学院、中国社会科学院、各民主党派和全国性人民团体主办及国家一级专业学会创办，或者由省、自治区、直辖市及所属部、委、办、厅、局主办的期刊及本科院校的学报创办的省级期刊。

影响期刊影响力的因素主要包括：论文出版周期较长；稿源和稿件质量问题；出版发行状况；药学期刊的语种问题；药学专业编辑人才匮乏等。这也导致大量优秀稿件外流，使我国的科技期刊影响因子普遍偏低，科研人员更倾向引用知名期刊和知名作者的论文，而忽视引用国内期刊，这也在某种程度上降低了国内科技期刊的影响因子。因此，我们应认清形势，提出对策，真正使我国的药学类期刊充分反映我国药学科学技术发展的现状。

（三）期刊类型

1. 按内容划分

(1)综合性期刊：指以党和国家的科技方针，政策，科技法律、法规以及科技发展动态和科技管理为主要内容的期刊。

(2)学术性期刊：指以刊登研究报告、学术论文、综合评述为主要内容的期刊。

(3)技术性期刊：指以新的技术、工艺、设计、设备、材料为主要内容的期刊。

(4)检索性期刊：指以对原始科技文献经过加工、浓缩，按照一定的著录规则编辑而成的目录、文摘、索引为主要内容的期刊。

(5)科普性期刊：指以科普知识为主要内容的期刊。

2. 按主管部门划分　这种划分方法主要是管理上的需要，其区别只限于主管部门的不同，不反映期刊和论文的质量水平。

(1)全国性期刊：指国务院所属各部门、中国科学院、各民主党派和全国性人民团体主管的期刊。

(2)地方性期刊：指省、自治区、直辖市各委、厅、局主管的期刊。

3. 按出版方式划分

(1)正式期刊：指经国家指定的行政管理部门审定批准，并在省、自治区、直辖市新闻出版局登记注册，领取期刊登记证，编入“国内统一刊号”(CN)的期刊。正式期刊又分公开发行和内部发行两种。公开发行期刊可以在国内外公开发行和销售；内部发行期刊只限于在国内征订和销售，不能出口和对外交换。

(2)非正式期刊：指经中央各主管部门审定同意，或省、自治区、直辖市新闻出版局审定同意，并在省、自治区、直辖市新闻出版局登记注册，领取“内部报刊准印证”的期刊。非正式期刊不编入“国内统一刊号”，只能用于本系统、本行业、本单位指导工作、交流经验、交换信息。该类期刊可收取工本费，但不得在社会上公开征订和销售。

4. 按文献产生顺序划分

(1)一次文献期刊：指将以第一手资料撰写的原始文献作为主要内容的期刊。原始文献包括学术论文、研究报告、实验报告、临床报告、专利说明书等。

(2)二次文献期刊：指以加工一次文献，按有关著录规则编辑的目录、文摘、索引为主要内容的期刊。二次文献常常是对情报工作、图书馆工作、书目工作的整理。

(3)三次文献期刊：这类期刊的主要内容是，通过二次文献选用大量一次文献的有关内容(包括科研人员自己的研究工作)经过分析综合撰写的评述等。按其内容，近似于根据别人著作进行编纂的作品、参考书、教学用书。

5. 按出版周期划分

(1)周刊：指的是一星期出版一期的书刊、杂志或文摘。

(2)旬刊：指的是一旬(10天)出版一期的期刊或杂志。

(3)半月刊：指的是每半个月出版一期的刊物。

(4)月刊：指的是一个月出版一期的出版物。

(5)双月刊：指的是每两个月就出版一期的刊物。

(6)季刊：指的是一个季度出版一期的刊物，一年共出版四期。

(7)半年刊：指的是半年(6个月)出版一期的刊物。

(8)年刊：指的是一年出版一期的刊物。

6. 按学科分类划分　药学科技期刊以国家工程技术数字图书馆网上平台公布的数据为依据，参考维普期刊资源整合服务平台的数据统计国内药学类科技期刊总量，分别统计总刊文量、每期平均刊文量(四舍五入取整数值)等。依照国家学科分类标准，按学科统计全年刊文量，计算各学科文献的相关占比(相关占比＝相关文献数 / 文献总数 ×100%)，据此判断该期刊与各学科的关联程度。相关占比的数值越大，表明该期刊与该学科的关联性越高。依据此分类方法，编写了下列学科分类：

(1)药物化学期刊：该学科包括药物分析、药物合成及中药化学。主要代表期刊包括《药学学报》《中国中药杂志》《中草药》《沈阳药科大学学报》《中药材》《中国药学杂志》《药物分析杂志》《中国药物化学杂志》《华西药学杂志》《中国医药工业杂志》等。

(2)生物药物学期刊：该学科包含动物来源药物(如血液制品、胰岛素、疫苗、活性蛋白或多肽等)的研究、提取分离、生产。主要代表期刊包括《中国生化药物杂志》《中国医药生物技术》《中国生物制品学杂志》等。

(3)微生物药物学期刊：该学科主要有微生物发酵生产的药物(抗生素、酶类、氨基酸类、抗原成分及生物合成的特殊蛋白)、菌类或病毒研究(基因研究、菌种改造、耐药机理、抗原特征等)。主要代表期刊包括《中国抗生素杂志》《工业微生物》《中国海洋药物杂志》等。

(4)放射性药物学期刊：该学科主要包括放射性诊断或治疗药物的研究、制备及放射免疫、药动学中放射性标记物研究等，主要代表期刊包括《同位素》《中华核医学与分子影像杂志》等。

(5) 药剂学期刊：药剂学学科主要涉及剂型研究、工艺研究、新型辅料研究和近些年发展起来的生物药剂学。药剂学是药学领域重要的学科，一般药学综合性期刊均刊载药剂学类文献，尤其是生物药剂学领域刊文较多。主要代表期刊包括《药学学报》《沈阳药科大学学报》《中国药学杂志》《中国药科大学学报》《中国医院药学杂志》《华西药学杂志》《中国新药杂志》《中国医药工业杂志》等。

(6) 药效学期刊：这部分包括药理学和毒理学（药物量效关系、构效关系、药效机理、临床药效、毒副作用、成瘾性等内容），随着现代免疫学、遗传学、分子生物学技术的引入，分子水平的研究近年来异常活跃，该学科期刊数量众多。主要代表期刊包括《中国药理学通报》《中药药理与临床》《中药新药与临床药理》《中国药学杂志》《中国药理学与毒理学杂志》《中国医院药学杂志》《中国新药杂志》《中国临床药理学与治疗学》《中国新药与临床杂志》《中国临床药理学杂志》等。

(7) 药事管理学期刊：药品研究、生产、销售、使用过程有一套严格的专业管理规范，是科研人员应该具备的专业知识。主要代表期刊包括《中国药房》《中国药事》《中国新药杂志》等。

(8) 药物统计学期刊：药物统计学广泛用于药学科研设计、数据分析，是数理统计在药学领域的应用，通常药学工作者仅将其作为科研工具使用，是以数理统计理论、研究方法作为基础的数据分析学科。主要代表期刊包括《中国医院统计》《中国卫生统计》等。

药学期刊的种类繁多，要求不一，在创办初期都经过认真的调查研究，确定了期刊的办刊宗旨和办刊目标，并由此确定了刊物的性质和读者对象。为了体现其报道内容和风格特色，各期刊均设有相对固定的基本栏目。因此，在投稿时，首先应对拟投刊物的定位、专业范畴、栏目设置等有所了解；其次要了解刊物是全国性还是地方性刊物，是属于统计源还是非统计源。最常用的方法是对刊物的栏目和内容进行浏览，或登录刊物的宣传网页进行查询；最后再结合论文的专业性质及学术水平选择投稿杂志。

（四）选择步骤

1. 确定药学期刊的级别　不同高校对研究生毕业和学位授予的条件不同，要求研究生发表论文期刊的级别也不同，研究生首先要确定自己所需要刊发期刊的级别。一般来说，选择刊发期刊的级别越高，要求论文的学术水平和写作质量也越高。

2. 查看药学期刊的要求　确定需发表文章的级别后，在中文核心期刊、中国科技论文统计源期刊、非核心期刊中再进行选择。了解期刊刊登的文章类型，登录相关期刊官网仔细阅读期刊介绍、投稿指南、投稿要求、读者须知及以往刊登的文章。如《中国药学杂志》的期刊中介绍：其现有栏目，设有院士笔谈、专家笔谈、综述、论著（内容包括生物技术、中药及天然药物、药理、药剂、临床药学、药品质量及检验、药物化学）、重大新药创制、药物与临床、新药述评、药学史、药学人物、药事管理、学术讨论、科研简报、知识介绍、读者园地等，基本涵盖了药学研究各领域。

科研人员要考虑自己的文章是否符合期刊的刊发方向，再决定是否投稿。其次，了解期刊的刊期及刊发的文章数量，预估发表周期，留出修改或再投稿的时间，以免影响作者文章在规定时间内发表。

3. 探究论文的研究方向　每个期刊的名称及刊发的文章方向不尽相同，有的偏重理论研究，有的侧重发表实验结果，有的更倾向于综述、述评等，科研人员需要登录选择的药学期刊官网仔细查看投稿须知及期刊每一期出版的论文，探究论文研究的目的、意义。确定所写论文是否符合期刊所发表文章的研究范畴，再决定是否投稿，以便提高稿件录用率。

4. 查看药学期刊稿件的录用率　高级别的药学期刊的稿源是非常丰富的，录用率非常低。因此，在投稿之前，一定要仔细研读期刊的"作者须知"及"投稿指南"，咨询稿件已被录用的科研人员其稿件的录用情况，并评估稿件录用率，然后进行投稿。

5. 查看药学期刊的版面费　现在很多期刊是按版面来收费的，在投稿之前，了解相关期刊的收费标准，评估发表文章所需的费用是否在预算范围内。

第二节　药学科技论文写作规范

一、要求及格式

科研人员通过药学科技论文展示科研成果，药学科技论文属于科技论文的范畴，遵循科技论文的基本格式和体裁。一篇既有科学性、有效性、逻辑性，又符合科研人员阅读习惯的文章，易于被广大科研人员所接受。很多科研人员虽然获得了有重大意义和价值的科研成果，但是在写作时却由于不重视或不了解药学科技论文在内容选择、格式、规范化等方面的写作要求，导致论文质量和可读性的下降。药学科技论文由于具有药学专业自身的特点，在写作上除了要遵循科技论文的一般要求外，还有一些不同于其他专业论文需要特别注意的地方。下面我们将从药学科技论文的题目、署名、摘要、关键词、正文、致谢、参考文献等部分分别讨论药学科技论文的写作要求及格式。

（一）题目

在一篇药学科技论文中，题目至关重要，因此必须精心拟出。对文题的要求是：突出主题，具体确切，文题相符，简洁凝练，可供检索。论文题目必须准确表达论文内容，标题应以最恰当、最简明的词语反映论文中最重要的特定内容，并适当反映所研究的广度与深度。通常包括“研究方法（理念）”“研究内容”和“研究目的（结果）”三个要素。如：HPLC 法对不同产地人参中人参皂苷含量的测量与分析；又如：基于策略模式的中药性效数据挖掘方法研究。

1. 一般要求　题目应避免使用结构式、公式，避免使用标点符号，一般不用常见的英文缩写，避免使用与论文内容无关的自谦词，也不能用所从事研究的学科或分支学科的类目作标题。涉及药品名称时尽量避免使用商品名。中文标题一般不超过 25 个字。

2. 药物类的科技论文标题要求　应包含药物（处理因素，即研究对象）、实验动物或模型、细胞等（实验对象）和观察指标（实验效应）三部分，能直接反映研究内容。通常采用“某某药物（西药或中药提取物、有效成分、部位）对 ×× 动物（模型动物或细胞）×× 指标的影响”的格式。如若包含多个实验项目，可根据具体情况写成某某药 ××（药理）作用的研究。

3. 常见问题与解决办法　撰写文题经常出现的问题有：①文题过于笼统，或文不对题，专业性不强。如文题“某药抗肝纤维化机制研究”过于笼统，如果针对研究的具体对象来命题，效果更佳，如“某药基于某通路改善肝纤维化的机制研究”。②题文不符，文题不能表达文章的研究内容。③题目不完整。④题目用词不当。上述问题的解决办法就是从读者的角度出发，清晰地展现出论文研究的内容，做到让读者一看即懂。

4. 题目错误实例

（1）文题不简洁明了，专业性不强。

示例 1：“HPLC 法测定吉林、辽宁、黑龙江等不同产地人参中人参皂苷的含量”。

解析：题目冗长，文题中同时出现“吉林、辽宁、黑龙江等不同省份，不够精练。建议改为“HPLC 法对不同产地人参中人参皂苷含量的测量与分析”。

示例 2：“HPLC 法测定黑大豆中维生素 B_1（VB_1），维生素 B_2（VB_2），维生素 B_6（VB_6）及烟酸（Vpp）含量”。

解析：改为“HPLC 法测定黑大豆中 4 种 B 族维生素含量”。

示例 3：“红花注射液 HPLC 指纹谱分析方法研究及不同厂家样品谱比较”。

解析：改为“红花注射液 HPLC 指纹谱分析方法研究”。

（2）文题大而空泛，文不对题。

示例 1：“和丹舒胶囊的质量标准研究”。

解析：因该文主要内容是建立"和丹舒胶囊"中的丹参酮$Ⅱ_A$含量测定方法，并用于对该样品中丹参酮$Ⅱ_A$的含量测定。原题目属于文小题大，因含量测定只是质量标准中的一部分，因此，建议改为"和丹舒胶囊中丹参酮$Ⅱ_A$的含量测定"。

示例2："拉米夫定的疗效观察"。

解析：若是针对研究的具体对象来命题，改为"拉米夫定治疗乙型病毒性肝炎的疗效观察"更准确。

示例3："鲎试剂法用于甘露醇注射液细菌内毒素的检测研究"。

解析：该题名过于笼统，建议改为"鲎试剂法检测甘露醇注射液中的细菌内毒素"。

(3)药学科技论文题目不完整。

示例："中药炮制辅料与微量元素"。

解析：改为"中药炮辅料与微量元素的关系探讨"。

(4)药学科技论文题目用词不当。

示例："降糖宁胶囊擅自添加格列齐特的检测"。

解析：论文题目中用词不当，建议"擅自"一词改为"非法"，更加贴切。

(二)署名

署名是药学科技论文的必要组成部分，包括姓名、工作单位及其所在地和邮政编码，一般位于篇名之下。署名的形式和方法具体如下：

1. 署名的形式　分单个署名和集体署名两种。

(1)单个署名：由一个人独立设计完成的研究工作并由此总结而成的论文，署一个人的名字。

(2)集体署名：一项科研任务的完成往往需要多人合作，甚至是多学科、多部门的协同合作，并由一个科研组共同完成，故论文作者常署上多个作者的姓名，其排列顺序应由合作者共同决定。

1)第一作者是对论文贡献最大或全面负责的作者。如果确有必要说明两个以上的作者在贡献上是相同的，国内外学术期刊有一个可以采用的变通表达方式，即用"共同第一作者"表示，但需在这些作者的姓名右上角使用符号(如△或*)，说明该作者"对本研究工作的贡献是同等的"。显然，除了第一作者和共同第一作者外，其他署名作者就是合作作者，亦称合著者。

2)通讯作者是根据实际工作需要对论文全面负责的作者，是能够全面处理投稿工作、熟悉科研程序、掌握数据资料、可以承担答复期刊编辑部审稿意见的主要科研人员，所以通讯作者又叫责任作者。通讯作者就是科研工作的负责人，他的贡献不亚于论文的第一作者。对于国内外一些学术期刊，通讯作者在论文中的标识尤为重要。通讯作者的姓名大多位于作者名单的最后并使用符号来标识。在论文署集体或单位名时，为了便于学术期刊联系工作和明确责任，应在论文的首页或最后的脚注处写出通讯作者的联系方式。可用共同通讯作者表示其对作品有着等同的贡献，在论文中进行标注。例如：某些药学课题涉及的临床和基础研究并重，各自具有较高的独立性，由两个人分别负责完成，但负责临床方面的责任人不能解答基础方面的问题，而基础方面的责任人也不能解答临床方面的问题，这样发表论文时就会产生共同通讯作者，共同对论文负责。

2. 个人署名要求　原则上，署个人姓名要用真名，不用笔名。

3. 单位名称要求　科研人员应标明工作单位的全称、所在城市名及其邮政编码。若科研人员分属多个单位，则应按科研人员署名的先后排列顺序加上角标，工作单位则以上角标顺序依次注明。各工作单位之间连排时以分号隔开，或参考所投期刊的要求书写。

4. 下角注释要求　稿件文题页左下角的地脚线下注明的内容可有两种情况：

(1)作者简介与基金项目：①责任作者(通常是第一作者及通讯作者)的姓名、出生年月、职称、学位、联系方式、主要研究方向等；②基金项目，包括省、部级以上基金资助课题(编号)或国家公关项目、省部级以上科研成果奖(编号)。

(2)其他需要注释内容：如论著发表前，若参加研究及工作的科研人员已调往其他单位，可在名字末尾右上角加注符号，用脚注注明。

（三）摘要

摘要又称文摘（abstract、summary），是报告论文的内容不加注释和评论的简短陈述。摘要是读者判定论文价值和可读性的依据。会议所征摘要是决定是否录用全文的依据，其特点是对论文的内容高度概括和精准表达，反映该篇论文的重要内容。摘要应具有独立性和自明性，可成为引用的完整短文。

摘要置于作者之后，正文之前。目前，国内外医学论文的摘要写作内容采用结构式摘要格式，包括目的、方法、结果、结论 4 个部分。

（1）目的：简要说明研究的目的，表明研究的范围和重要性，即完成此项研究将解决什么问题。

（2）方法：简要说明研究课题的基本设计，使用了什么材料和方法，如何分组对照及处理，研究范围及精确程度，数据是如何取得的，经过何种统计学方法处理。

（3）结果：简要列出研究的主要结果，有何新发现，不同对照组的数据比较及差异。叙述要具体、准确。

（4）结论：简要说明论证取得的正确观点及其理论价值或应用价值，是否可推荐或推广等。

结构式摘要的撰写要点包括：①摘要应该真实和客观，总结药学论文的主要内容和最重要的结果，值得我们特别注意的是评论和补充解释等内容不应写入摘要中，论文标题中已经表述过的信息不应再次陈述。②摘要必须言简意赅，语意明确简练。绝大多数期刊对摘要包含字数进行限制，因此在药学学科领域方面已经成为共识的内容应避免书写。撰写摘要时务必开门见山，用 1~2 句话概述已经成为共识的内容和目前研究的不足或存在的问题，并直接提出本研究的目的，这便是摘要的第一个部分——背景与目的。摘要中的方法与结果也应有所选择，概括性地叙述主要的方法和最重要的结果，包括重要的数据及相应的统计分析结果等。③摘要应使用第三人称，不要使用“我们”“作者”“本人”等作为主语。④摘要中应使用规范化的名词术语。由于摘要的字数有所限制，可考虑使用缩略语，在缩略语首次出现的地方应该注明全称及相应的缩略语。以上只是结构式摘要撰写中通常应注意的事项，但在实际写作中还存在一些具体问题，需具体处理。

示例 1：“中医药事业的发展已然迎来了又一次大好时机，中药材产业作为中医药事业的基础与关键组成，大力发展很有必要。本文就目前形势，对 XX 省发展中药材产业的优势、劣势、机遇以及威胁进行战略分析，并提出相应对策，以期为本省中药材产业健康可持续发展战略提供借鉴。”

解析：该论文摘要中首先介绍大力发展中药材产业的必要性，然后过渡到本文的研究方法。摘要四要素不完整，写得过于简单，无法完整而简洁地表达文章的主要内容，难以使读者在不阅读全文的情况下基本了解文章的主要思想。

示例 2：“目的：系统评价独活寄生类方联合西药与西药治疗类风湿病的有效性和安全性。方法：计算机检索 CNKI、VIP、万方、Open Access Library、PubMed、Cochrane library 数据库，纳入独活寄生类方相关随机对照试验（RCT）。结果：纳入 24 篇 RCT，共 2 201 例患者。Meta 分析结果显示：独活寄生类方联合西药组（联合用药组）总有效率显著高于单用西药组（对照组）（RR=1.27，95%CI：1.17~1.37）；联合用药组的晨僵时间（WMD=-25.20min，95%CI：-46.90~-3.51）、关节疼痛数（WMD= 2.39，95%CI：3.48~1.30）、关节压痛数（WMD=-3.23，95%CI：-4.38~-2.07）、关节肿胀数（WMD=-3.55，95%CI：-4.66~-2.44）、红细胞沉降率（ESR）（WMD=10.70mm/h，95%CI：15.00~6.39）、类风湿因子（RF）（WMD= 24.97U/mL，95%CI：33.66~16.29）、C 反应蛋白（CRP）（WMD= 7.58mg/L，95%CI：10.85~4.31）改善均显著优于对照组；联合用药组腹泻、肝损害发生率均显著低于对照组（$P<0.05$），其他不良反应发生率两组差异无统计学意义。结论：独活寄生类方联合西药在类风湿病症状及实验室指标上有一定优势，但纳入文献偏倚风险均较高，尚需更多高质量研究予以证实。”

解析：该论文摘要总体较好，但也存在一些问题，如方法部分只介绍了如何收集病例，并未写明比较分析要采用的具体方法（Meta 分析），该方法在结果中应有所体现。

示例 3：“目的：对国内穴位埋线法治疗癫痫的疗效进行系统评价并总结常用穴位。方法：通过计算机检索和人工检索，查阅国内的医学数据库和相关文献，查找有关穴位埋线法治疗癫痫的临床随机对照试验（RCT），按 Cochrane 系统评价方法对纳入文献进行质量评价和资料提取后，采用 Revman5.2 软件对其进行 Meta 分析。结果:共纳入 5 个研究,543 名受试者,均为随机对照试验。结论:治疗癫痫最常用的穴位为丰隆、筋缩,穴位埋线法治疗癫痫效果较好。"

解析:该论文摘要方法部分写得较完整,但结果部分只写明了收集到的病例情况,并未对正文中 Meta 分析的主要结果进行归纳总结。

示例 4 :"目的:利用脂多糖(LPS)刺激大鼠肺泡Ⅱ型上皮细胞 RLE-6TN 建立内毒素性急性肺损伤(ALI)体外细胞模型,观察 RLE-6TN 是否发生内质网应激(ERS)及相关凋亡,为进一步研究内毒素性 ALI 提供依据,同时为临床 ALI 新药研发提供新的思路。方法:以 LPS 刺激大鼠肺泡上皮细胞株 RLE-6TN,Western blot 法检测 ERS 相关蛋白 GRP78、CHOP、c-Caspase-12 以及 c-Caspase-3 的表达,DAPI 染色及流式细胞术检测细胞凋亡情况。结果:LPS 刺激大鼠肺泡上皮细胞株 RLE-6TN 24 小时,GRP78 蛋白表达增多,并且 ERS 特异性凋亡蛋白 CHOP 及 c-Caspase-12 的表达均增多,DAPI 染色及流式细胞术结果均表明 RLE-6TN 细胞凋亡增强。结论:LPS 可诱导大鼠肺泡上皮细胞 RLE-6TN 发生 ERS,并发 ERS 相关凋亡,这可能是 LPS 致 ALI 的重要病理生理机制。"

解析:摘要目的部分简要说明研究目的,表明研究的范围和重要性,即进行此项研究将要解决什么问题。本实例中目的部分重点介绍了利用脂多糖刺激细胞株建立体外细胞模型,观察细胞是否发生内质网应激和凋亡,实为实验方法的介绍。

(四) 关键词

关键词是指从论文中提炼出来的,最能反映论文主题与核心内容的名词或词组,也是代表论文主题内容的规范词和术语。关键词的特点是具有表征性、检索性、专指性、规范性,其功能主要是反映文章的主要研究内容及特征,便于他人检索文献,关键词是一篇论文的重要信息点,也是一篇论文的"文眼"。确定关键词应当注意以下几点:

(1)关键词的个数以 3~6 个为宜,根据其重要性依次排列。

(2)不可用冗长短语或句子作关键词。

(3)冠词、介词、连词、情态动态、副词、形容词不可作关键词。

(4)化学式不可作关键词。例如,不可用"H_2SO_4"作关键词,可用"硫酸"。

选择和判断关键词的有效方法是,首先看所选的词是否为文题中的主要专业名词或词组。若文题中选出的词不能完全提供检索信息,可在摘要或正文中选择所需的关键词。

示例 1:《自噬在内质网应激诱导的肝星状细胞凋亡中的作用研究》一文中,可考虑列内质网应激、自噬、肝星状细胞、凋亡 4 个词作为关键词。

示例 2:《不同产地化橘红中野漆树苷含量的 HPLC 法分析》一文中,可考虑列化橘红、野漆树苷、产地、高效液相色谱法 4 个词作为关键词。

示例 3:《肝纤维化病程中 Kupffer 细胞分泌的细胞因子对肝星状细胞活化增殖、凋亡的调控》一文中,采用肝星状细胞、肝巨噬细胞、细胞因子、肝纤维化、增殖、凋亡 6 个词作为关键词。

不同期刊对于关键词的格式要求不同,下面举例说明。

示例 1:《国际药学研究杂志》规定应选取反映文章内容的关键词 3~5 个,置于"摘要"下方,中英文关键词对应。英文关键词全部用小写(人名、缩写及专有名词例外),关键词之间用分号相隔,结束处不用标点符号。关键词从美国国立医学图书馆的 MeSH 数据库和中国医学科学院医学信息研究所编著的《医学主题词注释字顺表》中选取,中译名亦可参阅中国科技信息研究所和北京图书馆主编的《汉语主题词表》和全国自然科学名词审定委员会公布的《医学名词》《药学名词》等。

示例 2:《沈阳药科大学学报》规定选取关键词 3~8 个,至少 3 个,每两词间用分号";"相隔,中英文关键词应一一对应,不采用缩写。关键词不应以短语的形式给出,可采取组配的形式。

(五) 正文

正文是论文的核心组成部分,占论文篇幅的大部分。正文应全面阐述研究背景、方法,分析研究的结果和得出的结论。其书写格式普遍采用国际医学期刊编辑委员会推荐的 IMRaD 格式,包括 5 个内容，即引言或前言（introduction）、材料与方法（material and methods）、结果（results）、讨论（discussion），结论（conclusion）。长篇论文，还应根据分量轻重和内容需要，安排适当的标题层次。在正文中，标题层次必须清晰，内容前后尽量保持统一。下面详细讨论各项内容的撰写要求和格式。

1. 前言亦称导言、引言、序言，是论文主体部分的开端，前言的作用在于补充强化主题，提出文中主要研究的问题，引导读者进入正文。前言作为论文的开篇，主要是告诉读者研究这个问题的目的，向读者交代研究背景，让读者对所研究课题有一个总体把握，引起读者的阅读兴趣，引导读者去阅读全文。前言的写作可以从以下四方面入手：①查阅文献写背景；②结合研究写目的；③解决问题写方法；④阐述应用写意义。写好前言需要满足以下几点要求：①突出重点，言简意赅；②叙述清楚，逻辑性强；③防止雷同，区别摘要；④评价精确，用词谨慎；⑤回避图表，不用公式；⑥不宜太长，字数约400个汉字。

不少作者在写前言时过多地叙述历史，而未对研究现状进行一个综合评述；或者与正文内容，如研究方法、结果，特别是讨论部分过多重复，使引言冗长；在未充分查阅文献的情况下轻易使用“国内外首创”“首次报道”等词句，夸大研究的价值和地位。以上情况均应避免。

（1）前言应该包含的内容

1）研究背景：论文的前言首先要告诉读者为什么要开展这项研究，而该研究是科研人员通过社会调查或广泛查阅文献资料获得相关信息后提出的，通常与社会的需求密切相关，或者是该学科发展中的关键问题或者是当前迫切需要解决的问题。无背景或背景资料过于简单的前言让审稿人认为文章的作者没有认真检索和复习文献，不了解国内外该领域最新进展，易被退稿。

2）研究设想和实验设计：科研人员在前言中还必须对自己研究工作的设想、理论依据、采用的实验设备及方法进行简要介绍。

3）预期结果和意义：在叙述研究目的时，可以附带写出本研究的特点，如研究方法更为恰当、有更大的样本量、对混杂因素控制更好、数据更新、测量更精确等。

（2）有关前言的撰写示例

1）前言不宜过长

示例：“大量研究表明，二氢黄酮苷类化合物具有抗炎、抗肿瘤、抗菌、免疫调节等多种药理活性，但是橙皮苷本身生物利用度较低（<25%），只有在较大剂量时才能显效。为了寻找具有较强抗炎作用的橙皮苷衍生物，本研究对经结构改造后的橙皮苷衍生物1~9进行了抗炎活性筛选。”

解析：该前言没有说明相关领域前人的研究成果或研究工作存在的不足，也没有阐明研究的意义。

比较完善的写法：橙皮苷为橙皮素与双糖芸香糖形成的二氢黄酮苷类化合物。大量研究表明其具有抗炎、抗肿瘤、免疫调节等多种药理活性，但是橙皮苷本身生物利用度较低（<25%），只有在较大剂量时才能显效，利用橙皮苷直接作为治疗药物比较困难，有必要对橙皮苷结构进行修饰，进而进行改性研究。为了寻找具有较强抗炎作用的橙皮苷衍生物，本研究对经结构改造后的橙皮苷衍生物1~9进行了抗炎活性筛选，旨在为寻找具有良好抗炎效果的橙皮苷新化合物的临床疗效奠定实验基础。”

2）前言不宜过简

示例：本文采用HPLC法测定元胡中延胡索乙素的含量。

解析：前言中对测定元胡中延胡索乙素含量的原因未注明，已有延胡索乙素含量测定方法未注明，以及选用HPLC法测定原因未注明。前言太简，达不到对论文前言的要求。

3）不可回避背景

示例：《脉络宁注射液治疗急性脑梗死的疗效观察》一文的前言：“本研究纳入了2009—2010年我市中医院70例脑梗死患者病例，采用脉络宁注射液治疗，临床效果满意，现报道如下。”

解析：本前言对研究背景介绍不充分、文献查阅不够，缺乏对研究目的的描述。读者从前言中难以看出科研人员为何选择脉络宁注射液治疗脑梗死，以及其治疗方法与以往的治疗方法有何异同。

2. 材料与方法

(1)材料:包括仪器设备、药品与试剂、实验动物、临床资料等。

1)仪器设备:研究过程中所使用的仪器设备的名称、生产国别及厂家、牌号、型号、出厂时间、使用及操作方法、主要参数、仪器类型与精密度等。

2)主要药品与试剂:试剂或药品的化学名称(注意不要用商品名)、生产厂家或供货单位、生产日期、出厂批号、成分、规格、纯度、浓度、剂量、配制方法等,必要时说明来源。药品名和药学名词在药学科技论文中常见,应注意正确使用,遵循以下原则:药名以《中华人民共和国药典》和《中国药品通用名称》的名称为准,医学名词应以《医学名词》系列(全国自然科学名词审定委员会公布)中收录的词为准,俗名、商品名应写在正名后并且用括号注出;英文名称应使用世界卫生组织编订的国际非专利药名来表示;避免采用可能给患者以暗示作用的有关药理学、治疗学或病理学的药品名称。

3)中药材:中药材与其他药物相比,具有来源、名称比较复杂等特殊性,因此中药材必须写明供货单位、鉴定人、经过鉴定确认的拉丁学名及其产地、生长年限、采集时间和药用部位等,经过处理再用于实验的应写明处理方法、过程等。中药材的拉丁名由属名 + 种名加词(种加词) + 命名人姓氏 + 命名时间这 4 部分组成,其中属名和种加词是学名构成的主要部分,次要部分通常可省略。由于中药饮片目前还没有完全达到工业化,除了要有与中药原药材一样的要求外,还应该注明其加工炮制工艺;中成药则只需标明生产厂家和批号即可。

4)动物:实验研究论文的研究对象一般多指实验动物。关于实验动物的描述应该规范、详细,为科研人员重复动物模型提供依据,重点描述动物名称、种系、数量、分级、性别、体重、来源、年龄和身长、营养及健康状况、动物的饲养环境与方式,选择标准、分组和实验方法、观察与记录指标、测定结果等,主要的生物种类应注明其拉丁学名,对于不常见的动物,还应注明其属、科、目或纲名。

5)临床资料:临床药学论文的研究对象多是病例。应提供病例的一般资料,如例数、性别、年龄分布、病例来源、发病原因、症状、体征、实验室和特殊检查结果以及既往病史及家族史、婚姻史、职业史、治疗史等;临床研究的疾病诊断和分型标准、病例选择标准、观察方法及疗效评定标准。注意在报道以人为对象的实验时,避免使用患者的姓名、姓名的首字母或医院的各种编号,尤其是在图片材料中避免使用。

(2)实验方法学

1)实验设计原则

A. 对照性原则:观察某种药物的疗效,或说明某种治疗方法的有效性,不能只设实验组而不设对照组。对照的形式有多种,应根据研究目的、内容选择适当的对照形式。①空白对照,即与对照组相比,不加任何处理的对照;②实验对照,对照组进行非影响因素一致的处理,保证无关变量一致;③标准对照,即不设对照组,与以往公认的标准值或正常值对照;④自身对照,实验和对照在同一受试对象身上进行的对照;⑤相互对照,不设对照组,实验组间互为对照。

B. 均衡性原则:①交叉均衡,各实验组中又各设立实验和对照的方法,以使两组的非处理因素均衡一致。交叉均衡设计可以抵消混杂因素对实验效应的影响,即避免处理因素与混杂因素交叉。②分层均衡,将非处理因素按不同水平划分为若干个单位组(层),然后在每个单位组(层)内安排处理因素。这种均衡是用分层的方法使各处理组的非处理因素均衡一致,从而消除非处理因素对实验结果的影响。

C. 随机性原则:随机的方法很多,本节只介绍以下方法。①抽签法;②随机数字表法,该表中的所有数字都是相互独立的,且全部数字的排列无论横行、纵列、斜向等各种顺序均呈随机状态,用时可从任意一行的任意一个数字开始,向左、向右、向上、向下查用均可;③随机分组表法,随机化分组表又称随机排列表,是随机数字表的发展,它用不同的数字分别表示样本大小不同的分组。使用随机分组表法可以避免发生受试对象分配到各组不均的现象。比如,当样本较小,且奇数与偶数出现机会不等,如奇数多偶数少或偶数多奇数少时,使用随机数字表法分到两组的受试对象数目不相等,尚需进一步调整,而用随机分组表法则可避免此问题。

D. 重复性原则：在实验研究中要求随机抽取样本，这样能在很大程度上消除非处理因素所造成的偏倚性，但不能消除其他因素（如偶然性）的全部影响。因此，遵循重复性原则是很重要的。即一种实验不能只做一次，须多次重复实验，以防偶然的极端现象出现，要求有一定的样本含量，以验证实验结果的真实性和可靠性。

2）实验对象分组：实验对象分组原则、标准及方法，包括是否随机分组、每组例数、是否设立对照组及每组实验环境和条件是否一致等。

3）实验方法：实验研究论文应描述动物模型的建立、实验环境、方法与步骤、动物实验的处理 / 处死方式、观察指标、测定方式等。临床药学论文应描述临床研究的治疗方法等。

科研人员还应将实验原理与设计、实验条件、操作步骤、计算要求甚至记录方法等加以阐明，以便其他科研人员重复。已为人熟知或参照其他科研人员的方法，此时无须对此方法进行具体叙述，只需列出方法名并注明参考文献。如有改进，叙述不同之处即可。

⑶有关实验材料与实验方法学的举例

1）实验设计原则

A. 对照性原则：报告“× 药物治疗 × 疾病经 × 例患者验证，有效率达 92%，以说明 ×× 药物的有效性”是不可信的。

解析：因临床上有多种疾病，不使用药物也可以自愈，如普通感冒。除治疗因素外，一些非处理因素如气候、营养、休息、心理精神状态等也对疾病的发生发展有影响。因此，要正确鉴别处理因素的效应，设立对照是必不可少的。对照的形式有多种，应根据研究目的、内容选择适当的对照形式。

a. 空白对照：要研究长期吸入氯乙烯气体对动物肝脏的危害，拟用大白鼠做实验。一组大白鼠每天置于含一定浓度的氯乙烯气体的染毒柜中 8 小时，作为实验组；另一组则置于含正常空气的同样体积的染毒柜中 8 小时，此为空白对照。3 个月后，将两组动物处死，观察其肝脏情况。空白对照多用于动物实验研究，而临床疾病疗效研究一般不宜选用空白对照，因采用空白对照时，易延误患者的治疗。

b. 实验对照：观察赖氨酸对儿童生长发育的影响，若选取某小学 1~2 年级学生若干名（均为独生子女，家庭经济条件相近），随机分成两组，处理组课间加餐含赖氨酸的面包，对照组则加餐等量的不含赖氨酸面包，一定时间后比较两组儿童的生长发育状况，其他非处理条件一致，此为实验对照。实验对照适于临床疗效观察。

c. 标准对照：研究某种中草药有无降压作用，随机抽取一批高血压患者，服用该中草药一定时间后，测其血压值，与正常值作对比即可。实验研究一般不用标准对照，因为实验条件不一致，常影响对比的效果。

d. 自身对照：用药前后对照；左右肢体对照；不同器官对照；先用 A 药后用 B 药的对照，均属于自身对照。但应注意选用自身对照时，实验的时间不能太长，否则失去自身对照的意义，因为自身条件会随着时间发生变化，最后难以解释实验的结果。

e. 相互对照：观察某中草药和地奥心血康治疗冠心病的作用，可将冠心病患者随机分成三组，一组服用某中草药，一组服用地奥心血康，另一组服用硝酸异山梨酯，对比这三种药物的效果，即为相互对照。

B. 均衡性原则

a. 交叉均衡：科研人员研究 CP1 号药物治疗儿童轻度缺铁性贫血的疗效设计，在甲小学观察 30 名确诊为轻度缺铁性贫血的儿童，服用 CP1 号作为实验组；在乙小学观察 30 名确诊为轻度缺铁性贫血的儿童，未服用 CP1 号作为对照组，观察指标是血红蛋白含量。结果甲小学观察对象血红蛋白均值明显上升，乙小学观察对象血红蛋白略有提高，但较甲小学观察对象低，得出结论为 CP1 号有升血红蛋白作用，用于治疗缺铁性贫血有效。这一设计和结论，存在设计上的不均衡问题，即不清楚两所小学儿童的家庭经济条件、地理位置、儿童饮食习惯、营养条件是否相同或很相近，影响血红蛋白含量的因素除药物外，还有儿童饮食营养条件。不能将血红蛋白量升高这一结果完全归于 CP1 号的疗效，因此认为这个设计是不均衡设计。

解析：将甲小学的 30 名儿童随机分成两组，①组 15 名，服用 CP1；②组 15 名，不服用任何药物。将乙小学的 30 名儿童随机分成两组，③组 15 名，服用 CP1；④组 15 名，不服用任何药物。观察一段时间后，将测得①③组儿童的血红蛋白值合并，作为实验组求平均值；再将②④组儿童的测定结果合并，作为对照组的平均值。这样两组比较，显著性检验后，若实验组的血红蛋白值高于对照组，且有统计学意义，得出 CP1 号对血红蛋白有影响、对儿童轻度缺铁性贫血有治疗作用的结论。这种设计为交叉均衡设计，可以抵消混杂因素对实验效应的影响，避免处理因素与混杂因素交叉的缺点。

b. 分层均衡：研究振动作业对工人上肢甲皱皮肤微循环的影响，并且研究每天从事不同振动时间对微循环的影响。错误的实验设计：观察在同室工作的 32 人，按照每天从事振动作业时间分为 4 组，每组各 8 人。第一天检查未从事振动作业的人员 8 人为对照组，第二天检查每天从事振动作业 2 小时的 8 人为实验一组，第三天检查每天从事振动作业 4 小时的 8 人为实验二组，第四天检查每天从事振动作业 8 小时的 8 人为实验三组。若实验室不是恒温，设计方法是不合理的。室温这一混杂因素影响皮肤温度的变化，将直接影响肢端微循环检查结果，会使处理因素与混杂因素交织在一起，得不出处理因素的效应和差别。

解析：正确的实验设计是每天检查各处理组中 2 名受检者，这样每组中都有 2 名受检者在同一室温下进行检查，使室温这一混杂因素得到均衡。这种设计方法就是分层均衡设计。

C. 随机性原则：比如，抽签法。20 只大鼠作为实验对象，用毛刷沾苦味酸将大鼠编号并分组，再以相同数量的签棒以同样顺序编号，以签代表受试对象。混合均匀，从中随机抽取分配到各组中去，此法多适用于受试对象不多，受试对象之间差异不大，非实验因素基本一致的分组。

2）实验对象分组

示例：患者先胸腔插管引流，大量胸腔积液用多孔导尿管，中量及少量胸腔积液用抗凝硅胶管留置，反复抽尽，一般 24 小时内排尽胸腔积液，患者随机分组。

解析：如上所述，设计不当。虽注明受试者被随机分组，但并没有说明他们是如何被随机分组的。应当是对所有患者按治疗顺序编号，并根据随机表依次对应编号，随机数字单数为治疗组、双数为对照治疗组。

3）实验方法：在实验方法上，要尽量避免以下情况，一是动物模型的制备过程介绍不清楚；二是实验步骤介绍不详细；三是实验方法介绍不详；四是缺少对象的选择标准；五是未给出诊断标准；六是随机分组情况说明不具体；七是出现其他应当尽量避免的情况。诸如缺乏对照或研究组间无可比性、缺乏客观标准（如调查方法、临床分型、疗效分析等）、资料不全（如实验室检验、辅助检查、病理报告等）、样本过小（有的样本只有几个、十几个）和技术错误等。

3. 统计学处理　统计设计应科学、规范，论文中应明确陈述统计设计的名称，如实验设计应描述设计类型（成组设计、配对设计、随机区组设计、析因设计、正交试验设计、拉丁方设计等）；调查设计应描述前瞻性、回顾性、叙述性研究；临床试验设计应描述属于第几期临床试验及采用的盲法，描述重复、对照、随机均衡实验，阐明如何控制非试验因素的干扰。应正确根据研究目的资料类型、设计方案、样本大小、数据结构、特定条件、综合分析等选择统计方法。一般的选择方式包括：

（1）两样本均数比较用 t 检验，多个样本均数的两两比较用方差分析与 q 检验。

（2）多个实验组均数与一个对照组均数比较用 Dunnett 检验。

（3）无序分类资料样本率间比较用 X^2 检验、二项分布、Poisson 分布、精确概率法等。

（4）有序列分类资料用秩和检验。

（5）多因素、多指标用多元分析。

（6）多指标医学参考值范围用确定医学参考值范围的多指标统计方法。

（7）两指标之间的关系（如浓度依赖效应）用直线相关、曲线相关、等级相关分析。

(8) 双向分类资料用一般 X^2 检验。

(9) 遗传研究资料要用医学遗传数理统计方法,而不能随意采用普通统计方法。

统计分析结果解释应合理,当 $P \leqslant 0.05$ 时,可以认为对比组间差异有统计学意义,并给出统计量、具体 P 值。当需要对总体做出估计时,可以给出总体均数或总体率的 95% 可信区间。既要给出统计结论,又要给出药学专业结论。

统计学符号的书写:按国家标准 GB3358—82《统计学名词及符号》的有关规定书写。统计结果的解释和表达:用概率 P 表达时,对比组之间的差异应叙述为"具有统计学意义"。如 $P<0.05$,差异有统计学意义。同时应写明所用统计分析方法的具体名称(如 t 检验、方差分析、X^2 检验、q 检验等),而统计量的具体值(如 $r=8$,$X_1=9.398$,$F=6.79$ 等)和 P 值(如 $P=0.025\,8$)也应列出。

示例:参数与偏差范围的表示

1) 数值范围号的使用应统一,一般使用浪纹连接号"~"。例如:5 至 10 可写成 5~10;但 5 万至 10 万应写成 5 万 ~10 万,不能写成 5~10 万。

2) 幂次相同的参数范围,前一个参数的幂次不能省略。例如:3×10^9~5×10^9 不能写成 3~5×10^9 但可以写成 $(3$~$5)\times10^9$。

3) 百分数范围,前一个参数的百分号不能省略。例如:20%~30% 不能写成 20~30%。

4) 单位相同的参数范围,只需写出后一个参数的单位。例如:15~25℃不必写成 15℃ ~25℃,但不能写成 15°~25℃。

5) 单位不完全相同的参数范围,参数的单位必须全部写出,例如:36°~42°18′。

6) 偏差范围:参数与其偏差单位相同时,单位可以只写 1 次。例如:(15.2 ± 0.2) mm。表示带中心值的百分数偏差时,可以写成 (27 ± 2)%,也可以写成 $27\%\pm2\%$,而不应写成 $27\pm2\%$。

4. 实验结果　结果是药学科技论文的核心内容,更是推理和论证的重要依据,其水平标志着药学科技论文的学术水平或技术创新的程度。结果的内容包括真实可靠的观察和研究结果,测定的数据,导出的公式,典型病例、取得的图像、效果差异(有效与无效)的科学研究结论等,结果部分必须如实、具体、准确的叙述,数据要准确无误,进行统计学处理。对不符合主观设想的数据和结果,应作客观的分析报道。

针对药学科技论文结果部分的格式要求主要包括以下几个方面:

(1) 题目:文字描述一般采用小题目形式,小题目的顺序要与文章的主题有着层层递进的关系。小题目格式要求:

1) 文内题目层次要求合乎逻辑、主次分明、力求简短,标题一般不宜超过 15 个字,题目一般不用标点符号,标题末留空一格或加冒号。

2) 题目层次不可过多,一般以 3~4 级为宜。

3) 层次序号采用阿拉伯数字分级连续的国际层次序号表示法,不同层次序号之间用下圆点"."相隔,最末数字后不加点,并空一格书写内容。如:

1　第一级题目

1.1　第二级题目

1.1.1　第三级题目

1.1.1.1　第四级题目

4) 在文内接写,不另起行的序号可用①②③等序号编写。

5) 段落序号一般在内容较复杂而且字数较多的文稿中出现,其顺序采用以下格式:

一、二、三……→

(一)(二)(三)……→

1. 2. 3……→

(1)(2)(3)……→

①②③……→

(2)表格：表格中每一列数据都要有栏目名称，栏目的设置要依据同类数据纵排的原则（即每列数据竖着读）。表中内容的注释符号用英文小写字母（上标）按从左至右、从上至下的顺序标注，在表下方给出注释内容。表一般采用“三线表”。由顶线、表头线和底线构成，如有合计项，在合计项上方再加一条横线，模式图如图 3-1 所示。

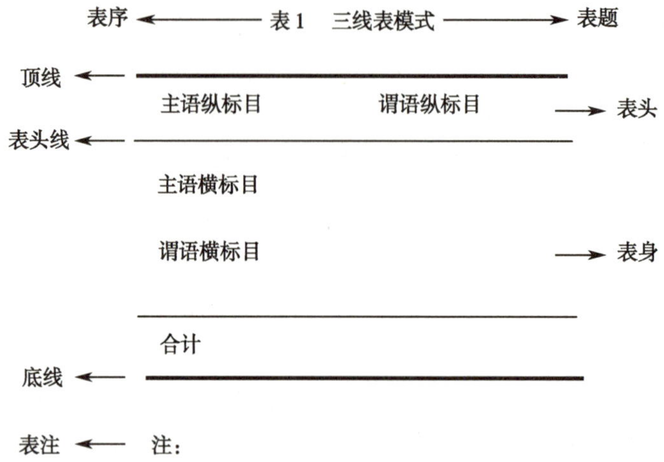

图 3-1　三线表模式图

1）表序全文连续排序，按正文引用表格的先后顺序排表序，并在正文引用处写明序号。

2）表题要能清楚准确地反映表格的内容，并精简语言以避免过于烦琐影响表达。例如：某表题“城乡学生贫血程度的比较”，应改为“1995 年和 2000 年全国城乡学生贫血程度构成比的比较”；“治疗前后各组患者血胆固醇、甘油三酯、高密度脂蛋白、低密度脂蛋白和血糖的变化”应改为“治疗前后各组患者血脂和血糖的变化”等。

当表内数据均为均值 ± 标准差时，统一标注在表题后。对表内数据共用的计量单位、样本数等也常放在表题后面的括号内。

3）栏目表明表格内的项目，分为纵栏和横栏。

A. 合理安排纵栏目、横栏目。

B. 使用表格的重要目的是便于比较。因此，要将所比较的栏目放在一起，不可离得太远。

示例：某表格如表 3-4 所示，未将拟对比的指标放在一起，表达效果差，造成例数重复出现，应修正为表 3-5。

C. 一列栏目的数据采用同一类物理量，计量单位也相同，应将全栏目的共同计量单位提出来放在后面，表体内只标注纯数字。

D. 纵、横标目可分层，但一般不超过两层，例如表 3-4 中标目分层过多，应修正为表 3-5。

表 3-4　治疗组与对照组的疗效比较

疗效	治疗组				对照组			
	常规剂量		大剂量		常规剂量		大剂量	
	例数	百分率/%	例数	百分率/%	例数	百分率/%	例数	百分率/%
显效	21/68	30.9	14/60	23.3	0/24	0	3/31	9.7
有效	43/68	63.2	44/60	73.3	21/24	87.5	26/31	83.9
总有效率	64/68	94.1	58/60	96.7	21/24	87.5	29/31	93.5

表 3-5　不同治疗剂量的治疗组和对照组疗效比较

组别	总例数	显效		有效		合计	
		例数	率 /%	例数	率 /%	例数	率 /%
治疗组	128	35	27.3	87	68.0	122	95.3
常规剂量	68	21	30.9	43	63.2	64	94.1
大剂量	60	14	23.3	44	73.3	58	96.7
对照组	55	3	5.5	47	85.5	50	90.9
常规剂量	24	0	0.0	21	87.5	21	87.5
大剂量	31	3	9.7	26	83.9	29	93.5

(3) 插图：插图可以直观表达事物的形态、结构变化趋势及其特点。简明、清晰的插图目的明确，突出主题。插图分为照片图和线条图两类。

1) 照片图：人体照片、动物照片、标本照片、病理照片、色谱图、光谱图和影像学图片等均属此类。有黑白与彩色之分。图外注释：必要时可用箭头在图上标出重要部位，或在图上标注符号。尺寸适度：放大原片或过度缩小（>1/2）原片都会影响效果。图片应标出图序、图题和图说明。

2) 线条图

A. 统计图的横轴，表示某一连续变量，例如时间、年龄等；纵轴为因变量，如率、频数等。

B. 图形纵横比例，一般以 5∶7 为宜。

C. 不同线条和色调代表不同事物，应有图例说明。当线条图中有 2 个以上线条或直条时，应有图例。

D. 刻度应等距或有一定规律性，并注明数据，不要使用不完整的数值。

E. 两轴应有标目，标目要有计量单位。线条最好不超过 4 条，且要用形式相异的线条区分。线条交叉不要太多，否则影响对比效果。

F. 对于条图(直方图)，指标数量必须从“0”开始且等距，否则对比失真。各条宽度和条间隙应相等，间隙的宽度为直条宽度的 >1/2 或与之相等。条图（直方图）的排列有自然顺序者按自然顺序，否则按高低顺序排列。

G. 百分构成图，应在图题上注明资料的总例（次）数及各成分所占比例 / 百分比。百分构成图通常采用“扇形图”来表示。

(4) 结果部分：结果部分写作的要求及注意事项如下。

1) 言简意赅：对实验或观察结果的表达要高度概括和提炼。不能简单地将实验数据或观察事实罗列到论文中，尤其是要突出有科学意义和具有代表性的数据。

2) 避免重复：结果部分只描述结果，不作具体评价和解释。可在讨论章节对实验结果进行分析解释，并与已知的结果比较。

3) 对实验或观察结果要客观地评价：要做到客观地简述实验，报告实验结果和阴性结果，使用典型实例和最佳案例。

4) 注意各层次或各段落之间的逻辑关系：结果通常分成若干个层次或者分成若干个自然段，这两种情况都要注意前后之间的逻辑关系。

5) 数据表达可采用文字与图表相结合的形式：如果数据较多，在进行综合与归纳后，采用合适数量的图表来完整、详细地表述。文字部分则用来指出图表中资料的重要特性或趋势，避免罗列与图、表中相重复的数据。以文字表达数据见示例 1；不同期刊对图表的不同要求见示例 2~5；数据表达形式不当见示例 6~8。

示例 1：《橙皮苷对酒精性脂肪肝大鼠脂质过氧化及 TNF-α 生成的影响》一文中，作者在结果部分先描述了实验动物的一般情况如“实验期间正常组动物精神充沛，模型组大鼠嗜睡”，而后又在显微观察角度叙述了大鼠肝脏的病理学变化，其次描述了各组大鼠的肝脏指数和体重变化，最后给出各组大鼠血清脂质水平及转氨酶活性，肝匀浆中 SOD、MDA 含量，血清中 TNF-α 含量等数据。这篇文章按照大鼠外表形态的变化→肝脏病理学变化→ GPT、GOT、SOD、MDA、TNF-α 分子水平的变化顺序，由表及里地阐明了文章的设计思路及验证结果。

示例 2：不同期刊对图表的不同要求——《国际药学研究杂志》要求凡用文字能说明的问题，尽量不用图和表。如用图表，则文中不需重复其数据，图表要有序号，只有一个图表时，用“图 1”或“表 1”表示。文中的图要求准确、清楚。图中的实验点符号及边框线条粗细为 0.2mm，图中的线条粗细为 0.3mm，要求虚实分明、均匀、清晰。坐标轴刻度统一向图内侧标注。图注应放在图题下面。图标依次为○、●、△、▲、□、■。由几张照片组成的图，照片一律用英文字母顺序排序；显微镜病理图片应注明染色方法和放大倍数(如 HE × 400)。表格应用三线表，栏目不应有空缺。论著中所有图表(包括图题、图注、表题、表注)都需用中英文表示，图中内容用中文表示。图表的题目应完整概括相应内容。

示例 3：《沈阳药科大学学报》——文字表述与表和图不能重复；凡能用文字说明的问题，尽量不用表和图。表和图的设计应具有“自明性”，通过表和图，能大概了解实验内容。表和图要标注序号，只有 1 个表或 1 个图时，用“Table1”“Fig.1”给出序号。为便于国际交流，表题和图题用中、英文表示。表和图中所有出现的数值都应标有明确的量与单位。用符号表示数值的量和单位时，采用量与单位相比的形式，复合单位用括号括上。如：t/min、C/($\mathrm{mol \cdot L^{-1}}$)。表和图均请直接插入正文，表中每一列数据都要有栏目名称，栏目的设置要依据同类数据纵排的原则(即每列数据竖着读)。表中内容的注释符号用英文小写字母(上标)按从左及右、从上至下的顺序标注，在表下方给出注释内容。药理学中常用的 #、* 等也改用字母注释。比如某文中 a—P<0.001，compared with normal；b—P<0.01，c—P<0.001，compared with model 表内空白代表未测或无此项，“—”或“…”代表未发现，“0”代表实测结果为零。图要有纵横坐标标目及标值。标目由量与单位组成，其中量符号为斜体，单位为正体；标值范围在 0.1~1 000 之间。图释标注在图与图题之间，各条注释之间用“；”隔开，注释首词大写，最后一条注释不加标点。

示例 4：《中国药理与毒理学杂志》——图表一律用英文表达。图须附作图数据，直线应根据回归方程式绘制，曲线也应经曲线拟合，给出数学方程；显微镜病理图片应注明染色方法、放大倍数(如 HE × 400)及标尺，同时图注要对照片中的病理表现给予简洁的文字描述，照片中配以箭头指示。

示例 5：《中国药科大学学报》——图表一律用英文表达。表采用“三线表”。图中坐标的量和单位符号标于坐标轴外侧。照片要求清晰，尽量用黑白照片。

示例 6：图表不当问题，如某制剂中某味药的 TLC 鉴别图谱上，没有同时标注包括供试品溶液、对照品溶液和 / 或对照药材溶液(有对照品的采用对照品作对照，无对照品的则采用对照药材或对照提取物作对照)、阴性对照液的斑点；又如，没有绘出中药指纹图谱应包括所有的特征峰，以及没有排除溶剂峰及其他可以追溯的杂质峰。

示例 7：结果存在缺项问题，药物的含量测定结果应包括准确度、精密度、专属性、回收率、线性、范围和耐用性，而有些来稿不做专属性试验，影响结果的可信性。

示例 8：数据取舍不当问题，如数据随意取舍，有效数字位数不一；未说明为几次结果的平均值；单纯罗列原始数据，无统计学处理或处理错误，或未说明统计学意义等。例如，对某类中药进行指纹图谱研究时只进行了相似度评价而未进行聚类分析，采用正交设计法优化提取工艺或处方工艺时未进行直观分析与方差分析等。

(5)实验讨论：讨论部分是对结果的逻辑延伸。通过对结果的进一步阐明、分析和综合判断，为结论部分提供理论上的依据；通过阐明科研人员不同的观点，提出新的问题和看法。在某种程度上讨论是反映论文质量的标准，是从理论上有选择地对研究结果进行分析、对比、解释、推断，提出讨论的论点，并加以具体说明，是从理论认识上对实验结果作进一步探讨，给予读者更多的启发。同时也是将研究的结果从感性认识提高到理性认识的升华阶段，是阐明事物间的内在联系与发展规律，指明研究结果在理论与实践中的意义。如果说文章的“结果”部分是“摆出事实”，那么，讨论部分就是“讲明道理”。即通过对结果的分析，以事实为依据，从中找出内在联系，得出正确结论。通过文章的讨论部分，了解全部研究工作的最终结果和结论，知道它的意义所在，明确今后研究工作的目标及存在的问题。讨论部分的内容，一般可简要回顾研究目的和重要的结果，使正文部分前后呼应。讨论的写作格式十分重要，讨论部分是一篇药学科技论文中的难点及重点。

1）讨论写作应注意以下要点：

A. 充分查阅文献，结合现有研究结果和结论进行讨论。

B. 突出重点撰写，围绕主题深入地阐明科研人员的学术观点。

C. 客观进行评价，正确评价自己的研究结果和其他科研人员的贡献，分析该研究的不足之处与局限性。

D. 深刻解析结果，对结果进一步说明和深入解释，不应单纯或过多地重复结果部分的内容。

E. 研究资料和结果应能充分支持提出的观点与结论。

2）讨论部分的书写格式有以下两种：

A. 以若干小标题形式分为几个方面或几个问题展开讨论，这种写法不仅给人以层次分明、思路清晰的感觉，而且使讨论紧扣主题、突出重点、避免显得笼统、离题和分散，例如：“结直肠癌患者肝转移后外科治疗的结果分析”，旨在探讨提高结直肠癌肝转移患者肝切除术后长期生存的方法，其讨论部分开宗明义分“术前评估”“CRC 肝转移肝切除的安全性和有效性”“根治性切除是提高远期生存率的根本保证”3 个小标题展开，重点一目了然；再如“应用腹腔镜辅助 D2 根治术治疗进展期胃癌的临床观察”，目的在于评价临床疗效并总结相关经验，其讨论直接以“手术适应证”“手术方式的选择”“经验与技巧”“切口种植转移的防治”为小标题从几个方面展开。

B. 以自然段落按一定逻辑顺序展开讨论，国内外药学论文多采用这种写法，结合研究结果从几个方面或几个问题点展开讨论。无序号和小标题，只是分为若干长短不一的段落展开，讨论的主要内容、各个内容之间的逻辑关系要靠自然段落的衔接、前后过渡语句的提示，更有赖于读者从字里行间所表达内容中去体会和揭示，例如“围手术期肠内免疫营养对老年患者免疫和炎症反应的影响”一文，其讨论的首段末尾“消化道的恶性肿瘤老年患者围手术期行肠内免疫营养支持是需要的”才使读者领悟这段意在“必要性”；第二段开头一句“对消化道恶性肿瘤老年患者围手术期肠内免疫营养支持的可行性，其争论的要点是进行免疫营养支持的时机”则意在“可行性”；第三段开头“免疫营养支持的有效性与免疫营养的配方也密切相关”着眼于“有效性”。

(6)结论：结论是研究结果的正确推论。它是对全篇论文的归纳总结，更是全篇论文的精髓。结论可以是主题的重申或主要观点的归纳，也可以是具有启发性的解释，或是研究基础上的预测等。结论的要求：准确严谨、具体精练、实事求是、不用图表。只有经过充分论证，通过正确推论所得的观点，才能写入结论。结论不应是单纯地重复实验结果。下面举出几个结论中常见的问题。

1）结论不明确

示例：“实验结果显示，该化合物可能具有防治 ×× 病的作用”。

解析：该结论中用了“可能”二字，结论不够明准。另外，正文的实验中只有治疗的实验，而无预防性用药实验，所以不能用“防”。

2）夸大结论

示例：“结果显示，该化合物具有较强的抗肿瘤活性”。

解析：从文中知低、中、高剂量组的抑瘤率分别为 20%、28%、40%，对照组 5-Fu 为 55%，这样的结果不能称之为“较强的”抗肿瘤的活性。

3）由实验结果得不出结论

示例:“实验结果显示,该化合物抑制肿瘤细胞生长的活性较阳性对照药强”。

解析:正文中未对实验数据进行统计学处理,该结论只是从实验数据直接相比较得出的。

(六) 致谢

致谢是科研人员对在本文课题研究中参与、协助完成本文的某些研究工作,或对论文撰写提供帮助和指导的单位和个人表示感谢的一种方式,其主要作用是对合作者的劳动表示尊重,从另一个侧面反映了论文工作的有关信息,具有一定的参考价值。

在“作者”和“致谢”中不宜出现姓名的人士应包括:科研单位或工作机构的党政官员或领导;学术期刊委托的论文审稿专家和责任编辑。

“致谢”一般安排在药学科技论文正文的结尾部分,科研人员和期刊编辑不能因为版面或其他原因将其任意取消。“致谢”的另一个作用是反映该研究产生的背景,是科学史研究的珍贵资料。

(七) 参考文献

正文最后一部分为参考文献,它是论文的一个重要组成部分。参考文献主要用来说明论文中所涉及的方法或论点出处,用以说明论文结果的可信度,说明作者使用参考文献的程度和论文本身的起点,作为评价论文水平高低、价值大小的依据,同时也是对原著作者的尊重以及提供查找有关文献的方向。在写论文时,凡是引用了他人、前人或自己已公开发表的观点、数据和资料等都需要在论文中加以标明,并在文后列出参考文献表,这一过程称为参考文献著录。

1. 参考文献的引用应注意以下几点:

(1)要引用最新的文献,少引用陈旧的文献。

(2)尽量少引用二手文献(综述、文摘、专著等)。

(3)不引用未阅读过的文献。

(4)不引用未公开发表的资料。

(5)与正文部分空两行撰写。

(6)引用文献的项目要全,包括著者、题名、出版事项。

参考文献按照其在正文中出现的先后顺序,以阿拉伯数字在引用作者或引用语的右上角加方括号标注。

2. 英文参考文献,还应注意以下两点:

(1)作者姓名采用姓在前名在后原则。一般的具体要求是姓全大写,在前;名用首字母缩写,在后,且缩写的名后应当写省略缩写符号“.”。如章新友应当写为:ZHANG X.Y.。必须指出的是,有的期刊对作者姓名的书写有特别要求。

(2)书名、报刊名使用斜体字,如:*Mastering English Literature*,*English Weekly*。

每个期刊对参考文献的具体书写格式要求不尽相同,具体参考所要投稿的期刊要求撰写。

3. 不同类型参考文献书写示例

(1)期刊类:[序号]作者.篇名[J].期刊名,出版年份,卷号(期号):起止页码.示例:

[1] 王海粟.浅议会计信息披露模式[J].财政研究,2004,(11):56-58.

[2] 夏鲁惠.高等学校毕业设计(论文)教学情况调研报告[J].高等理科教育,2004(01):46-48+52.

[3] HEIDER,E.R.& OLIVER,D.C..The structure of color space in naming and memory of two languages [J].*Foreign Language Teaching and Research*,1999(3):62-67.

(2)报纸类:[序号]作者.篇名[N].报纸名,出版日期(版次).示例:

[1] 李大伦.经济全球化的重要性[N].光明日报,1998-12-27(3).

[2] FRENCH,W.A Voice from China [N].*Atlantic Weekly*,1987-8-15(33).

(3)论文集:[序号]作者.篇名[C].出版地:出版者,出版年份:起始页码.示例:

[1] 伍蠡甫.西方文论选[C].上海:上海译文出版社,1979 :2-7.

(4)学位论文:[序号]作者.篇名[D].出版地:保存者,出版年份:起始页码.示例:

［1］张筑生．微分半动力系统的不变集［D］．北京：北京大学数学系数学研究所，1983：1-7.

(5)研究报告：［序号］作者．篇名［R］．出版地：出版者，出版年份：起始页码．示例：

［1］冯西桥．核反应堆压力管道与压力容器的LBB分析［R］．北京：清华大学核能技术设计研究院，1997：9-10.

(6)条例：［序号］颁布单位．条例名称［Z］．发布日期．示例：

［1］中华人民共和国科学技术委员会．科学技术期刊管理办法［Z］.1991-06-05.

二、写作步骤

药学科技论文因论述内容和研究方法的不同，其写作形式也有所不同。但其写作过程大体相同，可分为：选定题目、查阅文献、撰写提纲、整理资料、执笔成文等几个阶段。

(一) 选定题目

药学科技论文题目的选定即是科研人员对研究成果的命名。一篇药学科技论文题目，首先应能展现论文的中心内容和重要论点，使读者从题目中了解到该文所要研究的核心内容和主要观点；其次应方便二次文献机构、数据库系统的检索与收录，即题名应尽可能包含有主题词和关键词。根据阅读习惯，绝大多数读者拿到杂志后，先是阅读文题，然后再根据文题来选择感兴趣的文章摘要进行浏览，最后再根据摘要的内容是否符合读者的需求而对论文全文进行阅读。

好的文题能准确地将文章的精髓内容传递给读者，紧紧地吸引读者的注意力，使读者借助文题即能迅速地找到自己需要的内容。空泛而不能准确表达文章精髓的文题，既有可能浪费读者的宝贵时间与精力，又可能使一些真正有价值或符合读者需要的文章因文题不准而与读者失之交臂，造成信息资源的浪费。所以，从文章的要求来说，文题的用字与措辞应仔细斟酌。通常，选题应遵循下述原则：

1. 创新性原则　创新性是衡量一项科学研究或一篇论文最重要的价值标准。一篇论文缺乏创新性，不仅降低了论文质量，而且论文发表的概率也降低。因此，选题时要立足于现有基础，着眼于创新与发展，善于总结别人和前人的经验，从药学的难点、疑点和空白点中进行选题。创新包括：

(1)前人未曾涉及研究的选题。

(2)前人虽有研究，但尚未完全解决或存在许多需要完善的地方。

(3)使用方法改进及新的实践结果或新的理论。

(4)新的实验方法的改进和补充。

(5)国内尚未开展的科研等。

2. 实用性原则　实用性是一切科学研究和药学科技论文写作的目的。因此，在进行选题时，除了创新性外，也要注重于实用性。

3. 科学性原则　科学性是科学研究或药学科技论文选题的最基本前提。药学作为自然科学的一个分支，关乎人的生命安全与健康，其选题的立足点应以科学为依据，做到准确、简明。真实地反映文章的性质、范围，突出论文的科学性。

4. 专业性原则　药学所包含的专业种类繁多，每个三级学科又包含有众多的专业方向。由于每个人所从事的专业方向不同，所关注和需要的药学科技论文也不相同。因此，在目前学科专业越分越细、专科特色越来越浓的形势下，选题的专业性十分重要。写作药学科技论文时文题应选择有专业特色的、有创新突破的内容进行总结提炼。

(二) 查阅文献

“古为今用，洋为中用”，这句话间接地说明了借鉴和引用的重要作用。药学科技论文作为科学研究的重要组成，它既是科研活动的起点与依据，又是科研活动的终点与成果。在药学科研活动过程中，从选题到实验方案的建立乃至具体的实验操作都需从研究现有的文献开始。如果缺乏对自己所从事领域或专业范围内前人已取得科研成果的了解与掌握，就不可能取得新成果。只有清楚地了解到本专业范围内的科研进展和尚待解决的问题，才可能在短时间内取得较好或较高水平的科研成果，从而写出高水平、高质量的专业论文。文献查阅在科研选题、实验方案、实验操作等方面发挥着重要作用。

科学研究选题时查阅文献可以从以下几方面进行：

(1)查看自己选题内容与其他科研人员的工作是否完全重复，以便及时修改研究内容，逐步完善选题，减少盲目性。

(2)阅读与课题有关的文献，启发和充实自己的研究思路和方法。

(3)阅读文献中与自己研究内容有关的理论，可以获得研究问题和撰写论文的某些理论依据。阅读文献可以类比于前人的实验设计和操作，增加创新性。

1. 药学文献的检索

(1)文献检索工具：药学文献种类繁多、类别复杂，文献检索的工具也相应地具有不同类别。按文献收录的范围分，包括综合性、专业性、专题性检索工具；按检索的外部形式分，包括书刊式、卡片式、单卷式、附录式；按收录的内容分，包括目录、索引、文摘等；按检索的方式分，包括手工检索和机械检索。

1)手工检索的工具：有卡片与书本两种形式。

卡片式检索工具即各图书馆或档案馆将馆藏的图书或期刊目录以卡片的形式进行目录标示。通过查找目录，找出读者所需要的图书或杂志期刊等。

书本式检索工具包括期刊式、图书式、附录式3种。期刊式：是专门用于文献检索的期刊，有固定刊号，通常为定期连续出版。目前，国外主要有美国的《医学索引》(*Index Medicus*, IM)《科学引文索引》(*Science Citation Index*, *SCI*)《生物学文摘》(*Biological Abstracts*, BA)《化学文摘》(*Chemical Abstracts*, CA)，荷兰的《医学文摘》(*Excerpta Medica Database*, EMBASE/EM)等。国内主要的有《中文科技资料目录(医药卫生)》《中文科技资料目录(中草药)》《中国医学文摘》各分册、《中国药学文摘》《中国生物学文摘》《国外科技资料目录——医药卫生》《国外医学》各分册等。图书式检索工具是作为图书公开发行或内部征订、交换赠送的一本或不定期连续出版多本的目录、索引及文献摘要。如《全国总书目》《技术标准大全》以及各种词典、手册、百科全书等。附录式检索工具有期刊的附加目录或文摘形式，期刊在每卷最末一期期刊有全卷的索引，按英语字母顺序或汉语拼音顺序进行排列。

2)机器检索工具：机器检索主要是指计算机检索。计算机检索主要通过输入主题词或目录、文题等进行检索，目前应用最广的是因特网检索。因特网检索主要是在数据库进行检索，常见的中文数据库有中国知网、万方数据库、维普信息资源系统、中国生物医学文献数据库(CBM)等。

(2)文献检索途径

1)著者途径：许多检索系统备有著者索引、机构(机构著者或著者所在机构)索引，专利文献检索系统有专利权人索引，利用这些索引从著者、编者、译者、专利权人的姓名或机关团体名称顺序进行检索的途径统称为著者途径。

2)分类途径：按学科分类体系来检索文献。这一途径是以知识体系为中心分类检索的，因此比较能体现学科系统性，反映学科与事物的隶属、派生与平行的关系，便于我们从学科所属范围来查找文献资料。从分类途经检索文献资料，主要是利用分类目录和分类索引。

3)主题途径：通过反映文献资料内容的主题词来检索文献。由于主题词能集中反映一个主题的各方面文献资料，因而便于读者对某一问题、某一事物和对象进行全面系统的专题性研究。我们通过主题目录或索引，即可查到同一主题的各方面文献资料。

4)引文途径：文献所附参考文献或引用文献，是文献的外表特征之一。利用这种引文而编制的索引系统，称为引文索引系统，它提供从被引论文去检索引用论文的一种途径，称为引文途径。

5)序号途径：有些文献有特定的序号，如专利号、报告号、合同号、标准号、国际标准书号和刊号等。文献序号对于识别一定的文献具有明确、简短、唯一性的特点。依此编成的各种序号索引可以提供检索文献信息的途径。

6）代码途径：利用事物的某种代码编成的索引，如分子式索引等，可以从特定代码顺序进行检索。

7）专门项目途径：从文献信息所包含的有关的名词术语、地名、人名、机构名、商品名、生物属名、年代等的特定顺序进行检索。

（3）文献检索方法：在药学文献的查找与检索中，常有以下几种方法。

1）直接法

A. 顺查法：即首先找到某一文献或课题所发表的年代，然后查找相关的资料，向近期追踪。此法全面、系统，可防止遗漏，但范围广大，费时费力。

B. 倒查法：即从近期的文献查起，逐年向前推移，直到查到所需的文献资料为止。此法所查文献范围变小，可提高效率、节省时间，但可能遗漏有重要价值的文献。

C. 抽查法：是指针对项目的特点，选择有关该项目的文献信息最可能出现或最多出现的时间段，利用检索工具进行重点检索的方法。此法具有较强的针对性和高效性，但由于是从文献信息最可能出现和最多出现的时间段进行重点检索，难免遗漏其他时段的有关文献。

2）追溯法：根据文献后面所标示或附录的“参考文献”目录为线索，追踪查找其他相关文献，此法作为一般文献的查找，具有省时、高效的作用。但由于科研人员选择参考文献的偏好，可能遗漏有价值的文献。

（4）药学文献的分类：《中国图书馆图书分类法》是我国目前广泛应用的图书分类法。依据学科门类，将图书分为五大部类、22 个大类，采用英文字母与阿拉伯数字混合编号，用一个字母代表一个大类，字母后面用数字做标记，字母加数字组成一个分类号，分类号的位数通常能表达其概念的大小，号码短的通常是泛指的概念，号码较长的通常是专指的概念。如：

R	药学
R91	药物基础科学
R914	药物化学
R914.5	有机合成药物化学
R96	药理学
R965	实验药理学
R965.3	药物的安全试验

按上述分类法可查到一般药学图书及相关学科的工具书，教科书也可用此法查找。为了区别于一般图书，分类号末尾往往带有统一的复分号。

（5）药学文献检索的步骤：①明确检索范围（即先确定门类与主题）；②选择检索工具；③确定检索途径；④选定检索方法；⑤查找文献线索；⑥获取原始文献。

2. 药学文献的利用　文献的利用一般是通过阅读、记录、整理和使用来达到目的。

（1）阅读：将已搜集到的文献资料，按照科研人员的需求有计划、有目的地进行阅读。采用略读、速读、精读等方法，有选择、有区别地阅读各种资料。对重要的内容可摘录其中的主要论点及论据，记录好参考文献的出处。

（2）记录与摘录：阅读中对有益于科研人员课题研究的相关材料进行摘录，记录科研人员对于该论点或论据的疑问与不同观点等。文献资料中的某些启发性的观点、见解、意见，某些典型、有实证的证据，某些不同的学术观点、争议内容及科研人员在阅读中的某些灵感、心得等均是记录或摘录的范围。记录或摘录材料有利于积累和记忆知识，逐步提高科研人员的专业水平与论文写作能力。

（3）整理：根据平时阅读的记录所得，进行分类整理，使之系统化、条理化。

（4）选择和引用：结合科研人员的科研课题及论文写作的需要，选择某些对科研人员有价值的材料，合理地应用于科研人员的论文中，使其对论文的论点与论据发挥旁证或支持作用。

（三）撰写提纲

一篇药学科技论文的结构形式应在层次、段落、开头、结尾、过渡和前后照应等诸多方面体现出结构的严密、思路的清晰。应有前言、正文和结束语，体现出文章的完整性。药学科技论文应注意立论与谋篇：立论就是确立总论点（即主题）和分论点；谋篇就是安排好结构、组织好材料，并合理运用逻辑方法通过论据来论证论点，最后得出客观的结论。药学科技论文的结构可归纳为：

(1)提出命题。

(2)阐明研究方法。

(3)得出研究结果。

(4)给出明确结论。

提纲是药学科技论文的骨架，是科研人员进一步完善论文构思的过程。提纲可以将科研人员的思维逻辑、理性认识、实验观察的全部材料和观点简明扼要地展示出来，使药学科技论文布局合理、层次分明、重点突出。

1. 提纲的层次　科研人员应按照药学期刊的要求，遵循规定的格式，通过符合标准和规范的编排使读者能顺利地阅读、迅速而方便地了解和利用论文的内容。文章的章条序码应统一使用阿拉伯数字表示，章条层次可以分为若干级，各级号码之间加一小圆点，末尾一级码不加小圆点。层次分级一般以不超过 4 级为宜。如果有前言或其他类似形式的章条，可以不编序号。

2. 提纲的分类　提纲分标题式和简介式两种。标题式提纲应用最为普遍，是以简要的词语构成各级题目，标出每段内容重点。将各部分内容概括出来，引出每部分或每一段中所要讨论的内容。简介式提纲是以一系列语句简单介绍每段的内容，对论文全部内容作粗线条的描述。提纲中的每一句话都是正文中每一段落的基础，写出了各个层次的基本内容。

3. 提纲的要求　提纲的拟写要求项目齐全，能初步构成文章的轮廓。提纲项目包括文章题目、宗旨目的、研究方法、实验结果、讨论等。提纲应层次分明，结构清晰，首尾呼应。

（四）整理资料

论文的题目确立之后，经过查阅文献、撰写提纲等一系列工作，接下来需要进行数据的处理、图表的绘制、实验仪器和材料的登记、文献的核实等。

1. 数据的处理　实验中经观察记录或经仪器检测的数据要通过正确的处理，分析样本，推断总体，找出规律。测量数据要依据具体的实验设计进行 t 检验、卡方检验、方差分析、回归分析、相关分析等。

2. 图表的绘制　为了便于理解实验所得的大量数值，需要用图或表的形式来表达。在药学期刊中，主要用统计表来表达，有时为了更直观的表现，也可用统计图、合成路线图、测试图谱等来表达。制表绘图时，图 / 表序、图 / 表题、标目、标值、注释等项目要齐全，包括一些分组、处理方法、时间等应尽可能将原始的测试数据列出，并选择恰当的组距。若每个数字都有很多零，则以幂次的形式表示。绘制曲线前，应先计算回归方程式。

3. 实验仪器和材料的登记　考虑科学实验的严谨性，便于其他科研人员的参考和重复，需要对实验用材料的来源批次、纯度、性质、命名等进行介绍。同样，对实验用设备、装置和仪器的名称、型号、精密度、生产厂家等也要一一注明。使用的装置和仪器不是标准设备时必须注明，并对其精密度作出检验和标定，以便判断实验结果的可靠性和准确性。若是自己研制的设备或对已有设备作了改进，应着重说明。

4. 文献的核实　在撰写全文前，需根据提纲对查阅的参考文献进行筛选。同时为了给读者提供准确的文献信息，也为了文后参考文献表的规范著录，应进一步核实文献作者姓名、文献题名、文献来源（书名、刊名等）、刊出的时间（卷、期）、刊载页码等。

（五）执笔成文

1. 起草　当药学科技论文构思成熟、提纲拟定、数据图表等资料整理完毕后，便可开始行文。撰写文章之前最好写一份草稿。草稿是将科研人员的构思写成论文的过程中最主要的一项工作，在整个药学科技论文写作过程中，具有决定性的意义。因为起草是科研人员将自己的设计构思拟成文，将无形的思想变为有形的文章。同时，起草也是十分重要的创作过程，撰写的文章与最初的设想之间有一定距离，甚至存在很大差距。在动笔之前，许多思想是模糊的、混乱的，只有经过执笔起草过程，才能使其更加条理化。在执笔撰写过程中，科研人员通过文字的恰当应用，将原来的命题、创意、构思、布局不断地加以调整、补充和修正，使论文的逻辑结构逐渐趋于更加合理，语言更加通顺。做好起草工作，既是一种良好的写作训练，也是对思想方法和思维能力的有力锻炼。

药学科技论文起草过程中，要注意的要求如下：

(1) 紧扣主题，突出中心：主题是文章的灵魂，是论文内容的核心。主题的证明与表达，是论文写作所要完成的主要任务。论文写作的各个环节，无不围绕主题而展开，主题一经确定，就要以它为中心，结构的安排、材料取舍要以主题的论述为依据，语句的选择、词语的使用，均要以主题为目的。

(2) 论点鲜明，论述有据：药学科技论文要阐述科研人员的发明、发现和成功的经验，必须以鲜明的论点和充分的论据为依据而展开。

(3) 全文贯通，结构完整：药学科技论文的写作力求文字简洁、思路清晰。论文的各部分之间除了具有内在的逻辑联系之外，还要求全文贯通、段落完整。不要将与本段段意无关的内容写进同一段落里去。一个段落要完整地把一个意思表达出来，尽量避免将一个意思硬拆成两段来陈述。此外，还要注意段与段之间的联系与衔接。用好关联词语，写好过渡句、段，使文章承上启下，前后照应。

(4) 表达准确，语言简练：药学科技论文使用的是科学语体，科学语体的特征应是准确、简明、通俗、质朴。防止药学科技论文中出现较为口语化的表述方式以及语句不通顺的翻译痕迹。

2. 修改　写作药学科技论文时，要求运用所学知识和研究中获得的创造性成果，理论联系实际地阐述科学研究中规律性的认识。论文反映科研人员对客观事物的认识，而客观事物是丰富多变的，认识过程是艰难曲折的，这就决定了修改的必然性。必须反复研究，才能反映恰当。药学科技论文的撰写就是对研究成果的反映，从不够准确到比较准确的转变过程必然包含修改的环节。

一般来说，修改论文有以下两种方法：

(1) 读改法：仔细阅读全文，边读边思考，发现语意不畅之处随手改正。

(2) 求助法："旁观者清"，可以将文章交给其他科研人员修改，其他科研人员能从比较客观的角度评价、发现问题。

第三节　药学科技论文实例

一、实例 1

黄艳，刘娟，杨雅茹，等. 枇杷叶三萜酸对博来霉素致大鼠肺纤维化的干预作用[J]. 中国药理学通报，2011，27(05)：642-646. 考虑到涉及版权问题，药学科技论文实例 1 的全文请读者自行到中国知网等相关数据库中下载。

1. 药学科技论文实例 1 首页面　药学科技论文实例 1 首页面的书写格式，如图 3-2(a)所示。

2. 药学科技论文实例 1 尾页面　药学科技论文实例 1 后两页面的书写格式，如图 3-2(b)(c)所示。

二、实例 2

李芳，茅丹，代嫚嫚，等. 尼莫地平经眼部给药后在大鼠体内的药物动力学研究[J]. 中国医学科学院学报，2019，41(1)：57-62. 考虑到涉及版权问题，药学科技论文实例 2 的全文请读者自行到中国知网等相关数据库中下载。

1. 药学科技论文实例 2 首页面　药学科技论文实例 2 首页面的书写格式，如图 3-3(a)所示。

2. 药学科技论文实例 2 尾页面　药学科技论文实例 2 后两页面的书写格式，如图 3-3(b)(c)所示。

·642· 中国药理学通报 *Chinese Pharmacological Bulletin* 2011 May;27(5):642~6

枇杷叶三萜酸对博来霉素致大鼠肺纤维化的干预作用

黄 艳[1,2],刘 娟[1,2],杨雅茹[1,2],余世春[3],李 俊[1,2]
(1. 安徽医科大学药学院,2. 安徽省天然药物活性研究重点实验室,安徽 合肥 230032;
3. 安徽省安泰医药生物技术有限责任公司,安徽 合肥 230088)

doi:10.3969/j.issn.1001-1978.2011.05.012
文献标识码:A 文章编号:1001-1978(2011)05-0642-05
中国图书分类号:R-332;R284.1;R329.24;R563.130.22;R977.3

摘要:目的 观察博来霉素(BLM)致大鼠肺纤维化模型的超微病理过程,肺组织匀浆MDA含量、SOD活性,血清iNOS、eNOS、NO活性的动态变化及枇杷叶三萜酸(TAL)对其的影响。方法 通过气管内一次性滴注博来霉素(5 mg·kg^{-1})复制大鼠肺纤维化模型。治疗组于造模后d 2开始灌胃给予150 mg·kg^{-1} TAL。各组大鼠于给药后d 7、14、28随机取样8只。采集血清,留取肺组织制备肺组织匀浆,分别测定匀浆中丙二醛(MDA)含量、超氧化物歧化酶(SOD)活性、血清中一氧化氮(NO)含量、诱生型及内皮型一氧化氮合酶(iNOS、eNOS)活性。制备电镜标本行电镜观察。结果 电镜可见,模型7 d组大鼠Ⅰ、Ⅱ型肺泡上皮胞质水肿,线粒体肿胀,嵴空化。血管内皮细胞肿胀,肺泡隔胶原增多。肺间质及肺泡腔内炎性细胞增多。14、28 d BLM组Ⅰ型肺泡上皮胞质水肿更明显,Ⅱ型细胞较7 d BLM组减少,巨噬细胞凋亡增加,间质纤维组织增生明显。TAL能明显改善模型组大鼠肺脏组织结构,减轻肺纤维化增生程度。与正常组相比,模型组各时间段血清iNOS活性、肺匀浆MDA含量均升高,而eNOS活性下降($P<0.01$ or $P<0.05$);模型7、14 d血清NO含量增加,肺组织匀浆SOD活性下降($P<0.01$ or $P<0.05$),模型组28 d恢复正常。TAL给药可降低各时段增高的iNOS、NO及MDA含量,同时升高SOD及eNOS活性($P<0.01$ or $P<0.05$)。结论 博来霉素诱发大鼠肺纤维化早期以肺泡炎为主,28 d肺纤维化为主要病变。肺内一氧化氮合酶的含量变化,NO的大量生成及过氧化可能是促使肺纤维化形成的重要因素,TAL对肺纤维化的防治作用可能与其调节iNOS、eNOS比例、抗脂质过氧化有关。

关键词:脂质过氧化;肺纤维化;枇杷叶三萜酸;诱生型一氧化氮合酶;内皮型一氧化氮合酶;肺泡巨噬细胞

收稿日期:2010-12-23,修回日期:2011-01-11
基金项目:教育部博士学科点新教师基金资助项目(No 20103420120001);安徽省自然科学基金资助项目(No 090413134);安徽医科大学校博士启动基金资助项目(No XJ200803)
作者简介:黄 艳(1979-),女,博士,副教授,E-mail:aydhy@126.com;
李 俊(1960-),男,博士,教授,博士生导师,研究方向:抗炎免疫及临床药理学,通讯作者,E-mail:lijun@ahmu.edu.cn

肺纤维化(pulmonary fibrosis,PF)其发病机制复杂,与机体的氧化/抗氧化系统、细胞因子、炎症介质及胶原代谢等诸多因素有关,目前尚无有效的治疗手段。近年来,一氧化氮(nitric oxide,NO)与肺纤维化的关系越来越受到重视,但对肺纤维化形成过程中肺内NO含量变化的认识尚不一致[1-3]。研究肺纤维化各期肺内NO的代谢情况,分析NO对纤维化发生发展的影响,为进一步认识肺纤维化形成的机制和通过调节肺内NO含量的方法阻止肺纤维化的发生发展提供理论及实验依据。枇杷叶是蔷薇科枇杷属枇杷*Eriobotrya japonica*(Thunb)Lindl的叶,是我国传统医药治疗呼吸道炎症性疾病的常见中药之一。前期研究证实枇杷叶三萜酸(TAL)为枇杷叶的有效活性部位,具有明显的抗炎及免疫调节作用。对慢性支气管炎(CB)具有明显的治疗作用,其作用机制可能与抗氧化及抑制肺泡巨噬细胞(AM)炎症介质、细胞因子的表达,促活化AM凋亡有关[4-7],进一步研究显示[8],其对肺纤维化具有防治作用,但其确切的作用机制尚不清楚。本试验在前期研究基础上,采用电子显微镜观察了博莱霉素(BLM)诱导大鼠PF不同时期病理特点,同时对不同时期模型大鼠血清肺组织匀浆NO、MDA含量及iNOS、eNOS、SOD活性的动态变化进行研究,为进一步理解PF的病理学特点,探讨其发病机制提供理论依据,同时进一步完善TAL防治肺纤维化的机制研究。

1 材料

1.1 药品与试剂 博莱霉素(bleomycin,BLM):批号19961203,哈尔滨博莱制药有限公司生产。TAL由安徽省安泰医药生物技术有限责任公司提供,批号080601,纯度>80%。醋酸泼尼松片购自天津天药药业股份有限公司。药品临用前用0.5%的羧甲基纤维素钠溶液制成相应浓度的混悬液。水合氯醛(中国医药上海化学试剂公司,批号:20000218)。iNOS、eNOS活性试剂盒及MDA、SOD、NO试剂盒均购自南京建成生物试剂公司。

1.2 动物 SD大鼠120只,♂,体质量180~250

(a)首页面

中国药理学通报 *Chinese Pharmacological Bulletin* 2011 May;27(5) ·645·

要发病机制。TAL 给药后，大鼠纤维化有所减轻，肺组织匀浆中 MDA 的含量下降，SOD 的活力上升，提示增强大鼠体内清除氧自由基的能力和抗脂质过氧化来保护肺细胞免受损伤是 TAL 防治肺纤维化的作用机制之一。

NO 作为一种生物信使分子和细胞毒性效应分子，近年来受到了极大关注。研究显示 NO 在肺部炎症反应中的作用相当复杂，具有促炎或抑炎的作用[13]。在生理状态下 iNOS 的表达较弱，可被多种细胞因子和内毒素诱导激活，产生高浓度的 NO，在介导炎症反应方面起重要作用。近年研究表明[14]，慢性感染性疾病（如结核、慢性支气管炎、哮喘、COPD）等患者的组织和细胞中 iNOS 表达明显增加，iNOS 活性的增强及 NO 的过量产生参与多种炎症性疾病的发病过程。NO 损伤组织细胞进而加重肺部炎症反应主要有以下两个方面：首先是 NO 的直接细胞毒作用，与一些酶的活性中心铁、钴、锰、铜等离子有很高的亲和力，与之结合后使酶失去活性，从而抑制三羧酸循环、线粒体呼吸链电子传递及 DNA 合成，使细胞死亡。其次是 NO 与自由基的相互作用，造成体内的氧化损伤。除此之外，研究还证实 NO 可直接参与细胞因子特别是与炎症有关的细胞因子的调节；可作用于环氧酶中的亚铁血红素，使环氧酶活性增强，从而引起细胞前列腺素合成增加；肺内 iNOS 大量合成的 NO 有促肺纤维化形成的作用。

然而另有一些研究认为 NO 在肺部炎症反应中起保护作用。NO 可调节血管张力和血压、抑制血小板和白细胞聚集黏附、抑制血管平滑肌细胞增殖、神经细胞间的信息传递、调节细胞黏附分子的表达、参与机体防御机能。有研究表明[15]，在内毒素注射 15 min 内或初期给予 eNOS 抑制剂可增加血管损伤。eNOS 合成的 NO 作为一种保护性介质，维持血循环，抑制血小板聚集及白细胞的黏附。LPS 注射 3h 后，iNOS 活性增强，生成 NO，刺激细胞因子（如 TNF-α 等）的分泌，从而促进组织损伤。在出血性休克模型中，对 eNOS 的抑制可导致肝灌注的降低，增加肝细胞损伤。Yoshimura 等[16]研究显示，eNOS 合成的 NO 可以抑制肺纤维化的形成，提示 eNOS 合成的 NO 为其发挥细胞保护作用的基础。

在对缺氧肺动脉高压大鼠的研究显示[17]：模型大鼠肺组织 iNOS 表达增强而 eNOS 表达下降，经药物治疗后可明显抑制 iNOS 表达而增加 eNOS 的表达。提示 NO 究竟是抗炎占主导，还是促炎占优势，取决于 NOS 的种类、NO 在体内积聚的量及疾病的进程。局部在 eNOS 作用下产生的生理剂量 NO 具有舒张血管、支气管平滑肌作用，而在 iNOS 作用下产生的过量的 NO 可产生有害作用，使炎症反应加重。此外，肺内 NO 的大量生成有促肺成纤维细胞增殖的作用，使 PF 症状进一步恶化。本实验结果显示，与正常组相比，模型大鼠血清各时间段 iNOS 活性均升高而 eNOS 活性下降（$P < 0.01$ or $P < 0.05$），以模型 d 7 最为明显。TAL 给药组各时点大鼠血清 eNOS 活性升高而 iNOS 活性降低，提示调节 iNOS、eNOS 活性，抑制过量 NO 的生成可能为其防治肺纤维化的另一作用机制。

综上所述，肺内 iNOS 作用下产生过量的 NO 及肺内的过氧化损伤可能是诱发肺纤维化形成的因素之一。TAL 防治肺纤维化的作用机制可能与调节肺内 iNOS、eNOS 活性，抑制过量 NO 的生成，抗氧化作用有关。关于 BLM 致大鼠肺纤维化过程中肺内 NO、过氧化损伤具体作用机制及信号传导通路，有待进一步探讨。

参考文献：

[1] Matsuo N. The role of intrapulmonary nitric oxide generation in the development of adult respiratory distress syndrome [J]. *Surg Today*, 1999, **29**(10): 1068 – 74.

[2] 刘凌志，黄立霞，李振华，等. 肺间质纤维化患者血清和支气管肺泡灌洗液一氧化氮水平及临床意义 [J]. 中国医科大学学报，2004，**29**(6)：433 – 5

[2] Liu L Z, Huang L X, Li Z H, et al. Level of nitric oxide in the serum and broncho-alveolar lavage fluid of patients with interstitial lung disease [J]. *J Chin Med Univ*, 2004, **29**(6): 433 – 5.

[3] Song L, Wang D, Cui X, et al. Kinetic alterations of angiotension-Ⅱ and nitric oxide in radiation pulmonary fibrosis [J]. *J Environ Pathol Toxicol Oncol*, 1998, **17**(2): 141 – 50.

[4] Huang Y, Li J, Wang R, et al. Effect of triterpene acids of *Eriobotrya japonica*(*Thunb.*) *Lindl. leaf* on inflammatory cytokine and mediator induction from alveolar macrophages of chronic bronchitic rats [J]. *Inflamm Res*, 2007, **56**(2): 76 – 82.

[5] Huang Y, Li J, Cao Q, et al. Anti-oxidative effect of triterpene acids of *Eriobotrya japonica* (*Thunb.*) *Lindl. leaf* in chronic bronchitis rats [J]. *Life Sci*, 2006, **78**(23): 2749 – 57.

[6] Huang Y, Li J, Meng X M, et al. Effect of triterpene acids of *Eriobotrya japonica*(*Thunb.*) *lindl. leaf* on inducible nitric oxide synthase expression in alveolar macrophage of chronic bronchitis rats [J]. *Am J Chin Med*, 2009, **37**(6): 1099 – 111.

[7] 黄　艳，孟晓明，江国林，等. TAL 对慢支模型大鼠肺泡巨噬细胞凋亡的影响及部分机制研究 [J]. 中国药理学通报，2009，**25**

(b)倒数第二页面

(12):1623-9.
[7] Huang Y, Meng X M, Jiang G L, et al. Effect of TAL and MAPK signal transduction on alveolar macrophage apoptosis and activity of chronic bronchitis rats [J]. *Chin Pharmacol Bull*, 2009, **25**(12): 1623-9.
[8] 刘 娟,黄 艳,张 磊,等. 枇杷叶三萜酸对大鼠肺纤维化预防及抗脂质过氧化作用的研究 [J]. 安徽医科大学学报, 2010, **45**(1):50-3.
[8] Liu J, Huang Y, Zhang L, et al. Preventive effect of triterpene acids of loquat on lipid peroxidation of pulmonary fibrosis on rats [J]. *Acta Univ Med Anhui*, 2010, **45**(1):50-3.
[9] Clark J G. BLM-induced pulmonary fibrosis in humster [J]. *J Clin Invest*, 1983, **72**(2):2082.
[10] Irfan R, Saibal K B, Aruna K. Oxidant and antioxidant balance in the airways and airway diseases [J]. *Eur J Pharmacol*, 2006, **533**(1-3):222-39.
[11] 杜钢军,张 硕,林海红,等. 灯盏花素对博来霉素诱导小鼠肺纤维化的保护作用 [J]. 中国药理学通报, 2009, **25**(2):160-3.
[11] Du G J, Zhang S, Lin H H et al. Protective action of breviscapine against bleomycin-induced lung fibrosis in mice [J]. *Chin Pharmacol Bull*, 2009, **25**(2):160-3.
[12] 展 瑞,冯一中,顾振纶,等. 复方虫草对实验性小鼠肺纤维化的干预作用及其机制研究 [J]. 中国药理学通报, 2008, **24**(6):839-40.
[12] Zhan R, Feng Y Z, Gu Z L, et al. The effects and mechanisms of complex corolyceps on pulmonary fibrosis in experimental mice [J]. *Chin Pharmacol Bull*, 2008, **24**(6):839-40.
[13] Kharitonov S A, Barnes P J. Clinical aspects of exhaled nitric oxide [J]. *Eur Respir J*, 2000, **16**(4):781-92.
[14] Nakone M, Schmidt H H, Pollock J S, et al. Cloned human brain nitric oxide synthase is highly expressed in human skeletal muscle [J]. *FEBS Lett*, 1993, **316**(2):175-80.
[15] Matsuo N. The role of intrapulmonary nitric oxide generation in the development of adult respiratory distress syndrome [J]. *Surg Today*, 1999, **29**(10):1068-74.
[16] Yoshimura S, Nishimura Y, Nishiuma T, et al. Overexpression of nitric oxide synthase by the endothelium attenuates bleomycin-induced lung fibrosis and impairs MMP-9/TIMP-1 balance [J]. *Respirology*, 2006, **11**: 546-56.
[17] Chen Y, Ruan Y, Li L, et al. Effects of Salvia miltiorrhiza extracts on rat hypoxic pulmonary hypertension, heme oxygenase-1 and nitric oxide synthase [J]. *Chin Med J (Engl)*, 2003, **116**(5):757-60.

The effects and mechanisms of TAL on bleomycin-induced pulmonary fibrosis in rats

HUANG Yan[1,2], LIU Juan[1,2], YANG Ya-ru[1,2], YU Shi-chun[3], LI Jun[1,2]
(*1. College of Pharmacy, Anhui Medical University, Hefei* 230032, *China*; *2. Anhui Key Laboratory For Activity Research of Nature Medicine, Hefei* 230032, *China*; *3. Anhui An-tai Medical Company, Hefei* 230088, *China*))

Abstract: **Aim** To investigate the therapeutic effects of triterpene acids of loquat (TAL) on Bleomycin A5-induced pulmonary fibrosis in rats and to explore the mecnanism. **Methods** The model of pulmonary fibrosis was induced by intratracheal injection with a single dose of Bleomycin-A5 ($5\ mg \cdot kg^{-1}$). From the second day, rats in therapeutic group were treated with TAL at $150\ mg \cdot kg^{-1}$ or prednisone $3.5\ mg \cdot kg^{-1}$. On the 7th, 14th and 28th day after medication, the levels of MDA and SOD in lung tissue, and iNOS, eNOS and NO levels in serum were measured. Pathological changes of lung were examined by electronmicroscope. **Results** Lung lesions were mainly alveolitis on days 7 after bleomycin administration and advanced to the chronic stage of pulmonary fibrosis after day 14. On days 7, alveolar type Ⅰ cells were degenerated broken-down and desquamated. Endothelial cell swelled and alveolar type Ⅱ cells became hyperplastic. The number of alveolar type Ⅱ cells decreased in 14 ~ 28. Myofibroblasts, fibroblasts, collagen were hyperplastic. TAL could ameliorate lung formation and alleviate fibrogenesis. At the same time, TAL not only reduced MDA content and increased SOD activity in lung tissue significantly, but also enhanced eNOS activity, reduced iNOS and NO contents in serum obviously. **Conclusion** TAL had positively therapeutic effect on lung fibrosis, which might be accociated with its anti-lipid peroxidation effect and its modulation effect on nitric oxide synthase.

Key words: lipid peroxidation; pulmonary fibrosis; TAL; iNOS; eNOS; AM

(c)最后页面

图 3-2 药学科技论文实例 1

中国医学科学院学报
ACTA ACADEMIAE MEDICINAE SINICAE

·论　著·

尼莫地平经眼部给药后在大鼠体内的药物动力学表现

李　芳[1]，茅　丹[1]，代嫚嫚[1]，张慧敏[1]，
马　群[1]，白露雨[1]，何　宁[1,2,3]

[1]安徽中医药大学药学院药剂系，合肥 230012
[2]安徽省中医药科学院药物制剂研究所，合肥 230012
[3]中药复方安徽省重点实验室，合肥 230012

通信作者：何宁　电话：0551-68129142，电子邮件：hening826@163.com

摘要：目的　观察尼莫地平经眼部给药后在大鼠体内的药物动力学表现。方法　采用随机数字表法，将135只SD大鼠随机分为静脉注射组（$n=45$）、眼部给药组（$n=45$）和口服灌胃组（$n=45$）3组，眼部和静脉给药的剂量均为5.0 mg/kg，口服灌胃剂量为10.0 mg/kg，采用高效液相色谱法测定大鼠血浆样品中尼莫地平的浓度，计算主要药物动力学参数并进行比较。结果　眼部给药组大鼠的C_{max}为0.52 μg/ml，t_{max}为5.0 min，AUC_{0-t}为21.10 μg/（ml·min）；静脉给药组大鼠的C_{max}为3.62 μg/ml，AUC_{0-t}为52.58 μg/（ml·min）；灌胃给药组大鼠的C_{max}为0.20 μg/ml，t_{max}为5.0 min，AUC_{0-t}为5.98 μg/（ml·min）。结论　尼莫地平经眼部给药后吸收迅速，相对于灌胃给药途径有着更高的生物利用度。尼莫地平眼部给药有望提高心脑血管疾病的治疗效果。

关键词：尼莫地平；眼部给药；药物动力学
中图分类号：R94　　文献标志码：A　　文章编号：1000-503X(2019)01-0057-06
DOI：10.3881/j.issn.1000-503X.10536

Pharmacokinetics of Nimodipine after Intraocular Administration in Rats

LI Fang[1]，MAO Dan[1]，DAI Manman[1]，ZHANG Huimin[1]，
MA Qun[1]，BAI Luyu[1]，HE Ning[1,2,3]

[1]Department of Pharmaceutics，School of Pharmacy，Anhui University of Chinese Medicine，Hefei 230012，China
[2]Institute of Pharmaceutics，Anhui Academy of Chinese Medicine，Hefei 230012，China
[3]Anhui Province Key Laboratory of Chinese Medicinal Formula，Hefei 230012，China

Corresponding author：HE Ning　Tel：0551-68129142，E-mail：hening826@163.com

ABSTRACT：**Objective**　To explore the pharmacokinetics of nimodipine in plasma of rats after intraocular administration. **Methods**　Totally 135 SD rats were randomly divided into three groups according to drug administration routes：intraocular（io group），intravenous（iv group），and intragastric（ig group）. The doses were 5.0 mg/kg for IO and IV groups and 10.0 mg/kg for IG group. The serum nimodipine level was analyzed by high performance liquid chromatography. The main pharmacokinetic parameters were calculated and compared. **Results**　The pharmacokinetic parameters in io group were as follows：C_{max}：0.52 μg/ml；t_{max}：5.0 min；and AUC_{0-t}：21.10 μg/（ml·min）. The main pharmacokinetic parameters in iv group were as follows：C_{max}：3.62 μg/ml；

基金项目：安徽省第二批“特支计划”创新领军人才项目 Supported by Anhui Province “Special Support Plan” for the Second Batch of Innovative Leading Talents

(a)首页面

测得的3种给药途径的血药浓度数据进行模型拟合，采用非房室模型计算主要药物动力学参数，结果显示，经眼部给药、灌胃给药的 C_{max} 分别为0.52、0.20 μg/ml，t_{max} 均为5.0 min；经眼部给药、灌胃给药、静脉给药的 AUC_{0-t} 分别为21.10、52.58、5.98 μg/（ml·min）。灌胃给药的绝对生物利用度仅有5.69%（按相同的给药剂量即5 mg/kg 计算），眼部给药的绝对生物利用度达到40.13%。

讨　论

目前，检测生物样品中NMD的方法有很多，包括HPLC、液相色谱-质谱联用技术（liquid chromatograph-mass spectrometer，LC-MS）等。本实验中建立的用于测定大鼠血浆中NMD含量的HPLC法具有精密度和准确度高、专属性强以及简单易操作等优点。NMD与内标的萃取回收率符合生物样品分析方法的要求，与血浆中内源性物质峰均能得到良好的分离，峰形较好。因此建立的含量测定方法可用于NMD在大鼠体内的药物动力学研究。

本实验主要利用眼部给药后大部分药物可经结膜血管网、房水循环、血房水屏障、血视网膜屏障等途径进入全身循环而代谢消除的事实，探索NMD经眼部给药治疗全身疾病的可行性，将治疗局部疾病的劣势转化为治疗全身疾病的优势。眼部给药与注射给药途径相比，具有使用方便，患者顺应性好的优点；与

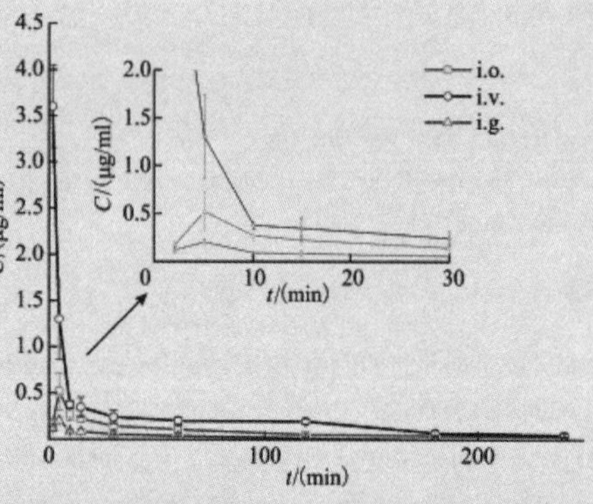

图3　大鼠静注给药、滴眼给药、灌胃NMD的平均血浓度-时间药曲线（$\bar{x}\pm s$，$n=5$）

Fig 3　Mean plasma concentration-time curves of NMD after intravenous，intraocular and intragastric administration in rats（$\bar{x}\pm s$，$n=5$）

口服给药途径相比，可避开首过效应，提高药物的生物利用度。

一些心脑血管疾病患者发病时大多伴随恶心、呕吐等症状，胃肠道功能较为低下，导致药物吸收程度降低。一般而言，药物的眼部黏膜吸收并不依赖于胃肠道的生理状态，故经眼部给药后仍可能有较高的生物利用度。本研究中，在眼部给药剂量仅为灌胃给药一半的情况下，NMD经眼部给药后，药物在大鼠血浆中的 C_{max} 明显高于灌胃给药，且灌胃给药后NMD的绝对生物利用度仅有5.69%，而眼用给药制剂的绝对生物利用度高达40.13%，是灌胃给药的7.06倍，由此可见经眼部给药相比灌胃途径有着更高的生物利用度。由于NMD按照正常剂量口服给药后的生物利用度极低，使得给药后的血药浓度非常低，几乎接近或低于实验中采用的HPLC法的检测限，使得浓度测定困难。因此在给药方案设计中，大鼠灌胃给药剂量为10.0 mg/kg，是眼部给药的2倍。考虑到肝药酶可能会被饱和而使首过作用不明显，体内过程与实际情况相差较大，因此实验中未进一步增大灌胃给药剂量。

综上，NMD经眼部给药后可以提高生物利用度，能作为口服给药的替代途径，且预示其在临床上可能得到比口服更好的疗效，在治疗心脑血管疾病中有着广泛的临床应用前景。眼部给药是一种待开发的、有前途的给药途径，研究药物跨眼部屏障进入体循环，发挥全身治疗作用，具有较高的理论意义和实用价值，尤其对于急性疾病的治疗，以及一些用药剂量小、活性高的药物，其临床优势更加明显。研究显示，促渗剂的应用能够增加药物跨膜吸收来提高眼用制剂的生物利用度[16]，如冰片能改变血脑屏障、眼角膜、鼻腔黏膜及其他黏膜的结构，促进其他药物透过这些结构到达作用部位。刘煜德等[17]探讨了冰片对川芎嗪经鼻腔吸收入脑的影响，结果表明与川芎喷雾剂组比较，芎冰喷雾剂组川芎嗪更迅速进入脑组织并达到峰浓度，其峰值也高于前者，冰片提高了川芎嗪经鼻腔吸收入脑的速度，增加了脑组织中川芎嗪的吸收量。因此，我们将进一步探索促进剂对NMD经眼部给药后的体内过程的影响。

参 考 文 献

[1]　张文君，李永吉，张国锋．中药粘膜给药新剂型的研究[J]．中医药信息，2008，25(5)：22-24．DOI：10.19656/j.cnki.1002-2406.2008.05.010.

[2]　Miller JW，Balyan R，Dong M，et al. Does intranasal dexme-

（b）倒数第二页面

detomidine provide adequate plasma concentrations for sedation in children: a pharmacokinetic study [J]. Br J Anaesth, 2018, 120(5): 1056-1065. DOI: 10.1016/j.bja.2018.01.035.

[3] Rashed HM, Shamma RN. Contribution of both olfactory and systemic pathways for brain targeting of nimodipine-loaded lipo-pluronics micelles: *in vitro* characterization and *in vivo* biodistribution study after intranasal and intravenous delivery [J]. Drug Deliv, 2016, 24(1): 181-187. DOI: 10.1080/10717544.2016.1236848.

[4] 贺文帅. 依那普利口颊粘膜给药系统的制备及其治疗自发性高血压大鼠的实验研究 [D]. 广州: 南方医科大学, 2016.

[5] He Z, Liu Z, Tian H, et al. Scalable production of core-shell nanoparticles by flash nanocomplexation to enhance mucosal transport for oral delivery of insulin [J]. Nanoscale, 2018, 10(7): 3307-3319. DOI: 10.1039/c7nr08047f.

[6] Laksitorini M, Prasasty VD, Kiptoo PK. Pathways and progress in improving drug delivery through the intestinal mucosa and blood-brain barriers [J]. Ther Deliv, 2014, 5(10): 1143-1163. DOI: 10.4155/tde.14.67.

[7] Hughes PM, Olejnik O, Chang-Lin JE. Topical and systemic drug delivery to the posterior segments [J]. Adv Drug Deliv Rev, 2005, 57(14): 2010-2032. DOI: 10.1016/j.addr.2005.09.004.

[8] Mannermaa E, Vellonen KS. Drug transport in corneal epithelium and blood-retina barrier: emerging role of transporters in ocular pharmacokinetics [J]. Adv Drug Deliv Rev, 2006, 58(11): 1136-1163. DOI: 10.1016/j.addr.2006.07.024.

[9] Hornof M, Toropainen E. Cell culture models of the ocular barriers [J]. Eur J Pharm Biopharm, 2005, 60(2): 207-225. DOI: 10.1016/j.ejpb.2005.01.009.

[10] Gupta S. Carbopol/chitosan based pH triggered in situ gelling system for ocular delivery of timolol maleate [J]. Sci Pharm, 2010, 78(4): 959-976. DOI: 10.3797/scipharm.1001-06.

[11] Almeida H, Amaral MH, Lobão P. Applications of poloxamers in ophthalmic pharmaceutical formulations: an overview [J]. Expert Opin Drug Deliv, 2013, 10(9): 1223-1237. DOI: 10.1517/17425247.2013.796360.

[12] Chiou GCY. Systemic delivery of polypeptide drugs through ocular route [J]. J Ocul Pharmacol, 1994, 10(1): 93-99. DOI: org/10.1146/annurev.pa.31.040191.002325.

[13] 李孟, 张晓华. 尼莫地平的药理作用及临床应用 [J]. 中国实用医药, 2013, 8(19): 201-202. DOI: 10.14163/j.cnki.11-5547/r.2013.19.212.

[14] Fu Q, Sun J, Ai X, et al. Nimodipine nanocrystals for oral bioavailability improvement: role of mesenteric lymph transport in the oral absorption [J]. Int J Pharm, 2013, 448(1): 290-297. DOI: 10.1016/j.ijpharm.2013.01.065.

[15] 林翠翠, 夏自花, 杨帆. 尼莫地平各类剂型的应用和研发进展 [J]. 国际药学研究杂志, 2017, 44(6): 518-521. DOI: 10.13220/j.cnki.jipr.2017.06.010.

[16] 李东晓, 邓文龙. 冰片促透作用研究进展 [J]. 中药药理与临床, 2007, 23(1): 87-89. DOI: 10.3969/j.issn.1001-859X.2007.01.046.

[17] 刘煜德, 孙寒静, 李荣, 等. 冰片对川芎嗪经鼻腔吸收入脑的影响 [J]. 中国中药杂志, 2008, 33(3): 259-261. DOI: 10.3321/j.issn:1001-5302.2008.03.009.

(收稿日期: 2018-05-11)

(c)最后页面

图 3-3 药学科技论文实例 2

[思考题三]

3-1　什么是药学科技论文？

3-2　药学科技论文写作的意义是什么？

3-3　如何查找 / 区分中国科技论文统计源期刊和中文核心期刊？

3-4　怎样辨别中文核心期刊与非核心期刊？

3-5　简述药学科技论文期刊的选择。

3-6　试述药学科技论文题目、摘要、关键词、正文、致谢、参考文献等部分的写作要求与格式。

3-7　简述药学科技论文写作步骤。

第四章　药学 SCI 论文写作与投稿

[导引]

对于药学学科的研究生而言，撰写 SCI（*Science Citation Index*，科学引文索引）论文展示最新的研究成果，并与国际同行交流学术进展，是衡量自身学术能力和水平的重要标志。而撰写 SCI 论文，关键不仅仅在于英语写作水平，更在于作者能够有效地表达科学研究的发现及其意义，让读者特别是审稿人认同论文的原创性和科学性。本章重点介绍药学 SCI 论文的选题、写作规范、发表和实例。

第一节　药学 SCI 论文的选题

一、SCI 概述

SCI 是美国科技信息研究所（Institute for Scientific Information，简称 ISI）编辑出版，用来查询科技文献及其引用情况的检索工具。1964 年，ISI 首次出版 1961 年 SCI 报告，此后逐年出版，延续至今。经过多年的发展，SCI 已成为国际公认的、被广泛使用的科学引文检索数据库，内容涉及科技领域 150 多个学科，分为生物学、数学、物理学、化学、医学、林业、工程技术、微生物学、计算机科学、生态与环境等，并以基础科学研究为主。SCI 对其收录期刊采用了多种严格而科学的定量和定性筛选，所收载的均是集中了各学科高质量优秀论文精粹的期刊，全面覆盖了全世界最重要、最有影响的研究成果。因此，SCI 的研究成果代表着世界基础学科研究的最高水准，其在"Pharmacy & Pharmacology"分类下共收载期刊 134 种。

SCI 和 EI（工程索引）、ISTP（科技会议录索引）一起并列为世界著名的三大科技文献检索系统，是国际公认的进行科学统计与科学评价的主要检索工具，其中以 SCI 最为重要。科技论文被 SCI 收录和引用已成为评价其国际学术地位、基础科学研究水平、科技创新实力和科技论文质量的国际通用依据。

JCR（Journal Citation Report，期刊引证报告）是 Clarivate Analytics（科睿唯安，原"汤森路透—知识产权与科技"）提供的期刊分析工具。JCR 对包括 SCI 收录的核心期刊（光盘版）在内的 10 000 多种期刊（网络版）之间的引用和被引用数据进行统计、运算，并针对每种期刊定义了影响因子（impact factor，IF）等指数加以报道。一种期刊的影响因子，指的是该刊前两年发表的文献在当前年的平均被引用次数，如 2017 年某刊物的影响因子是指该刊物 2015 年和 2016 年刊载的论文在 2017 年平均被引用的次数。影响因子越高，即其刊载的文献被引用率越高，一方面说明这些文献报道的研究成果影响力大，另一方面也反映该刊物的学术水平高。但也必须注意，影响因子与学科也有非常密切的关系，例如中药学科相关期刊的影响因子普遍偏低，尤其是收录复方成分研究论文的期刊，影响因子一般不会超过 5。此外，需要指出的是，影响因子评价的是期刊整体学术水平，对于某篇具体论文而言，一般是以被引频次来评价。

20 世纪 80 年代末，南京大学首先将 SCI 引入科研评价体系，从某种意义上开启了中国科研评价的定量时代。SCI 因其相对客观的评价标准及其收录的论文处于国际领先的学术水平，迅速被国内科学界当成一个可以尽量避免人为因素影响的科研评价标准，并逐步拥有了某种权威地位。随着 SCI 的引入、科研评价体系的推广，我国科研人员发表 SCI 论文数量不断攀升。2018 年，我国科研人员发表 SCI 论文的总数达 39 万余篇，排名世界第二。SCI 引入评价体系的副作用也在不断体现，个别科研人员为了发表 SCI 论文不惜采用学术不端的手段，导致多次出现中国学者发表的 SCI 论文撤回事件。除了影响因子以外，对 SCI 期刊还可以进行分区评价。中国科学院期刊分区是原中国科学院文献情报中心科学计量中心的科学研究成果。按照期刊的影响因子、投稿难度和影响力，共分为 1~4 区：分区主要是按照 3 年平均影响因子排序，前 5% 为一区，即各领域的顶级（top）期刊，6%~20% 为二区，即高水平期刊，21%~50% 为三区，其余是四区。中科院期刊分区自 2004 年开始发布，从 2012 年起更改为网络版，分区数据每年 10 月份发布。分区共分为十三个大类，其中包括医学类。大类下面继续分为小类，例如医学大类下面包括药学小类。而 2018 年公布的药学小类中，一区期刊有 7 种，包括 *Drug Resistance Updates*、*Pharmacological Reviews*、*Pharmacology & Therapeutics*、*Advanced Drug Delivery Reviews*、*Trends in Pharmacological Sciences*、*Clinical Pharmacology & Therapeutics* 和 *Annual Review of Pharmacology and Toxicology*，可以看出其中大部分为药理学领域期刊。

药学领域的国内期刊有几种也已经入选 SCI，如 *Acta Pharmacologica Sinica*（《中国药理学报》）、*Chinese Journal of Natural Medicines*（《中国天然药物》）等，《药学学报》英文刊 *Acta Pharmaceutica Sinica B* 2017 年也已入选 SCIE 即 SCI 扩展库。

二、选题的原则

选题是 SCI 论文写作的第一步，直接决定论文的质量，因此掌握选题的原则就显得非常重要。最终 SCI 论文是否能够在 SCI 期刊上发表和能够在什么样的 SCI 期刊上发表，在很大程度上取决于选题。选题应遵循的原则如下。

（一）必要性

药学 SCI 论文写作大多选择药物作为研究对象，首先要突出研究的必要性。例如，研究能够治疗危害人类健康的重大疾病例如肿瘤或者心血管疾病的药物是很有必要的。又如通过研究建立一种新型的检测技术，例如能够替代真实皮肤应用的人工皮肤膜，可以实现检测的可控与高效，替代动物使用，符合动物伦理学要求，因此有必要开展研究。选题切忌“为论文而论文”，而应首先具备必要性，要明确所要解决的科学问题，最好是当前迫切需要解决的问题。一般而言，发表在顶级 SCI 期刊的论文与发表在一般 SCI 期刊的论文不同在于：前者研究的是一个非常重要的问题，该问题的解决对于本领域研究具有重大影响或具有重大的社会、经济效益；而后者研究的是一个普通的问题。

（二）创新性

创新应是前人没有研究过的或是已有研究工作上的再创造，研究结果应该是前人所不曾获得的成就，包括新概念、新方法、新技术、新发现、新规律等。创新是 SCI 论文的灵魂，论文一定要突出创新点。为了实现创新，在选题前必须要大量阅读同类文献，对国际同领域研究情况和论文发表情况有充分的了解，可以在学术研究的空白处选题，例如研究一种从未有报道的新化合物或新的药用植物；也可以在学术研究的分歧处选题，例如有 SCI 论文报道链状萜的透皮促进作用优于环状萜，也有报道环状萜的作用优于链状萜，那么可以对这两种不同结构的萜的透皮促进作用加以比较研究，并探讨其作用机制的差异。为选题所进行的文献研究也要重视文献的可信度，一般 SCI 论文选题建议要开展充分的同类外文文献调研，而不能只看中文文献。目前，很多 SCI 期刊在收到论文投稿后编辑首先会进行同类论文检索，如果发现论文选题重复、不具备显著的创新性会直接退稿，例如退稿意见"I am rejecting your paper without sending it out to referees, since similar ideas have already been proposed (e.g., *J Liposome Res*, 24, 313, 2014)."研究表明，退稿的最主要原因还是因为选题不够创新，达不到 SCI 期刊的标准，因此选题要注重创新性，敢于选择那些在科学研究前沿并具有重大科学价值的课题加以研究。

（三）合理性

SCI 论文必须要具备创新性，但在创新的同时必须要具备一定的合理性。因此，论文的选题要注意以下几点合理性。

1. 科学性　注意符合客观规律，要有一定的理论依据和实验依据，大胆创新的同时要有科学论证。

2. 符合伦理要求　涉及动物实验和人体实验的还需要注意要符合相应的伦理原则，要能够取得相关伦理委员会的批准。

3. 可行性　合理性也包括对实验条件、时间进度和经费预算的把握，要考虑到完成该课题所具备的各项条件和因素，要根据实际情况安排切实可行的课题。

4. 范围合理　论文所涉及的论题范围不能太大，否则涉及面太广，通过有限的研究难以完全说明问题，读者也很难理解作者的立足点；范围也不能太小，否则难以展开研究，必然也会限制论文的研究意义。

（四）系统性

药学是一门综合性很强的应用学科，随着科技的进步，越来越多的方法和手段应用于药学学科，因此在选题设计时还要注意充分应用这些手段对实验结果进行深入的机制研究。如果只报道一个新的现象或者新的技术是不够的，对于高水平 SCI 论文来说，还要借助于新的甚至跨学科的技术手段阐明现象背后的机制和技术背后的原理才更有价值。SCI 论文还要重视数学方法尤其是统计分析的作用，运用比较先进的数学处理手段有助于揭示大量实验数据所隐藏的规律，进而能够指导实验设计和数据分析。

（五）开拓性

选题还要考虑研究的开拓性，这对于持续产出高水平 SCI 论文具有非常大的作用。中国科技大学范洪义另辟蹊径，发展了诺贝尔奖得主狄拉克（Dirac）奠定的量子论的符号法，系统地建立了"有序算符内的积分理论"，发表 SCI 论文 330 篇，六次获得全国发表 SCI 论文个人排名第一，三次获得多篇 SCI 论文数被引用全国第一。他对自己论文高产的解释是，研究"具有开创性，突破一点以后就可以向纵深发展，使研究工作自成系列、成面成片"。反之，如果选题不具备开拓性，往往在完成几篇论文之后就觉得没有研究可以继续，不得不另起炉灶，重新选题。

三、选题的方法

（一）从文献研究中选题

想要发表高质量的 SCI 论文就必须在选题时充分了解国内外尤其是国外研究动态，尽量选择与国际学术研究同步的课题，这就离不开文献研究。由于历史和现实的原因，我国药学研究水平与国际先进水平还存在一定的差距，因此认真研读外文文献、分析国际研究动态就显得尤为重要。在高校里一些教师治学严谨且基础扎实，但科研成果却不突出，其中一个重要原因就是不重视有关领域学术动态，不能选择合适的课题。

1. 获取文献　当前，网络文献数据库非常发达，大多数高校都购买了常用的引文分析数据库，如美国科学索引网络数据库（Web of Science），或者电子期刊全文数据库，如 ScienceDirect 即 Elsevier 电子期刊全文数据库等。还有部分 SCI 期刊采用 OA（open access）模式，可以直接下载全文，如 *Molecules* 和 *International Journal of Nanomedicine* 等。

文献研究也可以借助于免费数据库。PubMed 是一个免费的搜索引擎，是由美国国立医学图书馆（NLM）所属的国家生物技术信息中心（NCBI）于 2000 年 4 月开发的，基于 WEB 的生物医学信息检索系统（http://www.ncbi.nlm.nih.gov/pubmed/），可以检索生物医学包括药学方面的论文题录和摘要，并提供(付费或免费的)全文链接。此外,PubMed 具有词义识别功能,能根据检索词的词义自动转换为相应的主题词,并对主题词自动扩展检索。因此,PubMed 检索机制灵活,具有较高的查准率和查全率。

2. 阅读综述　如果对选题相关领域不太熟悉,那么从综述(review)开始阅读是一个捷径。药学 SCI 期刊有一部分是专门的综述期刊或以综述为主的期刊,并且影响因子往往很高,论文以约稿为主,并且撰稿者往往是本领域的专家,阅读这类综述往往有助于迅速了解本领域的最新动态。中科院分区药学 1 区中的 *Advanced Drug Delivery Reviews* 就是这类期刊。当然,很多药学 SCI 期刊也设立综述栏目并定期刊载综述,这类综述也具有很好的文献研究价值。值得一提的是,由于综述往往是对近几年的研究进展进行全面阐述,阅读综述要注重时效性,最好阅读近期发表的综述。

3. 分析文献　分析文献是指通过对收集到的某领域的文献进行研究,以探明研究对象的性质和状况,并从中引出自己的选题。分析文献的前提是对文献有全方位的把握,尤其是要掌握本领域已经发现的创新点以避免选题重复;要对本领域存在争议的(有相反报道的)研究热点有充分了解,这些争议点往往就是选题所在;要在已有文献的基础上进行合理推导,往往也能产生新的选题,例如皮肤电阻是测定皮肤屏障功能的常用方法,而透皮吸收促进剂的主要作用就是可逆性地降低皮肤屏障功能,因此推论可以采用测定皮肤电阻的方法评价透皮吸收促进剂。

4. 扩展阅读　如前所述,药学研究具有综合性,因此文献研究应具有相当的扩展性,能够覆盖选题和论文内容设计的主要方面。扩展阅读可以是追踪某篇重要文献的参考文献,也可以是追踪某一重要作者的一系列文献,还可以是就交叉主题进行检索和文献分析。

5. 实时更新文献　近年来,科研的发展日新月异,因此文献研究也要与时俱进,要及时关注本领域的研究进展,获得最新文献。一方面可以对重要期刊进行追踪,如 Elsevier 数据库可以将选定的期刊最新目录发到指定的邮箱,另一方面也可以对某一主题词涉及的领域进行追踪,如文献鸟(Stork)是一款文献追踪的科研工具,可以将与指定主题词相关的最新发表的文献题录发到指定的邮箱。

(二) 其他选题方法

1. 在科研过程中选题　在药学科研的过程中,有时会出现意外的现象或问题,作者如果能够细心观察、及时发现,可以在这些偶然发现中获得新的选题,如著名的药物青霉素就是源于一次偶然发现。必须指出的是,偶然发现首先要能够重复,然后要有理论支撑和必要的依据,最终在此基础上设计新的选题。善于抓住科研过程中遇到的难以解释的问题,进而提出创新观点,设计实验加以验证,是选题的一个重要途径。

2. 在临床或生产实践中选题　药学在实际应用中一般是服务于医疗实践或药品生产实践,因此实践是 SCI 论文写作取之不尽的源泉。在实践中经常遇到许多需要解决的实际应用问题或理论问题,因此,只要从实际出发,用心思考,往往会从中产生很多好的研究主题。

第二节　药学 SCI 论文写作规范

一、要求及格式

(一) 基本要求

评价 SCI 论文价值的首要标准就是科学性和创新性,科学性是前提,创新性是关键。SCI 论文除了要符合以上两个标准以外,写作的时候还要注意以下基本要求:

1. 正确(correct)　内容正确(符合科学性要求)、实验数据正确(方法正确,数据处理得当)、语言运用得当(一般建议由 native speaker 加以润色,部分期刊或专业机构提供语言润色服务)。

2. 完整（complete）　内容完整且具有系统性、结构完整且匀称，各部分内容能够相互印证，共同支撑论文主要观点。

3. 清晰（clear）　论文思路清晰、概念清楚、层次清楚、表达清楚。作者应具备一定的英文写作功底，论文应该能够突出创新点，研究思路清楚。

（二）论文格式

SCI 期刊上的论文格式为标题（Title）、摘要（Abstract）、关键词（Keywords）、引言（Introduction）、材料与方法（Materials and Methods）、结果（Results）、讨论（Discussion）、致谢（Acknowledgements）和参考文献（References）。这种格式是西方科技论文最通用的一种结构方式，也称为 IMRaD 格式（Introduction，Materials and Methods，Results and Discussion），因为引言、材料与方法、结果、讨论这几个部分构成了论文的主体结构。也有许多偏基础的杂志如 *Cell* 将材料与方法部分放在结果与讨论后面。此外，还有一些杂志要求在讨论后面有结论部分（Conclusion）。

IMRaD 能够让论文更加条理清晰，使读者可以按照合理的思路获取具体的信息，知道从论文的哪个部分去了解方法或获悉某一特定结果。因此，在撰写论文前需要根据研究内容和所投期刊的格式来组织论文构架，包括方法及结果中各级标题（Headings and Subheadings）。

（三）写作顺序

1. 文献阅读与论文构思　要对相关领域中的论文尤其是拟投稿期刊的论文进行精读，充分了解领域的前沿和面临的问题，对拟开展的研究的深度是否适合拟投稿期刊有一个准确的判断，同时仔细阅读期刊的稿约（guide for authors）。

2. 撰写方法和结果部分　一般而言，作者对方法和结果部分的内容相对比较熟悉，也是论文的核心。方法部分要注意方法的可信度，一般应有方法来源的参考文献和设置对照组。结果部分注意与方法部分内容相对应。

3. 撰写引言部分　一般而言，前言部分相当于一个小综述，对本领域的研究进展和存在问题有一个概况性的介绍，能够阐明本研究的创新性和必要性，因此前言部分要有一定数量的参考文献。

4. 撰写讨论部分　讨论部分与引言部分是能够衔接的，主要是针对实验结果进行分析和讨论，并且提出展望，讨论部分同样要有一定数量的参考文献。

5. 撰写摘要和结论部分　通过 2~4 部分的撰写，明确论文的框架和主要创新点后，再撰写摘要和结论相对比较容易。

6. 题目　论文的题目是文章中最重要的一句话，要能够概括论文的主要内容或主要结论。题目要反复推敲，要能够简洁明了、引人入胜。

7. 反复修改　论文全部撰写完成后，还要经过多次修改，使得全文结构完整、层次分明、重点突出。要注意英文的书写，尽量避免语法和拼写错误，部分不擅长英文写作者可以考虑请专业机构对英文润色。修改过程中需注意下列问题：①文题是否相符，论点是否鲜明，研究意义是否突出；②论据是否充分，论证是否严密，同类文献调研是否完全；③布局是否合理，方法是否可信，结论是否科学客观；④用词是否符合医学术语，语法是否规范；⑤文稿是否符合医学写作规范或稿约。

8. 准备投稿　撰写投稿信即 cover letter，在期刊的投稿系统上进行注册，并明确投稿要求。很多作者习惯从高分 SCI 期刊开始投，根据审稿人意见修改完善后再降低 SCI 期刊的影响因子寻找期刊投稿。

二、药学 SCI 论文的撰写

（一）标题部分

1. 标题的意义　论文标题是包括审稿人在内的读者最先查看的部分，也是论文检索常用的部分，因此标题的好坏非常重要，直接影响审稿人的第一印象和论文被检索的次数。好的标题有画龙点睛的作用，能够提供给读者关于论文的最核心的信息。

2. 标题的写作要求

(1)准确：应该准确表达论文内容，恰当反映论文所研究的范围和深度，文题相应。

(2)简明：期刊对标题的长度一般都有要求，如*Science*要求标题不要超出90个英文字符。因此标题要概括性强，简洁明了。

(3)醒目：标题应具有吸引力，一目了然，让读者产生兴趣，但也不能单纯为了博取眼球而画蛇添足。

3. 标题的写法　标题需要围绕着研究对象、研究方法和研究结果三个部分或至少两部分来设计。标题写作要注意言简意赅。标题可以是一个短语，如“A drop penetration method to measure powder blend wettability”；也可以是一个句子，如果是句子，结尾不加句号，如“PLGA nanoparticles are effective to control the colonic release and absorption on ibuprofen”；也可以给标题后面再加一个副标题，如“Drug-fortified liposomes as carriers for sustained release of NSAIDs：The concept and its validation in the animal model for the treatment of arthritis”，主副标题相结合，补充说明特定的研究内容。由于标题一般比句子简短，因此词序比较重要，如果词语间的修饰关系使用不当，不利于读者理解标题的含义。

4. 标题写作的注意事项　标题时态是现在时；开头第一个字尽量不要用冠词(如the、a、an等)；尽量避免缩略语尤其是可能有多个解释的缩略语，但可以使用常用缩略语如DNA或NSAIDs；避免把标题写成“The Study of...”或“The Research on...”；标题中的单词一般首字母大写，但冠词、介词(at、on、in、of等)、连接词(and、but等)的首字母不大写。

5. 简题　部分期刊还要求提供简题。简题(Running title)一般是印在期刊页面顶端的简要题目，通常不超过40个字符。简题往往是由题目压缩而成，如提取题目的主要部分、保留题目的基本结构和核心词汇等。

6. 作者　作者应该是论文的主要完成人，个别期刊还要求在论文后面提供“Author Contributions”，具体说明每个作者对论文的贡献。在所有作者中，第一作者和通讯作者最为重要，第一作者主要负责完成实验部分和论文的写作，而通讯作者则是总负责人，对论文全面负责，确定研究思路、提供经费并进行审定。所以通讯作者比第一作者更重要，其联系方式会随论文刊出，国际同行交流也往往联系通讯作者。对于研究生完成的论文而言，通常第一作者为研究生，而通讯作者则是导师。大部分杂志允许共同第一作者和共同通讯作者，一般而言，排在第一的共同第一作者和排在最后的共同通讯作者对论文而言更为重要。对于达不到作者资格但对研究提供帮助的人，可在致谢部分加以感谢。必须指出的是，对于已经接受的稿件，一般不能随意更改作者排名或增加/删除作者。

(二)摘要部分

1. 意义　摘要是对论文的概括，能够反映出论文的研究背景、拟解决的关键问题、研究方法、结果和结论。对于一篇SCI论文而言，摘要非常重要。一方面，药学同行可以通过Pubmed等免费搜索引擎阅读到论文的摘要，从而决定是否需要获取并阅读全文；另一方面，审稿人在被邀请审稿时，往往也通过阅读摘要决定是否审稿，大多数情况下决定接受审稿才能够阅读论文全文。因此，可以说，摘要是浓缩版的论文，应该包括足够多的关键信息。

2. 写作要求

(1)通常为一个段落，具有相对完整性和独立性。

(2)能够展示论文主要的创新点。

(3)摘要与标题往往能够同时被检索到，因此应注意两者的互补性。

(4)摘要应包括论文的研究目的、方法、结果、结论等内容。

(5)摘要一般不能引用参考文献。

3. 写作方法　摘要一般有字数要求，不同的期刊要求不同，应阅读稿约，例如*International Journal of Pharmaceutics*要求摘要不要超过200字。摘要可以分为结构性摘要和非结构性摘要。结构性摘要由小标题(通常用黑体字)分割成几个部分,一目了然,如 *Cancer Chemotherapy and Pharmacology* 的摘要中包含 Purpose、Methods、Results 和 Conclusions 四个小标题。非结构性摘要不含小标题,但基本还是包括上述几个部分,在形式上更趋于整体。

4. 写作的注意事项　介绍研究的背景和研究目的,以及描述结论,一般采用现在时。描述实验方法和结果,一般采用过去时,也有期刊有不同的要求,如 *Cell* 的摘要用的时态都是现在时。

5. 图文摘要　图文摘要(Graphical Abstract)由一幅能够反映出论文核心内容的图片以及几句简要的说明性文字构成。目前,大部分在线出版的 SCI 期刊,如 *Nature*、*Elsevier*、*Springer* 等众多国际知名出版集团旗下的期刊,基本都会要求作者提供论文图文摘要。图文摘要与一般摘要不同之处在于:图文摘要只着重强调论文的某一个方面(往往是论文提炼出的最重要、最精华的部分),而不是对整体研究的概括总结。图文摘要非常强调不言自明,能够充分展现论文的学术水平,示例如图 4-1 所示。将 9- 硝基喜树碱(9-NC)采用羟丙基 β 环糊精(HP-β-CD)包合后载入转铁蛋白(Tf)修饰的脂质体(liposomes)以构建肿瘤靶向载体。

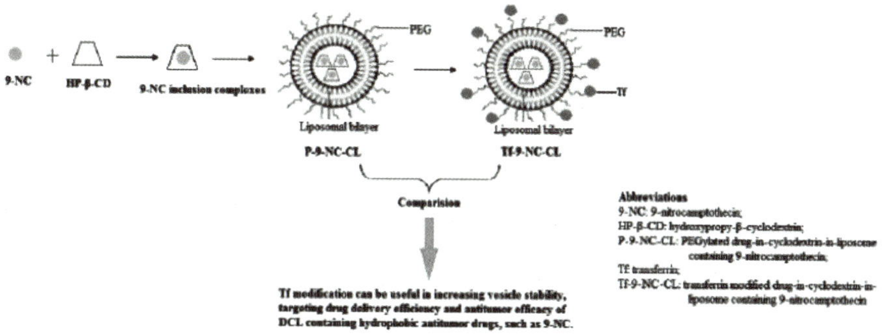

(转铁蛋白修饰的环糊精包合物脂质体作为9-硝基喜树碱抗肿瘤载体的研究)

图 4-1　图文摘要示例

6. 关键词　大多数药学 SCI 期刊要求论文提供 5 个左右的关键词,主要用于论文的检索,也有期刊要求从 MeSH(Medical Subject Heading)中选择关键词。关键词一般来说应包括所研究的药物或疾病、所采用的关键技术、所发现的关键通路或受体等。

(三) 引言部分

1. 意义　引言部分是论文主干内容的第一部分,类似于开场白,其作用是阐明研究的来龙去脉。药学 SCI 论文的引言应该包括研究的相关背景(包括同类研究概况),然后引申到本研究的目的和意义,从而让读者明白研究的动机。引言部分能够体现出作者对相关研究领域的熟悉程度和理解深度,对于研究生而言,往往具有一定的难度。

2. 写作要求

(1) 条理清晰,保持鲜明的层次感和极强的逻辑性,这两点应当紧密结合,即在符合逻辑性的基础上建立层层递进的关系。

(2) 概述相关领域的研究进展,要把该领域内过去和现在的状况全面概括总结出来,特别是最新的进展和过去经典文献的引用,使读者对于研究背景有全面了解,因此需要引用一定数量的文献,尤其是近期在高分期刊上发表的文献。

(3) 分析过去研究的局限性,并清楚准确地阐明所要研究的问题及其意义,并且要突出其新颖性或实用性。在阐述自己的创新点时,要紧紧围绕过去研究的不足来描述,完整而清晰地描述自己的解决思路。需要注意文章涉及的内容不要太广泛,要抓住要点进行深入的阐述。

3. 写法　引言一般按照以下顺序来写:①某个研究领域的现状是什么(也包括这个研究领域的意义,要全面阐述);②该领域存在的主要问题是什么,从现状到问题要注意逻辑关系的递进;③本文是如何开展研究解决这一问题的，突出意义和自己的创新，常用句式“To the best of our knowledge, we find/identify for the first time...”。

4. 写作的注意事项　引言部分也是一篇小综述。对文献的引用不要全文照抄，要用自己的话进行总结描述，要避免不恰当地大量引用本课题组的相关文献。在评价其他研究者的工作时要注意客观公正，不要贬低别人的研究成果来突出自己的研究意义。

（四）材料与方法部分

1. 意义　实验结果要能够重现或重复，材料与方法的介绍必不可少，因此这一部分往往要求详细具体。另一方面，这一部分也直接关系到实验结果可信度，如果审稿人发现材料或方法存在问题，那么实验结果可能就毫无意义。

2. 写作

（1）材料部分要具体：要给出详细的厂家、规格、批号等信息。涉及动物或人作为实验对象的，要有伦理委员会的批准。动物要有种系、性别、体重、动物合格证号和饲养条件等信息。涉及天然药物的，例如中草药，要有鉴定者的信息。实验设备往往要给出型号、厂家、产地等信息。

（2）方法部分要说明方法的来源：如果是已有的方法，一般要附参考文献（经典的除外）；如果是新建立的方法，要有方法学验证，并且要说明统计方法。

3. 写作的注意事项　一般采用过去时，以被动句和第三人称为主。一般采用小标题组织内容，小标题一般只到三级标题如 1.1.1。

4. 示例

（1）试剂：Sodium deoxycholate and Tween 80 were purchased from Sigma Co.（St.Louis, USA）。

（2）仪器：仪器一般是在方法描述中标注。DSC experiments were performed with Differential scanning calorimeter calibrated with indium（Perkin Elmer, model STA 6 000, USA）to study the thermal behavior of cerosomes。

（3）中药材：The seeds of Strychnos nux-vomica L., nux vomica, were collected in October 2007 in Yunnan Province, China, and identified by Professor**（**University of Chinese Medicine, **, China）.A voucher specimen was deposited in the herbarium of**（机构名称）。

（4）动物：动物需要给出来源、饲养条件、伦理委员会批准和遵循的准则，不同期刊要求有所不同。Male SD rats（200g ± 20g）were obtained from Shanghai Jiesijie Laboratory Animal Co.Ltd.（Shanghai, China）with the license number SCXK（Shanghai）2013—0006.They were housed in plexiglass cages at （22 ± 2）°C, relative humidity 55% ± 5% with 12 hours light/12 hours dark cycle and provided with standard pellet diet with tap water ad libitum.Animal experiments were performed in accordance to the Principles of Laboratory Animal Care and Use in Research（Ministry of Health, Beijing, China）. The protocols of animal experiments were approved by the Animals Ethics Committee of **University（No.**）。

（5）人体实验：要有伦理委员会批准和遵循的准则，不同期刊要求有所不同。The research committee for experimental and clinical studies at the Faculty of Pharmacy, **University approved the clinical experiment（REC ASU-65）with the principle outlined in the declaration of Helsinki for human subject experimentation being followed。

（6）方法描述：这一部分可以参考同类文献的写作，如测定粒径的方法。Mean particle size and polydispersity index of liposomes were measured using Malvern Zatasizer Nano（Malvern Instrument Ltd., Malvern, UK）at 25℃ using 90° scattering angle in triplicate。

（五）结果部分

1. 意义　结果部分是论文的主体部分，要求客观准确地描述实验结果，一般不加讨论和解释。

2. 写作　结果部分首先要和方法部分相对应，采用小标题组织内容，在写作之前，建议把核心结果制作成图或表。表一般采用三线表。图一般采用 EPS、JPEG 或 TIFF 格式,应具有自明性,即不需要阅读正文便可理解图意。大部分期刊都会要求单独上传图(不含图的标题),并且要求图的分辨率高于 300~600dpi(不同期刊要求不同),有的还会要求彩图额外缴纳费用,所以在投稿前需要看清稿约的要求,如:For color reproduction in print, you will receive information regarding the costs from Elsevier after receipt of your accepted article. 结果中不同组别之间要有统计学比较。

3. 注意事项　叙述研究结果的内容一般采用被动语态及过去时,当说明数据在图、表中时,常用现在时,如 The results are shown in Table 2. 文字描述要与图、表内容相结合,避免重复。一般不建议把图、表的序号放在句子的开头,如 Figure 2 shows that...

4. 示例　以下是测定两种不同处方的人工皮肤膜(PVPA-E 和 PVPA-EH)和真实皮肤(猪耳皮)皮肤电阻的结果描述。结果表明,PVPA-EH 与真实皮肤电阻更加接近(没有显著差异),而 PVPA-E 的皮肤电阻值显著低于真实皮肤。人工皮肤膜和真实皮肤的电阻测定结果,如图 4-2 所示。

The electrical resistance values of PVPA-E, PVPA-EH and skin (porcine ear skin) were measured and compared. As shown in Figure 1, the electrical resistance of PVPA-E was significantly ($P<0.01$) lower than that of skin. But there was no significant difference between electrical resistance values of PVPA-EH and skin.

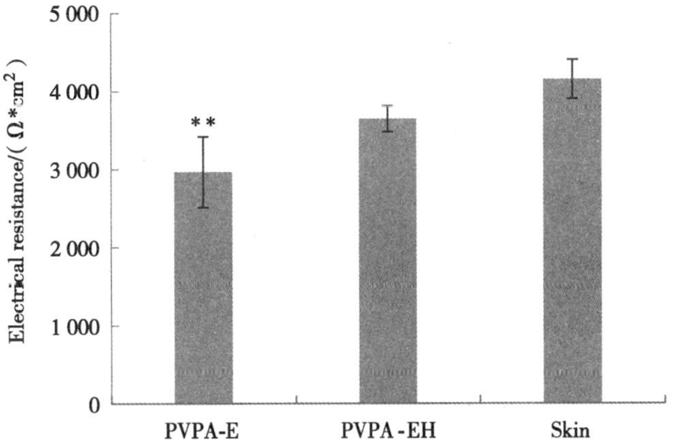

Figure 1. The electrical resistance values of PVPA models and skin (n=3).
**p<*0.01 compared with the electrical resistance of skin.*

图 4-2　人工皮肤膜和真实皮肤的电阻测定结果(n=3)

(六) 讨论部分

1. 意义　论文之所以成为论文,就是要有"论"的部分。讨论部分是全文中最难写的部分之一,需要作者能够对所研究的领域和所针对的学术问题有深入的了解,这对于研究生而言,往往有一定的难度。讨论部分需要根据实验结果,加以比较、分析、引申,突出所开展研究的创新性、理论价值或实用性,并展望下一步的研究。

2. 内容

(1) 对实验结果展开讨论,尤其是核心结果,要讨论结果是否符合预期,可能的机制是什么。

(2) 与同类研究文献进行充分的比较、分析,对结果进行说明、解释,提出结论或假说。

(3) 对研究的局限性进行讨论,对实验方法等有无必要做进一步改进,对影响结果的关键步骤进行讨论。

(4) 指出研究结果的意义和下一步的研究展望。

3. 注意事项　讨论部分的写作对作者的文献把握能力有较高的要求,作者应熟悉相关领域的文献，善于把自己的结果与文献的报道联系起来，在已有的知识背景下讨论自己的实验结果的意义和不足之处。对于新的发现，一定要能够从理论上加以解释，能够自圆其说。讨论部分可以适当采用主动句和第一人称。

4. 示例　与结果部分示例相对应的简单讨论如下，引用文献说明了电阻测定的意义是反映皮肤的屏障功能，并且电阻主要源于皮肤角质层（SC），从而推论出人工皮肤膜（PVPA-EH）和真实皮肤之间就屏障功能而言几乎不存在差别。

The electrical resistance, namely electrical impedance, is a direct measure of skin integrity. The ordered structure and low permeability of SC lipids impart high electrical resistance to the SC. Accordingly, the electrical resistance carries information that is of high relevance to the skin barrier function. Therefore, it can be concluded that there is little difference between the barrier function of PVPA-EH and skin.

5. 结论　有些 SCI 期刊要求在讨论后面要有结论部分，用以总结全文、阐述结果要点和研究意义。一般为几句话，但要注意避免与摘要部分用相同的句子。

（七）其他

1. 致谢　一般写在参考文献之前，用以感谢项目资助单位和对论文完成有帮助但又不是作者的同事。如：The authors acknowledge financial support for this work by the Special Project of Jiangsu Provincial Administration of Traditional Chinese Medicine（项目资助号）. 又如：The authors would like to thank Dr.**（人名）for excellent technical support and Professor**（人名）for critically reviewing the manuscript.

2. 参考文献　不同期刊要求的写法相差很大，一般有两种，一种按文献出现的次序编排数字，用上标或方括号上标格式在文中标注，如 1 或[1]等；另一种是用作者的名字和出版年标注，如 Zhang et al., 2010。因此，投稿前应仔细阅读稿约（guide for authors）。在参考文献中的排序，前者是按数字从小到大排序，后者是按作者名字的字母顺序排序。参考文献可以引用已经网络出版但尚未在纸质版见刊的论文（标注 DOI 信息）。从某种意义上讲，参考文献的质量也可以反映论文的质量，因此尽量引用本领域高影响因子期刊论文以及最近发表的论文，参考文献的时效性对于综述而言更为重要。当前，应用 EndNote 等软件将参考文献格式化是值得鼓励的方向，这个软件可以通过插件方便地在 word 中插入所引用的文献，并且能够导出符合特定 SCI 期刊要求的参考文献格式，非常方便。

3. 申明　部分期刊要求有 Conflicts of Interest：The authors declare no conflict of interest.

4. 附录　附录主要是列出文中没有的，但对论文有用的详细信息，如实验结果的详细数据等，如果论文发表，相关附录可以通过文中所附的链接点击查看。

5. 投稿信（cover letter）　网上投稿的时候，大多要附投稿信即 cover letter，很多期刊要求在其中阐明该论文的主要创新点或者声明论文并未一稿多投等。示例如下：

Dear Editor（知道编辑的名字可写名字），

This is an electronic copy of a manuscript by**（作者名）et al.titled "**（论文名）".It is submitted to be considered for publication in your journal as full length articles.Neither the manuscript nor any parts of its content are currently under consideration or published in another journal.No conflict of interest exits in the submission of this manuscript, and the manuscript is approved by all authors for publication.

In this work, we evaluated......（介绍论文的创新性）.I hope this paper is suitable for**（期刊名）.

Thanks very much for your attention to our paper.We greatly appreciate your time to review our manuscript and we are looking forward to hearing from you soon.

Yours sincerely,

***（作者名）

第三节　药学 SCI 论文发表

一、投稿

通常 SCI 论文投稿环节较多，有比较严格的审稿流程，一般至少需要半年的时间才能发表。

（一）SCI 论文投稿步骤

1. 选择拟投稿的 SCI 期刊　结合专业知识、最新 SCI 影响因子表和他人经验来综合选择拟投稿的期刊，最近是否刊登过与拟投稿论文相近的论文（可通过关键词检索确定）是选择期刊的主要考量因素。

2. 下载稿约或作者须知　SCI 期刊官网的首页一般都有 pdf 格式的稿约（guide for authors），需要下载后仔细阅读。

3. 稿件及其相关材料准备　需要准备好并上传的文件有：Manuscript.doc、Tables.doc、Figures.tiff（jpg 等）、cover letter，有时还有 title page、copyright agreement 等。

4. 网上投稿　SCI 期刊一般采用网上投稿系统，在首页点击 submit paper 一栏，先以通讯作者的身份注册一个账号，然后 author login，按照提示依次完成：Select Article Type、Enter Title、Add/Edit/Remove Authors、Submit Abstract、Enter Keywords、Select Classifications、Enter Comments、Request Editor、Attach Files，最后下载 pdf 格式的全文，查看确定无误后，即可 approve submission 或直接 submit it，完成网上投稿流程。

5. 关注稿件状态　稿件状态包括 Submit New Manuscript、Submissions Sent Back to Author、Incomplete Submissions、Submissions Waiting for Author's Approval、Submissions Being Processed、Submissions Needing Revision、Revisions Sent Back to Author、Incomplete Submissions Being Revised、Revisions Waiting for Author's Approval、Revisions Being Processed、Declined Revisions。一般编辑做出决定后会给通讯作者发邮件。

6. 上传修回稿　稿件退修后，需要根据审稿人意见修改，然后上传 revised manuscript、response to the reviewers（需要逐条回答）、cover letter，还有其他修改的相关材料。修回稿仍然需在线提交，一般是进入投稿主页（main menu），点击 revise，仍然按照规定程序提交。最后上传附件时，先把留下来且未修改的材料前打勾（表示留下不变），然后点击 next，再上传已经修改的材料（主要包括 revised manuscript、response to the reviewers、cover letter 等），最后下载 pdf 格式的全文，查看无误后，即可到 approve submission 上传。

7. 校样　一般是采用网上校样，回答编辑部提出的 Query 中的问题，并对 Proofs 中需要修改的地方进行标注，然后在线提交。

8. 版权协议　稿件接受后要提交版权协议（copyright agreement），也有期刊是投稿时即提交。

（二）选择正式投稿的 SCI 期刊

正式投稿（目标投稿）的 SCI 期刊的选择是投稿 SCI 成功的关键。目标投稿期刊选择不当是导致拒稿的最常见原因之一，但从超过上万种国际学术期刊中选择合适的目标期刊费时又费力，对于投稿新手特别是研究生而言更是难上加难。因此，如前所述，需要结合专业知识等综合选择要投递的期刊，并进入该期刊查询系统阅读近年来发表的文章主题。另一种选择期刊的方法是优先从论文的参考文献所涉及的期刊中选择，因为这些期刊往往是与该论文研究领域相符合的期刊。一般而言，在时间许可的情况下，可以按影响因子从高到低的顺序选择期刊投稿，根据高影响因子期刊的意见修改后再投到影响因子略低的期刊，录用可能性更大。

越来越多的科研人员采用检索工具快速缩小选刊范围。

Springer Journal Suggester（https://journalsuggester.springer.com/）是一个用以快速锁定目标期刊的工具。它可以在超过 2 500 本 Springer 和 BMC 的期刊中，根据你的论文主题、关键词、所属学科

以及投稿人对期刊影响因子、期刊文章接收率、投稿至初步决定时间等方面的期待值筛选出适合的期刊。

PubMedPlus智能选刊投稿指南(网址:http://www.pubmedplus.cn/):针对研究者提供的主题推荐合适的投稿期刊,且能对期刊提供多角度的评估,如国内作者文献的百分比、期刊的中国友好单位、录用难度、审稿周期、主题范畴、影响因子、学科排名、期刊分区等,能帮助读者迅速了解自己的论文比较容易被哪类期刊接收,从而帮助科研人员提高论文投稿命中率。

医知网(http://www.yz365.com/)是一个专业的医学外文期刊整合数据库,提供医学外文文献的检索、全文传递及医学文献深度分析服务。同时,也是国内唯一的医学引文数据库。目前提供的资源有28 060余种外文生物医学期刊,整合了PubMed、Elsevier、Springer、Wiley、OVID、EBSCO等数据库的医学期刊资源,数据每天更新,最早可检索到19世纪60年代的文献,并与国内20多家大型图书馆建立长期合作,以保证检索文献的全文快速传递。该数据库统计能力强大,能将检索结果按照国家、期刊、年代、主题与作者等进行深度分析,让用户了解到哪些作者发表了此类文献及篇数,哪些期刊收录此研究的文献,使用户对其课题在当前国际上的研究现状和趋势增进了解,分析课题的可行性和必要性,以此来指导自己课题的立项。

(三) SCI论文格式排版

严格遵循期刊Guidelines各项要求进行格式排版,包括但不限于结构顺序的编排、段落格式修改、参考文献格式修改及校对等。

投稿之前,文章必须严格按照期刊的Guidelines要求进行格式排版。格式得当的排版会使文章更加条理清晰,让期刊编辑很容易准确把握文章主旨,还会给期刊编辑留下严谨的印象,为文章被顺利接收奠定良好的基础。

(四) SCI期刊投稿的几种常见状态

1. 已提交(Submitted to Journal) 当论文上传结束后,显示的状态是Submitted to Journal,这个状态是自然形成的,无须处理。

2. 编辑处理中(With editor) 如果在投稿的时候没有要求选择编辑,就先到主编那里,主编会分派给别的编辑。这当中就会有两个状态:

(1) Editor assigned:编辑分派。

(2) Editor declined invitation:编辑拒绝邀请,这时主编不得不将投稿文章重新分派给其他编辑。

如编辑初审后认为稿件质量不够,就会直接退稿。如果认为稿件质量和格式符合要求,则稿件继续进入审稿程序。

3. 已邀请审稿人[Reviewer(s) invited] 说明编辑已接手处理,正在邀请审稿人中。有时该过程会持续很长时间,可能原因是编辑一直没有找到合适的审稿人。一般SCI期刊在投稿阶段会让作者推荐审稿人。

4. 审稿中(Under review) 审稿中是一个相对比较长的过程(期刊通常会限定审稿人的审稿时间,一般为一个月),当审稿人有意见上传,说明审稿人正在审稿中或已完成审稿。如果被邀请的审稿人不愿意审稿,就会decline,编辑会重新邀请别的审稿人,这会导致审稿时间加长。

5. 审稿结束(Required review completed) 审稿结束,等编辑处理,该过程时长为几天至几周。

6. 决议中(Decision in Process) 到了这一步就快要有结果了,编辑开始考虑是给修改还是直接拒稿。当然也有可能直接接受,但可能性很小。

7. (小修/大修) Minor revision/Major revision 一般而言,修改后接受的可能性很大。但一定要细心地逐条回答每一个审稿人的每一个问题,态度要谦逊,能修改的就修改,不能修改的给出理由。论文中的相应修改可以采用修订模式或用不同颜色标注。

二、审稿

审稿是编辑人员的一种职能，编辑人员对作者创作的文字、图片等材料为对象所进行的判断、鉴定和评价工作，由审读、写审读报告两部分组成，是决定学术论文质量的重要步骤。学术论文的审稿，通常采用编辑初审、同行专家审稿、期刊主编终审三级审稿制度。

（一）编辑初审

期刊编辑对稿件的学术水平、质量的判断和把控，具体体现在其对整个审稿过程的控制中，包括对来稿的初审、选择合适的审稿专家、给主编终审提供相应的信息。

期刊编辑对文稿进行综合评估，主要是从文稿的文章逻辑、内容结构、数据分析及语言等方面进行评估，具体如下，由此确定送审或是退稿，并拟定退稿意见。

1. 仔细评估全文，检查文章重点、研究价值是否突出。
2. 检查逻辑脉络（包括前言立意、结果展示、结论分析）。
3. 检查段落结构及内容是否充分完整。
4. 检查语言是否符合期刊要求。
5. 使用期刊反抄袭软件，提供详细的查重报告。

（二）同行专家审稿

随着学科分类越来越细，选题、学术问题等不断出新，因此需要从事相关领域的专家来为稿件的质量、学术价值把关，这也是专家审稿的主要目的。

同行评审制度能够更广泛地借助众多领域专家、学者的聪明才智，弥补编辑部有限人员知识面相对有限的缺点，最大限度地避免失误，从而极大地提升学术期刊的质量。任何学术期刊的专职人员都是有限的，而这有限的人员要做到知晓每个学科的知识和发展前沿是极有难度的。因此，要保证学术期刊的学术质量和水平，就必须邀请相应专业领域的专家，依靠他们对学术论文的科学性、先进性、实用性和真实性作出客观评价，编辑以此为根据，充分弥补自身难以克服的缺陷。建立同行评审制度，借助各领域专家学者的智慧，对于提升学术期刊的质量具有十分重要的意义。

审稿专家从稿件是否有新意、学术价值、刊用价值等方面来审稿，侧重于稿件内容的学术性。审稿专家将全面评估论文质量，提供论文质量评估报告，详细告知作者如何提升论文质量。专家审稿任务：①填写评分表。②给出对文章的总体意见，简要描述论文的研究内容和意义，并作出评价。对于文章比较好的部分，要给予肯定。③针对文章中的内容和结果，指出其具体的不足之处。对于文章某一处的具体意见，一般需要在文章上直接标注出来，最后是要给编辑邮寄回一份有标注意见的文章。文章的不足之处有三种层次：第一，论文结果不正确或有重大失误；第二，论文缺乏重要的结果；第三，论文的结果不够完善。④最后，给出综合评价：接受、修改还是退稿。

在根据专家意见对稿件进行退修处理后，编辑应对作者修改稿进行认真检查，确认作者是否已对文中存在的问题进行了修正、补充或给出相应解释，尤其是对于专家所提的“疑问型”意见，更要仔细检查是否有相应解释或说明。若已完成，则将稿件提请专家复审或编委审核；若未完成，则应要求作者进行二次修改，直至所有问题得到解决。如果作者就审稿意见提出疑问，编辑则应及时与专家沟通并进行信息反馈。在此基础上，确保专家所提意见都能落到实处，以提高论文的学术水平和表达质量。

（三）期刊主编终审

一般来说，只有主编、编审（副编审）才具备终审权。实际工作中，主编的终审离不开编辑的前期工作和协助。编辑只有将与稿件相关的作者信息、稿件背景、各栏目组稿情况等信息告知主编，主编才能作出相对客观、科学的判断。

审稿专家对稿件的处理结论主要包括修改后录用、修改后再审、改投他刊和退稿 4 大类，但主编不能仅依靠处理结论即对稿件作出处理，还应仔细分析具体的审稿意见；而且在实际工作中，还会经常出现 2 位专家意见不一致(甚至相左)、意见不具体等问题。一般而言,审稿专家从专业角度指出稿件中存在的科学性或逻辑性方面的不足和错误,或提出质疑,并给出具体的改进意见(例如建议作者突破现有理论分析的局限性、补充仿真对比结果使结论更具说服力,甚至包括对语言文字组织的修改建议等),使作者在修改稿件时有的放矢,从而弥补缺陷,使文章更趋完善。因此,审稿意见具有良好的针对性,能为作者的后续研究工作提供一定的指导意义。

(四) 审稿反馈示例

Dear Dr**(作者名),

Your manuscript entitled "**(论文名)" which you submitted to**(期刊名) has been reviewed.The reviewer comments are included at the bottom of this letter.

The reviewer(s) would like to see some revisions made to your manuscript before the next re-evaluation step.Therefore, I invite you to respond to the reviewer(s)'comments and revise your manuscript.This second evaluation step does not necessarily implicate that your manuscript will be finally accepted.

When you revise your manuscript PLEASE HIGHLIGHT THE CHANGES YOU MAKE in the manuscript by using the track changes mode in MS Word or by using bold or colored text.You will have 21 days to complete these revisions, unless you request an extension.When you respond to the reviewers critiques, ensure that you respond both in your point by point Response to Reviewers Comments document, and the manuscript itself.Failure to adequately respond to critiques is likely to result in the rejection of your manuscript.

To submit the revision, log into https://**(网址) and enter your Author Center, where you will find your manuscript title listed under "Manuscripts with Decisions." Under "Actions," click on "Create a Revision." Your manuscript number has been appended to denote a revision.Please enter your responses to the comments made by the reviewer(s) in the space provided.You can use this space to document any changes you made to the original manuscript.Please be as specific as possible in your response to the reviewer(s).

Respond point-by-point to reviewers'each comment and suggestion, indicating how the manuscript was edited and where the edits were made.

IMPORTANT: Your original files are available to you when you upload your revised manuscript.Please delete any redundant files before completing the submission.

Because we are trying to facilitate timely publication of manuscripts submitted to**(期刊名), your revised manuscript should be uploaded as soon as possible.If it is not possible for you to submit your revision in a reasonable amount of time, we may have to consider your paper as a new submission.

Once again, thank you for submitting your manuscript to **(期刊名)and I look forward to receiving your revision.

Sincerely,

**(编辑名)

Editor in Chief, **(期刊名)

Peer Reviewer(s)'Comments to Author:

Comments to the Author(Major and Minor comments):

General comments:

The manuscript "**(论文名)" is very interesting since it covers optimization steps of the PVPA model and addresses mechanisms in evaluation of the penetration enhancing effect and mechanism.The described higher barrier function could be useful for the evaluation of the penetration enhancing effect and mechanism. The manuscript might be useful for the drug development-and cosmetic industry.However, there are some points that could be addressed in order to make the manuscript stronger.

The heading "Development of phospholipid vesicle-based permeation assay models capable of evaluating percutaneous penetration enhancing effect." Are the methods actually involving the percutaneous penetration enhancing effect?Or rather dealing with a penetration potential based on resistance measurements and permeability results from in vitro experiments expressed by a ratio?

Figures supplied in the manuscript have very low resolution and nearly impossible to review.

There are some misprints and spelling errors.Example:PAVA on page 12 and some punctuation errors.

Inconsistent reference use.Example:page 14, line 34.

The abbreviations are used inconsistent.

Introduction

The introduction is clear and presents relevant background, but could include other potential models in the field.

The use of the terms penetration enhancers in some parts and permeation enhancer in others seems slightly inconsistent.

Materials and methods

The methods presented in the manuscript seem to have been published before but somewhat modified; yet only parts are sited in the methods.The preparation of the PVPA for skin has been published earlier.

Page 13/15 and line 4 in Page 16, more details around state/linear part of the curve measurements could be beneficial.

The use of LASM on page 13 and 17 seems inconsistent in the context but not wrong.Maybe LASM should be in the abbreviation list ?

Reasons for choosing the active compounds in the manuscript are well explained, but more substances could be beneficial.The logD values could be included in Table 3 since they might be more suitable to present in correlation to your experimental setup and chosen pH.

Results

Should the heading be results and discussion?

Page 17 :

Electrical resistance values can often be used to get an indication on the barrier properties of the skin model.However, electrical resistance alone should not be the determining factor for barrier function.Resistance measurements are more appropriate to be used for consistency investigations and batch-to-batch control.The manuscript is missing the Papp value under evaluation of the barrier function of the optimized PVPA models, especially in comparison with the already published PVPA skin model.

Adding more cholesterol in liposomes can give higher barrier function.However the permeability results presented in this manuscript with claimed higher barrier function is not presented in a clear manner. On the contrary, it could actually be decreased.Any effect on permeation could also be due to the choice of formulation.Therefore, the active components in PB solution for control purposes could be useful for comparison and discussing the effect.

从该邮件可以看出，审稿意见一般有一个整体的评价，然后会逐条对文中的问题进行点评和提问，最终作者根据意见进行逐条回复并修改。

三、退稿

一般有以下退稿原因，这也是作者在论文准备阶段需要注意的事项：

1. 研究领域不属于期刊的范围，一般初审就会被编辑拒稿，例如很多 SCI 期刊都不接受涉及中药复杂成分研究的论文。

2. 研究论文格式没有遵循期刊规定的投稿指南格式，或者存在写作语言问题(往往是英文写作不够规范，存在很多语法错误)。

3. 论文与已发表的研究论文相比缺乏创新性，属于重复别人的研究结果，这种情况往往通过网络查重即可发现。

4. 论文的研究内容不够前沿，例如脂质体已经发展到第四代，如果研究对象还是一代脂质体，很可能被退稿。

5. 实验研究方法存在问题，影响了结果的可信度，例如动物造模方法存在问题。

6. 伦理学存在问题，这一点往往容易被国内的研究人员所忽视，例如动物取血量过大，很可能直接就被退稿。

7. 缺乏统计分析或者统计方法不合理。

8. 论点不明确、无效或不合逻辑。

必须指出的是，论文退稿并不是最坏结果，可以根据退稿意见修改后重新选择期刊投稿，切不可为了论文发表，而涉及学术不端，例如一稿多投或论文抄袭。

四、退修

(一) 论文退修过程

1. 定时查看邮箱　登录网上投稿系统关注稿件状态，稿件投稿后，一般 1~2 周会进入审稿状态，2~3 个月会返回审稿意见等。如果投稿后 2 周内即被退稿，说明是编辑初审拒稿，通常会涉及退稿原因的 1~3 项，这时需要修改后再次投稿其他期刊。

2. 退稿分析和重投　如果遭到期刊退稿，分析期刊拒稿的原因，找出解决方案，重新准备投稿其他 SCI 期刊，按照新选定期刊的要求修改论文后再次投稿。

3. 论文修改　从文章逻辑、内容结构、数据分析等对文章进行深度修改。准确体现作者的学术思想，写作意图；突出文章重点、研究价值。逻辑调整(包括前言立意、结果展示、结论分析)，使整体布局合理、流畅。补充及修改不完善段落，力求内容充分而不累赘。

4. 中英文翻译润色　同学科领域的英文母语编辑不仅考察论文的语言问题，而且就整体逻辑结构和表达流畅性提出建议，避免因语言问题而被拒稿。正确充分阐述观点，确保语言质量达到 SCI 国际期刊发表的要求。

5. 回复审稿意见　如果不是退稿而是退修，则编辑会把审稿人(一般为 1~3 位，大多是 2 位)的意见返回给作者，要求作者逐条回复并对论文进行相应修改。建议逐条回复采用一问一答形式，先标出审稿人的问题，然后逐一回答(并标注出修订内容在论文中的位置)，这样一目了然。如：

reviewer 1

question 1... × × ....

answer：.........(Line × × ，page × ×)

question... × × ....

answer：.........(Line × × ，page × × ，)

对于审稿人的问题不认同的，要注意回答的语气，提出证据(如新的参考文献)加以解释(注意不是反驳)。

6. 撰写回复信　如投稿时提交 cover letter 一样，退修时一般也要写回复信给编辑，说明已经逐条答复和修改，并恳请编辑充分考虑该论文，有问题及时联系作者。示例如下：

Dear**(编辑名字)，

I am pleased to answer the questions of the reviewers'and the manuscript(Manuscript number**) has also been extensively revised according to the comments(resubmitted online).I would be very grateful if you could let me know the results of your evaluation of the revised manuscript as soon as possible.

I am looking forward to hearing from you again.

Thanks for your time and consideration.

Best wishes,

Sincerely yours,

**(作者名字)

7. 稿件被接受　编辑会给作者发接受信,示例如下:

Dear Dr.**(作者名),

I am pleased to confirm that your paper "**(论文名)" has been accepted for publication in**(期刊名).

When your paper is published on ScienceDirect, you want to make sure it gets the attention it deserves. To help you get your message across, Elsevier has developed a new, free service called AudioSlides: brief, webcast-style presentations that are shown (publicly available) next to your published article. This format gives you the opportunity to explain your research in your own words and attract interest. You will receive an invitation e-mail to create an AudioSlides presentation shortly. For more information and examples, please visit http://www.elsevier.com/audioslides.

Thank you for submitting your work to this journal.

With kind regards,

**(编辑名), Ph.D.

Editor-in-Chief

**(期刊名)

(二) 论文退修举例

本节药学 SCI 论文回复审稿意见的实例来源于 XU R, MAO F, ZHAO Y, et al. UPLC Quantitative Analysis of Multi-Components by Single Marker and Quality Evaluation of Polygala Tenuifolia Wild. Extracts. [J]. Molecules, 2017, 22(12): 2276.

例 1. The reviewer's comment: Elements of scientific novelty should be presented in a more detailed and convincing manner (in the last paragraph of the Introduction).

答 1. The authors' answer: We sincerely accept the good comments. We have reviewed the last paragraph of the Introduction as follows:

The clinical efficacy of *P. tenuifolia* depends on the joint actions of multiple effective constituents, and its quality control is characteristic of integrity and diversity, so one or three single indicators cannot reflect its quality well. SDMC is a more scientific and reasonable approach than determining a single indicator by ESM. However, this strategy needs many expensive standard substances and a lot of time, thereby limiting its application. QAMS is able to simultaneously determine the concentrations of multi-components by UPLC, and only requires a single reference standard, which significantly reduces the cost and detection time of the experiment. Therefore, the present study (1) established a simple, economic, and accessible UPLC-QAMS method base on nine components for the quality evaluation of *P. tenuifolia*.; (2) assessed the applicability and feasibility of the methodology by the angle cosine value between QAMS and ESM; and (3) evaluated the quality of 23 batches of *P. tenuifolia* extracts by UPLC-QAMS combined with hierarchical cluster analysis, radar plot analysis, and discriminant analysis.

例 2. The reviewer's comment: I suggest that a diagram presenting the steps of the procedure used in the study be added to the EXPERIMENTAL section. It would help understand the details of the analytical protocol better, and allow the written description of the procedure to be shortened.

答 2. The authors' answer: Thanks very much for the reviewer's good suggestion. We have added a diagram in the experimental section as follows：

3.2.Experimental design

An accessible UPLC-QAMS method was established for quality evaluation of *P.tenuifolia*.First, UPLC fingerprints were performed to separate the index compositions from *P.tenuifolia* extracts.Second, the method validation was performed to investigate the precision stability repeatability recovery, and so on.Third, the RCFs were calculated with a series of injection volumes of the indicators, and the robustness of RCFs were validated under different UPLC instruments, columns, column temperatures, and flow rates of the mobile phase.Fourth, the applicability and feasibility of the methodology was assessed based on the angle cosine value between QAMS and ESM.Fifth the expanded uncertainty was measured to valid the reliability of result.Lastly, on the basis of the concentrations of the nine components, HCA, radar plot analysis, and DA were conducted to classify 23 batches of *P.tenuifolia* with different qualities (Figure 4-3).

例 3. The reviewer's comment：Innovative potential of the results obtained should be explained in detail (CONCLUSIONS).

答 3. The authors' answer：Thank you very much for the good comments.We have reviewed the CONCLUSIONS as follows：

In this study, QAMS was developed for the simultaneous quantitative analysis of nine components in 23 batches of *P.tenuifolia* by UPLC.DISS was chosen as the internal reference substance.The RCFs between DISS and the other eight components were investigated for QAMS calculation under different instruments, columns, column temperatures, and flow rates of the mobile phase.For comparison, the concentrations of the nine components were also determined by a conventional ESM.Finally, the angle cosine value was calculated, and the results revealed that no significant difference existed between the newly established QAMS method and traditional ESM.*P.tenuifolia*'s main traditional efficacy is to tranquilize the mind and promote the intelligence, which is mainly related to oligosaccharide esters in *P.tenuifolia*.Seven oligosaccharides concentrations were determined simultaneously in this experiment by QAMS-UPLC, which reflected more information than only one oligosaccharide ester (DISS) determined in Chinese Pharmacopoeia.Xanthones are the anti-inflammatory constituents of *P.tenuifolia*.Two xanthones were measured in this study, one of them is only required to test in Chinese Pharmacopoeia.Saponins are considered important active ingredients of expectorants in *P.tenuifolia*.However, compared to oligosaccharide esters and xanthones, which are extracted with alcohol and detected in 320nm, the extraction (alkaline hydrolysis) and determination (in 210 nm) of saponins were significantly different.Therefore, the saponins were not measured in this experiment.On the other hand, the QAMS-UPLC measurement took only 26.38 minutes in this study, and saved about 40 minutes compared with the general HPLC fingerprinting study (70 min).Meanwhile, only one single reference substance was used in this experiment, which greatly reduced the cost of testing and was easily used for the scientific research and supervised application.However ESM required multiple reference standards and analyzed only one component every time.This study improved the quality standard by establishing UPLC-QAMS, which is useful for providing an efficient and feasible quality assessment of *P.tenuifolia*. QAMS combined with HCA, radar plot, and DA is a potential method that can comprehensively and effectively estimate the quality of *P.tenuifolia* and have promising wide applications in the quality control of *P.tenuifolia*.

例 4. The reviewer's comment：Application of proper quality assurance/quality control (QA/QC) procedures is vital for the measurement results to be treated as a source of reliable analytical information.Consequently, I suggest that a separate section devoted to QA/QC be added to the manuscript.

Special attention should be paid to:

-description of the validation procedure for the applied/proposed analytical protocol,

-information on metrological characteristics of the analytical procedure, especially Method Quantitation Limit (MQL) values for the entire procedure (from handling of representative samples to statistical and chemometric evaluation of the data sets obtained), and not only for the analytical techniques used during the analysis of the extracts.

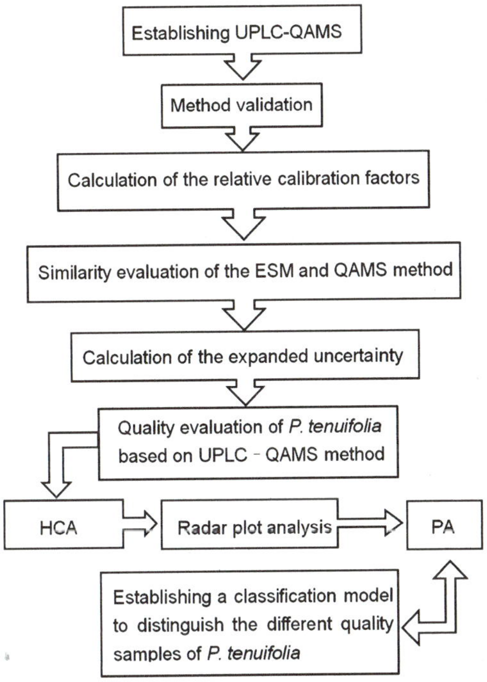

Figure 4-3.The design diagram of the experiment

图 4-3 实验设计图

答 4.The authors' answer: Thanks very much for the reviewer' comments. We sincerely accept the good suggestion.

We have added a separate section "2.1.The establishment of analytical protocol" (in line 92 of the page 3) for QA/QC including MDL, MQL (in lines 116 to 122 of the page 4, and Table 1) in the manuscript.

We have added the "2.1.1.Blank control" (in lines 93 to 97 of the page 3).

And we have also added the "Intermediate precision" (in lines 131 to 132 of the page 5, and Table 2) and "3.8.Evaluation and calculation of expanded uncertainty" (in lines 346 to 359 of the pages 15).

例 5.The reviewer's comment: I suggest that the protocol described in Journal of Chromatography A (1217, 882-891, 2010) entitled "Estimating uncertainty in analytical procedures based on chromatographic techniques" can be used for evaluation and calculation of expanded uncertainty of results obtained when the procedure described in this manuscript is applied.

答 5. The authors' answer: Thanks for the the good suggestion. We have carefully study this paper "Estimating uncertainty in analytical procedures based on chromatographic techniques" and other 12 papers, and we have evaluated and calculated of expanded uncertainty of results obtained, please review "*3.8.Evaluation and calculation of expanded uncertainty*" (in lines 346 to 359 of the pages 15) and "Table 3.The concentrations of nine components of *P.tenuifolia* by the ESM and QAMS method (mg/g, *n*=3)" (in line 182 of the page 8).

例 6. The reviewer's comment: A much deeper literature review is needed. An important number of both review and original papers have been published recently, but are not mentioned.

答 6. The authors' answer: Thanks very much for reviewer's good guidance. We have searched and read recent literature, and there were many review and original papers published recently. However, much information of these studies were similar to those in our manuscript. To avoid repetition and emphasize the key point of our study, we have added seven references. But these papers really contributed a lot to improve the quality of our manuscript.

例 7. The reviewer's comment: You should add an abbreviation list with explanation (QAMS, ESM). QAMS is also the abbreviation for "quality assurance managing system".

答 7. The authors' answer: Thanks very much for the good advice. We have added an abbreviation list in this manuscript (The following abbreviations are used in this manuscript. In line 419 of the page 16). Thanks again for reviewer's suggestion.

例 8. The reviewer's comment: This sentence needs to be clarified (the wording could be improved): "Quality control of TCM has determined only one single indicator, which [...]".

答 8. The authors' answer: Thank you very much for your good comments. We have revised the unclear sentences as follows: "Quality control of TCM has depended on only one single indicator, which cannot reflect its pleiotropy and integrity."

例 9. The reviewer's comment: 2 pm, 2μm and tenuifolioside ≠ tenuifoliside.

答 9. The authors' answer: We sincerely accept the good comments. We are sorry for our spelling mistake. We have corrected them in the manuscript.

例 10. The reviewer's comments: As mentioned in line 67, saponins contribute to the overall bioactivity of *P.tenuifolia* extracts. Saponins are not investigated in this study. In the ideal case, this bioactive substance class should be taken into consideration when evaluating the quality of this TCM plant.

This fact, however, does not minimize the work presented here but you should at least comment that.

答 10. The authors' answer: Thank you very much for the good comments. We sincerely accept the very good suggestion. *P.tenuifolia*'s main traditional efficacy is to tranquilize the mind and promote the intelligence, which is mainly related to oligosaccharide esters in *P.tenuifolia*. Seven oligosaccharides concentrations were determined simultaneously in this experiment by UPLC-QAMS, which reflected more information than only one oligosaccharide ester (DISS) determined in Chinese Pharmacopoeia. Xanthones are the anti-inflammatory constituents of *P.tenuifolia*. Two xanthones were measured in this study, one of them is only required to test in Chinese Pharmacopoeia. Saponins are considered important active ingredients of expectorants in *P.tenuifolia*. However, compared to oligosaccharide esters and xanthones, which are extracted with alcohol and detected in 320nm, the extraction (alkaline hydrolysis) and determination (in 210 nm) of saponins are significantly different. Therefore, the saponins were not measured in this experiment.

We have explained the reasons that saponins were not investigated in this manuscript "4. Conclusions".

五、注意事项

(一) 论文投稿注意事项

1. 慎重选择期刊 原则上是先投高影响因子的杂志，如被退稿，再选择影响因子低一点的期刊投稿。但是每改投一种杂志，仅改变格式可能就需要很长时间，因此撰写时多采用文献管理软件，如 EndNote。为此，应该结合专业知识等来综合选择投稿的 SCI 期刊，然后再进入该期刊文章查询系统，查询近年来发表的文章情况，看是否发表与拟投稿论文研究范围相近的论文，同时也要对拟投稿期刊所发表的论文类型（如全文、报道、综述等）有所了解。

2. 发表费　大部分 SCI 期刊不收发表费（版面费），也没有稿费，但对于某些期刊尤其是 open access 期刊而言，要收取较高的发表费（以美元、欧元等外币形式收取，一般折合成人民币一万元以上），有些著名的出版商如 Nature 收费更高。此外，有些期刊对彩图要收取额外的版面费用。

3. 遵循期刊指南　确保论文符合期刊指南中的所有强制性要求，并遵循格式规则，这一点也是衡量一位科研工作者的严谨程度，否则很可能被编辑在初审阶段退稿。

4. 同行评审信息　同行评审非常重要，投稿人需要提前了解该期刊提供的同行评审是否符合你的需求，比如同行评审类型等。

5. 正确选择必须推荐的审稿人　可以选择同行中比较熟悉的专家担任，如果对文章的创新性十分自信，也可以从参考文献中挑选本领域的专家。

6. 遵守学术道德　不能一稿两投，在信息化高度发达的今天，很容易能够查到一稿两投的情况。学术论文应避免捏造或篡改数据、剽窃、“重复发表”（或“切香肠式”发表）及署名不端等行为，很多期刊甚至会作特别的道德声明，投稿人应尤其注意。

（二）论文的网络发表

为了提高论文被引用的概率，在论文校样阶段，就有可能被网络发表，此时可以在 Elsevier 等数据库检索到该论文并下载全文，论文采用的是未排版的格式或排版的格式，有 doi 号，显示 epub ahead of print。网络发表的论文也可以被引用，一般再过几个月，该论文检索时会出现卷、期、页码，这时才是纸质刊发表。必须注意的是，某些网络期刊，本身没有纸质刊，所以发表只有网络版，例如 PLosONE。如果同时涉及专利申请的论文需要注意，在专利申请之前一旦网络发表，尽管不是在纸质刊物上发表，也可能无法再申请专利。

第四节　药学 SCI 论文实例

一、实例 1

CHEN J，LU S S，GU W，et al.Characterization of 9-nitrocamptothecin-in-cyclodextrin-in-liposomes modified with transferrin for the treating of tumor[J].International Journal of Pharmaceutics.2015，490(1-2)：219-228.

药学 SCI 论文实例 1 首页面的书写格式，如图 4-4（a）所示；实例 1 的最后两面，如图 4-4（b）（c）所示。

二、实例 2

CHEN J，YAO J H，MA Z Y，et al.Delivery of fluorescent-labeled cyclodextrin by liposomes：role of transferrin modification and phosphatidylcholine composition [J].Journal of Liposome Research，2017，27(1)：21-31.

药学 SCI 论文实例 2 的首页面，如图 4-5（a）所示；实例 2 的最后两面，如图 4-5（b）（c）所示。

International Journal of Pharmaceutics 490 (2015) 219–228

Contents lists available at ScienceDirect

International Journal of Pharmaceutics

journal homepage: www.elsevier.com/locate/ijpharm

Characterization of 9-nitrocamptothecin-in-cyclodextrin-in-liposomes modified with transferrin for the treating of tumor

Jun Chen[a,*,1], Shanshan Lu[a,1], Wei Gu[a], Pei Peng[b], Jie Dong[a], Fei Xu[a], Xueqin Yang[b], Zheyun Xiong[b], Xixiong Yang[b,**]

[a] *Pharmaceutical Research Laboratory, School of Pharmacy, Nanjing University of Chinese Medicine, Nanjing 210023, China*
[b] *Hubei Collaborative Innovation Center of Targeted Antitumor Drug, Jingchu University of Technology, Jingmen 448000, China*

ARTICLE INFO

Article history:
Received 17 January 2015
Received in revised form 3 May 2015
Accepted 17 May 2015
Available online 21 May 2015

Pubchem classification:
9-Nitrocamptothecin (CID: 472335)
Coumarin-6 (CID: 100334)

Keywords:
9-Nitrocamptothecin
Liposomes
Cyclodextrin
Antitumor efficacy
Transferrin modification
Stability

ABSTRACT

Encapsulation of hydrophobic drugs in the form of drug-cyclodextrin (CD) complex in liposomes has been applied as a novel strategy to combine the relative advantages of CDs and liposomes into one system, naming drug-in-CD-in-liposome (DCL). In the present study, soluble 9-NC/hydroxypropyl-β-cyclodextrin (HP-β-CD) inclusion complexes were prepared using the freeze-drying technique. Then 9-NC inclusion complexes were further encapsulated into liposomes by ethanol injection method and transferrin (Tf) was conjugated to the surface of 9-NC DCL to obtain Tf modified 9-NC DCL (Tf-9-NC-CL). Compared to PEGylated 9-NC DCL (P-9-NC-CL), the lactone stability and vesicle stability of Tf-9-NC-CL were significantly increased. Both 9-NC and HP-β-CD were found to release from the DCL and Tf modification resulted in reduced release of them. The enhanced targeting efficiency of the Tf-modified liposomes was demonstrated by flow cytometry and confocal microscopy. *In vivo* pharmacokinetics in rats showed improved lactone stability of 9-NC following intravenous injection of Tf-9-NC-CL. The cytotoxicity of Tf-9-NC-CL against tumor cells and normal cells was investigated *in vitro* and the antitumor efficacy was evaluated in S180 tumor-bearing mice *in vivo*. Compared with free 9-NC, 9-NC inclusion complexes and P-9-NC-CL, Tf-9-NC-CL demonstrated the strongest cytotoxicity to tumor cells. And the inhibitory rate of tumor (IRT) values were determined to be 43.08%, 56.92%, 67.69% and 80.00% for 9-NC solution, inclusion complexes, P-9-NC-CL and Tf-9-NC-CL, respectively. In conclusion, Tf modification can be useful in increasing vesicle stability, targeting drug delivery efficiency and antitumor efficacy of DCL containing hydrophobic antitumor drugs, such as 9-NC.

1. Introduction

To be pharmacologically active, all drugs must have some degree of water solubility. However, most clinically effective drugs, especially antitumor drugs, are hydrophobic. The water solubility of these drugs must be improved for intravenous administration.

Cyclodextrins (CDs) are a group of structurally related natural products formed during bacterial digestion of starch. The natural α-, β-, and γ-CDs consist of six, seven, and eight glucopyranose units, respectively. In order to further increase their aqueous solubility, some chemical modifications have been applied to obtain commercially available CD derivatives with better water

Abbreviations: BCA, bicinchoninic acid; CD, cyclodextrin; CPT, camptothecin; DCL, drug-in-cyclodextrin-in- liposome; DSPC, 1,2-distearoyl-*sn*-glycero-3-phosphatidylcholine; DSPE-PEG_{2000}, 1,2-distearoyl-*sn*-glycero-3-phosphoethanolamine-*N*-(carbonyl-methoxypolyethyleneglycol-2000); DSPE-PEG_{2000}-COOH, 1,2-distearoyl-*sn*-glycero-3-phosphoethanolamine-*N*-[carboxy(polyethyleneglycol)-2000] (ammonium salt); EDC, *N*-(3-dimethylaminopropyl)-*N'*-ethylcarbodiimide hydrochloride; EE, entrapment efficiency; EPR, enhanced permeation and retention; HP-β-CD, hydroxypropy-β-cyclodextrin; HSPC, hydrogenated soy phosphatidylcholine; IRT, inhibitory rate of tumor; MPS, mononuclear phagocyte system; MTT, 3-(4,5-dimethylthiazol-2-yl)-2,5-diphenylterazolium bromide; 9-NC, 9-nitrocamptothecin; NHS, *N*-hydroxysuccinimide; P-9-NC-CL, PEGylated drug-in-cyclodextrin-in-liposome containing 9-nitrocamptothecin; PBS, phosphate buffer solutions; PC, phosphatidylcholine; PEG, poly-(ethylene glycol); P-C-L, PEGylated coumarin-6 liposome; PDI, polydispersityindex; PL, phospholipids; FITC-HP-β-CD, fluorescein isothiocyanate labeled hydroxypropy-β-cyclodextrin; SPC, soy phosphatidylcholine; Tf, transferrin; Tf-9-NC-L, transferrin modified drug-in-cyclodextrin-in-liposome containing 9-nitrocamptothecin; Tf-C-L, coumarin-6 liposome modified with transferrin; TfR, transferrin receptor.

* Corresponding author. Tel.: +86 25 85811050; fax: +86 25 85811050.
** Corresponding author. Tel.: +86 724 2355813; fax: +86 724 2355813.
E-mail addresses: chenjun75@163.com (J. Chen), yxixiong@163.com (X. Yang).

[1] Jun Chen and Shan-shan Lu contributed equally to the project and are considered to be co-first authors.

http://dx.doi.org/10.1016/j.ijpharm.2015.05.047

(a)首页面

Table 3
The change of the mice body weight and the inhibitory rate of tumor (IRT) with different 9-NC formulations against S180 tumor in mice ($n = 8$).

Formulations	Dose (mg/kg)	Body weight change (%)	Tumor weight (g)	IRT (%)
Normal saline	–	13.56 ± 6.77	0.65 ± 0.33	–
Cisplatin	2	-37.34 ± 6.86^{c}	0.20 ± 0.16^{c}	69.23
9-NC solution	2	-7.29 ± 13.17^{b}	0.37 ± 0.17^{b}	43.08
9-NC inclusion complexes	2	4.00 ± 10.54^{a}	0.28 ± 0.14^{b}	56.92
P-9-NC-CL	2	4.31 ± 8.93^{a}	0.21 ± 0.11^{c}	67.69
Tf-9-NC-CL	2	5.61 ± 7.81^{a}	0.13 ± 0.10^{c}	80.00

Notes: Tf-9-NC-CL = 9-NC-in-HP-β-CD-in-liposome modified with Tf; P-9-NC-CL = PEGylated 9-NC-in-HP-β-CD-in-liposome. Body weight change (%) = (final body weight – initial body weight)/initial body weight × 100%. Compared with normal saline group by *T*-test, $^{a}P < 0.05$, $^{b}P < 0.01$, $^{c}P < 0.001$.

3.8. *In vivo* anti-tumor efficacy

The IRT of the different 9-NC formulations against S180 solid tumor in mice is shown in Table 3. The negative control group injected with normal saline induced the average weight of 0.65 ± 0.33 g. For mice treated with cisplatin injection, 9-NC solution, 9-NC inclusion complexes, P-9-NC-CL and Tf-9-NC-CL, the tumor suppression was obvious with the IRT of 69.23%, 43.08%, 56.92%, 67.69% and 80.00%, respectively. These results thus show that Tf-9-NC-CL produces a higher antitumor efficacy in the S180 tumor-bearing mice model than other 9-NC formulations.

The change of body weight as a function of time in tumor-bearing animals was used as one of the marker of safety (Jiang et al., 2011). The mice injected with normal saline continued growing during the period of the experiment and showed a nearly 14% body weight increase. In contrast, cisplatin induced severe weight loss, which caused a remarkable loss greater than 37% of the original weight. But there was no severe body weight loss in the groups received 9-NC DCLs, which means slight systemic toxicity was found in P-9-NC-CL and Tf-9-NC-CL groups.

Encapsulation antitumor drug into DCL resulted in improved antitumor efficacy *in vivo* (Agashe et al., 2011). Following intravenous injection of different doxorubicin (DOX) formulations, DCL provided the inhibitory effect on the tumor growth more than DOX solution and liposome (Arima et al., 2006). And the AUC value of DOX in solid tumor up to 72 h in the DCL was higher, approximately 2.3 times compared to that of the DOX liposome. DCL elicited high retention of DOX in solid tumor in the tumor-bearing mice, leading to strong antitumor efficacy.

In the present paper, it has been demonstrated that DCL could enter tumor cells in the intact form and the Tf modification leads to the improved cellular uptake and antitumor effect.

4. Conclusion

Compared to PEGylated DCL, DCL containing 9-NC modified with Tf has been proved to increase lactone stability, prolong release, improve pharmacokinetics, increase cellular uptake and enhance antitumor efficacy of 9-NC, a potent CPT analogue. In addition to improve active targeting delivery, Tf modification could also increase the negative potential and the bilayer thickness of DCL, resulting in the improved lactone stability and vesicle stability. Thus, the development of DCL modified with Tf represents an important advance for the antitumor application of CPT analogues. Since, 9-NC could release from the DCL modified with Tf in the form of both inclusion complexes and free drug, the extent of intact Tf-9-NC-CL uptake by tumor cells in tumor site requires more detailed evaluation in future.

Acknowledgements

The authors acknowledge support for this work by the Key Project of Hubei Province Natural Fund (2012FFA083), the National Nature Science Foundation of China (No. 81303173, 81403116) and the Priority Academic Program Development of Jiangsu Higher Education Institutions.

Appendix A. Supplementary data

Supplementary data associated with this article can be found, in the online version, at http://dx.doi.org/10.1016/j.ijpharm.2015.05.047.

References

Agashe, H., Sahoo, K., Lagisetty, P., Awasthi, V., 2011. Cyclodextrin-mediated entrapment of curcuminoid 4-[3,5-bis(2-chlorobenzylidene-4-oxo-piperidine-1-yl)-4-oxo-2-butenoic acid] or CLEFMA in liposomes for treatment of xenograft lung tumor in rats. Colloids Surf. B: Biointerfaces 84, 329–337.

Arima, H., Hagiwara, Y., Hirayama, F., Uekama, K., 2006. Enhancement of antitumor effect of doxorubicin by its complexation with gamma-cycylodextrin in peylated liposomes. J. Drug Target. 14 (4), 225–232.

Beretta, G.L., Zunino, F., 2007. Relevance of extracellular and intracellular interactions of camptothecins as determinants of antitumor activity. Biochem. Pharmacol. 74 (10), 1437–1444.

Chen, J., Ping, Q.N., Guo, J.X., Chu, X.Z., Song, M.M., 2006. Effect of phospholipid composition on characterization of liposomes containing 9-nitrocamptothecin. Drug Dev. Ind. Pharm. 32 (6), 719–726.

Chen, J., Lin, A.H., Chen, Z.P., Wang, W., Zhang, T., Cai, H., Cai, B.C., 2010. Ammonium sulfate gradient loading of brucine into liposomes: effect of phospholipid composition on entrapment efficiency and physicochemical properties in vitro. Drug Dev. Ind. Pharm. 36 (3), 245–253.

Chen, J., Hu, R.R., Yang, X.X., Tian, R., Gu, W., Chen, Z.P., Cai, B.C., 2012. Relationship between lactone ratios of 9-nitrocamptothecin and their lactone/carboxylate equilibria in vitro and in vivo. Lat. Am. J. Pharm. 31, 990–998.

Chen, J., Hu, R.R., Yang, X.X., Gu, W., Tian, R., Gong, F., Luo, L., Fang, F., Chen, Z.P., Cai, B.C., 2013. Antitumor efficacy, toxicity and pharmacokinetics of 9-nitrocamptothecin: role of lactone ratio. Cancer Chemother. Pharmacol. 72, 925–929.

Chen, J., Lu, W.L., Gu, W., Lu, S.S., Chen, Z.P., Cai, B.C., Yang, X.X., 2014. Drug-in-cyclodextrin-in-liposomes: a promising delivery system for hydrophobic drugs. Expert. Opin. Drug Delivery 11 (4), 565–577.

Chen, H., Gao, J., Wang, F., Liang, W., 2007. Preparation, characterization and pharmacokinetics of liposomes-encapsulated cyclodextrins inclusion complexes for hydrophobic drugs. Drug Delivery 14 (4), 201–208.

Cheng, Y., Yu, S., Zhen, X., Wang, X., Wu, W., Jiang, X., 2012. Alginic acid nanoparticles prepared through counter ion complexation method as a drug delivery system. ACS Appl. Mater. Interfaces. 4 (10), 5325–5332.

Derakhshandeh, K., Soheili, M., Dadashzadeh, S., Saghir, R., 2010. Preparation and in vitro characterization of 9-nitrocamptothecin-loaded long circulating nanoparticles for delivery in cancer patients. Int. J. Nanomed. 5, 463–471.

Dhule, S.S., Penfornis, P., Frazier, T., Walker, R., Feldman, J., Tan, G., He, J., Alb, A., John, V., Pochampally, R., 2012. Curcumin-loaded-cyclodextrin liposomal nanoparticles as delivery vehicles for osteosarcoma. Nanomedicine 8, 440–451.

Dietrich, M.A., Zmijewski, D., Karol, H., Hejmej, A., Bilińska, B., Jurecka, P., Irnazarow, I., Słowińska, M., Hliwa, P., Ciereszko, A., 2010. Isolation and characterization of transferrin from common carp (*Cyprinus carpio* L.) seminal plasma. Fish Shellfish Immunol. 29 (1), 66–74.

Doi, A., Kawabata, S., Iida, K., Yokoyama, K., Kajimoto, Y., Kuroiwa, T., Shirakawa, T., Kirihata, M., Kasaoka, S., Maruyama, K., Kumada, H., Sakurai, Y., Masunaga, S., Ono, K., Miyatake, S., 2008. Tumor-specific targeting of sodium borocaptate (BSH) to malignant glioma by transferrin-PEG liposomes: a modality for boron neutron capture therapy. J. Neuro-Oncol. 87 (3), 287–294.

Fassberg, J., Stella, V.J., 1992. A kinetic and mechanistic study of the hydrolysis of camptothecin and some analogues. J. Pharm. Sci. 81 (7), 676–684.

Frank, D.W., Gray, J.E., Weaver, R.N., 1976. Cyclodextrin nephrosis in the rat. Am. J. Pathol. 83 (2), 367–382.

Gao, J., Ming, J., He, B., Fan, Y., Gu, Z., Zhang, X., 2003. Preparation and characterization of novel polymeric micelles for 9-nitro-20(S)-camptothecin delivery. Eur. J. Pharm. Sci. 34 (2–3), 85–93.

Giovanella, B.C., Stehlin, J.S., Hinz, H.R., Kozielski, A.J., Harris, N.J., Vardeman, D.M., 2002. Preclinical evaluation of the anticancer activity and toxicity of 9-nitro-20(s)-camptothecin (Rubitecan). Int. J. Oncol. 20 (1), 81–88.

Hertzberg, R.P., Caranfa, M.J., Holden, K.G., Jakas, D.R., Gallagher, G., Mattern, M.R., Mong, S.M., Bartus, J.O., Johnson, R.K., Kingsbury, W.D., 1989. Modification of the hydroxylactone ring of camptothecin: inhibition of mammalian topoisomerase I and biological activity. J. Med. Chem. 32 (3), 715–720.

Higuchi, T., Connors, K., 1965. Phase solubility techniques. Adv. Anal. Chem. Instrum. 4, 117–212.

（b）倒数第二页面

228 *J. Chen et al. / International Journal of Pharmaceutics 490 (2015) 219–228*

Hong, M., Zhu, S., Jiang, Y., Tang, G., Pei, Y., 2009. Efficient tumor targeting of hydroxycamptothecin loaded PEGylated niosomes modified with transferrin. J. Controlled Release 133 (2), 96–102.

Jiang, Y., Sha, X., Zhang, W., Fang, X., 2010. Complex of 9-nitrocamptothecin in hydroxypropyl-β-cyclodextrin: in vitro and in vivo evaluation. Int. J. Pharm. 397 (1–2), 116–121.

Jiang, Y., Jiang, X., Law, K., Chen, Y., Gu, J., Zhang, W., Xin, H., Sha, X., Fang, X., 2011. Enhanced anti-tumor effect of 9-nitrocamptothecin complexed by hydroxypropyl-β-cyclodextrin and safety evaluation. Int. J. Pharm. 415 (1–2), 252–258.

Joguparthi, V., Anderson, B.D., 2008. Effect of cyclodextrin complexation on the liposome permeability of a model hydrophobic weak acid. Pharm. Res. 25 (11), 2505–2515.

Lapenda, T.L.S., Morais, W.A., Almeida, F.J., Ferraz, M.S., Lira, M.C., Santos, N.P., Maciel, M.A., Santos-Magalhães, N.S., 2013. Encapsulation of trans-dehydrocrotonin in liposomes: an enhancement of the antitumor activity. J. Biomed. Nanotechnol. 9 (3), 499–510.

Li, X., Ding, L., Xu, Y., Wang, Y., Ping, Q., 2009. Targeted delivery of doxorubicin using stealth liposomes modified with transferrin. Int. J. Pharm. 373 (1–2), 116–123.

Lim, H.J., Cho, E.C., Shim, J., Kim, D.H., An, E.J., Kim, J., 2008. Polymer-associated liposomes as a novel delivery system for cyclodextrin-bound drugs. J. Colloid Interface Sci. 320 (2), 460–468.

Lu, J.L., Wang, J.C., Zhao, S.X., Liu, X.Y., Zhao, H., Zhang, X., Zhou, S.F., Zhang, Q., 2008. Self-microemulsifying drug delivery system (SMEDDS) improves anticancer effect of oral 9-nitrocamptothecin on human cancer xenografts in nude mice. Eur. J. Pharm. Biopharm. 69 (3), 899–907.

Lu, Y., Guo, T., Qi, J., Zhang, J., Wu, W., 2012. Enhanced dissolution and stability of lansoprazole by cyclodextrin inclusion complexation: preparation, characterization, and molecular modeling. AAPS Pharm. Sci. Tech. 13 (4), 1222–1229.

Luo, L.M., Huang, Y., Zhao, B.X., Zhao, X., Duan, Y., Du, R., Yu, K.F., Song, P., Zhao, Y., Zhang, X., Zhang, Q., 2013. Anti-tumor and anti-angiogenic effect of metronomic cyclic NGR-modified liposomes containing paclitaxel. Biomaterials 34 (4), 1102–1114.

Mendonça, E.A., Lira, M.C., Rabello, M.M., Cavalcanti, I.M., Galdino, S.L., Pitta, I.R., Lima, M.C., Pitta, M.G., Hernandes, M.Z., Santos-Magalhães, N.S., 2012. Enhanced antiproliferative activity of the new anticancer candidate LPSF/AC04 in cyclodextrin inclusion complexes encapsulated into liposomes. AAPS Pharm. Sci. Tech. 13 (4), 1355–1366.

McCormack, B., Gregoriadis, G., 1994. Entrapment of cyclodextrin-drug complexes into liposomes: potential advantages in drug delivery. J. Drug Target. 2 (5), 449–454.

McCormack, B., Gregoriadis, G., 1996. Comparative studies of the fate of free and liposome-entrapped hydroxypropyl-β-cyclodextrin/drug complexes after intravenous injection into rats: implications in drug delivery. Biochim. Biophys. Acta 1291 (3), 237–244.

Mi, Z., Burke, T.G., 1994. Differential interactions of camptothecin lactone and carboxylate forms with human blood components. Biochemistry 33 (34), 10325–10336.

Ohtani, Y., Irie, T., Uekama, K., Fukunaga, K., Pitha, J., 1989. Differential effects of alpha-, beta-, and gamma-cyclodextrins on human erythrocytes. Eur. J. Biochem. 186 (1–2), 17–22.

Ozdemir, N., Erkin, J., 2012. Enhancement of dissolution rate and bioavailability of sulfamethoxazole by complexation with beta-cyclodextrin. Drug Dev. Ind. Pharm. 38 (3), 331–340.

Papachristos, A., Pippa, N., Ioannidis, K., Sivolapenko, G., Demetzos, C., 2014. Liposomal forms of anticancer agents beyond anthracyclines: present and future perspectives. J. Liposome Res. 22, 1–8.

Piel, G., Piette, M., Barillaro, V., Castagne, D., Evrard, B., Dellattre, L., 2007. Study of the relationship between lipid binding properties of cyclodextrins and their effect on the integrity of liposomes. Int. J. Pharm. 338 (1–2), 35–42.

Rahman, S., Cao, S., Steadman, K.J., Wei, M., Parekh, H.S., 2012. Native and β-cyclodextrin-enclosed curcumin: entrapment within liposomes and their in vitro cytotoxicity in lung and colon cancer. Drug Delivery 19 (7), 346–353.

Sætern, A.M., Brandl, M., Bakkelund, W.H., Sveinbjørnsson, B., 2004. Cytotoxic effect of different camptothecin formulations on human colon carcinoma in vitro. Anti-cancer Drugs 15 (9), 899–906.

Stehlin, J.S., Giovanella, B.C., Natelson, E.A., Delpolyi, P.D., Coil, D., Davis, B., Wolk, D., Wallace, P., Trojacek, A., 1999. A study of 9-nitrocamptothecin (RFS-2000) in patients with advanced pancreatic cancer. Int. J. Oncol. 14 (5), 821–831.

Stewart, J.C., 1980. Colorimetric determination of phospholipids with ammonium ferrothiocyanate. Anal. Biochem. 104 (1), 10–14.

Venditto, V.J., Simanek, E.E., 2010. Cancer therapy utilizing the camptothecins: a review of the in vivo literature. Mol. Pharm. 7 (2), 307–349.

Wang, X., Deng, L., Cai, L., Zhang, X., Zheng, H., Deng, C., Duan, X., Zhao, X., Wei, Y., Chen, L., 2011. Preparation, characterization, pharmacokinetics, and bioactivity of honokiol-in-hydroxypropyl-β-cyclodextrin-in-liposome. J. Pharm. Sci. 100 (8), 3357–3364.

Wei, M., Xu, Y., Zou, Q., Tu, L., Tang, C., Xu, T., Deng, L., Wu, C., 2012. Hepatocellular carcinoma targeting effect of PEGylated liposomes modified with lactoferrin. Eur. J. Pharm. Sci. 46 (3), 131–141.

Yoon, D.J., Chu, D.S., Ng, C.W., Pham, E.A., Mason, A.B., Hudson, D.M., Smith, V.C., MacGillivray, R.T., Kamei, D.T., 2009. Genetically engineering transferrin to improve its in vitro ability to deliver cytotoxins. J. Controlled Release 133 (3), 178–184.

Yuan, M.Q., Zhu, F., Lou, J.Y., Yuan, W.M., Fu, L., Liu, S., Zhang, Z.Z., Liu, C.Y., He, Q., 2014. The anti-tumoral efficacy of a docetaxel-loaded liposomal drug delivery system modified with transferrin for ovarian cancer. Drug Res. 64, 195–202.

Zheng, S., Chang, S., Lu, J., Chen, Z., Xie, L., Nie, Y., He, B., Zou, S., Gu, Z., 2011. Characterization of 9-nitrocamptothecin liposomes: anticancer properties and mechanisms on hepatocellular carcinoma in vitro and in vivo. Plos One 6 (6), e21064.

Zhou, X., Yung, B., Huang, Y., Li, H., Hu, X., Xiang, G., Lee, R.J., 2012. Novel liposomal gefitinib (L-GEF) formulations. Anticancer Res. 32 (7), 2919–2923.

(c)最后页面

图 4-4 药学 SCI 论文实例 1

Journal of Liposome Research

http://informahealthcare.com/lpr
ISSN: 0898-2104 (print), 1532-2394 (electronic)

J Liposome Res, 2017; 27(1): 21–31
 DOI: 10.3109/08982104.2016.1140184

Taylor & Francis
Taylor & Francis Group

RESEARCH ARTICLE

Delivery of fluorescent-labeled cyclodextrin by liposomes: role of transferrin modification and phosphatidylcholine composition

Jun Chen[1,2], Junhong Yao[2], Zhuyue Ma[2], Pei Peng[1], Shanshan Lu[2], Yudong Hu[2], Fei Xu[2], Yang Yang[1], and Xixiong Yang[1]

[1]*Hubei Collaborative Innovation Center of Targeted Antitumor Drug, Jingchu University of Technology, Jingmen, China and* [2]*Pharmaceutical Research Laboratory, School of Pharmacy, Nanjing University of Chinese Medicine, Nanjing, China*

Abstract

Drug-in-CD-in-liposome (DCL) systems which encapsulate the drug/CD inclusion complexes into inner aqueous phase of liposomes have been applied as a novel strategy to improve efficacy of lipophilic antitumor drugs. The aim of this work was to assess the role of transferrin (Tf) modification and phosphatidylcholine (PC) composition on the properties of liposomes containing hydroxypropyl-β-cyclodextrin (HP-β-CD). Fluorescence dye, FITC, was conjugated with HP-β-CD to facilitate the analysis. The resulting FITC-HP-β-CD was further encapsulated into liposomes and then the liposomes were modified with Tf. The FITC-HP-β-CD-loaded liposomes with different PC compositions were compared in terms of particle size, zeta potential, FITC content, FITC-HP-β-CD leakage, phase transition temperature (T_m) and cellular uptake. The apparent partition coefficient values of different PCs were also determined. Compared to PEGylated liposomes, FITC-HP-β-CD-loaded liposomes modified with Tf had been proved to significantly increase vesicle stability and specific cellular uptake. Moreover, PC composition affected the properties of liposomes. Soybean phosphatidylcholine (SPC) liposomes modified with Tf were found to be more easily internalized into tumor cells than 1,2-dipalmitoyl-sn-glycero-3-phosphatidylcholine (DPPC) and hydrogenated soybean phosphatidylcholine (HSPC) while Tf density on the liposomal surface was similar. And the lipophilicity of SPC was found to be much higher than DPPC and HSPC. Collectively, by the optimization of PC composition, the development of DCL modified with Tf might represent a potential strategy for the antitumor application of lipophilic drugs.

Keywords

Cellular uptake, hydroxypropyl-β-cyclodextrin, liposomes, phosphatidylcholine, stability, transferrin modification

History

Received 7 October 2015
Revised 26 December 2015
Accepted 6 January 2016
Published online 8 February 2016

Introduction

The first closed bilayer phospholipid systems, called liposomes, were described in 1965 and soon were proposed as a biodegradable, low toxic and solubilized drug delivery system (Allen & Cullis, 2013). Liposomes are microscopic vesicles in which an aqueous volume is entirely enclosed by a membrane. They can encapsulate hydrophilic molecules in the aqueous core, whereas lipophilic drugs are entrapped in the lipid bilayer membrane. Many hundreds of drugs, including anticancer and antimicrobial agents, chelating agents, peptide hormones, enzymes, proteins, vaccines and genetic materials, have been incorporated into the aqueous or lipid phases of liposomes, with various sizes, compositions and other characteristics, to provide selective delivery to the target site for *in vivo* application (Chang & Yeh, 2012). Following intravenous administration, liposomes show improved pharmacokinetics and biodistribution of therapeutic agents and thus minimize toxicity by their accumulation at the target tissue (Qian et al., 2012; Yan et al., 2012). Since the first liposomal pharmaceutical product, Doxil, received FDA approval in 1995, liposomes have been widely applied as drug carriers in clinic. Until now, several important types of liposomes, such as PEGylated liposomes (Doxil and Lipodox), temperature sensitive liposomes (ThermoDox), cationic liposomes (EndoTAG1–1) and virosomes (Expal and Inflexal V) have been investigated for clinical use (Chang & Yeh, 2012).

Many of clinically effective drugs are hydrophobic. However, to be pharmacologically active, all drugs must possess some degree of water solubility, especially for intravenous administration. One well-known method to increase solubility of lipophilic drugs is by incorporation in liposomal lipid bilayer membranes. Lipophilic drugs can distribute at high percentages in lipid bilayers, increasing their solubility in aqueous media in the form of liposomal dispersions (Nii & Ishii, 2005). Such incorporation in liposomal membranes may also increase its stability and consequently its circulation period in the blood circulation

Address for correspondence: Prof. Jun Chen and Prof. Xixiong Yang, Hubei Collaborative Innovation Center of Targeted Antitumor Drug, Jingchu University of Technology, 33 Xiangshan Road, Jingmen 448000, China. Tel/Fax: +86 724 2355813. E-mail: chenjun75@163.com (J. Chen), yxixiong@163.com (X. Yang)

(a) 首页面

J Liposome Res, 2017; 27(1): 21–31

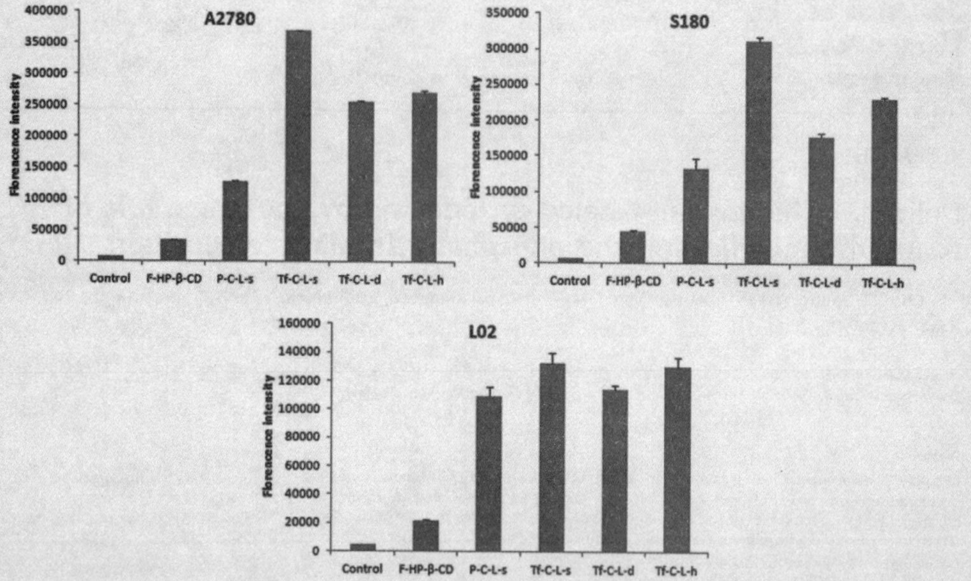

Figure 5. Intracellular FITC fluorescence intensity in A2780 cells (TfR+), S180 cells (TfR+) and L02 cells (TfR-) after incubated with Tf-conjugated liposomes with different PC composition ($n = 3$). P-C-L-s = PEGylated FITC-HP-β-CD-loaded SPC liposomes; Tf-C-L-s = FITC-HP-β-CD-loaded SPC liposomes modified with Tf; Tf-C-L-d = FITC-HP-β-CD-loaded DPPC liposomes modified with Tf; Tf-C-h = FITC-HP-β-CD-loaded HSPC liposomes modified with Tf.
$^*p < 0.05$, $^{***}p < 0.001$ versus P-C-L-s.
$^\#p < 0.05$, $^{\#\#\#}p < 0.001$ versus Tf-C-L-s.

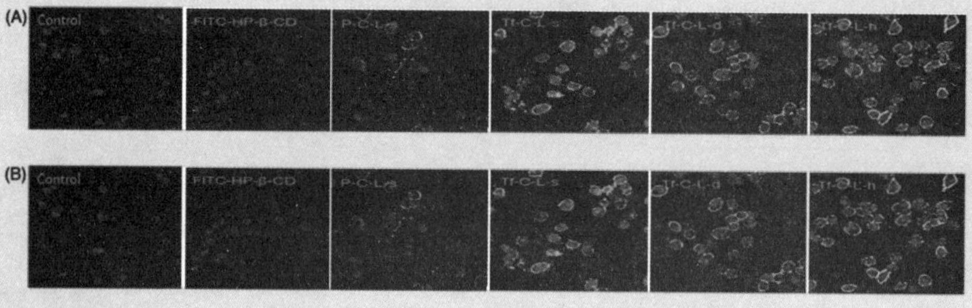

Figure 6. Confocal laser scanning microscopy of A2780 cells (TfR+, A) and S180 cells (TfR+, B) after incubation with Tf-conjugated liposomes with different PC composition. P_C_L_s = PEGylated FITC_HP_β_CD_loaded SPC liposomes; Tf_C_L_s = FITC_HP_β_CD_loaded SPC liposomes modified with Tf; Tf_C_L_d = FITC_HP_β_CD_loaded DPPC liposomes modified with Tf; Tf_C_h = FITC_HP_β_CD_loaded HSPC liposomes modified with Tf.

Table 2. Characterization of different PCs ($n = 3$).

PCs	Formula[a]	Molecular weight[a]	Log *P*
SPC	C42H80NO8P	775.037	1.87 ± 0.16
DPPC	C40H80NO8P	734.039	0.87 ± 0.019
HSPC	C44H88NO8P	783.774	1.18 ± 0.02

[a]http://www.avantilipids.com/

liposomes modified with Tf had been proved to significantly increase vesicle stability and specific cellular uptake. Furthermore, the effect of PC composition on the properties of Tf-modified liposomes containing FITC-HP-β-CD was investigated. And SPC which is more lipophilic than DPPC and HSPC was found to be more easily internalized into tumor cells in spite that Tf density on the liposomal surface was similar. In summary, by the optimization of PC composition, the development of DCL modified with Tf might represent a potential strategy for the antitumor application of lipophilic drugs.

Declaration of interest

The authors report no declarations of interest. The authors alone are responsible for the content and writing of this article.

（b）倒数第二页面

DOI: 10.3109/08982104.2016.1140184

The authors acknowledge support for this work by the Key Project of Hubei Province Natural Fund (2012FFA083), Open Project Program of Hubei Key Laboratory of Drug Synthesis and Optimization, Jingchu University of Technology (No. OPP2015ZD03), the National Nature Science Foundation of China (No. 81303173) and the Priority Academic Program Development of Jiangsu Higher Education Institutions.

References

Allen TM, Cullis PR. (2013). Liposomal drug delivery systems: from concept to clinical applications. Adv Drug Deliv Rev 65:36–48.

Anderson M, Omri A. (2004). The effect of different lipid components on the in vitro stability and release kinetics of liposome formulations. Drug Deliv 11:33–9.

Beseničar MP, Bavdek A, Kladnik A, et al. (2008). Kinetics of cholesterol extraction from lipid membranes by methyl-beta-cyclodextrin-a surface plasmon resonance approach. Biochim Biophys Acta 1778:175–84.

Chang HI, Yeh MK. (2012). Clinical development of liposome-based drugs: formulation, characterization, and therapeutic efficacy. Int J Nanomedicine 7:49–60.

Chen J, Cai BC, Ping QN, et al. (2008). Lactone stability and tissue distribution of free and liposomal encapsulated 9-nitrocamptothecin in rats following intravenous injection. Drug Dev Ind Pharm 34:853–9.

Chen J, Cheng D, Li J, et al. (2013). Influence of lipid composition on the phase transition temperature of liposomes composed of both DPPC and HSPC. Drug Dev Ind Pharm 39:197–204.

Chen J, Lin AH, Chen ZP, et al. (2010). Ammonium sulfate gradient loading of brucine into liposomes: effect of phospholipid composition on entrapment efficiency and physicochemical properties in vitro. Drug Dev Ind Pharm 36:245–53.

Chen J, Lu SS, Gu W, et al. (2015). Characterization of 9-nitrocamptothecin-in-cyclodextrin-in-liposomes modified with transferrin for the treating of tumor. Int J Pharm 490:219–28.

Chen J, Lu WL, Gu W, et al. (2014). Drug-in-cyclodextrin-in liposomes: a promising delivery system for hydrophobic drugs. Expert Opin Drug Deliv 11:565–77.

Cheng Y, Yu SL, Wang JJ, et al. (2012). In vitro and in vivo antitumor activity of doxorubicin-loaded alginic-acid-based nanoparticles. Macromol Biosci 12:1326–35.

Dadashzadeh S, Mirahmadi N, Babaei MH, et al. (2010). Peritoneal retention of liposomes: effects of lipid composition, PEG coating and liposome charge. J Control Release 148:177–86.

Deilarduya CT, Düzgüneş N. (2013). Delivery of therapeutic nucleic acids via transferring and transferring receptors: lipoplexes and other carriers. Expert Opin Drug Deliv 10.1383–91.

Dietrich MA, Zmijewski D, Karol H, et al. (2010). Isolation and characterization of transferrin from common carp (*Cyprinus carpio* L) seminal plasma. Fish Shellfish Immunol 29:66–74.

Dini L, Falasca L, Ruzzittu MT, et al. (1998). Interaction between isolated and purified liver cells and small unilamellar liposomes. Liver 18:229–38.

Doi A, Kawabata S, Iida K, et al. (2008). Tumor-specific targeting of sodium borocaptate (BSH) to malignant glioma by transferrin-PEG liposomes: a modality for boron neutron capture therapy. J Neurooncol 87:287–94.

Gandhi R, Khatri N, Baradia D, et al. (2015). Surface-modified Epirubicin-HCl liposomes and its in vitro assessment in breast cancer cell-line: MCF-7. Drug Deliv 25. [Epub ahead of print]. doi: 10.3109/10717544.2014.999960.

Gharib R, Greige-Gerges H, Fourmentin S, et al. (2015). Liposomes incorporating cyclodextrin-drug inclusion complexes: current state of knowledge. Carbohydr Polym 129:175–86.

Hatzi P, Mourtas S, Klepetsanis PG, et al. (2007). Integrity of liposomes in presence of cyclodextrins: effect of liposome type and lipid composition. Int J Pharm 333:167–76.

Hong M, Zhu S, Jiang Y, et al. (2009). Efficient tumor targeting of hydroxycamptothecin loaded PEGylated niosomes modified with transferrin. J Control Release 133:96–102.

Lehrer S. (1971). Solute perturbation of protein fluorescence. The quenching of the tryptophyl fluorescence of model compounds and of lysozyme by iodide ion. Biochemistry 10:3254–63.

Li X, Ding L, Xu Y, et al. (2009). Targeted delivery of doxorubicin using stealth liposomes modified with transferrin. Int J Pharm 373: 116–23.

Matloob AH, Mourtas S, Klepetsanis P, et al. (2014). Increasing the stability of curcumin in serum with liposomes or hybrid drug-in-cyclodextrin-in-liposome systems: a comparative study. Int J Pharm 476:108–15.

McCormack B, Gregoriadis G. (1994). Entrapment of cyclodextrin-drug complexes into liposomes: potential advantages in drug delivery. J Drug Target 2:449–54.

McCormack B, Gregoriadis G. (1996). Comparative studies of the fate of free and liposome-entrapped hydroxypropyl-b-cyclodextrin/drug complexes after intravenous injection into rats: implications in drug delivery. Biochim Biophys Acta 1291:237–44.

McKeage MJ, Berners-Price SJ, Galettis P, et al. (2000). Role of lipophilicity in determining cellular uptake and antitumour activity of gold phosphine complexes. Cancer Chemother Pharmacol 46:343–50.

Mendonça EA, Lira MC, Rabello MM, et al. (2012). Enhanced antiproliferative activity of the new anticancer candidate LPSF/AC04 in cyclodextrin inclusion complexes encapsulated into liposomes. AAPS PharmSciTech 1:1355–66.

Nii T, Ishii F. (2005). Encapsulation efficiency of water-soluble and insoluble drugs in liposomes prepared by the microencapsulation vesicle method. Int J Pharm 298:198–205.

Peng Q, Wei X, Yang Q, et al. (2015). Enhanced biostability of nanoparticle-based drug delivery systems by albumin corona. Nanomedicine (Lond) 10:205–14.

Qian S, Li C, Zuo Z. (2012). Pharmacokinetics and disposition of various drug loaded liposomes. Curr Drug Metab 13: 372–95.

Rahman S, Cao S, Steadman KJ, et al. (2012). Native and β-cyclodextrin-enclosed curcumin: entrapment within liposomes and their in vitro cytotoxicity in lung and colon cancer. Drug Deliv 19:346–53.

Stewart JC. (1980). Colorimetric determination of phospholipids with ammonium ferrothiocyanate. Anal Biochem 104:10–14.

van den Hoven JM, Metselarr JM, Storm G, et al. (2012). Cyclodextrin as membrane protectant in spray-drying and freeze-drying of PEGylated liposomes. Int J Pharm 438:209–16.

Wang X, Deng L, Cai L, et al. (2011). Preparation, characterization, pharmacokinetics, and bioactivity of honokiol-in-hydroxypropyl-β-cyclodextrin-in-liposome. J Pharm Sci 100:3357–64.

Wei M, Xu Y, Zou Q, et al. (2012). Hepatocellular carcinoma targeting effect of PEGylated liposomes modified with lactoferrin. Eur J Pharm Sci 46:131–41.

Yan Z, Zhu ZL, Qian ZZ, et al. (2012). Pharmacokinetic characteristics of vincristine sulfate liposomes in patients with advanced solid tumors. Acta Pharmacol Sin 33:852–8.

Yuan MQ, Zhu F, Lou JY, et al. (2014). The anti-tumoral efficacy of a docetaxel-loaded liposomal drug delivery system modified with transferrin for ovarian cancer. Drug Res 64:195–202.

Zhang J, Ma PX. (2013). Cyclodextrin-based supramolecular systems for drug delivery: recent progress and future perspective. Adv Drug Deliv Rev 65:1215–33.

Zhang Y, Xiang J, Liu Y, et al. (2011). Constructing transferrin receptor targeted drug delivery system by using doxorubicin hydrochloride and vanadocene dichloride. Bioorg Med Chem Lett 21:5982–6.

Zhang XF, Yang G, Dong Y, et al. (2015). Studies on the binding of fulvic acid with transferrin by spectroscopic analysis. Spectrochim Acta Mol Biomol Spectrosc 137:1280–5.

Zhou X, Yung B, Huang Y, et al. (2012). Novel liposomal gefitinib (L-GEF) formulations. Anticancer Res 32: 2919–24.

Supplementary material available online

(c) 最后页面

图 4-5　药学 SCI 论文实例 2

[思考题四]

4-1　药学 SCI 论文选题的方法有哪些？

4-2　简述药学 SCI 论文写作规范。

4-3　简述药学 SCI 论文投稿步骤。

4-4　药学 SCI 论文投稿时需要准备哪些相关材料？

4-5　药学 SCI 论文投稿的常见状态有哪些？

4-6　简述药学 SCI 论文被拒稿的主要原因有哪些。

4-7　简述药学 SCI 论文投稿注意事项。

第五章　药学学位论文写作

[导引]

药学学位论文写作是药学类专业研究生培养的必需环节，学位论文的水平和质量直接关系到研究生的毕业与学位授予。往往有学生是有了好的研究结果不一定能写出高水平和高质量的学位论文。如何撰写好高水平和高质量的学位论文就是本章要讨论的问题。

第一节　药学学位论文选题

一、学位论文定义

药学学位论文是药学学位研究生所学基础理论、专门知识、专业技能、实践工作和职业道德的综合反映，是衡量能否获得学位的重要依据之一。论文应在具有药学实践经验的培养单位导师指导下，或与临床药学、医药企业、药品检验、药品经营管理等部门的临床药师或高级工程技术人员联合指导下，由研究生独立完成。

二、选题意义

学位论文的选题是研究生学位论文工作的重要组成部分，也是研究生学位论文工作的开端，更是对研究生进行科研训练的重要环节之一，选题的意义主要体现在以下三个方面。一是选题恰当与否，决定毕业论文工作的成败。许多学位论文工作失败者，多由选题不当所致，也就是说在选题时就注定了学位论文工作不能成功。二是选题恰当，不仅能较好地按时完成毕业论文工作，而且能起到事半功倍的作用。三是只有选题恰当，才能保证学位论文的水平与质量。

三、选题原则

研究生学位论文选题要考虑必要性、科学性和可行性等因素，应根据自身的情况扬长避短，在自己的主观条件和具有的客观条件均为最佳的交叉区域内进行选题，选取难易适中、水平达标、符合自己实际能力的论文题目，通常应当遵循以下原则。

（一）恰当性原则

恰当性原则是指所选的学位论文的题目与下列因素相匹配。一是完成学位论文的难易程度要与自身主观能力相匹配；二是完成学位论文所需的条件要与所具有的客观条件相匹配；三是学位论文选题的学术水平要与学位论文的要求相匹配；四是学位论文的选题要求在客观上有意义，在主观上可行。

（二）创新性原则

创新性原则是指所选的学位论文题目在以下某个方面有所创新。一是问题新，是指学位论文工作拟解决的问题或发现的问题是具有前瞻性的新问题；二是方法新，是指学位论文工作的研究方法或发现的方法是新方法；三是材料新，是指学位论文工作的研究材料或研制出的材料是新材料或是新药研究等；四是数据新，是指学位论文工作的研究数据或得出的数据是新数据；五是观念新，是指学位论文工作的研究观念或得出的观念是新观念；六是结论新，是指学位论文工作的研究结果或得出的结论是具有一定价值的新结论。

（三）学术性原则

学术性原则是指所选的学位论文题目符合以下几个方面的要求。一是论点具有创新性，是自己的独到见解，在所涉学科或领域中从来没有人提出，或虽曾有人提出过，但仍值得深入研讨，更重要的是能显示论题在学科或领域中的地位和意义。二是论据在所涉学科或领域中具有权威性和先进性，权威性有助于显示论题在学科中的学术价值，先进性表示所运用的论据是学科中最新的研究成果。三是论证应该是对论题本体的研究，能抓住事物的本质进行论述，且具有严密的逻辑性、层次性和递进性。四是语言表达的简明性，简明扼要或言简意赅也是学术性的必然要求。

（四）可行性原则

可行性原则是指所选的学位论文题目能如期保质保量地完成全部工作。能完成工作主要取决于以下几个方面的因素：一是所选课题应是力所能及，好大喜功、贪大求全，是学位论文选题或进行学术研讨之大忌。二是所选课题应是人力、物力、财力和时间完全能满足完成学位论文之所需。三是所选课题应是难度恰当，太难有可能因无法完成学位论文的全部工作或是时间过长而延期毕业或是无法进行而终止研究，太容易又有可能达不到学位论文的学术要求或工作量的要求。

四、选题方法

（一）从导师科研项目中选题

一般而言，学位论文的选题从导师承担的科研项目中选择是比较好的方法之一，尤其是从导师承担的国家自然科学基金项目或其他国家级科研项目中选题更佳，通过多与导师沟通和商讨确定最适合自己的选题。这样既能保证学位论文的学术水平，又能更好地完成导师所承担的科研任务。但要注意不要包揽导师承担课题研究的全部内容，而只要做完能达到学位论文所要求的工作和结果即可，尽量避免因选题过大或因研究时间过长，而在学制年限内无法完成学位论文的情况。

（二）从文献分析结果中选题

根据研究生学位论文研究目的为描述性研究、解释性研究和探索性研究，或是从研究生学位论文类型为基础研究、应用研究、开发研究等，对所涉及的文献进行检索，并重点对检索到文献的摘要、引言、结果、讨论或结论部分进行研读、分析，通过对相关文献的研读、分析提出新的问题，进行思维抽象和科学假说，从而确定选题。

（三）从观察客观现象中选题

事物所呈现的客观现象往往包含事物的发展规律，通过认真观察客观现象的发生、发展，尤其是对一些新奇事件、重复发生的现象和密集发生的事件等进行细心观察，发现或提出新的问题，再进行思维抽象和科学假说，从而确定选题。

（四）从革新生产实践中选题

多数发明创造来自一线的生产与实践活动，通过对生产实践中的技术革新或是对生产实践的理论创新，尤其是对促进生产的措施、困扰生产的技术难题或是理论的缺陷等进行改造或创新，从而确定选题。

五、选题风险与规避

现在有的研究生往往在选题上存在风险，致使自己不能按期保质保量地完成学位论文工作，然而学位论文的选题是存在一定的规律，学位论文选题的风险或误区也是可以规避的。

（一）难易失当或大小失衡与规避

研究生在论文选题时出现最多的风险就是难易失当或大小失衡，这必将导致学位论文工作以失败告终。难易失当是指所选题目太难或工作量太大或是选题太容易或学术水平不高或工作量不足，选题太难多是与自身的实际研究水平和研究能力相差甚远，或是大大超出了本人的研究能力，或是在现有的研究条件或规定的学制年限内无力完成，较难的选题还有可能存在实验条件不够或经费不足等方面的问题；选题太容易多是学术水平和工作量均达不到学位论文所规定的要求。大小失衡是指选题涉及的范围太广或太窄，范围太广会给文献资料的搜集、数据采集等带来困难；范围太窄则可能出现研究不够全面，导致内容流于空泛，缺少亮点或是创新性不强，难以充分展示自身的研究能力和学术水平。总之，一定要结合自身的主观和客观条件，切实客观地分析选题的难易程度或范围大小，既挑战自己的能力极限，但又不能超越自身的极限。

规避难易失当或大小失衡的风险，首先要依据自身的实际研究水平和研究能力，以及现有的研究条件和科研经费等情况，在师生共同充分研讨的前提下确定初步的选题；再是应当多方征求同行专家意见，不仅要拜访支持自己立论的学者，更要征求对立论持反对意见的学者的意见和建议，避免选题不当使学位论文出现"硬伤"，这样方可做到规避难易失当或大小失衡的风险。

（二）标新立异或重复立旧与规避

研究生在论文选题时出现标新立异或重复立旧也是常可能出现的风险和失误之一，这同样会导致学位论文工作的失败。标新立异多是有的研究生"贪怪求偏"地进行选题所致，或是受个人性格等方面的影响，有些研究生自以为是创新，实则可能是严重脱离现实的"标新立异"，也可能走进纯学术的小圈子，不具有任何创造或创新价值。也有可能是受到知识面或专业过窄等不良因素的限制，导致选题缺乏新意，只是"原地转圈"，或是陷入"再炒剩饭"，或是为"跟风大作"或是"重复立旧"。

规避标新立异或重复立旧的风险，首先要比较全面地掌握药学学科发展的前沿，充分了解药学科学发展的最新成果；再是通过广泛收集药学文献等相关信息，运用创新思维多观察、多思考、多交流，积极参加与药学相关的学术研讨会议，从新的不同角度捕捉新论或是提出独到见解，均是规避标新立异或重复立旧的有效途径。

另外，药学学位论文的内容必须体现论文作者综合运用药学基础理论、专业知识与技术手段进行新药研发或药学实践（包括生产、使用、流通、监管、服务）的能力；联系药学工作实际、重点突出，且能反映药学工作成果的实用性与新颖性；突出创新性、学术性、社会性、经济性等。为此，研究生在论文选题时应当规避背离专业或价值不大的现象发生，并在掌握一定的药学学科基本理论的基础上，有针对性地进行药学文献等相关信息的研读，通过创新思维酝酿出闪光的智慧，尽早确立选题。

第二节　药学学位论文写作规范

一、撰写流程

要撰写高水平和高质量的学位论文，必须要具备扎实的药学基础理论、专业知识和熟练的动手能力，并具有将所学专业知识运用于药学领域的实践能力。药学学位论文撰写流程主要有以下过程：

1. 收集文献和信息资料　可通过文献检索、现象观察、专家咨询、会议研讨、实验设计和生产实践等方式进行。

2. 提出新问题　在充分研读和分析文献等相关信息的基础上，运用创新思维提出药学领域亟待解决的新问题或存在的难题，新的问题要具有学术性、创新性、前瞻性、价值性和可行性。

3. 确定学位论文的选题　在整理提出的系列新问题基础上，结合自身的科研能力、学术水平、实验条件、经费预算和资料信息等实际情况，在与导师充分研讨和广泛征求同行意见的基础上，征得导师同意后方可确定学位论文的选题。

4. 做好开题报告的准备　开题报告的精心准备是做好学位论文开题工作的前提，这一阶段是进一步查阅文献资料、完善设计和明确可行性等，为开题报告做好充分的准备。

5. 作学位论文开题报告　开题报告是学位论文工作的重要环节，这也是有效征求同行专家意见的有益方法之一，在报告会上相关专家会提出一些有建设性或是对选题不赞同的意见，通过对专家的意见进行认真的思考，进一步完善学位论文的选题和相关工作，特别是要明确是按选定的题目做下去还是终止，或是重新进行选题。

6. 进行实验或实践阶段　这一环节虽然不是药学学位论文撰写流程的部分，但这一环节工作的好坏直接影响学位论文的学术水平和论文质量，一些新理论、新观点、新方法、新结果和新结论等，包括学位论文的亮点和创新点均出自这一环节，因此，这一阶段的工作是学位论文工作的核心，只有在完成和总结这一阶段的全部工作后，才能更好地撰写出符合学位授予要求的学位论文。

7. 撰写论文综述或引言　写好学位论文的综述或引言反映出研究生对专业学术前沿的掌握和具有综合处理相关信息的能力，有关这类文章的撰写，请参考本书中的“药学综述写作”章节中的相关内容。

8. 拟定好论文撰写提纲　研究生通常可以在所在的学校网站或所在学校的研究生管理部门（如研究生院等）的网站上下载论文格式或体例的模版（本书中亦有范例），根据所在学校对学位论文体例和格式的要求拟定好论文撰写提纲。拟定好学位论文的撰写提纲是写好学位论文的关键步骤，学位论文撰写提纲一定要逻辑性强。

9. 学位论文的正文书写　学位论文的正文书写主要包括引言、综述、方法、结果、结论、展望和致谢等内容，正文是学位论文的主要组成部分。

10. 学位论文的其他工作　要完成好学位论文的全部工作，还涉及中期考核、论文提交、论文盲审、论文预答辩、论文答辩、答辩后的论文修改等必要环节。研究生通过初试后，从进入高校复试开始直至毕业离校，经过一系列环节的培养，尤其是学位论文要经过选题、开题到论文答辩等全过程。研究生培养全过程流程示意图如图 5-1 所示。

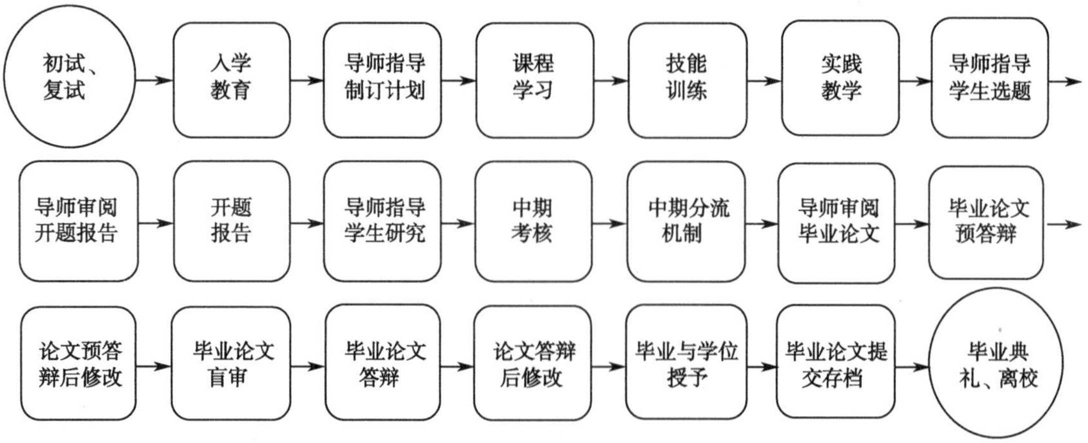

图 5-1　研究生培养全过程流程示意图

二、体例格式

为了进一步提高研究生学位论文工作水平和学位论文质量，规范学位论文格式，教育部制定了《学位论文编写规则》（GB/T 7713.1—2006），现依据《学位论文编写规则》，介绍药学学位论文撰写的体例与格式。

（一）学位论文的基本要求

1. 总体要求 药学学位论文应能表明作者确已在药学学科上掌握了坚实的基础理论和系统的专门知识，并对所研究课题有新的见解，有独立从事药学科学研究工作并能担负药学专门技术工作的能力，且学位论文要用中文书写（外文摘要除外）。药学学位论文分为学术型学位论文和专业型学位论文。专业型学位论文的体裁可以是临床病例研究报告、系统评价、临床观察研究、名医学术思想与经验总结、质量较高的调研报告、研究设计方案、问题解决方案、技术提升报告等。

2. 综述要求 硕士研究生在学期间，应该在导师的指导下，广泛阅读本学科及相关学科的国内外专业文献，在此基础上进行综合和分析，写出综述性报告，作为选题依据。硕士研究生应该在综述报告中对文献内容进行科学分析，提出自己的见解。研究课题应该对响应学科发展或经济建设和社会发展具有一定的价值。

3. 规范要求 学位论文撰写不仅应符合国家有关标准（比如 GB/T 7713.1—2006），还应符合药学学科的有关规定，如药学学科下的名称术语一般应以《中华人民共和国药典》为依据。学位论文一般应采用国家正式公布实施的简化汉字，以中文为主撰写，正文字数专业型不少于 1.5 万字，学术型不少于 2.0 万字，采用国家法定的计量单位。学位论文中采用的术语、符号、代号在全文中必须统一，并符合规范化的要求。论文中使用专业术语、缩略词应在首次出现时加以注释。外文专业术语、缩略词，应首先写出译文全称，再用圆括号注明外文或缩略词。学位论文的插图、照片完整清晰。

4. 质量要求 学位论文不仅要具备学术性、科学性、完整性，还应具备一定的创新性，论文成果具备一定的科学意义或实用价值。在论文涉及的基础研究领域的研究上有所发展，取得某些新知识或新结果，或在技术方法上有所发展和改进。在论文所涉及的应用研究领域的研发上，取得一定进展。利用学科的理论和研究方法，提出对于本学科相关的理论、技术、实践应用或促进学科发展、行业发展等具有一定价值的观点和对策。学位论文内容应立论正确，数据真实可靠，推理严谨，说理透彻，层次分明，工作量充足，行文流畅，文字简练，符合科技写作规范。这样的学位论文表明作者已具备学术论文写作的能力。严禁弄虚作假和抄袭剽窃，否则取消答辩资格。

（二）主要组成

学位论文一般应由以下 5 个部分组成，依次为：前置部分、主体部分、参考文献、附录、结尾部分，学位论文主要组成部分，详见表 5-1，以硕士学位论文为例。

表 5-1 学位论文主要组成部分

组成部分	主要撰写内容
前置部分	论文封面（题名页）
	原创性声明及关于硕士学位论文使用授权的声明
	致谢
	中文摘要
	英文摘要
	目次页（目录）
	注释表

续表

组成部分	主要撰写内容
主体部分	引言
	论文研究领域的历史回顾、文献回溯、理论分析等内容
	章、节
	图
	表
	公式
	主体结束（结论）
参考文献	参考文献
附录	在学期间所取得的学术成果
	其他需要附在论文后的内容
结尾部分	作者简历等

1. 前置部分　主要包括论文封面（题名页）、原创性声明、致谢、中文摘要、英文摘要、目录页面和注释表等。

（1）论文封面（题名页）：应当采用所在学校（研究生院）统一设计的封面。论文题目应以恰当、简明、引人注目的词语概括论文中最主要的内容，避免使用不常见的缩略词、缩写字。题名一般不超过 25 个汉字（不包括副标题）。论文封面“指导教师”栏只填写入学当年招生简章注明、经正式遴选的指导教师 1 人，协助指导的导师名字一般不得出现在论文封面。

（2）原创性声明及关于学位论文使用授权的声明：在原创性声明中，作者应说明本文研究成果系本人在导师指导下独立完成，或者与其他单位人员共同合作完成，不包含他人的研究成果。文中所引用的他人观点、方法、思路均已在参考文献中明确标注。在学位论文使用授权声明中，作者应声明本文研究成果归某学校所有。本人完全遵守某学校收集、保存、使用学位论文的规定，且授权某学校将本人学位论文编入数据库，或以其他方式保存论文，以及某学校可以公布全部或部分的论文内容。

（3）致谢：教育部制定的《学位论文编写规则》（GB/T 7713.1—2006）中致谢是放在前置部分，旨在教育学生首先要懂得感恩，但也有学校把致谢放置在论文的结尾。致谢是指对给予各类帮助、指导和协助完成研究工作，以及提供各种对论文有利条件的基金项目、组织单位和个人（导师）等表示感谢。

（4）中文摘要：主要是说明研究工作目的、方法、结果和结论等，重点是结果和结论。在中文摘要末页最下方另起一行，注明本文的关键词（3~8 个，参照《汉语主题词表》或各专业主题词表提供的规范词）。

（5）英文摘要：上方应有题目，内容与中文摘要相同，语句要通顺，语法正确。作者姓名在英文题目下第一行注明，专业名称用括弧括起置于姓名之后，作者姓名下面一行注明导师姓名，格式为 Directed by***。在英文摘要末页最下方另起一行，列出与中文对应的论文关键词（格式后附）。

（6）目次页（目录）：将论文各组成部分（1~2 级）标题依次列出（即写到正文内容 1.1 的级别），标题应简明扼要，逐项标明页码，目录各级标题对齐排版。

（7）注释表：符号、标志、缩略词、首字母缩写、计量单位、名词、术语等的注释说明。

2. 主体部分　应从另页右页（奇数页码）开始，每一章另起一页。一般应从引言开始，以结论、讨论或展望结束。

（1）引言部分：简要说明论文的研究目的、流程和方法等。应言简意赅，不要与摘要雷同。

（2）历史回顾：是对论文研究领域的文献回溯、理论分析等内容，应独立成章或独成段落，用足够的文字进行叙述。

（3）正文部分：是学位论文的核心部分，根据学科类型，可包括新药研发、临床观察、调研数据、调查对象、实验和观测方法、文献资料、仪器设备、材料原料、病例分析、实验和观测结果、计算方法和编程原理、数据资料、经过加工整理的图表、形成的论点和导出的结论等。论点、论据和观点应力求准确，客观清晰，合乎逻辑。

由于研究工作涉及的学科、选题、研究方法、工作进程、结果表达方式等有很大的差异，对正文内容不能作统一的规定。但必须实事求是、客观真切、准备完备、合乎逻辑、层次分明、简练可读，引用前人、他人工作必须标明出处。其行文方式和文体可根据研究课题的表达灵活掌握。

正文中的图、表要符合统计学要求，具有“自明性”，应精心设计绘制，清晰明了。图注、表头应采取中英文对照，图的标题和图的编号置于图下。表一般采用“三线表”，表的标题和表的编号置于表上。表内不能用“同上”“同左”等代替，应一律填入具体数字或文字。计量单位、缩略词和符号必须符合国家规定标准。

(4) 主体结束：论文主体多以结论（讨论或展望）结束，是论文最终和总体的结论，它不是正文各段小结的简单重复，结论是研究结果的正确推论，要求起到对全篇论文画龙点睛的作用。结论应准确、完整、明确、精练，要重点阐述自己的创造性工作在本领域中的地位和作用或新见解的意义。如果不能得出应有的新结论，也可以不写结论而是以必要的讨论或展望结束，进一步提出需要讨论的问题和建议。

3. 参考文献　在正文中引用时，在引出处右上角用方括号标注阿拉伯数字编排序号。参考文献应按文中引用顺序列出，应用原文献语种。

4. 附录　主要是研究生在校期间所取得的学术成果和其他需要附在论文后的内容。

(1) 在校期间所取得的学术成果：发表学术论文、登记授权的发明专利以及国家接受或颁布的标准等著作权成果。

(2) 其他需要附在论文后的内容：包括论文内过分冗长的公式推导；重复性数据图表；实验性图片；论文使用的重要符号说明、计算单位、缩写、程序全文及说明。

5. 结尾部分　主要是作者简历，包括姓名、性别、出生日期、民族、出生地；学历、教育经历、工作经历（职务）；获得的奖励及成就等。

（三）编排格式

学位论文的编排格式，各高校有自己的具体相关要求，但通常采用以下格式。

1. 纸张与边行要求　学位论文应用 A4 标准纸（210mm × 297mm），必须是打印件、印刷件或复印件。学位论文在打印和印刷时，要求纸张的四周留足空白边缘，以便于装订、复印。每一面的上方（天头）或左侧（订口）应分别留边 25mm 以上间隙，下方（地脚）和右侧（切口）应分别留边 20mm 以上。行距为 1.5 倍，双面打印。论文侧面应有书脊，书脊内容为“年度 + 论文题目 + 专业 + 姓名 + 某某大学（或某某学院）”。

2. 文字与排版要求　论文的“目录”“中文摘要”“引言”“结论”“参考文献”“附录”“文献综述”“致谢”“个人简介”等标题，用小三号、黑体、加粗、居中排列；两个字的标题，每字之间空两格；三个字的标题，每字之间空一格；四个字以上的不空；均与下文之间空一行。

英文摘要中“论文题目”即 Title 用小三号、黑体、加粗、居中排列，实词首写字母大写，其他小写；“作者姓名”即 Author：× × ×、“导师姓名”即 Directed by × × ×、“摘要”即 Abstract、“关键词”即 Keywords 竖排左对齐，小四号、黑体。其他用小四号、宋体。“关键词”在页末另起一行，关键词之间用“；”分隔。论文目录、摘要、引言、正文、结论、附录、文献综述、致谢、个人简介等各部分的内容及正文用小四号、宋体。

学位论文的主体可根据需要划分为不同数量的章、节，章、节的划分建议参照《科技文献的章节编号方法》（CY/T35—2001）（即采用阿拉伯数字分级编号），每部分另起一页，正文起始页为奇数页。章、节编号全部顶格排，编号与标题之间空出一个字的间隙，章的标题占两行。一、二级标题用四号黑体，其他各级标题用小四号、宋体。正文另起行，前空两个字起排，回行时顶格排。

论文中标题、图表可采用阿拉伯数字连续编号，如：“1”“1.1”“1.1.1”“1.1.1.1”“1.1.1.1.1”，图 1；表 1。图序及图名用小四号、黑体置于图的下方，居中排列；表序及表名用小四号、黑体置于表的上方，居中排列。文中所用表格一律采用三线格式，线宽度为 1/2 磅，表中内容及表后注一般用五号、宋体。

页眉、页码从“引言”起加至最后。页眉上方居中打印论文题目，小五号、宋体。页码标注在每页下方的正中位置。参考文献格式为：五号、宋体，左对齐排列。

3. 打印与存档要求　研究生在完成论文初稿后要交导师先行审阅。经审定的论文初稿一般均要在指导小组范围内进行论文预报告或是预答辩，广泛征求意见后再作修改。论文及摘要清样分别由导师签署“同意打印”意见，交各二级单位研究生主管部门审核、备案后，方可正式打印。

送交双盲评阅的学位论文应只有论文题目、学校、学科专业，隐去致谢、个人简介等一切表明作者身份的内容。送交答辩的学位论文打印工作需在申请答辩前五个工作日完成，以便送予专家评审，为组织答辩做好准备。论文答辩结束后，根据答辩委员会专家的意见对论文进行修改，再制作最终定稿的学位论文，送交学校存档。

（四）保密处理

鼓励尽量对学位论文进行去密处理，尽量减少不必要的保密学位论文数量。去密处理一般应去掉应用背景，与保密项目相关的技术指标和关键数据，使论文变成纯理论和技术的研究，达到可以公开发表的目的。对于技术和方法的保密，应该通过申请专利来保护，而不是把学位论文变为保密论文。

确实需要保密的论文由指导教师根据论文的情况提出申请保密“密级”及“保密期限”，学校相关部门（如学校保密办公室）将按照国家规定的保密条例进行审批。保密审批通过的论文需在封面、题名页上直接把相应的“密级”及“保密期限”标注在右上角，具体要求如下：

内部　年（保密年限不超过 2 年）

秘密　年（保密年限不超过 4 年）

机密　年（保密年限不超过 7 年）

绝密　年（保密年限不超过 10 年）

学位论文一般分为公开、内部、秘密、机密和绝密五个等级，其中密级确定为“内部”的学位论文，是准备申请专利或技术转让的科研项目的论文。密级为秘密、机密、绝密的学位论文，是指论文背景源于保密科研项目、课题或涉及其他更高级别国家秘密的论文。

研究生学位论文密级应在导师的严格指导下慎重确定，并报相关院系领导进行审批。凡被确定为内部、秘密、机密、绝密的研究生学位论文，均属于涉密研究生学位论文。

涉密论文由学生（论文作者）和导师向所在学院（室、中心）提出申请，并将由导师及院系审核通过的保密证明等材料提交学校的学位管理部门（一般为学校研究生院学位办），以确定该学位论文的保密级别，以便做好论文的保密工作。经确定为涉密的学位论文由学校的学位管理部门（一般为学校研究生院学位办）统一妥善保管，在保密期内电子版不提供网上服务。涉密论文在保密期满后自行解密，解密的学位论文的电子版网上服务按公开发表的学位论文服务方式处理。

（五）归档管理

1. 纸质文档要求　对于学位论文全文最终版，公开或保密论文需交的数量各高校有不同要求，对于保密论文需同时提交论文保密证明等材料 2 份。

2. 电子文档要求　学位论文答辩并修改后，学位申请人应向所在学校相关部门提交电子版学位论文，所提交的电子版学位论文应与纸质版的内容一致，一般提交 .doc 格式文件或 .pdf 格式文件，但保密论文不需要提交电子版。

三、注意事项

1. 文献搜集足够全面　全面搜集资料是写好学位论文综述的前提，不能只掌握片面的资料就动手写学位论文综述。

2. 去粗取精，相关性强　搜集的文献一定要仔细研读，剔除陈旧的、重复的以及与主题相关性差的内容。

3. 忠于文献和实验　采用文献中的观点或数据等，一定要认真核对以保证引用的数据、观点、人名、术语等准确无误。要忠于原文，不能任意删减或添枝加叶，不要把原始文献的观点与作者自己的观点相混淆。同样对实验结果要忠实，绝对不能改变实验数据或结果。

4. 强概括性和逻辑性　不能将收集的文献生搬硬套、简单摘抄罗列，缺乏概括性、逻辑性；应综合他人的观点，内化成自己的认识和思想，形成自己的语言来叙述。

5. 坚决杜绝剽窃行为　不能将国内外期刊上一篇或多篇文献改头换面拼凑成自己的学位论文或文章再行发表。

第三节　药学学位论文要求与评价

一、要求

药学学位论文的内容必须体现论文作者综合运用药学基础理论、专业知识与技术手段进行药学实践（包括生产、使用、流通、监管、服务）的能力；必须联系工程实际、重点突出，应能反映工作成果的实用性与新颖性；必须突出社会性、经济性和使用价值。研究生必须恪守学术诚信、学术道德和学术规范。

药学学位论文形式可以分为专题研究报告类、调研报告类、新药研发类、案（病）例分析类、项目管理类、技术改革方案类六种。

（一）专题研究报告类药学学位论文

1. 内容要求

（1）论文选题：选题应来源于药学实践中遇到的实际问题，要集中明确、针对性较强、着眼于社会需求、有一定的社会经济价值与应用前景。

（2）研究内容：可围绕临床药学服务、药品经营管理、技术工艺改革等药学实践问题，展开专题研究讨论，分析研究现状及问题所在，提出可行的建议或系统解决方案。研究工作有一定的广度与深度，有一定的先进性与新颖性。

（3）研究方法：综合运用基础理论和专业知识，采取现况调查、处方点评与分析、相关因素分析、小规模干预及效果评价等方式，进行分析研究。

（4）研究成果：通过科学研究与分析，提出相应的对策及建议，形成专题研究报告。

2. 撰写要求　专题研究报告类药学学位论文由封面（中、英文）、原创性声明、版权使用授权书、论文摘要及关键词（中、英文）、目录、正文、参考文献和致谢等8个部分组成。其中正文字数应不少于2万字。正文具体包括以下内容：

（1）绪论：阐述所开展研究的背景、立题依据、研究意义，对所研究领域的国内外现状应有清晰的分析，并提出开展本研究的重要性或必要性。

（2）研究对象和研究方法：介绍研究的技术路线、研究对象的特征、研究工具、资料收集的方法和步骤、资料分析及研究质量控制的方法。该部分应体现科学性，要求研究方案合理、数据翔实准确、分析过程严谨。

（3）研究结果：采用量性或质性方法对资料进行汇总、处理和分析，阐述明确的研究结果。

（4）讨论：分析研究结果的意义，并明确指出作者在研究中的新思路或新见解，阐述研究结果的应用价值。该部分应体现作者的逻辑分析思路、新观点或新见解。

（5）结论和建议：简要提出研究结论，并对未来研究或药学实践进行展望或提出建议。

（二）调研报告类药学学位论文

调研报告类药学学位论文是运用科学、规范的调查方法，对药学实践中的某项（类）工作、某个（类）事件或某个问题进行深入细致的调查研究，并对所收集到的资料进行统计分析或理论分析，从中发现本质，探寻规律，得出结论，并针对可能存在的问题提出建议或解决方案，从而形成的符合学位论文规范的调研报告。

1. 内容要求

(1) 论文选题：作为药学学位论文的调研报告须来源于实际需求；主题要鲜明具体，避免大而泛；具有一定的社会、经济价值或应用前景。

(2) 调研内容：具有一定的广度和深度，既要把握与所要调研内容相关的国内外现状及发展趋势，又要调研影响该命题的内、外在因素，并对其进行深入剖析。调研工作要有一定的难度及工作量。

(3) 调研方法：综合运用基础理论和专业知识对所调研的命题进行分析研究，采取规范、科学、合理的方法和程序，通过实地调查，结合资料收集、数据统计与分析等技术手段开展工作，资料和数据来源可信。

(4) 研究成果：通过科学论证，得出明确的调研结论，提出相应的对策及建议，成果应体现作者的新观点或新见解。

2. 撰写要求　调研报告类药学学位论文由封面(中、英文)、原创性声明、版权使用授权书、论文摘要及关键词(中、英文)、目录、正文、参考文献和致谢等 8 个部分组成。其中正文字数应不少于 2 万字。正文具体包括以下内容：

(1) 绪论：对调研命题的国内外现状应有清晰的描述与分析，重点阐述被调研命题的必要性和重要性，并简述本调研报告的主要内容。

(2) 调研方法：针对调研命题，主要介绍调研范围及步骤，资料和数据的来源、获取手段及分析方法。

(3) 资料和数据分析：采用科学合理的方法对调查资料和数据进行汇总、处理和分析，给出明确的结果，并采用数理方法进行可信度和有效性分析。

(4) 对策或建议：对调研对象存在的问题或者调研结果应用于实际中可能出现的问题，通过科学论证，提出相应的对策或建议。对策及建议应具有较强的理论与实践依据、具有可操作性及实用性。

(5) 总结：系统地概括调研报告所涉及的所有工作及其主要结论，并明确指出哪些结论是作者独立提出的，简要描述调研成果的应用价值。

(6) 附件：论文最后应附有主要调查记录、调查问卷、调查统计的原始数据等。

(三) 新药研发类药学学位论文

1. 内容要求

(1) 论文选题：新药研发类药学学位论文的选题应来源于本领域研究与开发中的实际问题及产生的原因，进行创新药物研发、“ME-TOO”药物研发、已知药物的二次开发、生化药物研发、制剂新产品开发、老药的生产工艺的技术革新和技术改造等。选题要着眼于市场需求和应用价值，并具有一定的技术难度，能体现综合运用现代科学理论、方法和技术手段解决产品研发的实际问题的能力。

(2) 研发内容：新药研发类药学学位论文涵盖从新化合物的发现到新药上市的新药研发过程，研发内容包括药物提取与纯化研究、药物设计和合成研究、一般药理学研究、药代动力学研究、药理机制研究、急性毒性研究、长期毒性研究和特殊毒性研究、药物的分析检测与鉴定，以及质量规格标准的制定、剂型和制剂研究、放大试验和稳定性试验等。研发工作有一定的创新性、针对性和实用性，为保障药物安全、有效、质量可控提供理论与技术的源泉和支撑。

(3) 研发方法：新药研发类药学学位论文的研发方法要求综合运用本领域的基础理论和专业知识对所研究课题进行分析研究，采取科学、合理、规范的技术和方法，通过现代分离分析技术和色谱学、光谱学、药理学、生物学等技术手段开展工作，实验方案合理，数据翔实可靠，实验过程严谨。

(4) 研发成果：新药研发类药学学位论文的研发成果应体现出对药学产业实际工作与发展具有一定的应用价值。

2. 撰写要求　新药研发类药学学位论文的组成和正文字数与专题研究报告类论文相同，由封面(中、英文)、原创性声明、版权使用授权书、论文摘要及关键词(中、英文)、目录、正文、参考文献和致谢等 8 个部分组成。其中正文字数应不少于 2 万字。正文具体包括以下内容：

(1)论文绪论：阐述所研发新药的背景及必要性、国内外同类药物研发和应用的现状，并重点阐述本产品研发工作的主要内容。

(2)本论：本论是新药研发类药学学位论文的主体，包括研发内容与方法、实验材料、实验结果与分析(讨论)等。在本部分要运用科学、合理的研究方法和实验结果，分析问题，论证观点，尽量反映出自己的能力和水平。

(3)结论：结论是新药研发类药学学位论文的收尾部分，是系统地概括新药研发中所涉及的主要结论，明确指出新药研发中的新思路或新见解，并展望所研发新药的应用前景。其基本的要点就是总结全文，加深题意。

(四) 案(病)例分析类药学学位论文

1. 内容要求

(1)论文选题：临床药学专业学位的论文，如案(病)例分析类药学学位论文的选题，应来源于本领域的临床应用中的实际问题，对临床应用中案(病)例进行分析，对拟出现的新问题如药物应用过程中出现的新不良反应、已应用药物出现的新适应证等进行机制探讨，能体现综合运用科学理论、方法和技术手段解决临床应用过程中出现的问题的能力。

(2)研究内容：选择一定数量的案(病)例，且此案(病)例具有特殊性或代表性，对其进行分析，确定其产生的原因，分析其可能的作用机制，并能提出拟解决此类问题的可行方法。案(病)例分析工作有一定的先进性、新颖性及工作量。

(3)研究方法：说明案(病)例分析所采用的科学、规范、先进的技术手段和方法。

(4)研究成果：阐述案(病)例分析所应用的行业规范要求、原理机制等；说明案(病)例分析探索方向的先进性、创新性与实用价值。

2. 撰写要求　案(病)例分析类药学学位论文的组成和正文字数与专题研究报告类论文相同，由封面(中、英文)、原创性声明、版权使用授权书、论文摘要及关键词(中、英文)、目录、正文、参考文献和致谢等 8 个部分组成。其中正文字数应不少于 2 万字。正文具体包括以下内容：

(1)论文绪论：阐述所选择案(病)例的临床背景、临床过程中同类产品的应用现状及发展趋势，并阐述此类案(病)例的主要特殊性。

(2)理论及分析：对所选案(病)例分析进行其合理性、特殊性设计，确定需探讨的技术指标，给出设计思路与技术原理，采取科学、合理的方法对其进行详细设计和机制分析。

(3)总结：系统地概括案(病)例分析中所涉及的主要工作和主要结论，并明确案(病)例分析中的新思路或新见解；展望临床应用的前景。

(五) 项目管理类药学学位论文

项目管理类药学学位论文是指运用现代管理学、法学、社会学、政策学、经济学等社会科学的原理和方法，研究药事管理组织设置及职责，药品管理立法，药品注册、生产、经营、使用、信息等方面的监督管理，药品知识产权保护以及药学技术人员管理等问题。此类论文研究的问题可以涉及药学事业各个要素和环节；认识社会与经济、法律与伦理、历史与文化等外部环境因素，以及内部人为因素对药学事业的影响作用；探索药学事业各种管理活动的普遍规律，研究药学事业中对各种事项与活动实现科学化管理的一般规律。

1. 内容要求

(1)论文选题：项目管理类药学学位论文选题应符合药学事业发展的需要，密切联系药学行业管理的实际，主题鲜明。论文内容应明确、具体，理论与实践结合，要有一定的技术难度和先进性，应具有实用性和理论指导意义。论文能体现作者综合运用科学理论、方法和手段解决实际问题的能力。

(2)研究内容：研究内容应来源于国内外药品生产、流通、使用、管理中的实际问题，综合运用基础理论知识与专业技术手段开展研究。研究内容要有一定深度与难度，能反映相应的工作量，能体现作者综合运用药学专业知识、先进技术和方法，解决药品生产、研发、使用和管理等方面实际问题的能力。

(3) 研究方法：围绕研究主题和对象，综合运用基础理论和专业知识，采用科学、先进、适用的研究方法，通过资料检索、统计分析等技术手段开展工作；或采用调查、统计、案例分析等方法，通过资料收集、调查研究、统计分析等过程，开展软科学研究。研究方法应科学、合理、规范，研究方案合理、可行，记录完整，数据准确、翔实，图表清晰，结果表述客观，推论有据。

(4) 研究成果：论文形式可以是一篇高质量的研究报告，也可以是针对存在的主要技术问题提出科学合理的研究设计解决方案，或者其他相关研究论文（如综述性研究论文）。论文应反映作者分析和解决药学行业领域中实际问题的能力；应体现一定的技术难度和理论深度，体现作者的新观点或新见解。论文研究结果应对行业实际工作与发展具有一定的指导意义与应用价值。

2. 撰写要求　项目管理类药学学位论文的组成和正文字数与专题研究报告类论文相同。正文具体包括以下内容：

(1) 绪论：说明选题的基本指导思想，概述所研究课题的背景、研究目的和意义，对所确定研究主题的国内外现状有全面的、清晰的描述与分析，并简述拟开展研究的切入点、主要研究内容、拟解决的问题、采用的关键技术和方法，预期的目标。

(2) 研究方法：详细写出研究中所采用的研究方法、参数、条件、数据处理和统计方法。按照研究方案确定的方法，进行资料收集、调查研究，综合运用基础理论专业知识，并采用合理的统计方法对资料与数据进行汇总、处理和分析。

(3) 结果与讨论：采用文字描述与图、表相结合的方式，对研究结果进行表述、表征，并进行讨论。要求做到层次清楚、文字简练、语言通顺、图表清晰、结果准确、推论有据。其他形式的研究论文，也可对研究结果用于指导药品行业的实际工作进行验证，并对研究成果的先进性、实用性、可靠性、局限性等进行系统分析评价。

(4) 结论或结语：总结概述研究所取得的主要结果、结论，并提出作者在研究中的新发现、新观点，或采用的新技术、新方法；简要描述该研究成果的应用价值，并对未来改进研究进行展望或提出建议。

（六）技术改革方案类药学学位论文

1. 内容要求

(1) 选题：作为药学学位论文形式之一的技术改革（技改）方案类论文，选题应利用药学及相关专业知识，对原料药物、药物中间体、药物制剂、药用辅料以及其他医药相关产品的制备与生产的工艺流程、路线、方法、设备等提出改进措施，开展一定程度的创造性研究，提出新观点、新方法或新技术，使论文成果具有实用性和创新性。

(2) 研究内容：对选定技改方案进行文献资料查阅，了解和掌握国内外的研究趋势和发展前沿，运用系统的理论和方法分析亟待解决的技改问题，深入剖析现存问题根源，探索技改办法并建立技改方案和加以实施。进行的技改研究应具有实用价值及相应的工作量和难度。

(3) 研究方法：综合运用基础理论与专业知识对所研究的命题进行分析研究，采取规范、科学、合理的方法和程序，通过资料检索、研究试验、数据分析等技术手段开展工作，数据翔实准确，讨论分析严谨。

(4) 研究成果：给出明确的技改方案，提出相应的对策及建议。研究成果应具有实用性，并能体现作者的新观点或新见解。

2. 撰写要求　技改方案类药学学位论文的组成和正文字数与专题研究报告类药学学位论文相同。正文具体包括以下内容：

(1) 绪论：描述与分析研究所涉及的技改问题的国内外现状，阐明本技改问题产生的背景及研究的必要性，简要介绍技改方案主要内容及研究路线。

(2) 研究方法：针对技改问题的技术路线、解决原理和实施办法运用基础理论与专业知识进行综合剖析和深入研究，找出问题根源和解决办法。

(3)对策或建议：针对技改方案中的根源问题，提出相应的对策或具体建议。对策及建议应具有较强的理论与实践依据，并具有可操作性和实用性。

(4)总结：简要阐述技改报告的应用价值，系统归纳技改方案所涉及的主要改进内容及其结论，明确表述作者在技改工作中的新思路、新方法和新技术。

二、评价

药学学位论文形式可分为专题研究报告类等六种形式，下面分别对这六种类型的学位论文制定不同的评价指标体系，评价结论分为优秀、良好、合格、不合格四种，其相应的得分分别为：优秀≥ 90；75 ≤良好 <90；60 ≤合格 <75；不合格 <60。

(一) 专题研究报告类药学学位论文评价指标

专题研究报告类药学学位论文评价的一级指标分为：选题、应用性、新颖性、基础知识和规范性，一级指标的权重分别为：15%、40%、20%、10% 和 15%。专题研究报告类药学学位论文评价指标体系，详见表 5-2。

表 5-2　专题研究报告类药学学位论文评价指标体系

评价指标	评价要素	权重
选题	选题来源于药学实践领域的实际问题，立题依据清楚，有明确的研究背景，体现专业类别特点，有较好的应用价值和指导意义	15%
应用性	研发方案科学可行，研究内容先进实用，具有潜在的经济和社会效益，有较好的应用前景	40%
新颖性	采用新方法、新技术、新工艺等；有新思路、新观点或新见解	20%
基础知识	基础知识扎实，能正确并灵活运用基础理论和专业知识，研究步骤和过程科学规范	10%
规范性	结构合理，逻辑性强，表达准确，写作规范，引文规范	15%
综合评价		

(二) 调研报告类药学学位论文评价指标

调研报告类药学学位论文评价的一级指标分为：选题、应用性、方法与能力、基础知识和规范性，一级指标的权重分别为：15%、40%、20%、10% 和 15%。调研报告类药学学位论文评价指标体系，详见表 5-3。

表 5-3　调研报告类药学学位论文评价指标体系

评价指标	评价要素	权重
选题	选题来源于药学领域的实际问题，有明确的主题，体现专业类别特点，有较好的应用价值和指导意义。文献资料有代表性，充分反映国内外近期工作，综述清晰	15%
应用性	调查报告工作的难度适中，调查统计工作量饱满，论文成果具有参考价值和借鉴意义，对实践具有指导意义，有一定的社会效益或经济效益	40%
方法与能力	调查分析思路清晰，问卷设计科学，统计方法规范，分析和归纳方法科学，具备综合分析问题、解决问题和调查研究的能力	20%
基础知识	基础知识扎实，能正确并灵活运用基础理论和专业知识，研究步骤和过程科学规范	10%
规范性	结构合理，逻辑性强，表达准确，写作规范，引文规范	15%
综合评价		

（三）新药研发类药学学位论文评价指标

新药研发类药学学位论文评价的一级指标分为：选题、应用性、创新性、基础知识和规范性，一级指标的权重分别为：15%、40%、20%、10% 和 15%。新药研发类药学学位论文评价指标体系，详见表 5-4。

表 5-4　新药研发类药学学位论文评价指标体系

评价指标	评价要素	权重
选题	选题来源于本领域的实际问题，体现专业类别特点，有较好的应用价值和指导意义。文献资料有代表性，充分反映国内外近期工作，综述清晰	15%
应用性	研发方案科学可行；产品符合行业规范与质量标准；产品具有潜在的经济和社会效益	40%
创新性	采用新方法、新技术、新工艺；解决关键技术	20%
基础知识	掌握药学基础知识扎实，能正确并灵活运用基础理论和专业知识，掌握文献检索与资料查询的基本方法，研究过程科学规范	10%
规范性	结构合理，逻辑性强，表达准确，写作规范，引文规范	15%
综合评价		

（四）案（病）例分析类药学学位论文评价指标

案（病）例分析类药学学位论文评价的一级指标分为：选题、应用性、新颖性、基础知识和规范性，一级指标的权重分别为：15%、40%、20%、10% 和 15%。案（病）例分析类药学学位论文评价指标体系，详见表 5-5。

表 5-5　案（病）例分析类药学学位论文评价指标体系

评价指标	评价要素	权重
选题	选题来源于临床应用的实际案（病）例，有明确的临床应用背景，体现专业类别特点，有较好的应用价值和指导意义。文献资料有代表性，充分反映国内外近期应用指导，综述清晰	15%
应用性	方案设计科学可行；案（病）例分析先进实用，具有一定的临床指导作用	40%
新颖性	采用新方法、新思路或新的作用机制进行分析	20%
基础知识	基础知识扎实，能正确并灵活运用基础理论和专业知识，研究步骤和过程科学规范	10%
规范性	结构合理，逻辑性强，表达准确，写作规范，引文规范	15%
综合评价		

（五）项目管理类药学学位论文评价指标

项目管理类药学学位论文评价的一级指标分为：选题、应用性、科学性、实践性和规范性，一级指标的权重分别为：15%、25%、30%、15% 和 15%。项目管理类药学学位论文评价指标体系包括一级指标和二级指标，详见表 5-6。

表 5-6　项目管理类药学学位论文评价指标体系

一级指标	二级指标	评价要素	权重
选题	选题的专业性	来源于药品生产经营管理中存在的学术或技术问题，研究目标明确、范畴合理	15%
	选题依据	掌握研究主题相关的国内外现状与发展趋势。文献查阅全面、评述客观	

续表

一级指标	二级指标	评价要素	权重
应用性	论文及成果价值	论文成果对药学行业发展具有实际应用价值或指导意义，有潜在的社会经济效益	25%
	理论或方法的创新性	探索了有价值的现象与规律，提出的命题与方法具有较强的创新性	
科学性	设计的严谨性、合理性	设计合理、思路清晰，采用的方法恰当可行	30%
	研究内容与难易程度	内容适当，工作量饱满，有一定难度	
	研究结果、结论的科学性	资料与数据翔实，分析方法可靠，结果准确，推论有据	
实践性	基础知识和专业知识掌握情况	体现出已掌握本学科及相关领域较扎实的专业知识	15%
	分析问题和独立工作能力	体现出已具备一定分析问题和独立开展研究工作的能力	
规范性	学术道德规范	恪守学术诚信、学术道德和学术规范	15%
	写作的规范性	论文层次分明、条理清晰、逻辑性强，用词准确、语句通顺，图表清晰，文献引证规范	
综合评价			

(六) 技改方案类药学学位论文评价指标

技改方案类药学学位论文评价的一级指标分为：选题、应用性、创新性、科学性和规范性，一级指标的权重分别为：10%、40%、10%、20% 和 20%。技改方案类药学学位论文评价指标体系，详见表 5-7。

表 5-7　技改方案类药学学位论文评价指标体系

评价指标	评价要素	权重
选题	选题来源于药学实践领域的实际问题，有明确的应用背景和一定的应用价值	10%
应用性	论文成果对实践具有指导意义或有一定的社会与经济效益；研究工作有一定的难度	40%
创新性	运用新视角、新方法进行研究或探索，或提出新的见解	10%
科学性	论文设计严谨，内容及结论体现相关学科领域系统的专门知识和专业能力	20%
规范性	论文体现严谨的职业规范性；文字叙述准确通顺，文字、图表和参考文献格式规范；正文字数符合要求	20%
综合评价		

第四节　药学学位论文实例

一、前置部分

(一) 论文封面(题名页)

论文封面(题名页)，如图 5-2 所示。

分类号：TP311
密　级：公开

学校代码：10412
学号：201281703***1

江西中醫藥大學

Jiangxi University of Traditional Chinese Medicine

硕士学位论文

基于策略模式的****研究与系统设计

Data Mining Study and System Design of ***

Based on Strategy Model

学位申请人	罗*水
指导教师姓名	章新友
专业名称	药学
申请学位类型	学术型学位
论文答辩日期	2015年6月26日

中国·江西·南昌

2014年 12 月

图 5-2　学位论文封面(题名页)实例

（二）原创性声明及关于学位论文使用授权的声明

原创性声明及关于学位论文使用授权的声明（以硕士为例），如图 5-3 所示。

江西中医药大学硕士学位论文原创性声明

本人郑重声明：所呈交的硕士学位论文，是个人在导师的指导下，独立进行研究工作所取得的成果。除文中已经特别加以注明引用的内容外，本论文不含任何其他个人或集体已经发表或撰写过的作品成果。对本人的研究做出重要贡献的个人和集体，均已在文中以明确方式标明并致谢。本人完全意识到本声明的法律结果由本人承担。

学位论文作者签名 ＿＿＿＿＿＿

日　期：　　年　　月　　日

关于硕士学位论文使用授权的声明

本人完全了解江西中医药大学有关保留使用硕士学位论文的规定，同意学校保留或向国家有关部门机构送交论文的复印件和电子版，允许被查阅和借阅。本人授权江西中医药大学可以将本硕士学位论文的全部或部分内容编入有关数据库进行检索。可以采用影印、缩印或其他复印手段保存和汇编本硕士学位论文。

（保密论文在解密后应遵守此规定）

论文作者签名＿＿＿＿＿＿　论文导师签名＿＿＿＿＿＿

日　期：　　年　　月　　日

图 5-3　原创性声明及关丁硕士学位论文使用授权的声明

(三) 致谢

致谢,如图 5-4 所示。

致 谢

回首三年的硕士研究生生活，发现我最应该感谢的人就是我的导师章新友教授，正是在他的关心和培养下，使我从最初的懵懂逐步的成长，在这段时光里，他不仅教会了我如何做科研，更教会了我如何做人，他让我学到了很多知识，这种做人、做事、做学问的态度必将指引着我走好人生的路，它是我人生中一笔宝贵的精神财富。在以后的日子里，我会继续保持老师所说的踏实、勤奋的态度，不断地完善自己，充实自己，用自己的所学服务社会。

在课题的研究过程中，也有很多的知心朋友给予我帮助，我想说，如果没有你们，也不可能有我现在的进步。课题的研究不是一个一蹴而就的过程，在这漫长的科研过程中，也碰到了许多问题，是在你们的支持和帮助下，我才得以顺利的完成，在这里，请接受我由衷的感谢：感谢***、***两位同门师弟师妹在我课题研究中所提出的宝贵意见，感谢邵坚、苗琦等朋友在我遇到困难时的出谋划策。遇到你们，我真的很幸运。

我要特别地感谢我的家人，如果没有你们默默的付出，也不会有我现在的收获。我所取得的一切成绩最后都要归功于你们。是你们无声的支持给了我继续前行的动力，对你们的感激我真的不知道该如何表达，请允许我用最朴实的一句话对您说：您真的辛苦了!

最后，特别地感谢各位老师在繁忙的工作中抽出宝贵的时间来评阅我的论文。

图 5-4 学位论文的致谢

(四) 中文摘要

中文摘要，如图 5-5 所示。

中文摘要

基于策略模式的***的研究是建立在***信息资源的有效管理和***信息安全的基础上进行研究的，***信息资源的管理主要是一种针对***行业信息资源的一种管理方式。它主要借用了信息资源管理的方法，对***信息资源进行管理。本文首先对***信息资源管理的发展状况进行了简单的分析，指出了***信息资源的获取、管理和利用过程中出现的问题，进而提出了解决这些问题的一些建议，并对***信息资源管理的发展进行了讨论。随着***信息开发和利用的深入，人们对***信息安全管理在整个***组织运营管理中的作用的认识也越来越深。***信息资源安全主要是指***信息资源所涉及的硬件、软件及应用系统等的安全，确保它们受到保护，以防范和抵御对***信息资源不合法使用造成的***信息的泄漏和破坏。随着***信息技术的发展以及应用，使得***信息安全的问题比以往的任何时候都要突出。如同食品安全一样，***信息的安全问题正影响着我们的生活。***信息的安全问题已经成了我国医药信息化过程中亟待解决的课题，因此，对我国***信息安全存在的问题以及解决这些问题的对策进行了探究。解决了这类问题，在对***数据挖掘方法的研究的过程中，发现传统的挖掘模式对现代***的开发和利用具有一定的局限性，人们需要寻找新的途径和方法来挖掘***中潜在的、深层次的、更具有利用价值的***知识。针对这种现状，我们探讨了策略模式思想应用于***数据挖掘所具有的独特优势，并对此进行了深入研究，提出了基于策略模式的***数据挖掘的新思路。

关键词：***信息资源管理，信息安全；策略模式；***量子信息；数据挖掘；系统设计

图 5-5　学位论文中文摘要

（五）英文摘要

英文摘要，如图 5-6 所示。

Data mining study and system design of * based on strategy model**

[Author]Shan Shui Luo (Pharmacognosy)

Directed by[Prof. Xin You Zhang]

[Abstract]

Data mining study and system design of *** based on strategy model is based on *** information resources effective management and information security of *** information resources management is mainly a way for the Chinese medicine industry as a management of information resources. It is mainly borrowed information resource management approach to manage. This paper makes a simple analysis on the development status of *** information resource management, Pointed out problems in the process of the acquisition, and management and utilization about *** information resource, Then put forward some suggestions to solve these problems, The development of *** information resources management are discussed. With the development and utilization of *** information in depth, People to know the effect of *** information security management in the Chinese organizations in running management is more and more deep. *** information resource security mainly refers to the *** information resources involved in hardware, software and application system security, to ensure that they are protected by the, To prevent and resist information on medicine medicine information resources caused by illegal use of leaks and damage. With the development of information technology and application, the *** information security problems than ever before to highlight. As food safety as, Chinese medicine information security problems are affecting every one of us. The security problems of *** information has become an urgent subject medical informationization process in china, In this paper, Based on the analysis of the development process of *** information on safety, discussed the existence of *** information security problems and Countermeasures to solve these problems. To solve this kind of problem, Through the study of *** data mining methods, find that the traditional mining model has been unable to meet the development and use of modern medicine, people need to find new ways and means to tap the potential and deep, there is a greater value *** knowledge. In view of the situation, we discussed advantages of the strategy pattern thought for medicine data mining. And has carried on deep research, Put forward new ideas data mining study of quantum information of *** based on strategy model.

Keywords: *** information resources Management; *** information security; he strategy pattern; *** quantum information; Data mining; System design

图 5-6 学位论文英文摘要

（六）目次页（目录）

目次页（目录），如图 5-7 所示。

目　录

图 5-7 学位论文目次页(目录)

（七）注释表

注释表，如图 5-8 所示。

注 释 表

缩略词	英文全称	中文译名
DM	Data Ming	数据挖掘
ARM	Association Rule Mining	关联规则
ANN	Artificial Neural Network	人工神经网络
DT	Decision Tree	决策树
RS	Rough Set	粗糙集
PCA	Principal Component Analysis	主成分分析
SP	Strategy Pattern	策略模式
B/S	Browser/Server	浏览器/服务器
ADO.NET	ActiveX Data Object. Network	网页的数据对象
ASP.NET	Active Server Page. Network	活动服务器网页
IRM	Information Resources Management	信息资源管理
TCMIS	Traditional Chinese Medical Information Security,	***信息安全
DBS	Database System	数据库系统
DB	Database	数据库

图 5-8　学位论文注释表

二、主体部分

主体部分的各章节(1~7 章),分别如图 5-9 所示。

基于策略模式的中医药数据挖掘研究与系统设计

引　言

现如今，***信息资源已经成为了竞相争夺的一种重要的战略资源，加强***信息资源的获取，不仅能够使我们得到所需要的有价值的***信息，而且能够使我们在激烈的市场竞争中找到自身的精确定位，为迅速准确的做出决策提供依据，并且能够加速***信息的全球性传播、共享和利用，加快有效信息转化为知识的速度，促进***信息知识快速更新[1]。***信息资源的利用，不仅促进了***信息间的交流，而且拓宽了***信息资源服务的领域，提升了***信息资源服务的层次及***信息的利用率，同时，在增加了社会效益的同时也增加了经济效益。但是，我国***信息资源的利用率统计数据表明，***信息资源的利用率总体水平不高。当今的信息社会，主打的是一场信息化的战争，信息的安全就显得尤其的重要，***信息安全(Traditional Chinese Medical Information Security, TCMIS)也是如此。正所谓“三分靠技术，七分靠管理”，可以想象管理信息安全是多么的重要[2]。影响***信息安全的因素有很多，比如，软件漏洞、***信息资源的错误使用、环境影响、人为原因、病毒和黑客的攻击等，这些都严重威胁着***信息的安全，这些威胁也逐渐使人们意识到了***信息安全在医疗卫生和药品行业管理中的重要作用。***数据的挖掘对***数据库或***学数据集合提供知识和决策，它是***决策支持系统的重要组成部分[3]。***是中国医疗健康行业重要组成部分[4]，大量的临床、科研实践以及古籍、文献积累了丰富的理、法、方、药等***数据，怎样有效的利用这些***数据，如何发现这些海量数据中存在的隐含关系，挖掘数据中潜在的知识，是提高***使用价值研究的重要课题。针对这个问题，本文采用了在策略模式思想的基础上挖掘***数据的方式，此挖掘方式有别于纯粹的数据挖掘，能够实现单纯使用数据挖掘方法所不能解决的问题，大大提高了***数据挖掘的效果。策略模式思想在不同***问题和不同数据挖掘方法之间建立了一对多、多对一、多对多的解决方法，拓宽了***数据挖掘的途径，本文将以此研究为***的开发利用提供一种新的思路。

1

(a)引言

基于策略模式的中医药数据挖掘研究与系统设计

1 ***信息资源的开发与利用

“信息资源管理”（Information Resources Management, IRM）一词形成于 20 世纪 70 年代末 80 年代初，首次使用是在美国的政府部门，此后迅速扩大到了工商企业、科研机构和高等学校等部门。经过最近 30 多年的发展，其理论和实践研究在全球范围内快速扩展。***信息资源作为社会信息资源的一部分，既继承信息资源的共性，也具备其自身的特性[5]。***信息资源管理是***学和信息技术相互结合、相互交叉的一种产物，它主要是通过对***信息资源的获取、分析，再经过筛选，得到真实、可靠的数据，为***企业的发展提供依据，为用户的***信息需求提供支持。现如今，***信息资源的价值越来越得到体现，这是因为现在的公众比以往更加关注自身的身心健康、疾病预防以及生活方式的优化，对健康信息的需求也日益迫切[6]。

1.1 ***信息资源的获取

1.1.1***信息资源获取的现实意义

现在的社会已经是一个信息化的社会，随着与信息相关的技术发展，***信息资源也在快速的增长，其获取的方式也在不断的变化。***信息资源整合有利于医生在自己的办公室、病房等网络所覆盖的地方随时随地检索所需的***等相关专业文献信息[7]，但是，没有***信息资源的获取就没有***信息资源的整合组织，更谈不上***信息资源的共享，因此***信息资源的获取不但是***信息化的重点，也是***信息化的出发点和归宿。另外，***信息资源的获取也是***信息资源得以管理和利用的前提条件。

1.1.2 ***信息资源获取中存在的问题

我们应该清楚的看到，我们现在对***信息资源的获取的过程中还存在一些问题，这些问题的存在将会影响到我们所获取的***信息资源的质量。在发现了这些问题后，我们要想办法解决这些问题。

1.1.2.1 对获取的***信息的准确性重视程度不够

我们一定要确保我们所获取到的***信息的真实性，不然的话，浪费了精力不说，严重的话还会因为得到不真实的***信息，做出了错误的决定，造成严重的后果。我们一定要注意***信息来源的渠道，以及***信息获取的方式，这是***信息资源获取工作非常重要的地方。为了能够获得准确的***信息，我们一定要

2

(b)第一章

2 ***信息资源安全与对策

2.1 ***信息安全存在的问题

2.1.1***信息安全管理不到位，缺少一套行之有效的管理方案

网络信息管理必须基于信息安全而设计，以确保信息安全，从而更好地为信息用户服务[13]。***信息的安全管理也是如此，目前，***信息安全的管理的各项规章制度还不能满足现在的***信息安全的要求。例如，关于患者隐私安全的问题，医药公司非法“统方”的问题，***信息泄露、更改的问题等都没有明确的、有针对性的安全管理要求和条例规定，虽然，一些***单位制定了一些规程，但是这些规程只是在单位内部使用，缺乏统一的标准，也不能够成为共同遵守的准则，这些都严重影响了我国***信息化有效发挥应有的作用。

2.1.2***信息安全防护能力差，没有一个完整的安全保护系统

信息系统经过近些年的发展，虽然已经初具规模，逐步成为了行业信息化的主要推动力量，促进了***企业的科学化管理，提高了***服务的质量，但是，***信息系统也正在面临着一系列安全问题，像服务器安全、操作系统安全、计算机工作环境安全、存储设备安全、系统管理安全等，有时候甚至牵涉到医疗机构与银行、社保等机构间的数据交换安全及现金结算安全。这些问题不仅影响了医药单位的社会形象，还造成了一定的经济损失。***信息系统在安全性方面得不到保障，以至于其成为了***信息化建设过程中的短板，严重影响了***信息化的进程。

2.1.3***数据库建设不够完善，存在***信息数据丢损的现象

随着***信息化的不断深入，越来越多的数据库系统正在建立，为了提高服务的水平，数据交互平台也逐渐出现了，但同时***信息安全性问题也同时出现了，例如，在***数据交流时，持续性建设状态不好，相当一批数据库没有保持维护[14]，安全保护措施不到位，或者数据库自身存在着安全漏洞等原因，一些***公司的重要数据就被轻而易举的获得，有些人甚至会恶意篡改这些信息或者传播这些信息，给个人和医药单位造成了极大的危害。

2.1.4 信息安全监管成效不明显，信息安全监管的力度不够强大

对***信息的流通和使用的全过程缺少一套有效的安全监管体系。国家的***信息电子监管系统与有关的***企业信息化系统不能实现对接。对***信息的不合

(c)第二章

3 ***信息量子化与规范

3.1 ***信息量子化处理过程

近年来，国内学者研究的重点放在了***信息数据库系统的研究上，***的信息分为两类；一类是还在不断增加的，如新的天然产物组分、药理活性数据等；另一类是基本上已经稳定但需要标准化的信息，如中药的传统药效、炮制方法等[17]。***信息数据库研究绝大多数针对的是具有排他作用和相对独立内涵的词组型短小数据，如功效、归经、用法用量、毒性、化学成分等***信息建立数据库，这类数据大多数可以利用计算机进行直接的量化处理。而另一类则是由多个汉字组合而成的复杂的大文本的***数据或图片，如药理作用、临床诊断、各家论述以及***图片等信息。这类数据与发掘***深层信息有着非常重要的关系，但是大部分内容如果不经过特殊处理是不适合用计算机进行量化处理的，并且传统的方法不能有效解决描述模糊的***信息的提取，提高***数据定量提取的准确度需要解决模糊概念的准确描述[18]。为此，本研究在***数据库设计中引入了***信息“量子化”概念，此概念是指通过合理的剖析将原有的复杂的***数据进行细化，成为由若干汉字或数字组成的具有相对独立内涵的、不可再行细分的和排他作用的最小信息单位，这种最小信息单位就称之为***信息的“量子”[19]，***信息的量子化处理过程称之为“量子化”，***信息经过量子化后，将***数据中大量带有模糊性的、有噪声和冗余的数据进行清理和过滤，保证***数据的确定性、一致性和唯一性，以满足适合数据挖掘的需求，如对中药非药用部位的分离和清除经量子化后，被细化成了去根、去茎、去枝、去梗、去皮、去壳、去毛、去心、去核、去芦、去瓤、去头、去尾、去皮、去骨、去足、去翅、去残肉、去杂质、去霉败品等20个量子。对中药的图片的相关信息采用的量子化的方式是拼音首字母加数字进行编码，如第一张山药图片可以编码为SY1。通过对***的原始数据进行“量子化”处理，能够使原来内容复杂的***数据被细分成若干个拥有独立概念的“量子”信息，在这些“量子”信息的基础上建立***量子信息数据库，为实现***数据的深度挖掘奠定基础。***量子化处理过程如图3-1所示。

3.2***量子信息数据库数据统计分析

(d)第三章

基于策略模式的中医药数据挖掘研究与系统设计

4 ***信息数据挖掘与应用

4.1***数据挖掘技术概述

数据挖掘（Data Ming）是从大量数据中发现新颖的、有效的、潜在有用的并且最终可以被理解的知识的过程，旨在帮助决策者寻找数据间潜在的关联，找出难以人工发现的因素[21-22]。与传统的信息处理方法有着很大的不同，数据挖掘方法大都基于机器学习、模式识别、统计学等领域知识[23]，数据挖掘能实现以线性和非线性的方式进行数据的解析，进而发现潜在的有用的知识。数据挖掘技术的应用范围几乎涵盖了所有的***研究领域，尤其是在方剂配伍、***质量鉴定等领域的应用成为当今研究的热点。数据挖掘的方法有很多，常用的数据挖掘方法有关联规则、回归分析、决策树方法、聚类分析、频数分析、人工神经网络等，数据挖掘技术在处理模糊的、非线性特征的***数据时，比传统处理方法有着非常明显的优势[24]。数据挖掘技术通过对大量的数据进行分析，能够有效地实现对***的深层次研究。例如，利用数据挖掘技术可以对许多医药学家的理论进行深度的挖掘，这能够进一步促进对***理论和***实践的统一认识。利用数据挖掘技术的聚类分析方法对四气五味进行聚类，对一些中药进行分类预测。利用关联规则对一些中药的药性特征进行辨识，将一些没有归类的中药进行归类预测。本文对数据挖掘方法在***领域的应用进行了探究，以“中国知网”为检索数据库，以“数据挖掘方法”和“***”为检索词，检索了近10年间发表的相关文献，对这些文献进行了处理，剔除不相关文献，最后103篇文献作为最终的研究对象。在整个过程中，尽量保证了文献入选的随机性，以便于提高数据的可信度。最后，对这些文献进行了统计分析。例如，何前锋等[25]利用聚类分析的方法，从功效分类入手，由简到繁地探索了中药方剂的配伍规律；于红艳等[26]利用关联规则对中药药性和归经进行了研究，发现联系较为紧密的频繁相集是温-辛、寒-苦、平-甘、凉-甘等；尚尔鑫等[27]基于关联规则对中药配伍禁忌进行了研究，发现部分属性组合热-肺、热-苦、热-胃等在药对中出现的频率较低，而在配伍禁忌中出现的频率却很高。数据挖掘方法与中药相关属性文献统计结果如表4-1所示，数字代表文献篇数。

从表 4-1 的统计结果分析，总结出了数据挖掘方法与其主要针对的中药属性对应关系，见表4-2。

27

(e)第四章

5 基于策略模式的***数据挖掘

5.1 基于策略模式的***数据挖掘介绍

就目前国内而言，很多数据挖掘方式和方法被应用到了***的研究中，但却只局限于具体问题，即数据挖掘具体某种方法与***研究中某一具体问题是一一对应的关系，传统的数据挖掘方法和问题关系示意图，如图 5-1 所示。这种数据挖掘方法尽管取得一定的成果，但对于***数据的挖掘和充分有效的利用，以及对***领域进行探索性的试验和研究，挖掘更具有价值的***数据却存在很大的局限性。

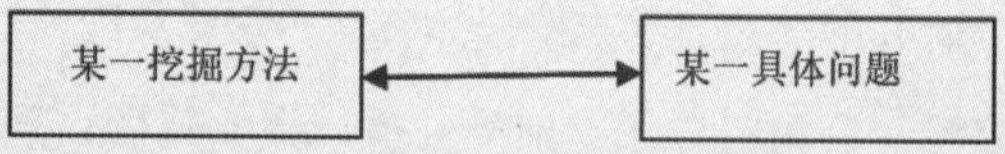

图 5-1　传统的数据挖掘方法和问题关系示意图

Fig5-1 Traditional data mining methods and issues related schematic

为此，本文首先针对策略模式在***数据挖掘方法的应用进行了研究，探索***数据挖掘的策略模式与方法，在此新方式和新方法的基础上，设计并实现一种能够在不同问题和不同方法之间实现灵活的"多对多关系"的***数据挖掘技术，其对应关系示意图，如图 5-2 所示。在处理方法上是将***问题(数据或信息)封装，将数据挖掘方法(算法)封装，从而实现：一是对某一问题分别采用不同方法解决，避免某一问题被束缚在一种方法中，可以相互对比不同方法的解决效果；二是某一种方法应用于不同的问题，可以在尽可能多的问题中最大限度发挥某一种方法的最大作用。

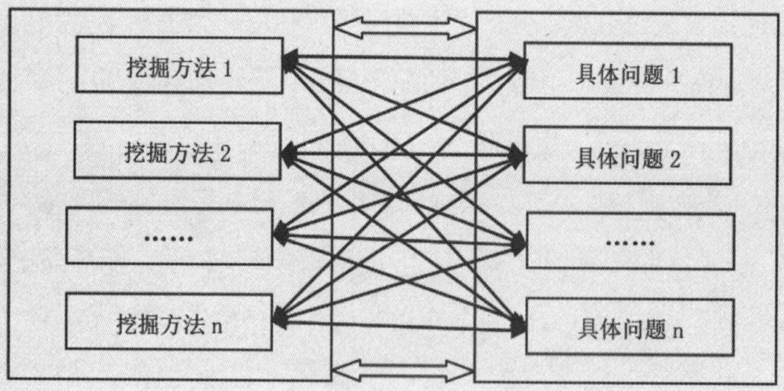

图 5-2　数据挖掘多对多关系示意图

Fig5-2 Many relationship diagram of the data mining

(f)第五章

基于策略模式的中医药数据挖掘研究与系统设计

6 基于策略模式的***数据挖掘系统的设计

6.1 基于策略模式的***数据挖掘系统开发的需求分析

现在的***数据挖掘系统很多，但是基于策略模式的***数据挖掘系统几乎很难找到。目前，随着国家对***发展的重视以及对***产业发展的大力支持，***的发展达到了前所未有的速度，越来越多的人正在选择***治疗疾病，护卫健康。大部分医院增设了中药房，加大了对中药的调剂；医药企业也扩大了对***产品的研发力度，不断地开发出新的产品。***对维护人民的健康扮演了非常重要的角色。人们迫切地想通过某种途径方便快捷的获取***信息，以便采取相应的策略。针对用户的此种需求，我们开发了基于策略模式的***数据挖掘系统。在此系统中，用户可以轻松的对***信息进行查询，获得自己需要的信息；还提供了对***信息的宣传功能，增加用户对***的知识的获取；本系统还实现了咨询功能，能够及时地对用户遇到的问题进行沟通和解答；此系统的研制对***信息知识的发现和深度挖掘也具有非常重要的意义。

6.2 系统开发工具选择和网络架构设计

6.2.1 系统开发工具选择

系统运行的软件结构我们选择 B/S(Browser/Server)形式，它是 WEB 兴起之后的一种网络结构模式，它最大的优点是不需要客户端安装专门的软件，仅需要一个浏览器即可。浏览器自动通过 WEB 服务器与数据库进行连接。考虑到兼容性的问题，选择了 Oracle 数据库，它是目前在 B/S 体系结构中最流行的数据库之一，具有非常完整的数据库管理功能，它在数据的可靠性、共享性、大量性以及保存的持久性方面都有独特的优势，并且还具有一定的数据恢复功能，能够轻松的实现对数据仓库的操作运行。在服务器端应用程序的开发方面，使用了(Active Server Page. Network,ASP.NET)，它是基于通用语言的编译运行程序，所以功能性和适用性都特别的强大，几乎可以运行在 WEB 应用软件开发的全部平台上。数据接口的处理、通用语言的基本库、消息机制都能够完美的整合到 ASP.NET 的 WEB 应用中。ASP.NET 的开发平台选择了 Microsoft Visual Studio2010 .NET。之所以选择 Microsoft Visual Studio2010 .NET 主要是在于它把代码的编写、程序的调试、编译、运行以及其他的相关操作都集成在了一个平台上，使软件设计开发人员的工作效率大大提高，避免了将时间浪费在不必要的工

37

(g)第六章

基于策略模式的中医药数据挖掘研究与系统设计

7 基于策略模式的***数据挖掘系统的实现

7.1 系统模块组成及其功能

7.1.1 系统功能模块

本系统主要是为广大用户提供基于策略模式的***信息。在此系统中，通过系统管理员的审核，以保证信息的可靠性，确保在网站上显示的信息都是真实、可以信赖，并为用户提供强大的咨询服务[47]。后台功能逻辑框图，如图 7-1 所示。

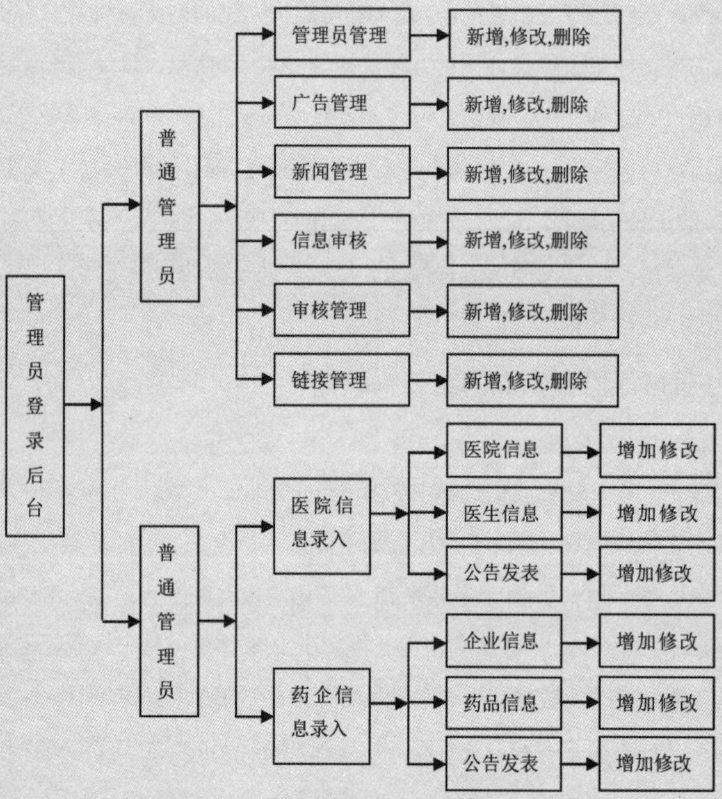

图 7-1 后台功能框图

Fig7-1 The backstage function block diagram

7.1.2 系统功能模块的功能

7.1.2.1 系统登录模块

当用户要进入系统时，首先登录系统管理员账号，之后添加部门，并为部门分配管理员，部门管理员分为两种：一是为医院信息录入员和药品公司信息录入员；二是系统管理员审核人员，主要负责审核医院信息录入员和医药公司信息录

42

(h)第七章

基于策略模式的中医药数据挖掘研究与系统设计

小结与展望

我国的***信息资源的开发利用水平还不是很高，***信息资源管理还存在着一些问题，当前，我们正处在***资源信息化的关键时期，能否抓住并且利用好这个机会，直接关系到我国***事业的发展以及在国际社会上的竞争力。我国***信息化的建设还需要我们进一步的探索和创新，也需要政府的大力支持，我们要逐步推进***信息化的标准制定，建立健全***信息资源方面的人才培养模式，提高***信息行业的从业人员的素养和创新精神，不断提高***信息化水平，从而促进***科学的发展以及人类健康事业的现代化。***信息安全问题成为了影响我国卫生事业健康发展的一个很重要的因素，也成为了我国***信息化过程中急需解决的问题。不管是现在还是未来，有关***信息安全的法律法规，***信息安全技术，***信息安全标准以及***信息安全管理体系都是我国***信息安全领域重点研究的对象，本文虽然对这些领域做了一定的论述，但是还有待进一步的补充完善。此外，我们还要加强对***信息安全方面的体制改革，使其不断适应***信息化的快速发展。我们相信，随着***信息安全各项工作的逐步开展，***信息安全对推进我国卫生体制的改革，维护公众的利益以及在保护国家的安全中将会发挥越来越大的作用。随着对***信息研究的进一步深入，传统的研究方法已经无法达到现代***发展的需要，许多药学工作者正在努力寻找新的思路实现对***信息研究的新突破，通过对策略模式思想和数据挖掘方法的研究，提出了将现代技术与传统***信息相结合应用于***信息研究的思想，并把这 思想付诸了实践。基于策略模式的***数据挖掘研究对实现***科学管理和有效利用是一种行之有效的方式，尤其是增强了***数据挖掘的深度和广度，亦为***产业化、现代化提供了更多的信息资源。

50

(i) 小结与展望

图 5-9　学位论文主体部分

三、参考文献

参考文献，如图 5-10 所示。

基于策略模式的中医药数据挖掘研究与系统设计

参考文献

[1] 万仁甫,徐伟亚.***数据库的现状及发展趋势探讨[J].中国药房,2006,17(10)：794-796.

[2] 孙磊,李阳,王海岩.探讨信息安全保障的常见策略及发展[J].科技资讯,2013,19:11-12.

[3] 于净,李定远,王海燕.数据挖掘在医药信息学中的应用探究[J].中国***现代远程教育,2010,15:59-60.

[4] 董燕,崔蒙.***信息标准研究现状与趋势,世界科学技术-***现代化,2009,11(4):612-615.

[5] 贺培风,吕艳华,何小峰.医药信息资源配置效率评价的构想[J]医学信息学杂志.2009,30(6):46-49.

[6] 程志舫,陈玉文. 对构建以医药信息为主导的公共健康信息平台的建议[J].中国药房,2013,24(5):392-394.

[7] 唐莉.医院医药信息资源数字化建设及整合[J].医学信息学杂志,2011,32(8):73-75.

[8] 张馨遥.健康信息需求研究的内容与意义[J].医学与社会,2001,14(1):51.

[9] 胡家荣,张亚莉.医药信息素养[M].北京:人民军医出版社,2007:1.

[10] 吴园园,章新友.我国***信息系统存在的问题与对策[J].时珍国医国药，2009,20（10）:2583-2585.

[11]周华英,张启蕊.信息技术在***领域应用研究概况[J].中国***信息杂志,2011,18(3):110-112.

[12] 孟凡红,万芳.我国***信息化建设与发展[J].中国***信息杂志,2010,17(11):3-5.

[13] 孙波.基于现代网络信息安全的信息管理分析[J].信息通信,2013,2:134-135.

[14] 黄玲玲.我国***数据库建设存在的问题及对策[J].中华医学图书情报杂志,2012,21(2):18-20.

[15] 刘斌.关于信息安全管理体系的研究[J].信息安全,2013:169-170.

[16] 杨波.浅谈信息安全[J]. 数字技术与应用,2013:198-199.

[17] 刘海波,彭勇,肖培根,等,当前***数据库建设中的几个问题，世界科学技术-***现代化,2009,11(3):339-343.

[18] 宋钰,何小利,张刚园.关联规则在医药云数据定向中的应用与仿真[J].计算机仿真,2013,02:239-242.

[19] 吴园园,章新友.***信息量子化研究[J].江西中医学院学报,2008,20(2):56-57.

[20][加]Jiawei Han,[加]Micheline Kamber.数据挖掘概念与技术(第 2 版)[M].范明,孟小峰译.北京:机械工业出版社,2007:146-177.

[21] Jiawei Han，Micheline Kanber,Data Mining:Concepls and Techniques.USA Morgan Kaufmann Publishers Jnc,2001,7:5-11.

[22] Cheung D,Hwwang HY. Effiecient Rule-Based Attribute-oriented Induction for Data Minig.Journal 0f Intelligent information System,2000,15:175-200.

[23] 黄山,郭立玮.数据挖掘技术在医药研究中的应用[J].中华***学刊,2008,02:357-359.

[24] 王欣.基于数据挖掘技术的医药信息整合进程研究[J].齐齐哈尔医学院学报,2010,06:911-912.

[25] 何前锋,周雪忠,周忠眉,等.基于***功效的聚类分析.中国***信息杂志,2004,11(6):561-562.

[26]于红艳,许成刚.关联挖掘技术在***药性及其他属性间关系的应用研究.中国实验方剂学杂

51

基于策略模式的中医药数据挖掘研究与系统设计

志,2013,19(14):343-346.

[27]尚尔鑫,范欣生,段金廒,等.基于关联规则的***配伍禁忌配伍特点的分析.南京***大学学报,2010,26(6):421-424.

[28] 吴丽,周良. 数据挖掘方法在***领域的应用浅析[J]. 医学信息,2009,05:576-578.

[29] 张博. 基于关联规则的数据挖掘技术在***方剂配伍中的应用研究[J]. 甘肃联合大学学报(自然科学版),2011,01:82-86.

[30] 赵群礼. 关联规则数据挖掘方法的研究和实现[D].西安:西安科技大学,2005.

[31] 修春波.人工智能[M].北京: 机械工业出版社,2011: 138.

[32] 白立飞,张海涛,张寒琦等.虚拟组分-人工神经网络用于***紫外光度法中多组分的同时测定[J].光谱学与光谱分析,2007,27(1) :126-130.

[33] 王鸿斌,张立毅, 胡志军. 人工神经网络理论及其应用[J]. 山西电子技术,2006,2:41-43.

[34] 魏晓云. 决策树分类方法研究[J]. 计算机系统应用,2007,09:42-45.

[35] 田苗苗. 数据挖掘之决策树方法概述[J]. 长春大学学报,2004,06:48-51.

[36] Michael P.S. Brown, William Noble Grundy, David Lin, etal. Knowledge-based analysis of microarray gene expression data byusing support vector machines[J].PNAS,2000,97(1):262～267.

[37] Pawlak Z. Rough set. International Journal of Computer and Information Sciences, 1982, 11: 341-356.

[38] 张文修,吴伟志. 粗糙集理论介绍和研究综述[J]. 模糊系统与数学,2000,04:1-12.

[39]吴成东,许可,韩中华,裴涛. 基于粗糙集和决策树的数据挖掘方法[J]. 东北大学学报,2006,05:481-484.

[40]张政超,关欣,何友,郭伟锋. 粗糙集理论研究的新进展[J]. 计算机与现代化,2009,11:16-21+25.

[41]Kusiak A, Kern JA, Kernstine KH, et al. Autonomous decisionmaking: a data mining approach [J]. IEEE Trans Inf TechnolBiomed, 2000, 4(4):274.

[42]顾铮,顾平.信息抽取在中医研究中的应用[J].医学信息,2005,18(9).

[43] 史忠植.知识发现.北京:清华大学出版社,2002.8.

[44] P ierce,E.M.Develop ing and delivering a d ata w arehousing and mining course. Commun ications of the A ssociation for Information Systems, 1999, 2 (16).

[45] 马媛,赵智宝.基于策略模式数据粗化算法类库设计与实现[J].软件导刊,2009,12:44-46.

[46] 尚尔鑫,叶亮,范欣生,等,基于改进关联规则算法的***药对药味间性味归经功效属性关系的发现研究,世界科学技术-***现代化,2010,12(3):377-382.

[47] 章新友,杨琴,周敏等. 基于 ADO.NET 网络多媒体课件的研制[J]. 江西中医学院学报，2009,21(5):88-91. [48] 余辉,吕扬生.数据挖掘技术在生物医学领域的应用[J].国外医学·生物医学工程分册,2003,26(2):54-59.

[48] 常惟智,刘树民,卢芳.***药性与功效关联性的研究分析及展望[J].时珍国医国药,2009,20(3):633-634.

52

图 5-10 参考文献

四、附录

附录：攻读硕士学位期间取得的学术成果，如图 5-11 所示。

基于策略模式的中医药数据挖掘研究与系统设计

附录：攻读硕士学位期间取得的学术成果

1 主持课题

主持江西***大学创新专项资金项目：***寻医问药咨询系统的设计与实现（JZYC14C07）。

2 参加课题

[1] 参与了江西省教育厅科学技术研究项目：基于策略模式的***信息数据挖掘平台的设计与研究（No.GJJ12522）。

[2] 参与了 2012 年江西省研究生创新专项资金项目：***量子信息素材数据库系统研究（YC2012-S105）。

[3] 参与了江西省卫生厅***科研计划基金资助项目：江西***医疗信息咨询系统的开发与应用（No. 2010A008）。

3 已发表和录用的论文

[1] 罗*水,章新友,肖芬芬等,***不良反应信息咨询系统的设计与实现[J].时珍国医国药,2014,12:87-89.

[2] 罗*水,章新友,李味味,齐城成.基于省情的医疗咨询系统的设计与实现[J].江西***大学学报,2015.

[3] 章新友,罗*水,肖芬芬等.***寻医问药咨询系统的设计与实现[J].***导报,2014,20(13):25-29.

[4] 罗*水,章新友,肖芬芬,李味味.《医学图形图像处理》精品课程建设与教学方案设计[A].全国高等院校计算机基础教育研究会会议论文,清华大学出版社.

[5] 罗*水,章新友,李味味,齐城成.基于策略模式的***数据挖掘研究与系统设计[J].世界科学技术-***现代化.(审稿中)

[6] 罗*水,章新友,李味味, 齐城成.医药信息安全存在的问题与对策分析[J].时珍国医国药.(审稿中)

[7] 肖芬芬,章新友,罗*水.***量子信息素材数据库系统的设计与实现[J]中国***图书情报杂志,2014,38(2):1-4.

[8] 章新友,张春强,罗*水.大学基础课程实验教学方案设计的研究与实践[J].大学物理实验,2014,27(2):126-128.

54

图 5-11　学位论文附录

五、结尾部分

结尾部分,如个人简介等,如图 5-12 所示。

基于策略模式的中医药数据挖掘研究与系统设计

个人简介

罗*水，中共预备党员，本科就读与江西***大学，所学专业为***学专业，在攻读硕士研究生期间，成绩优异，表现突出。在学习方面，踏实勤奋，刻苦努力，硕士研究生课程成绩位于年级前列，并取得了执业***师、初级药师、初级***师证、高级***调解员、中级医药商品购销员等证书。在科研方面，主持了1项校级研究生创新项目，参加了2项省级课题的研究工作，发表论文6篇，其中1篇被全国高等院校计算机基础教育研究会医学专业委员会评为“优秀论文三等奖”。担任了学生会督察部部长、2012级研究生三班团支部书记等职务，积极组织和参与了学校和研究生院举办的各类活动，能力得到了充分锻炼。参加了党校培训，努力学习了党的各种先进思想，思想觉悟有了很大提高，深刻领悟了党的全心全意为人民服务的宗旨，已经成为中共预备党员。该生和同学保持了良好的关系，乐于助人，诚实守信。在获奖方面，获得2014年硕士研究生国家奖学金，2013年至2014年期间，先后被评为“优秀青年志愿者”、“优秀学生干部”、“十佳团支部书记”、“社会实践先进个人”等荣誉称号。

55

图 5-12　学位论文结尾部分

[思考题五]

5-1　药学学位论文选题的原则有哪些?

5-2　药学学位论文选题的方法有哪些?

5-3　药学学位论文的密级分为哪些?

5-4　简述药学学位论文撰写流程。

5-5　简述药学学位论文写作格式(体例)。

5-6　药学学位论文写作的注意事项有哪些?

第六章　药学其他论文与专利文书写作

[导引]

药学学科研究生学习常见的药学其他论文(如药学科普论文、药学教育论文、药学服务论文)和专利文书的撰写,不仅是为了培养研究生今后撰写相关药学工作研究论文的能力,更是为今后从事相关药学工作打下扎实的论文写作基础。掌握好上述文章或文书的撰写,对于药学工作者来说也是非常必要的,本章就上述四类文章的撰写作一介绍。

第一节　药学科普论文写作

一、基本要求

“科普”就是科学普及,是指利用各种传媒以浅显的、用公众易于理解、接受和参与的方式向普通大众介绍自然科学和社会科学知识、推广科学技术的应用、倡导科学方法、传播科学思想、弘扬科学精神的活动。科普是社会教育的重要组成部分。

药学科普论文是指以向大众普及药学科学知识为主要目的的文章。药学科普论文的写作对于培养药学专业研究生的观察能力、思维能力、科研能力和表达能力,夯实科研基础知识,激发科研兴趣,具有重要的作用。

药学科普论文内容广泛,涉及药学科技知识与成果、临床用药知识、药师传记等,形式多样,可以通过文字、图片、音频、视频等形式呈现。药学科普论文的写作应遵循以下的基本要求。

1. 科学性　科学性是药学科普论文写作的基本要求。药学科普论文的宗旨是传播药学知识,涉及的药学专业相关知识、信息、事例等内容要真实可靠、准确严谨、有科学依据,不得吹嘘夸大。传播的手段和方法可以灵活多样,但是其传播的内容必须具有科学性。

2. 实用性　实用性是药学科普论文写作的基本要素。药学科普论文宣传的药学知识能解决实际问题,具有指导作用。如宣传合理用药知识,有利于公众合理地使用药物,降低不良反应发生率,提高公众的用药依从性和药物治疗效果;如宣传药品管理相关法律法规,有利于提高公众的维权意识;如宣传购药时的注意事项、储存药品的方法,有利于药物的安全使用和合理储存。

3. 通俗性　通俗性是药学科普论文写作的基本特点。药学知识专业性强、术语多,而公众普遍缺乏药学专业知识储备。因此,药学科普论文在内容叙述上要生动有趣、深入浅出,能引起公众的兴趣;在用词上要准确,专业术语尽量用通俗的语言表达,使公众易于理解;在写作方法上可以采用文学修辞手法增加文章的趣味性。

二、撰写流程

(一) 确定选题

药学科普论文在进行选题时，应遵循客观性、新颖性、需要性和可行性的原则。

1. 客观性　客观性系指选题的依据是客观真实的，而不是虚假的。因而，在选题时，必须尊重客观事实，不可妄加臆测。客观性是科学性的基础，药学专业知识具有专业性和实践性，从客观实践中选择题材，才能保证药学科普论文的科学性。

2. 新颖性　新颖性系指选题要有新意，要立足于“新”。凡与药学知识新发现、新观点、新见解、新技术、新产品、新工艺、新政策有关的题材，都可以作为药学科普写作的选题。作者应把握选题的新颖性原则，着眼于当今国内外药学研究的前沿及公众关注的药学热点问题。

3. 需要性　需要性系指在确定选题时，应注意到社会及公众的实际需要，以满足公众对药学知识的需求为出发点进行选题。如根据季节变化，可以选择时令用药专题。春季是过敏多发期，可选题为“春季过敏的防治”；夏季是中暑的高发期，可选题为“藿香正气水预防中暑”；秋季风干物燥，可选题为“滋阴润肺中药话食疗”；冬季是进补季节，可选题为“中药膏方进补”等。

4. 可行性　可行性系指在确定选题时，必须具备一定的主观条件和客观条件。所谓的“主观条件”是指确定选题时，作者要考虑自身条件，力求扬长避短。这取决于作者的专业特长、知识结构、学术水平、写作能力、兴趣爱好及对选题的理解等。所谓的“客观条件”是指确定选题时，必须考虑到社会的现实需要和出版的可行性。

(二) 收集材料

收集材料是写好药学科普论文的第一步。药学科普论文的材料收集方法有平时积累和专题检索两种。

1. 平时积累　对学习、生活、工作中涉及的合理用药知识、药学动态、药学新政策、药学咨询、药学事件等信息，多观察、多思考，多了解公众对药学知识的需求、公众关注的药学热点问题，日积月累，将收集的材料按药学知识的学科特点分门别类进行归纳整理，以备需要时查找。

2. 专题检索　利用图书馆的检索工具、数据库等资源，有针对性地进行药学专题文献资料的检索，包括图书、期刊论文、科技报告、标准、学位论文、专利等。对检索的材料要用心咀嚼、消化，边阅读、边思考，取其精华、去其糟粕，做好笔记。这种收集材料的方法适合特定药学知识专题的科普论文写作。

收集材料的过程是丰富知识、启迪思维的过程，对药学科普创作大有裨益；又是筛选、鉴别、消化的过程，要尽可能查阅权威参考工具书、质量高的论文，少用转引的材料，不能让虚假、错误的材料成为药学科普写作的依据。

(三) 常用药学科普文体的具体要求

1. 药学科普说明文

(1) 概念和特点：药学科普说明文是以说明为主要表达方式的一种文体。它通过解释、介绍、阐述药学知识，向公众传播正确的用药知识。

药学科普说明文通常是说明药品的基本信息，包括药物的适应证、功能主治、规格、用法用量、不良反应、禁忌、注意事项等，叙述应清楚、明白、通俗易懂，尽量避免使用抒情的笔调和夸张等修辞手法。

(2) 写作要求

1) 选题：药学科普说明文以宣传用药知识为核心，主题单一，中心突出。其内容或介绍一个药学问题，或说明一项用药注意事项，或解释用药后出现的现象，或阐明药物的相互作用，或推荐一种新药。内容集中紧凑，叙述时要紧紧围绕主题展开介绍和说明。

2) 结构：药学科普说明文的结构要精心安排，条理分明。为了准确、清晰说明有关的药学知识，药学科普说明文应根据公众的需要、事物的时空顺序和事理的逻辑顺序等安排结构，做到主次安排合理得当，言之有序。

3）语言：药学科普说明文一般以解释药物的作用机制、功能主治、注意事项、禁忌等为主要内容，用词直截了当、不含蓄、不夸张，没有弦外之音，给公众以科学的用药知识和理性的认识。

2. 药学科普小品

（1）概念和特点：药学科普小品是一种短小精悍、结构自由灵活的艺术散文。药学科普小品是以药学知识为题材的小品文，是药学与文学结合的产物。药学科普小品笔调优美，直接联系生活，将药学知识融入文学艺术之中。

药学科普小品的特点：①药学的内容，文学的形式。药学科普小品常以生动感人的文辞，清新流畅的笔调，活泼自然的语言，把药学知识讲得具体生动，娓娓动人。常常运用多种表达方式和文学的手法表现药学的内容，不仅使人获得专业知识，还给人以精神上的感染。②篇幅短小，含蕴丰富。药学科普小品是名副其实的“小品”，篇幅较小，它便于及时反映药学领域的新观念、新产品、新技术。药学科普小品虽然篇幅很短，但内容丰富，既有药学知识，又包含了作者对生活的理解，富有哲理性。

（2）写作要求

1）选题：药学科普小品兼具药学作品和文学作品的特点，比一般药学科普更贴近生活。因此，药学科普小品的创作不能单纯地从科学的概念出发，而应在药学领域内，联系公众的生活实践去选题。只有这样，才能写出贴近生活、有趣味的药学科普作品。

2）结构：药学科普小品篇幅短小，结构方法也较灵活。一般而言，药学科普小品由开头、主体和结尾三部分构成。开头讲究新颖、别致，激起公众的兴趣。开头可以开门见山，直接入题；也可以用一句古诗、一条谚语引出下文；还可以引用一条新闻、一个生活实例，设置一个疑问，提出下文等。开头应引人入胜、生动自然，同时体现文章的主题，起到承上启下的作用。主体是文章的主要内容之所在，是全文的核心。叙述药学知识时，善于运用形象而精辟的语言、清晰有序的结构，将严谨的药学知识叙述客观准确、通俗易懂。结尾是深化主题的重要一环。好的结尾可以突出中心，增强文章的感染力，令人回味无穷。药学科普小品常用的结尾方式有：概括全文大意，点明主题的总结式结尾；启发思考，引导公众探究的提问式结尾等。

3）语言：好的药学科普小品要有文学的意境和趣味，能吸引公众去阅读、去了解、去探究，语言上要轻松自然、清新、幽默生动，富有感染力。

三、药学科普论文的实例

（一）实例 1——如何辨识药品的专有标识

在药品说明书标题右上方标注的是药品专有标识，这些标识需要特别注意，因为它们提示了药品的类别和安全性。药品的专有标识有 3 类，包括非处方药（甲类和乙类）、外用药品、特殊药品（麻醉药品、精神药品、医疗用毒性药品和放射性药品），如图 6-1 所示。

1. 非处方药品标志　OTC 是 over the counter 的缩写，它是指消费者可不经过医生处方，直接从药房或药店购买的药品。OTC 标志分为红底白字和绿底白字两种，红底白字 OTC 表示药品为甲类非处方药，绿底白字 OTC 表示药品为乙类非处方药。乙类非处方药安全性高，不良反应小，如维生素类补充剂、复合维生素片等，它们除可在药店出售外，还可在超市、宾馆、百货商店等处销售；甲类非处方药宜遵医嘱服用，如一些常见的感冒药等，只允许在药店出售，而且患者需在执业药师的指导下购买和使用。患者可根据自身病情选药，如果病情较轻，不妨在同类药品中选用乙类 OTC，但如果病情较重，就需要选甲类 OTC 了，因为乙类 OTC 虽然安全性更高，但药物作用相对较缓和。

2. 外用药品专用标志　外用药品专用标志是在药盒的醒目位置标出的一个“外”字，提醒患者该药只能外用、切勿口服。

3. 特殊管理药品专用标志　特殊管理药品专用标志分为 4 种，分别是“麻”（麻醉药品）、“精”（精神药品）、“毒”（医疗用毒性药品）、“放”（放射性药品）。特殊管理药品副作用非常大，若不小心被儿童或其他人误服的话，危害会很大。因此，这类药品多为处方药，实行特殊管理。

图 6-1　药品的专有标识

（二）实例 2——注意家庭药箱里的“多胞胎”

药物不断推陈出新，满足了人们各层次的医疗需求。但是，由于种类繁多，同一种药物具有不同的商品名、不同的规格、不同的剂型等“多胞胎”现象。另一方面，很多药物名称相似，实际成分却相差很大，非专业人员辨别不清，容易发生用药错误。

1. 成分相同、名称各异　我国药品名称使用较多的是通用名和商品名。通用名是国家药典委员会指定的药品法定名称。商品名则可以由不同生产厂家决定，代表该药厂的品牌。因此，会产生这样的怪现象：一个通用名称的药品，可以有几个甚至几十个商品名称。如常用的抗菌药左氧氟沙星，就有数十个商品名。若不仔细阅读说明书，易将几种商品名不同但成分相同的药物一起服用，则会增加发生不良反应的危险性。

2. 成分不同、外观相似　很多商品名看似只有一字之差，治疗效果却有天壤之别。比如达纳康、达美康、多美康这三种药。达纳康其实为银杏叶提取物，具有扩张冠状动脉和脑血管的作用；达美康的通用名是格列齐特，为口服降糖药；而多美康则用于帮助改善睡眠。对于利福平、利血平、利血宝三种药物，如果不了解其功效，也很容易混淆。利福平和利血平都是药物的通用名，前者一般用于抗结核的治疗，后者可作为降压药或镇静剂；利血宝则是商品名，成分是促红细胞生成素，用来治疗贫血。

3. 完全不同、名称近似　有一些完全不同、商品名发音相似的药物，更要仔细分辨。如雅施达、雅司达、亚思达、压氏达，听起来似乎都差不多。雅施达通用名是培哚普利，为降压药物；雅司达含有对乙酰氨基酚，作用是解热镇痛；亚思达其实是阿奇霉素的商品名，用于抗感染；而压氏达则为氨氯地平的商品名，用于抗高血压。

4. 更为隐蔽的复方　更为隐蔽的“多胞胎”药物，包括复方制剂和中成药常用的镇痛、止咳或治疗感冒的复方制剂，含有相同或相似的成分。比如商品名为联邦止咳露和奥亭的药物，都含有中枢镇咳成分磷酸可待因，具有药物依赖性，服用时应加以注意。

有一些中成药里也添加西药成分。比如圣济感冒灵或复方感冒冲剂，都含有对乙酰氨基酚；消渴丸含格列本脲；珍菊降压片含有可乐定、氢氯噻嗪等。服用时要注意分辨清楚。

（三）实例 3——药品保存的适宜温度

石浩强．药品保存：温度适合才能留住疗效[N]．保健时报，2017-12-14（012）：28.

药学科普论文实例 3 论文发表页面的书写格式，如图 6-2 所示。

考虑到涉及版权问题，实例 3 的全文请读者自行到中国知网等相关数据库中下载。

○上海瑞金医院副主任药师　石浩强

到药房取药时，有的药品包装摸上去很凉，药师还会嘱咐一定要放在冰箱里冷藏。查看说明书会发现，药物的储存条件有"室温、冷藏、阴凉避光、凉暗处"等字样。

对患者而言，药品拿到手后，应当仔细阅读说明书或咨询药师，了解药品的储存条件，尤其是在酷暑严寒的特殊时间段。

☞温度会影响药品质量

对于药品而言，有效期也是患者最为关注的信息，而温度对有效期会产生影响。药品的降解速率越快，有效期就会越短，而温度则会显著影响药品降解速率。一般温度每升高10℃左右，药品降解的速率就会增加2~4倍。因此，对于家中的常备药，尤其是抢救药物，如硝酸甘油、硝苯地平薄衣片、可乐定、麝香保心丸、哮喘用药等，一定要注意环境温度的变化对于药品质量的影响。

需冷藏保存的药品，若温度过高会导致药物的降解、药效的下降，若降解物含毒性成分则可能会引起更加严重的毒性反应；对于含有挥发成分，如酒精（如藿香正气水）或含有挥发油的药品或药材（如桃金娘胶囊、吉诺通）而言，温度过高会导致其有效成分的流失；对于温度特别敏感的剂型而言，如栓剂，则可能会软化，甚至融化，从而使其形状发生改变，以至于无法正常给药。

☞药品储存温度要辨清

药典中，储存条件明确规定为阴凉处、凉暗处、冷处、常温4种。阴凉处温度要求不高于20℃，凉暗处指的是避光且温度不高于20℃，冷处指的是温度控制在2~10℃之间，常温指的则是10~30℃之间。如未规定具体的储存温度，则一般为常温储存。

合格药品应按药典所述储存条件，放置于阴凉处、凉暗处、常温下等。对于冷藏药品则需放置于冰箱中，并保持温度在2~8℃之间。冰箱的启动温度一般应设置在3~7℃之间，且预设好报警装置，勤检查，以免温度偏差引起药品变质。事实上，冷藏药物的储存温度越接近2℃，稳定性越好。但一旦低于2℃，则药物的理化性质会发生很大改变，如发生冷冻或冻结现象，即为药品变质。

对于急救药物，则更应严格按照相关的条件来储存、运输和使用，以免药效降低，贻误病情。

☞不同药品所需温度各异

胰岛素　未开始使用之前，一般需放置于冰箱中冷藏；开始使用后则可以放置在不高于30℃的室温下，必须避免阳光直射，且必须在4周内用完。若天气炎热，室温过高，也可以放置于冰箱中冷藏，但使用前需从冰箱中取出，置于室温下预热30分钟左右，以免剂量标定不准确或刺激皮肤产生疼痛感。

栓剂　栓剂一般在塞入人体腔道时才会发生融化，继而产生药效。而温度过高（如超过40℃）则可能会出现软化、融化或变形的情况，影响药物的使用。一般应放置于阴凉处或冰箱中冷藏，一旦出现初步的融化现象，则应及时置于冰箱中挽救，待其硬化后方可使用。如融化严重则应考虑丢弃不用。

活性菌制剂　对于口服的活性菌制剂，如双歧杆菌胶囊或散剂，需冷藏保存，以保证质量。服用时则应用不超过40℃的温开水或冷开水送服或冲泡，以避免水温过高而导致活菌失活。

对于常温保存的药品如乳膏剂（如尿素霜），一般不建议放置于冰箱中，以免温度过低或冰箱中的水分过多而导致乳膏水油分离且发生吸潮，影响了药品的质量。总之，在药品温度的控制上，"矫枉过正、过犹不及"的做法都是不可取的。（编辑/李靖）

28

图6-2　药学科普论文实例3论文发表页面

另外，还有一些科普与研究相结合的论文，如：①陈蕾．药品标签和说明书中药用辅料信息的规范标注[J]．中国现代应用药学，2018，35(12)：1898-1901；②柳青，雷招宝，赵永波．中药注射剂不良反应与药品说明书[J]．中医药管理杂志，2009，17(12)：1121-1122。

第二节　药学教育论文写作

一、概述

药学教育论文是指研究、讨论药学教育领域问题的文章，是药学教育领域教学成果的体现。它用文字把思考的问题、研究的成果，进行加工、整理、提炼、记录，使创造性的思考一层层展开、一步步深入，并在纸面上实现视觉化。目前为了与国际教育接轨，中国的教育体制正由“应试教育”逐渐向“素质教育”转轨。在此转轨过程中，广大教育工作者需要转变观念，积极投入到教育改革的实践中。撰写教育论文，积极参与教育研讨活动，交流经验，有助于先进的教学思想的传播、新的教学方法的推广和普及。教育论文的研究成果，可供同仁分享、借鉴，共同探讨，从而提高教学质量，也有助于教育工作者自身教育理论水平和教学能力的提高。因此，学习药学教育论文的写作知识，对药学教育工作者非常必要。

二、分类

由于药学教育科学研究对象的复杂化、研究方法的多样性，药学教育论文的表述方式也丰富多彩。它主要分为研讨型论文、经验型论文、述评型论文、报告型论文、学位论文和叙事研究报告六类。

1. 研讨型论文　针对教育理论或教育实践中出现的问题或薄弱环节进行专题分析、提出自己的见解或解决方法的论文。它的关键是“立论”，这是所有教育论文的基本特点和基础。

2. 经验型论文　针对在药学教育教学实践中获得的经验、体会，进行分析、概括、抽象、提炼，将感性认识上升至理性认识而写成的论文。

3. 述评型论文　包括综述性论文与评析性论文。它是在归纳总结别人在某一学术问题或某一研究领域中已有的研究成果的基础上，进一步加以评析，进而发表自己见解的一种论文。其中包括读后感和对新理论及新观点的阐述。

4. 报告型论文　指描述或阐述教育实践研究中某一固定程序的论文。主要有调查报告、经验总结报告和实验研究报告。

5. 学位论文　指为获得教育硕士学位而撰写的研究报告或科学论文。撰写这类论文，选题要求比较严格，一般篇幅较长、分量较重，论题必须与之相适应；它所提出的论点，则是对论题的创新见解；选用的材料需符合必要、确实、新颖、充分的选材标准；它特别强调新事实、新理论、新数字、新动态，整个内容需富于很强的理论性、创造性、论证性，以体现浓郁的理论色彩；在结构上，可参照一般学术论文构成的基本框架安排整体结构。

6. 叙事研究报告　开展教育叙事研究后，对“案例”“教学日记”“教育随笔”等引领开发的一种文本。教育叙事研究报告是案例写作构思上的新突破，是教学日记写作风格上的新尝试，是“教育随笔”中研究者以叙事、讲故事的方式表达对教育的理解和解释的文体。其要点是叙事应该有一个主题。叙事的“主题”是从某个或某几个教学事件中产生，而不是将某个理论问题作为一个“帽子”，然后选择几个教学案例作为例证。教育叙事形成的报告是一种教育记叙文而不是传统的教育论文。这种教育记叙文比传统的教育论文更能引起读者的共鸣，从而体现它的研究价值。叙事研究报告是在自己反思的基础上开展的，以叙述为主，夹叙夹议更能真实、深入地反映研究的全过程和作者的思考。教育叙事对改进教育教学思路、提升教育教学水平起到了强有力的推动作用。

三、撰写

（一）撰写要求

1. 选题　题目是论文内容的高度概括，是论文的核心，因此，选题至关重要。

⑴选题原则：选题总的原则是选择客观上有科学价值和主观上有利于开展研究的课题。应遵循四大原则，即优势性原则、可行性原则、目的性原则和个性化原则。

例如，选择教育实践中亟待解决的某些问题；具有整体性和普遍性的客观课题；具有局部性和代表性的微观课题；教育实践中的新发现、新创造等。同时考虑自己是否有浓厚的兴趣；能否发挥自己的专业所长；课题大小是否适合等。

⑵选题来源：从药学教育发展的方向寻找研究课题，从药学教育工作面临的突出问题中选题。

1）源于学生：在药学教育教学中，一些学生常常会提问，对他们提出的某些问题进行仔细研究则成为教育论文的题目。

2）源于教师：教师在备课、讲课、辅导和评改作业时，常常遇到许多药学教育问题，将这些问题精心整理，则可以作为教育论文的题目。

3）源于学习：通过学习新的知识，特别是网络学习和交流，为药学教育提供新观念和新方法，它们均可作为教育论文的题目。

⑶选题条件

1）新颖：题目尽量吸引眼球，抓住最新出现的问题和提出新的问题。

2）宜小：选题宜实、不宜空，宜小、不宜大，要从实际出发，实事求是。若平时对某一问题思考并认真研究，且取得了研究成果，容易写好；若没有实践基础或虽有实践但无收获，也写不好。此外，若题目过大，容易写得空泛，论点不明确，阐述不深刻。

3）准确：题目应确切地反映研究的问题和论述的内容。

4）简短：题目应简明扼要，一目了然。

⑷选题应注意的问题

1）尽可能选择药学学科的前沿问题。

2）选择质疑传统观念的课题。

3）选择研究中空白方面的课题。

4）选题时注意题目大小适中。

2. 资料搜集　根据拟定的论文题目，进行资料搜集。首先查阅已有的研究成果，作为自己立论的起点，其次搜集相关原始材料作为论据。

⑴文献资料的来源

1）参考书：包括相关的专著、论著、教材及教辅材料。

2）报刊：包括相关的报纸和期刊。

3）学术性会议文献：包括会议论文集、会议报告等。

⑵文献搜集的步骤：由近及远，由今至昔。

⑶电子文献的查找：通过搜索引擎和中外文数据库查找。

3. 拟定提纲　确定题目和搜集资料后，则要根据题意，拟定写作提纲，对论文的基本框架和整体布局进行设计和安排。

⑴种类：提纲一般分为简单提纲和详细提纲两种。

1）简单提纲：高度概括，只列出论文各部分的大小标题及段落要点，不涉及如何展开，其要点采用主题句的形式表示。有论文写作经验的研究者往往采用此种提纲。

2）详细提纲：除了罗列论文各部分的标题，还在每个标题下罗列所要阐述内容的要点。同时在要点下列出具体内容，如举几个案例、如何从案例分析入手、论述应注意的问题等。初写论文的研究者建议采用详细提纲，尽可能把提纲列得详细些，便于写作。

⑵要求：写作提纲需满足以下三个条件：

1）合理布局全文：合理排列主要论点和次要论点，使论文各部分结构严谨，条理清晰，逻辑性强，推论合理。

2）适当使用材料：合理排列支撑材料、辅助材料及各部分、各论点下需要列举的材料，从而使研究中搜集和积累的大量材料成为有机结合整体，提供充分的事实和论据。

3）合理安排篇幅：根据论文的题目大小和掌握资料的多少可以决定篇幅长短。若篇幅太短，难以将问题分析得深刻和透彻。篇幅过长，容易变为资料的堆砌，杂乱无章。因此，一般而言，论文篇幅以4 000~8 000字为宜。

（3）编写步骤

1）立论：教育论文的论点是研究者对研究课题的新见解。确立论点时，首先应确立全文的中心论点，其次确立阐述中心论点的分论点。论点最好使用论点句表述，即用言简意赅的语句表述论点。

2）选材：为了论证文章的论点，将搜集的材料进行整理选用，尽量选用有新意、能证明论点的典型材料。

3）布段：为了阐述和证明论点，需设置哪些部分，每部分具体负责什么任务，每部分下又需设置哪些段落。

4）谋篇：如何开头和结尾，何处提领和分述，上下如何衔接，前后如何呼应。

5）协调：使论文各部分匀称，文字疏密适当。

（4）样式

1）题目

2）中心论点

3）内容提要

一、×××　二、×××　三、×××
（一）×××　（二）×××　（三）×××
1. ×××　2. ×××　3. ×××
（1）×××　（2）×××　（3）×××
① ×××　② ×××　③ ×××

4. 论文写作

（1）注意立论、推论和表述的科学性：论文是科学研究的结晶，应具有科学性。因此，在写作中，提出论点，运用概念，进行推论时均应具备科学性和严谨性。

（2）注意论点、论据和论述的逻辑性：论文应论点明确，论据确凿，论述严密。若论文只有论点，没有论据，则使人感觉空洞无物，缺乏说服力。若论点明确，论据确凿，但对大量资料不加取舍，只是大量堆砌，同样也不得要领，缺乏深度。因此，在写作中研究者应对搜集到的大量材料进行提炼和合理取舍，精选出最有价值的论据，支撑论点。同时，在论证过程中，层层论述，使论点、论据、论述三者间形成严密的逻辑关系。

（3）注意有机统一数字和文字：数据是立论的根据，若论文缺乏数据，则会削弱说服力；若只附有数据，没有文字表述，则会变为统计报表。因此，在论文写作中，尽量选择具有代表性的数据，同时，重视对数据的逐层分析，展开充分论述，从而增强论文的可信度和增加理论深度。

（4）注意典型分析和一般分析相结合：典型分析较生动和丰富，但往往缺乏普遍意义。而一般分析正好与之相反。因此，在论文撰写中，应该注意两者的结合使用，使论文更具说服力。

5. 推敲修改　论文写作结束后，需对文章的立论和结构进行认真推敲，而且对每个句子、字词，甚至标点均要反复斟酌。首先，要认真自我审阅和修改。写作时，要严格按照写作提纲书写。其次，修改文章时，虚心请教同行，认真考虑修改建议和意见，寻求其合理性，认真进行修改。

6. 誊清　论文修改后，无论投稿还是进行学术交流，均需誊写清楚。“眷清”实际是对论文进行最后一次修改，认真核对检查。

（二）写前构思

在撰写论文前，我们先构思几个问题：如何确定题目和选择哪些案例？拟定撰写提纲，如何布段和谋篇？以实例1为例。

1. 确定题目　本论文题目源于教师，教师在备课、讲课时，发现将案例教学法应用于药剂学教学中，效果甚佳，因此将其选为题目。选题新颖、准确、简短，符合优势性原则、可行性原则、目的性原则和个性化原则。

2. 案例采集　比如，精心选择“欣弗”事件和“市售硝苯地平片剂品种”两个典型案例应用于药剂学教学中。

3. 拟定提纲　采用详细提纲，比如以药剂学教学为例，具体如下：

(1) 题目：案例教学法在药剂学教学中的运用。

(2) 中心论点：案例教学法能够理论联系实际，培养学生的学习能力，符合当代药学教育改革的发展潮流，是一种值得推广的教学方法。

(3) 布段

1) 运用案例教学法的关键环节：案例教学法的运用，需要掌握好三个关键环节，即案例的选择与分析、组织好学生的讨论、做好评论。分别论述三个关键环节。

2) 案例教学法运用的形式：案例教学法运用的形式有两种，即案例主线式和课后作业式然后分别论述两种形式。

3) 案例教学法在教学中的具体运用：实例一，"欣弗"事件；实例二，市售硝苯地平片剂的品种。首先陈述以上两个典型案例，引导学生讨论和分析案例，然后回归课本内容，教师评论要点，加深学生的理解和记忆，增强教学效果。

4) 案例教学法运用中容易出现的问题及对策：对案例教学法结果评价，提出应用中需要注意的事项，进行推广应用。

(4) 谋篇：开头时首先明确案例教学法的概念及优点、目前药剂学教学存在的不足，从而引出在药剂学教学实践中如果能有针对性地、灵活地运用案例教学法，往往能起到事半功倍的效果。由于学科的不同，在药剂学教学中案例的涵义可能更加广泛，包括与药剂学相关的各种实例。其次，与1)~4)衔接。最后结尾，科技的发展日新月异，教学方法也应该不断进行改革创新以适应新时代的要求。

当前，我国教育体制正在进行改革，全面推行素质教育，转变旧的教学模式和教学方法已成为当前高等教育改革不可回避的重要问题。案例教学法作为一种比较新颖的方法、一种理论联系实际的方法、一种能够培养学生分析问题能力的方法，不仅运用于药剂学教学中，在其他学科中也将得到更为广泛的应用。

（三）写作技巧

1. 药学教育论文中存在的主要问题

(1) 缺乏鲜明的主题。

(2) 缺乏对教育规律的揭示。

(3) 缺乏新意。

(4) 缺乏典型事例。

(5) 缺乏清晰的思路。

(6) 缺乏准确简洁的语言。

2. 药学教育论文写作技巧的提高　针对以上存在的主要问题，采取以下措施提高写作技巧：

(1) 积累经验，筛选材料，提炼主题。

(2) 深入剖析，探因寻果，揭示规律。

(3) 选好题目，抓住热点，总结新意。

(4) 抓好典型，叙议结合，反映本质。

(5) 逻辑严密，结构严谨，形式多样。

(6) 语言精练，讲求文采，增强实效。

3. 重视资料积累

(1) 途径：即注重资料的来源和获取资源的路径。

(2) 方法：教学日记，抓实例，积累中勤思考。

四、实例

（一）实例1

现以"案例教学法在药剂学教学中的运用"为例说明药学教育论文的撰写。

陈军,蔡宝昌.案例教学法在药剂学教学中的运用[J].药学教育,2007,23(06):31-33。实例1的论文首页面和最后页面的书写格式,如图6-3所示。考虑到涉及版权问题,实例1的全文请读者自行到中国知网等相关数据库中下载。

DOI:10.16243/j.cnki.32-1352/g4.2007.06.011

药学教育 2007年 第23卷 第6期

案例教学法在药剂学教学中的运用*

陈军 蔡宝昌

南京中医药大学药学院 (南京 210029)

摘 要 对药剂学教学实践中所运用到的案例教学法进行总结,介绍该种方法的关键环节、运用形式、具体实例、存在问题及对策。案例教学法作为一种新的教学方法,能够理论联系实际,培养学生的学习能力,符合当代药学教育改革的发展潮流,是一种值得推广的教学方法。

关键词 药剂学;教学方法;案例教学法

药剂学是医药院校药学及相关专业的主干课程之一,其涉及面广、涵盖内容多、应用性强,既具有相当的理论深度,又与实际应用、新兴技术紧密相连,这无疑给学生的学习和教师的教学带来相当大的难度,要求教师在教学方法上不断创新,培养学生学习的兴趣与热情,以取得良好的教学效果。

案例教学法由美国哈佛大学工商管理研究生院在1918年首创,是通过对典型案例的分析进行教学的方法[1]。教师根据教学内容的不同要求,采用案例展示的方式组织学生学习、研讨、探究,从而培养和提高学生的学习能力。

药剂学是一门综合性应用技术科学,要求理论与实践并重,而案例教学法最大的优点就是理论紧密联系实际,有利于提高学生应用专业知识分析问题的能力。在药剂学教学实践中如果能有针对性地、灵活地应用案例教学法,往往能起到事半功倍的效果。由于学科的不同,在药剂学教学中案例的涵义可能更加广泛,包括与药剂学相关的各种实例。

知识结构及学习状态,在与毕业生的联系与沟通中了解社会及临床的需求,并可得到许多鲜活的事例用于教学。

教育事业是世界上最光辉的职业,在深化教育教学改革、全面推进素质教育的今天,每一位教师都应该肩负着为国家建设输送有用人才的社会使命感,遵循教学规律,充分发挥因材施教的作用,并在工作中不断探索坚持因材施教的措施,开创教学创新和素质教育的新局面。

参考文献

[1] 涂明华,杨耀防,姚果原等.医学专科学校人才培养类型及培养模式的研究与实践.西北医学教育[J].2000,18(1):13-15.

[2] 刘慰华,徐晓燕,高允生等.浅谈因材施教原则在高校教学中的运用.医学教育[J].2004,4(2):46-47.

[3] 廖端芳,高治平,黄红林等.浅论现代高等教育中的因材施教.医学教育[J].2005,6(12):18-20.

On Teaching for Individual Needs in Pharmacology Presentation

LI Ling

(Department of Basic Medicine Courses, Nanyang Medical College, Nanyang 473003, China)

Abstract: Pharmacology is a major course in the medical school. Pharmacology provides theoretical basis both for clinical application and effective drug-using of publicity. Consequently, the teacher is required to pay attention to the individual difference as well as the teaching as a whole, and present the course according to students in different majors and different levels. Meanwhile, meeting the individual needs will benefit the students as well as the teacher.

Key words: Pharmacology; To teach for individual; Teaching quality

---

* 收稿日期:2007-09-06.

作者简介:陈军(1975—),江苏泰州人,博士,讲师,从事药剂学教学与研究工作。

— 31 —

(a)首页面

药学教育 2007 年 第 23 卷 第 6 期

由于是具体实例，因此比较生动；以表格的形式呈现，控释片与普通片的差别一目了然；而且该案例相对比较容易，学生一般不需要提示就能讨论和总结。

教师对此加以评论如下，与普通片相比，控释片具有以下特点：其一，可以减少服药次数，方便用药，提高病人的顺应性，特别适合需要长期服药的慢性病患者（如硝苯地平治疗的心血管疾病）。其二，缓、控释制剂每片的剂量比普通片大，在临床应用中导致对剂量调节的灵活性降低。其三，缓、控释制剂的成本比常规制剂昂贵，经济效益一般也高于常规制剂，因此价格比较高。其四，就两种控释片的比较而言，可以发现差别也很显著，质量高的控释片服用更方便，单片剂量更大，价格也更高。

此评论的前三点都是教材中有关缓、控释制剂的优缺点的内容，第四点为教师的一个延伸讨论，可视情况加以取舍。结合缓、控释制剂每片的剂量比普通片大的这个事实，还可以引导学生深入讨论剂量很大、药效剧烈及剂量需要精密调节的药物为何不宜制成缓释、控释制剂。

此外，通过这个案例还可以加深学生对药剂学实用意义的理解：同样一个药物，不同的制剂工艺，其经济附加值相差是如此的悬殊，正好说明了制剂技术的价值所在。

四、案例教学法运用中容易出现的问题及对策

在药剂学教学实践中运用案例教学法取得了良好的效果，实践表明该法能够激发学生学习药剂学的兴趣，加深对基本知识点的理解与记忆。

但在案例教学法的运用中也容易出现一些问题，在教学实践中必须注意并加以解决：其一，现在的学生知识面广、自主性强，专业知识相对不足，容易在讨论过程中产生大方向的偏移。这就要求教师在发挥学生主观能动性的同时，还必须把握在讨论分析过程中的主导地位。其二，虽然学生反应热烈，但若案例的趣味性太强或与教学内容的相关性不够，往往达不到教学目的。因此案例的选择非常重要，宁缺毋滥，不要选择很勉强的例子，否则会适得其反；此外，要加强与学生的交流，及时反馈教学效果。其三，若案例过于高深或设计要求过高，虽经教师再三提示，大部分学生仍不能讨论分析得出结论。该教学法应首先着重于对学生分析问题能力的培养，对于要求更高的解决问题能力的培养，则不能急于求成，案例的选择要注意难度适宜。

科技的发展日新月异，教学方法也应该不断进行改革创新以适应新时代的要求。当前，我国教育体制正在进行改革，全面推行素质教育，转变旧的教学模式和教学方法已成为当前高等教育改革不可回避的重要问题。案例教学法作为一种比较新颖的方法，作为一种理论联系实际的方法，作为一种能够培养学生分析问题能力的方法，不仅运用于药剂学教学中，在其他学科中也将得到更为广泛的应用。

参考文献

[1] 周川主编. 简明高等教育学[M]. 南京：河海大学出版社，南京师范大学出版社，2006：155-156.

[2] 刘素梅. 药剂学教学方法的改革[J]. 药学教育，2002，18（3）：57-59.

The Application of Case Teaching Method in the Teaching Practice of Pharmaceutics

CHEN Jun，CAI Baochang

（School of Pharmacy，Nanjing University of Chinese Medicine，Nanjing 210029，China）

Abstract：In the present paper，the case teaching method which has been applied in the teaching practice of Pharmaceutics is summarized. The procedure，form，example，existed problem and corresponding solution are introduced. The case teaching method is a new teaching method which can establish a close contact between theory and practice. In addition，this method also helps to the cultivation of study ability of students. Therefore，the case teaching method deserves to be advocated because it meets the trend of the reform of current pharmaceutical education.

Key words：Pharmaceutics；Teaching method；Case teaching method

(b) 最后页面

图 6-3　实例 1 的论文首尾页面

（二）实例 2

何宁，桂双英，储晓琴，等．开设《药学综合设计与创新性实验》课程的探索与实践[J]．牡丹江医学院学报，2017，38(04)：151-152+160。

实例 2 的论文首页面和最后页面的书写格式，如图 6-4 所示。考虑到涉及版权问题，实例 2 的全文请读者自行到中国知网等相关数据库中下载。

2017 年 08 月　　牡丹江医学院学报　　Aug. 2017
第 38 卷　第 4 期　　Journal of MuDanJiang Medical University　　Vol. 38 No. 4 2017　　· 151 ·

开设《药学综合设计与创新性实验》课程的探索与实践

何　宁，桂双英，储晓琴，王成永，尹登科，马格非，彭　灿，王　茜
（安徽中医药大学药学院，安徽　合肥　230031）

摘要：　为提升药学类实验教学效果，更好地培养学生的综合素质和创新能力，我们设计了《药学综合设计与创新性实验》课程，并探讨了该课程在我校药物制剂本科专业实验教学改革中的应用，论述了开展该课程的必要性，讨论了开展方式，总结了实验教学过程及意义。我们认为在药学实验教学中增设《药学综合设计与创新性实验》是实验教学改革的一个重要方向。

关键词：　实验教学；药学综合设计与创新性实验；药学
中图分类号：G642　　文献标识码：A　　文章编号：1001－7550(2017)04－0151－03
DOI:10.13799/j.cnki.mdjyxyxb.2017.04.053

药学实验教学是药学专业教育的重要组成部分，是理论联系实践的重要方式和手段，是使学生获得初步的科研能力和创新性思维的重要环节[1]。长期以来，受到学科知识及实验条件的限制，我校药学实验教学的课程设置一般都按照二级学科来进行划分，围绕或从属于各门课程。实验教学目的停留在使学生巩固课程中的某些知识点，掌握基本实验方法、技能和常用仪器。实验教学内容几乎都是验证性实验，且各门课程自成体系，缺乏与其他专业或基础课程内容的交叉和联系。实验教学过程基本按照验证性实验的单一教学模式，学生缺乏独立的思考空间，很难激发学生的实验兴趣，实验操作过程机械化，实验报告大同小异。实验教学结果表明，多数学生在完成四年本科学习后，仅对各门课程有分散、孤立地了解，缺乏对专业的整体了解和认识。因此传统的实验教学模式不能反映课程间交叉渗透、相互融合的实际状况，极大地束缚了学生的创造性和自主性，不利于学生综合素质和创新能力的提高，不利于创新型药学人才的培养[2-3]。为此，依托我校国家级中药类实验教学平台，我们探索了在我院药物制剂本科专业中开设《药学综合设计与创新性实验》课程的可行性，其目的在于让本科生系统全面地掌握新药临床前研究的各环节实验，加强对药学各专业课程理论知识和实验技能的融会贯通。

1　《药学综合设计与创新性实验》的内涵及开展方式

《药学综合设计与创新性实验》课程是以学生为主体，以综合实践能力培养为目标，在药学一级学科范围内，打破各门课程间的界限，将现有的按二级学科分类设置的实验进行整合并设置数个实验项目，每个实验项目的内容完全贯穿药学各专业课程，从而建立学科一体化的实验教学模式，以充分体现实验教学的综合性[4]。该课程的基本模式是以某一上市药品为模型药物，首先选用化学原料合成原料药，然后将自制的原料药设计并制备成合适的剂型，在实验过程中，结合药物分析技术进行质量检测，结合药理学进行疗效评价。该课程设计以新药研发为模板，但又完全有别于新药研发，主要体现在模型药物均为研究成熟的上市产品，学生需要通过自主学习来了解相关知识，而并非通过老师灌输，因此可以认为《药学综合设计与创新性实验》课程就是模拟新药研发。《药学综合设计与创新性实验》的开展方式是根据给定的模型药物，在指导老师的指导下，学生自行查阅文献资料，设计实验方案，准备实验仪器和药品，独立完成实验操作，最后总结实验结果并撰写实验报告。由于整个实验过程由学生独立设计和操作，实验中出现的问题由学生自己提出并设法解决，因此，在培养学生的创新意识和创新精神，提高学生分析问题和解决问题的能力，提升学生综合素质等方面具有重要作用。

2　《药学综合设计与创新性实验》的实施

2.1　课程时间安排　第六学期结束时，四年制的药物制剂本科专业学生已经基本完成各专业课程的学

基金项目：安徽中医药大学校级教学研究项目(zd201219－zc)；安徽省高等学校省级质量工程项目－药物制剂特色专业(2013tszy020)；安徽省高等教育省级振兴计划项目－重大教学改革研究项目(2013zdjy103)；安徽省高等学校省级大规模在线开放课程(MOOC)示范项目(2014mooc029)；安徽省高等学校省级教学研究项目(2014jyxm203)

作者简介：何宁(1977－)，男，博士研究生，教授，从事药剂学教学与科研工作，E－mail: hening826@163.com。

(a) 首页面

2017年08月　　牡丹江医学院学报　　Aug. 2017
·160·　第38卷　第4期　　Journal of MuDanJiang Medical University　　Vol. 38 No. 4 2017

反映出学生实验态度和实验技能的掌握程度，从而使实验课考核结果更加准确、科学。

3.3　显微数码互动系统在生药学实验教学中应用的不足　显微数码互动系统在我校生药学实验教学应用已有3年，其优势较为明显，但在教学中也有不足之处。首先，显微数码互动实验室安装、运行和维护费用较高[10]，缺乏专业维护人员，一旦设备或系统出现故障，影响正常教学使用。同时，授课教师缺乏对数码互动系统的专业培训，使该系统的完美发挥作用受到相应的影响。其次，学生有时会过度依赖数码互动系统数字成像功能，忽视对显微镜目镜的使用，影响到对生药学基本实验技能的掌握。最后，有部分学生存在利用互动系统进行聊天、传输电子作业图片及使用电脑玩游戏的现象发生。针对以上问题，授课教师应注意加强自身的培训，熟练开发和掌握数码互动系统的应用，同时，及时督促学生按照规定进行实验操作，增强实验技能，并通过互动系统监控上课期间出现的非正常教学活动，对其给予及时制止及警告，督促其学习。

综上所述，显微数码互动系统在生药学实验教学中的应用是生药学实验教学手段的一次革新，与传统生药学实验教学相比有着较大的优势，它克服了传统生药学实验教学手段的不足，极大地提高了实验教学的效率，增强了学生的学习兴趣和效率，提高了学生的学习成绩，得到了师生们的认可，在生药学实验教学过程中收到了良好效果。

参考文献

[1] 蔡少青，秦路平. 生药学 [M]. 7版. 北京：人民卫生出版社. 2016.
[2] 姬生国，高建平. 生药学实验 [M]. 1版. 北京：科学出版社. 2016.
[3] 王晓琴，渠弼，杨来秀，等. 生药学课程的建设与实践 [J]. 内蒙古医学院学报. 2012，36（S3）：449－452.
[4] 王丽，闫春生. 药学专业生药学实验课教学改革探讨 [J]. 临床合理用药杂志. 2014，6（14）：168－169.
[5] 李雷生，杨海霞，聂尚丹，等. 显微数码互动系统在临床检验基础实验教学中教学效果比较研究 [J]. 中国高等医学教育. 2012，25（11）：105－106.
[6] 芮亚培，邱刚. 家畜组织胚胎学显微数码互动系统实验教学与传统实验教学效果比较 [J]. 黑龙江畜牧兽医. 2015，57（18）：187－189.
[7] 黄海婵，裘娟萍. 基于显微数码互动系统的微生物形态实验教学改革与实践 [J]. 微生物学通报. 2013，40（3）：517－521.
[8] 高长久，孟令锴，梁启超，等. 理实一体化模式在药用植物学课程中的应用 [J]. 实验室科学. 2016，19（3）：132－134.
[9] 牟玲丽，翁榕安，冯星，等. 浅谈生药学课程的教学改革 [J]. 西北医学教育. 2011，19（4）：751－753.
[10] 郑岩，王红霞，陈随清. 显微数码互动实验室在《中药鉴定学》实验教学中的应用初探 [J]. 中医药导报. 2014，20（4）：151－152.

（收稿日期：2017－03－27　本文编辑：郭丽双）

（上接152页）
还能更好地了解自己的专业爱好、特长及薄弱环节，并充分认识到团结协作的重要性，不仅为实习作好了准备，也有助于将来的择业和工作。目前该课程已列入我校药学类本科专业的最新版人才培养方案。

4　体会和展望

《药学综合设计与创新性实验》完全贯穿药学各专业和基础课程，采用理论讲授、实验设计、实验以及结果汇报相结合的灵活多变的教学形式，同时注重设计创新能力与动手能力的综合培养。实验数目少，每组只有一个实验，但实验内容多而广，实验周期长。实验过程并非按部就班，学生拥有更宽广的独立思考空间，可以对实验过程进行设计和优化。

该课程的开展有利于激发学生的科研兴趣，培养学生的创新意识、动手能力和严谨务实的工作作风，能有效提高学生的综合素养[6]。总之《药学综合设计与创新性实验》是适应当前实验教学改革的重要体现，能为构建全方位立体型的实验教学模式提供参考。

参考文献

[1] 缪明星，刘李，胡庆华，等. 基于实践能力培养的药学实验教学体系构建 [J]. 药学研究，2016，35（2）：112－114.
[2] 肖国华，刘文艳，汪苗，等. 护理实验教学新模式的构建和实施 [J]. 牡丹江医学院学报，2013，34（2）：100－102.
[3] 张春霞，马怀良，陈欢，等. 微生物学实验教学改革与学生科研创新能力的培养 [J]. 牡丹江医学院学报，2017，38（1）：155－157.
[4] 徐力生，张霞，李治芳，等. 开设药学学科一体化综合性实验的探讨 [J]. 药学教育，2010，26（2：）：49－51.
[5] 钟霞，黄凌，黄艳，等. 以综合性设计性实验为主导的药学核心课程实验体系改革 [J]. 海南师范大学学报（自然科学版），2016，29（1）：116－118.
[6] 俞丽珍，宁春花，左晓兵，等. 设计性、研究性实验教学探索与实践 [J]. 实验科学与技术，2017，15（1）：117－119.

（收稿日期：2017－03－27　本文编辑：郭丽双）

（b）最后页面

图6-4　实例2的论文首尾页面

（三）其他教育论文实例

可参考如下已发表的教育类文章：

[1] 陈军，毛春芹，蔡宝昌．中药药剂学实验在药剂学实验教学中的应用[J]. 药学教育，2009，25(03)：50-51.

[2] 章新友，张春强，罗山水．大学基础课程实验教学方案设计的研究与实践[J]. 大学物理实验，2014，27(02)：126-130.

[3] 章新友．中外医学教育背景下的物理教学比较分析[J]. 大学物理，2011，30(08)：51-54.

[4] 章新友．我国医药本科教育中物理教学的需求分析[J]. 中国医学物理学杂志，2010，27(05)：2191-2193.

[5] 章新友，王思民．对中医学本科教育人才培养模式的新思考[J]. 中医教育，2009，28(01)：33-35.

[6] 章新友．关于高校创新性实验教学的思考[J]. 实验室研究与探索，2005(06)：68-69+72.

[7] 章新友．试题库与试卷质量分析电脑系统的建立[J]. 药学教育，1999(01)：49-50+41.

考虑到涉及版权和篇幅等问题，上述论文的全文请读者自行到中国知网等相关数据库中下载。

第三节　药学服务论文写作

一、基本要求

（一）明确写作目的

药学服务是由药师提供的以提高患者生活质量为目的、以合理用药治疗为中心的相关服务。因此，药学服务论文的写作目的应在于促进临床合理用药，保障患者用药安全；提高患者依从性，提升国民健康意识；为患者提供用药指导，提高药学服务水平；促进医疗相关政策制定，优化医疗资源配置。

（二）确定内容范围

1. 药房调剂服务　医院药房或者药店药房的主要职责为保证药品供应及调剂，药师的主要工作是负责审方、调配、核对、发药等常规工作。以往药师与患者的交流机会甚少，患者多、发药窗口少且窄小，以及发药时间短等原因，造成药师难以为患者提供全面、细致的药学服务。又因患者缺乏药学知识，没有专业人士为其提供咨询服务，以至于患者常出现误服、滥用药物等情况，药源性疾病频频发生，严重危害患者健康。随着时代的进步和社会需求的发展，药房调剂工作已由“操作经验服务型”模式向“知识技术服务型”模式转变，大部分药房都已建立以患者为中心的服务模式，对患者用药追踪，实行个体化用药，全面提高药学服务质量。药师的服务可以体现在整个医疗卫生保健过程中，在药物治疗之前和过程中以及愈后恢复等任何时期。由于药房面对患者较多，药师又是患者正确服用药品的服务者和监督者，这也为药学人员在撰写药学服务论文时提供了很多素材和数据。药学服务的论文内容可以针对药师在审方、调剂等工作时出现的问题进行探讨，从而提出对策或改进措施，优化药房器材设施或人员配置，提高门诊服务治疗；也可以记录患者治疗情况的反馈，总结患者的用药误区，解答患者的疑问并提供用药指导，保障居民用药安全等。

2. 临床药学服务　临床药学是以患者为对象，以提高临床用药质量为目的，以药物与机体相互作用为核心，研究和实践药物临床合理应用方法的综合性应用技术学科。临床药学论文应主要由临床药师撰写。现今国内外医院都会配备临床药师，临床药师利用自身掌握的药学专业知识与医生协作，为患者提供和设计安全、合理的用药方案，监督并协助医生为患者开具正确的药物与剂量，避免药物相互作用，解决影响药物治疗的相关问题，临床药师在临床合理用药中发挥了非常重要的作用。因此，关于临床药学的论文应主要围绕以下几方面展开：用药适应证不符或超剂量使用等临床不合理用药情况；抗生素滥用或细菌耐药性；多种药物同时使用引发的相互作用；静脉用药配置的相关问题；如何提高患者用药依从性；药物治疗学研究；不良反应报告；提供药学情报等。

3. 药物经济学评价　药物经济学是应用经济学原理和方法，研究和评估药物治疗的成本与效果及其关系。药物经济学研究除了关系到国家医疗保障体系研究、社会资源配置，也关系到健康产业与民生利益的平衡。药物经济学评价是应用性很强的学科，可以用于研究药物治疗方案设计、药品报销政策制定等方面。但国内研究者往往更关注于实验型研究，对应用型的研究关注比较少，导致在我国该学科发展较慢，没有发挥其应有的导向和职能作用。药学工作者们也应更多关注于药物经济学研究，促进临床合理用药，有效利用药品资源。对于患者而言，除了药物的治疗效果，治疗花费的成本也是患者关心的问题。药师们对治疗方案进行成本 - 效果评价，对比不同方案或项目的成本和预估效果，方便患者根据个人情况选择合理的药物治疗方案，可为患者提供优质的药学服务。另外，药物经济学评价的结果也可在临床医生制定方案时提供有益参考，使得高效价廉的药物更容易被选择，降低医疗成本。关于药物经济学评价的论文内容可包括用不同药物、不同用药疗程、不同用药方案治疗同一疾病的成本 - 效果比较；某种药物用于预防或诊治时的效用分析（以货币为计量单位）；某类药物的经济学评价；通过药物经济学分析，可遴选基本药物或制定"医保"政策等。

（三）确定读者群体及实用性

药学服务是药学专业人员利用药学专业知识和工具，向社会公众提供与药物使用相关的各类服务活动。社会公众包括医学、药学、护理等相关从业人员和患者及其家属等，以及其他关心用药的群体。对于医生、药师、护士等专业人士而言，药学服务论文是为临床合理用药提供参考的重要资源之一，论文结果很可能被临床医生或药师直接采纳，从而影响临床决断。因此，务必保证数据和资料的准确性、确定实验方法和结果分析的合理性。一切虚假或不合理的研究都会直接影响临床用药安全，甚至带来更大的公众效应。另外，不同于适合专业人士研读的其他药学实验类或科普类论文，药学服务论文的读者中有很大一部分是没有专业知识背景的民众。因此，针对这部分目标对象的论文，在撰写时应注意尽可能主题明确、简洁易懂、行文流畅，避免出现太多专业词汇和公式，注重非专业人士的阅读感受。内容太过于复杂、措辞晦涩，或者偏学术性的内容，会造成读者流失，也违背了作者撰写论文的初衷。

药学服务论文还应注重"服务"二字，此类论文的写作目的就是服务于临床、服务于患者以及一切从事药学相关工作的人员。所以论文在最初立意时，则应该明确论文内容是否具备实用性，是否能为相关人员提供借鉴和参考。身为药学服务工作的一线人员如医院药师、药店药师等因为自身工作所需，最能发现药学服务中的问题，最能及时掌握一线临床资料和素材，若能对收集的材料善加利用整理成文，其对药学服务的指导性显然最有意义。所以，提供药学服务的药师们也最适合撰写此类论文。

二、撰写

（一）药学服务论文格式

药学服务论文按照写作表述方法可分为科普型、综述型、研究型、评论型以及报告型。前四种类型论文的格式参照前文格式要求即可。

（二）不良反应报告的格式

药学服务论文中的报告型论文特指不良反应报告，其格式与其他论文略有不同。首先，报告应务求内容简练、时效性强、信息准确，所以论文题目应简洁直白，如"某药引起不良反应一例"，且全文字数不宜太多，最好不超过 1 000 字。其次，不良反应报告因篇幅短小、内容精练，因此不适合再附摘要，只需注明关键词即可。若引用了参考文献，还应在文后注明出处。另外，报告正文一般都分两部分，一部分记录患者临床资料，包括年龄、性别、诊断、病史、用药情况以及不良反应的具体表现等；另一部分应对引起不良反应的可能原因展开讨论，或提出对策。

三、实例

（一）实例 1

题目：慢性气道阻塞性疾病患者吸入药物治疗的药学服务。

摘要：【目的】关注如何为慢性气道阻塞性疾病患者提供药学服务，以期提高药物治疗效果，改善患者生活质量。【方法】从药学治疗的各个方面及层面探讨如何为患者提供合理必要的药学服务。【结果】为慢性气道阻塞性疾病患者提供相关药学服务，可提高治疗效果，改善患者生活质量。【结论】慢性气道阻塞性疾病患者吸入药物治疗的依从性不高，应对其进行用药指导及健康教育等药学服务。

关键词：慢性气道阻塞性疾病；吸入药物；药学服务。

药学服务论文实例 1：吴地尧，徐劲松，李刚，等．慢性气道阻塞性疾病患者吸入药物治疗的药学服务[J]. 中国药师，2010，13（11）：1641-1642。该论文的首页面和最后页面的书写格式，分别如图 6-5 所示。

（二）实例 2

题目：克拉霉素缓释片致特殊不良反应一例。

临床资料：女性患者，50 岁。2009 年 2 月 17 日诊断为尿道综合征，高血压三级，高脂血症。服用药物：克拉霉素缓释片 0.5g，p.o.，q.d.；硝苯地平控释片 30mg，p.o.，q.d.；阿司匹林肠溶片 100mg，p.o.，q.d.；辛伐他汀片 10mg，p.o.，q.d.。服用上述药物三天后出现头昏、晕眩、浑身乏力，无法从事正常活动。停止使用克拉霉素缓释片后继续服用其他药物，症状逐渐消失。

讨论：克拉霉素是红霉素的衍生物，具有高效、口服易于吸收、对酸稳定性好等优点。该药对革兰氏阳性菌的抗菌活性强，在肺组织中的浓度高，主要用于治疗呼吸道和皮肤、软组织感染。克拉霉素的不良反应主要有口腔异味、酸痛、腹泻、恶心、呕吐等胃肠道反应，以及头痛、血清转氨酶短暂升高，少数患者会发生过敏反应，轻者为药疹、荨麻疹，重者为过敏性休克及史 - 约综合征，偶见肝毒性、艰难梭菌引起的假膜性小肠结肠炎等。文献报道显示，克拉霉素与部分药物合用会引起一些不良反应。Rollot 报道了 1 例由秋水仙碱与克拉霉素联合应用导致的中毒；朱晓兵报道了 1 例左氧氟沙星与克拉霉素同用导致的心悸、失眠及梦魇。但是尚未见克拉霉素与他汀类药物，或与钙通道阻滞剂，或与阿司匹林同用引起不良反应的报道。

关键词：克拉霉素缓释片；不良反应。

考虑到教材篇幅有限，药学服务论文实例 2 的论文发表页面在此省略，详情请参见：金贞姬．克拉霉素缓释片致特殊不良反应一例[J]. 天津医药，2007（04）：300。

（三）实例 3

题目：门诊药房整包装自动发药机应用体会。

摘要：【目的】将整包装自动发药机更好地应用于门诊药房。【方法】联系实际工作，总结分析应用整包装自动发药机的必要性及常见问题，并提出解决方法。【结果】整包装自动发药机的应用降低了工作强度，提高调剂质量，促进药学服务。但也存在个别药品与设备不相匹配的情况，同时存在设备的硬件、软件带来的弹射数量、药品耗损、机器运转速度等方面的问题。【结论】只要善于总结问题，积极寻找原因，不断库存地调整和修正，整包装自动发药机一定能在门诊药房发挥更大的作用。

关键词：整包装自动发药机；门诊药房；应用体会。

考虑到教材篇幅有限，药学服务论文实例 3 的论文发表页面在此省略，详情请参见：曹倩，魏宇宁．门诊药房整包装自动发药机应用体会[J]. 中国药业，2011，20（04）：66-67。

中国药师　2010年第13卷第11期　China Pharmacist 2010, Vol. 13　No. 11

慢性气道阻塞性疾病患者吸入药物治疗的药学服务

吴地尧　徐劲松　李刚　熊焕文　张增珠　（解放军第94医院　南昌 330002）

摘　要　目的： 关注如何为慢性气道阻塞性疾病患者提供药学服务，以期提高药物治疗效果，改善患者生活质量。**方法：** 从药学治疗的各个方面及层面探讨如何为患者提供合理必要的药学服务。**结果：** 为慢性气道阻塞性疾病患者提供相关药学服务，可提高药物治疗效果，改善患者生活质量。**结论：** 慢性气道阻塞性疾病患者吸入药物治疗的依从性不高，应对其进行用药指导及健康教育等药学服务。

关键词　慢性气道阻塞性疾病；吸入药物；药学服务

中图分类号：R563.3　　**文献标识码**：A　　**文章编号**：1008-049X(2010)11-1641-02

慢性阻塞性肺疾病（COPD）和哮喘是最常见的慢性气道阻塞性疾病，随着近年来临床研究的广泛开展，越来越多的依据支持联合吸入用药是治疗 COPD 和哮喘的重要方法。与口服药物相比，吸入药物通过吸气过程给药，药物直接作用于呼吸道，所需剂量较小，且通过消化道和呼吸道进入血液的大部分药物被肝脏灭活，全身性不良反应较少，因此，多首选吸入治疗。笔者就药学角度，关注慢性气道阻塞性吸入药物治疗中存在的问题，探讨药师如何参与慢性气道阻塞性疾病患者的吸入药物治疗，并寻求药学服务的切入点。

1　慢性气道阻塞性药学服务的必要性

1.1　社会和患者的需求

慢性气道阻塞性疾病是多发病也是常见病，需长期吸入药物，但许多调查[1,2]显示患者的用药依从性不高，普遍存在对疾病及预后的消极思想，对药物的特点、疗效、不良反应也认识不足。提高患者的用药依从性是考察合理用药的指标之一，也是取得最佳治疗的基本条件。药师对患者进行用药指导和健康教育等药学服务干预，可纠正用药不当，提高用药依从性。

1.2　吸入药物治疗的特殊性

吸入药物因其本身装置的特殊性，要求患者掌握一定的吸入技术，从而也就要求医务人员，尤其是药师更多的参与患者的用药过程，对患者进行详尽的用药指导，如何准备药物、如何吐气、如何吸气、如何屏气、吸药后漱口等。有统计显示，没有接受过用药指导的患者使用定量气雾剂的错误率高达79%[3]，甚至许多在三级甲等医院就诊的患者也从未接受过吸入药物的宣教指导，造成患者误解为药物无效而放弃治疗或者延误治疗时机。因此，为患者提供适当正确的药学服务对治疗效果及患者预后均至关重要。

2　药学服务的内容及形式

2.1　指导患者正确的吸入方式

吸入药物的疗效很大程度上取决于患者吸入方式的正确与否。只有正确吸入药物，才能使药物作用于肺与气道，使吸入量达到治疗的所需剂量。因此，医师和药师应务必按照专业文献提供的吸入装置的详细使用步骤亲自演示并教导患者，如定量雾化吸入器（Metered dose inhaler, MDI），使用步骤如下：①取下药瓶盖并摇晃 MDI 数下；②吸药前缓慢呼出肺内气体；③吸气时按压 MDI；④用小于最大吸气量的速度吸入药物；⑤吸药后至少屏气 5～10 s；⑥每喷吸入药物的间隔时间 >30 s。布地奈德福莫特罗干粉吸入剂（都保）使用步骤如下：①旋松盖子，拔出吸入器，使吸入器直立，旋转旋柄，拧到底后再拧回到原来的位置，这时可听到一次"咔嚓"声；②呼气至残气位，但不可对着吸嘴呼气；③把吸嘴放在上下唇之间，双唇紧包吸嘴，然后用力深长吸气；④将吸入器移开嘴部，然后缓慢呼气，如需吸入多个剂量时可重复上述过程；⑤吸入所需剂量后，盖上盖子，然后用水反复漱口，吐出漱液[4]。另外，异丙托溴铵气雾剂与储雾罐配合间接吸药，不但可使吸药的过程方便、简易，而且能增加吸入的药量，提高疗效，同时减少口腔内的药物残留，降低局部不良作用，特别适用于婴幼儿及儿童哮喘的防治[5]，患儿毋需配合呼吸技巧，只需用潮气量呼吸，即能将药物吸入到肺部，且可使吸入到肺部的药物增加一倍以上[6]。

使用碟型吸入装置则首先要向一侧旋转外盖，露出吸入口，然后向同侧拉动拉把，在盖口拉开同时使药物露出，然后才进行吸入动作，且吸入的速度要比使用 MDI 快。使用针形吸入装置，首先装入胶囊药物，其次向下拉动装置的塑料外套，使胶囊被扎破，然后使外套回复至原来的位置，之后进行的吸入动作与蝶型吸入装置相同。

通讯作者：徐劲松　Tel：(0791)8848102　E-mail：xujinsong@126.com

2　侯金玲，李友章．甲状腺、乳腺患者围手术期抗菌药物应用的调查分析[J]．中国医院药学杂志，2006，26(9)：1132-1132
3　田洁，陈小燕，钱文璎，等．围手术期抗菌药物应用的调查分析[J]．中国医院药学杂志，2008，28(14)：1195-1198
4　中华人民共和国卫生部．抗菌药物临床应用指导原则[S]．卫医发[2004]285号
5　中华人民共和国卫生部．关于抗菌药物临床应用管理有关问题的通知[S]．卫医发[2009]38号
6　刁继红，廉美香．围手术期抗菌药物应用现状及管理对策[J]．中国药业，2009，18(10)：72-73
7　许恒忠．我院外科系统预防性使用抗生素评价[J]．中国医院用药评价与分析，2008，8(2)：94-96
8　杨君，王芮．我院围手术期抗菌药物使用情况的调查分析[J]．中国药师，2004，7(2)：1141-1142
9　张宗久．加强药事与临床药物监管，促进药物合理应用[J]．中国药房，2005，16(9)：644-645

（2010-03-15 收稿　2010-08-09 修回）

(a)首页面

www.zgys.org　　药学与临床

相较于口服药物，吸入药物的使用方式较为复杂，要求患者高度配合，很多患者就是因其错误的吸入方式而延误治疗耽搁病情，使得患者既误解了医生的技术，又对药品产生了怀疑。而且COPD患者又多为老年人，哮喘患者中也有相当一部分为儿童，这些特殊人群也决定了自身较弱的接受能力，因此，医师和药师都应对患者进行详尽的用药指导，对住院患者可多次教育并定期复查，针对问题-演示-练习-再演示-再练习，并要求患者家属共同学习并监督管理患者的药物使用，最终使其完全掌握正确的吸入技术，也使得合理的药物发挥其真正的功效。

2.2　交待吸入药物的使用时间

目前治疗COPD和哮喘的常用吸入型药物有：吸入型糖皮质激素[7]（ICS）、短效β_2受体激动剂（SABA）、长效β_2受体激动药（LABA）和抗胆碱药物，其使用时间和注意事项各不相同。因此，药师在指导患者或门诊发药时应正确交待每种药物的注意事项。如常用的β_2受体激动剂沙丁胺醇、特布他林等，为短效定量雾化吸入剂，数分钟内开始起效，主要用于缓解症状，应交待患者该类药物是在急性喘息发作时按需使用。常用的抗胆碱药主要有异丙托溴铵气雾剂和噻托溴铵粉吸入剂，异丙托溴铵气雾剂定量吸入时开始作用时间比沙丁胺醇等短效β_2受体激动剂慢，但持续时间长，应为每天定时规则使用，每天3~4次；噻托溴铵粉吸入剂选择性作用于M_3和M_1受体，为长效抗胆碱药，作用长达24 h以上，每天定时吸入1次即可。联合吸入糖皮质激素和β_2受体激动剂，比各自单用效果好，目前已有布地奈德/福莫特罗、氟地卡松/沙美特罗两种联合制剂，该类药物疗效持续时间长，只需早晚bid规则使用。

另外，结合时辰药理学帮助患者选择合理用药时间，即可使药物产生最大疗效，又可避免或减小药物带来的不良反应。如支气管哮喘发作昼夜节律为午夜12时至凌晨5时为发作高峰，此时血中肾上腺素浓度和环磷酰苷浓度低下，乙酰胆碱和组胺浓度增高，气道阻力增大易诱发哮喘[8]。故抗胆碱药及平喘药等最好在睡前吸入一次，或者在加重期内睡前加吸一次，可使次晨哮喘发作次数明显减少，或降低药物耐受性[9]。如糖皮质激素类药物最好在早晨7~8时使用，因人体的肾上腺皮质激素在晨起前后分泌达峰值，此时使用可通过负反馈抑制垂体前叶分泌促皮质激素，对需长期使用激素的患者而言，能减小引起肾上腺皮质萎缩和机能不全的不良反应[10]。时辰药理学也是临床药学的重要部分，尤其对于临床药师而言，给医生提供最佳给药时间的依据，为患者设计最合理给药方案，既能体现药师在临床协助药学治疗的价值，又能促进本院临床药学的逐步开展。

一些调查[1]显示患者的主观臆断也是造成用药依从性低的重要原因。如患者在短期内使用了吸入药物，自认为病情已好转，或者疗程不足病情无进展，患者认为药物无效，而自作主张中断使用药物，也有某些患者恐惧长期使用有不良反应，仅在出现明显症状时使用等。因此，药师也应交代患者如激素等药物需规则吸入一周后才可奏效，短期使用是不见效的，而某些长效制剂即使病情稳定也应规则吸入至疗程结束，不可擅自停药。

2.3　对患者的健康教育

在整个医疗诊治活动中，医生通常只关注诊断及治疗情况，不会有过多时间关注如何对患者进行健康教育以及对患者生活习惯的干预。然而，医药治疗与健康习性实则是相辅相成的，不能只一味诉求于如何用医疗药疗来解决问题，对慢性气道阻塞性疾病的患者而言，接受疾病知识的相关教育以及改变有害习性，也具有同等的治疗意义。有研究显示[11,12]，对患者进行健康教育，可提高其自我护理能力和疾病控制能力。而作为药师也应积极承担起教育患者的义务，关注影响患者药物治疗的生活方式和行为也是药学服务的关键切入点，同时，在与患者的交流过程中，也能增强患者对“临床药师”的认识，为临床药学的开展建立群众基础。如对COPD患者而言，戒烟是所有治疗及预防的第一步，应告诫患者任何诊治都需要建立在戒烟的基础上，规劝其戒烟。此外，还应把该疾病的危害告诉患者，在日常生活中，应加强氧疗、远离空气污染、进行呼吸训练。对于哮喘患者，应教育其正确认识自身的疾病，生活中尽可能避开过敏原，注重饮食搭配与健康。

2.4　建立患者回访制度和对需要长期服药的慢性病患者建立药历

对于病情严重的慢性气道阻塞患者出院后，药师可通过电话回访，加深联系，并能对所用药的情况进行反馈，及时发现用药问题和药品潜在的不良反应。通过药师与患者交流，解答患者用药中的疑虑及说明用药中可能出现的不良反应等，使患者对药师信赖度增加。同时这种良好的互动沟通对普及用药知识、降低药源性疾病的发生、减少医疗纠纷、提高医院满意度都有重要意义。对长期服药的慢性病患者建立药历，这是对患者进行个体化药物治疗的重要依据，是开展药学服务的必备资料。

目前，对慢性气道阻塞性疾病患者的吸入技术教育及健康教育仍主要由医生承担，这与现今药师的职责仍未完全从“以药品为中心”向“以病人为中心”转变有关。国外研究表明[13]，与药师的交流可以增加患者的药物知识和提高其依从性，随着临床药学的发展，药师应该更深入临床，密切和患者沟通，和医生共同建立合理的用药方案，为患者提供药物临床应用的全程化、高质量的药学服务。

参　考　文　献

1 张永跟，李友林，何明．支气管哮喘患者使用吸入药物与临床控制情况的调查分析[J]．北京中医药大学学报，2009，16(5)：12-14
2 Lai CK，De Guia TS，Kim YY，*et al*．Asthma control in the Asia-Pacific region：the asthma insights and reality inAsia-Pacific study[J]．*J Allergy Clin Immunol*，2003，111(2)：263-268
3 董正惠，王丽萍，李萍．哮喘病人相关知识认知及吸入治疗依从性调查[J]．护理研究，2009，23(3)：593-596
4 沈华浩．哮喘手册[M]．北京：人民卫生出版社，2004. 301，352
5 夏宗华．普米克鳍以储雾罐治疗小儿哮喘的疗效观察[J]．实用临床医学，2003，3(3)：82-83
6 李明华，殷凯生，朱栓立．哮喘病学[M]．北京：人民卫生出版社，1998. 360
7 Murphys S. Evaluation of therapy for childhood asthma[J]．*Am Respir Dis*，1992，146(3)：544
8 陈灏．应用时辰药理学指导临床合理用药[J]．海峡药学，2005，17(5)：173-175
9 何绍雄．药物作用的时间节律[M]．北京：科学出版社，1986. 138
10 章万柏．作为临床药师应知道最佳给药时间[J]．黑龙江医药，2006，19(6)：490
11 Olajos CJ，Costello E，Lougheed MD. Perceived control and quality of life in asthma：Impact of asthma education[J]．*J Asthma*，2005，42(9)：751-756
12 Morice AH，Wrench C. The role of the asthma nurse in treatment compliance and self-management following hospital admission[J]．*Respir Med*，2001，95(11)：851-856
13 DeYoung M. Research on the effects of pharmacist-patient communication in institutions and ambulatory care sites，1969~1994[J]．*Am JHealth Syst Pharm*，1996，53(11)：1277

（2010-03-02 收稿　2010-06-24 修回）

1642

（b）最后页面

图6-5　药学服务论文实例1的首尾页面

（四）实例 4

题目：两种根治幽门螺杆菌相关消化性溃疡方案的成本 - 效果分析。

摘要：【目的】观察以奥美拉唑及雷贝拉唑为主的两种三联疗法在根治幽门螺杆菌（Hp）感染的消化性溃疡的成本 - 效果。【方法】选择 Hp 感染的消化性溃疡患者 135 例，分为观察组 68 例和对照组 67 例。观察组采用奥美拉唑联合阿莫西林、呋喃唑酮三联疗法；对照组采用雷贝拉唑联合阿莫西林、呋喃唑酮三联疗法。两组都治疗 1 周。疗程结束后 4 周，复查胃镜并检测 Hp，运用药物经济学成本 - 效果分析法对两组效果进行评价。【结果】观察组和对照组的 Hp 根除率分别为 88.2% 和 92.5%，溃疡愈合率分别为 94.1% 和 97.3%，差异均无统计学意义（$P>0.05$），治疗成本分别为 27.44 元和 126.70 元。观察组和对照组 Hp 根除率的成本 - 效果比分别为 0.31 和 1.37，溃疡愈合率的成本 - 效果比分别为 0.29 和 1.30。对照组相对于观察组的 Hp 清除率和溃疡愈合率增量成本 - 效果比分别为 23.08、31.02。【结论】从成本 - 效果角度分析，奥美拉唑三联疗法治疗 Hp 感染的消化性溃疡效果优于雷贝拉唑三联疗法。

关键词：幽门螺杆菌；消化性溃疡；成本 - 效果分析。

考虑到教材篇幅有限，药学服务论文实例 4 的论文发表页面在此省略，详情请参见：林小兰，李珍，谢亨银 . 两种根治幽门螺杆菌相关消化性溃疡方案的成本 - 效果分析［J］. 广东医学，2012，33（06）：844-846。

第四节　专利文书写作

一、专利的基础知识

（一）专利制度简介

专利制度是国际上通行的一种利用法律和经济手段推动科技进步和经济社会发展的管理制度，是人们在经济贸易中必须学会的一种保护知识产权的规则。自 1984 年 3 月 12 日颁布了《中华人民共和国专利法》（以下简称《专利法》），我国从此建立了专利制度。

在经济社会中，个人利益与公众利益时常是相悖的，个人需要获得高额的报酬，而公众希望得到更优质且低价的产品，这就导致个人的诉求（对技术的保密）与公众的诉求（对技术的公开）发生分歧。专利制度的设计本质是平衡公众利益与个人利益，对于新药研发的药品专利制度是一种帕累托改进，即在没有妨碍任何人利益的情况下做出的一种改进。这种改进在专利制度的保护下，一方面让一部分人获得了救助的机会；另一方面原研发药厂获得了高额的利润，利润会让更多的药厂投入更多的人力和物力去研发更优的新药。而一旦专利保护到期，公众则能获取此项技术，原研发药厂的高价将被打破，药品趋于低价，最终成为人人普惠的大众廉价药。这种专利制度较好地保护原始创新，提高了技术更新迭代的速度，最终是保护了大众的生命健康，其弊端是在专利保护期内原研药的价格比较昂贵。

因此，《专利法》第一条即明确规定了立法宗旨：“为了保护专利权人的合法权益，鼓励发明创造，推动发明创造的应用，提高创新能力，促进科学技术进步和经济社会发展，制定本法”。由此，《专利法》的立法核心在于“用公开换保护”。

（二）专利的定义及相关术语

1. 专利的定义　专利（patent），从字面上看是指专有的权利和利益。“专利”一词来源于拉丁语 litterae patentes，意为公开的信件或公共文献，是中世纪的君主用来颁布某种特权的证明，后来指英国国王亲自签署的独占权利证书。

在现代，专利一般是由政府机关或者代表若干国家的区域性组织根据申请而颁发的一种文件，这种文件记载了发明创造的内容，并且在一定时期内产生这样一种法律状态，即获得专利的发明创造，在一般情况下他人只有经专利权人许可才能使用。一项发明创造向国家审批机关提出专利申请，经依法审查合格后，专利申请人在规定的时间内和专利授予国地域范围内，对该项发明创造享有其专有权，但前提是技术必须向公众公开。

以上定义揭示了专利权的五大特性：法定授予性（经依法审查后授予）、时间性（发明专利为自申请日计算 20 年）、地域性（只能在授予国地域范围内享有专利权，外国对其专利权不承担保护的义务）、专有性（专有权，即独占性、排他性或垄断性，未经专利权人许可其他任何人不得以生产经营目的实施该项专利）与公开性（专利技术需向公众公开）。因此，专利是技术文件与法律文件的结合，其本质是法律文件。

2. 专利相关术语

（1）专利申请：向国家知识产权局提出专利审查请求但尚未授予专利权的发明创造。

（2）授权专利：专利申请经审查合格，没有发现驳回理由，由国家知识产权局授予专利权。

（3）专利申请权：发明创造完成后，相关主体对该发明创造享有的提出专利申请的权利。

（4）专利权：专利授权后对权利要求书中的技术依法享有占有、使用、收益和处分的权利，可通过申请、转让、继承或赠与方式依法获取。

（5）专利技术：受到《专利法》保护的发明创造。

（6）专利证书：国家知识产权局发给专利申请人的专利证书，是一种法律证明文件，但其证明效力仅为专利授权当日，不代表授权之后专利权转让等行为。

（7）专利权人：依法享有专利权的人，可以是公民、集体所有制单位、外贸企业、中外合资企业，专利权人享有法律所赋予的权利和承担法律所规定的义务。

（8）专利发明人：指对发明创造的实质性特点做出创造性贡献的人，发明人具有署名权与奖励权，但不享有专利权，专利权归属专利权人。

（9）职务发明：企业单位、事业单位、社会团体、国家机关等的工作人员执行本单位的任务或者利用本单位的物质条件所完成的职务发明创造。职务发明的专利申请权与专利权均归属于本单位，而发明人享有署名权与奖励权。

3. 专利的类型　专利的类型分为发明专利、实用新型专利和外观设计专利三种。

（1）发明专利：发明是指对产品、方法或者其改进所提出的新技术方案。产品发明是指一切以有形形式出现的发明，即用物品表现其发明，例如机器、设备、仪器、用品等。方法发明是指发明人提供的技术解决方案，是针对某种物质以一定的作用、使其发生新的技术效果的一种发明。方法发明通过操作方式、工艺过程的形式表现其技术方案。

（2）实用新型专利：实用新型专利是指对产品的形状、构造或者两者相结合，所提出的新的实用技术方案。实用新型专利只保护具有一定形状的产品，没有固定形状的产品和方法以及单纯平面图案为特征的设计不在此保护之列。实用新型专利及申请具有无须进行实质审查、审批周期短、收费低的特点。

（3）外观设计专利：外观设计专利是指对产品的形状、图案或者其结合以及色彩与形状、图案的结合所作出的富有美感并适用于工业应用的新设计，即产品的样式。它也包括单纯平面图案为特征的设计。

4. 专利的保护年限　自申请日开始计算，发明专利的保护年限为 20 年，实用新型和外观设计专利的保护年限为 10 年。本节以下内容主要介绍发明专利的相关文书撰写。

二、撰写准备

在撰写发明专利申请文件之前先要弄清楚什么样的技术方案可以申请发明专利，即发明专利的客体，主要包括以下三个方面的准备工作。

（一）《专利法》中发明与发现的区分

发现是对自然规律的一种探索，不符合专利申请的客体，而发明是指遵循自然规律所创造的一种新的技术方案。如日本学者 Honjo 第一个发现 PD-1（programmed death 1，程序性死亡受体 1）是一种重要的免疫抑制分子，继而Chen L发现了PD-L1受体，它能特异性结合PD-1，当PD-1和PD-L1结合时可启动T细胞的程序性死亡，使肿瘤细胞获得免疫逃逸，这是一种自然规律的发现；基于此自然规律，继而构思PD-1/PD-L1免疫疗法，即通过阻断PD-1/PD-L1通路，激活人体自身的免疫系统攻击肿瘤细胞，而此治疗方法依然属于科学发现，上述两种均为发现，而不是《专利法》上的发明，所以均不是专利申请的客体。《专利法》第25条进一步规定：疾病的诊断和治疗方法不属于专利授权的客体。Suzanne等发现PD-1相关抗体治疗非小细胞肺癌、黑色素瘤及肾癌等具有较好的效果，以及某公司的Keytruda是用于专一性黑色素瘤治疗的PD-1抑制剂，另一公司所研发的单抗药物Opdivo的靶点也同样为PD-1，以及BSM-936559、MPDL3280A均为抗PD-1的单克隆抗体，这些通过阻断PD-1/PD-L1通路的药物（产品发明）及其制造方法（方法发明）均为发明；后续对药物结构的改造，制剂类型的改变，药物生产工艺及其改进，以及针对药物新用途研发的药品（应用发明），均是专利申请的客体，可以申请发明专利；简言之，靶点为发现，以靶点设计的药物及其改进才可称之为发明。

（二）发明是一种新技术方案的理解

"新的"指尚未进入公共领域，所以专利申请前需进行详尽地检索，确保拟申请的技术方案并未被以任何形式披露过，包括文献、专利、书籍等所有文本资料与公开销售的产品。而《专利法》规定的发明仅是"技术方案"即可，并不要求已经达到可直接工业应用的程度，可以处于构思阶段，如设计Keytruda抗体作为PD-1抑制剂，并不需要达到临床验证可用于治疗黑色素瘤或者可以工业化生产的程度。

（三）专利被授权实质性条件的预判

新颖性、创造性、实用性为授予发明专利的实质性条件。申请专利之前需要预评估专利的授权前景，即是否符合"三性"。新颖性前提和实用性问题（主要是技术方案可以实现）在药品专利申请中遇到的较少，所以此处重点阐述创造性的预判。创造性问题是几乎所有发明专利均会遇到的质疑，《专利法》第22条第3款规定："创造性是指与现有技术相比，该发明具有突出的实质性特点和显著的进步。"这里有两大关键词组"突出的实质性特点""显著的进步"，要求要同时符合。"突出的实质性特点"指的是非显而易见性，即在技术方案的构成上具有实质性的区别，最好是技术上产生了阶跃式的变化，而不是在现有技术基础上通过逻辑分析、推理或者简单有限次试验就能自然得出的技术方案，而是必须经过创造性思维活动才能获得的技术方案。而"显著的进步"指发明与最接近的现有技术相比能够产生有益的技术效果，比如克服了现有技术存在的缺点、技术偏见，取得了意想不到的技术效果，缩短了技术进步的时间、推动了技术进步，显著降低了成本等。

一项发明通常具有诸多技术要点，符合以上三点的要点我们称为"发明点"，专利确保授权的前提是找到一个或多个"发明点"，并把"发明点"写入权利要求书，要求其作为法律范畴内的权利——专利权而得到保护，由此实现从技术文本到法律文本的转变。而药品专利通常不是由一个专利构成，而是形成以基本的专利为核心，从产品、方法、应用等多维度、多层次构建外围专利，形成坚固专利壁垒，我们称之为"专利池"的构建。

三、实例

《专利法》第26条第1款规定："申请发明或者实用新型专利的，应当提交请求书、说明书及其摘要和权利要求书等申请文件。"专利申请文件一般都为格式文件，其规范性受法律约束，在筹备中，技术人员需提供以下几份文件：说明书（必要时应当有附图）、权利要求书、摘要、摘要附图（有附图时）。

现以发明专利"当归油与布洛芬联用制备透皮贴剂达到治疗痛经效果"的技术方案为例，说明申请文件的撰写流程与要点。

（一）撰写前的构思

在动手撰写之前，我们先构思几个问题：专利要解决的技术问题是什么？所采用的技术方案是什么？与现有技术相比具有的技术效果如何？"发明点"是什么？并对其进行三性（新颖性、创造性、实用性）审查。

1. 技术问题　痛经治疗的现有药物主要依赖布洛芬口服制剂，但需多次给药，且存在胃肠道不良反应，而外用制剂透皮吸收的效果有限；当归油治疗痛经存在的主要问题是治疗剂量过高，导致给药不方便，而将当归油制成透皮贴剂又有生物利用度较低的问题。

2. 技术方案　由布洛芬 1~10 份、当归油 1~120 份（重量配比）制成的药物组合物，优选方案为当归油：布洛芬 =3：1，制备成外用制剂，包括凝胶剂、乳膏剂、贴膏剂等。

3. 技术效果　药效学实验证明当归油与布洛芬联用能显著提升痛经治疗效果，其技术效果取决于以下三方面的作用：①协同作用，当归油与布洛芬联用协同增效，显著降低各自的剂量，降低了对制剂载药效果的过高要求；②当归油对布洛芬的透皮吸收促进作用，显著提升了布洛芬的生物利用度，进一步降低其给药剂量；③当归油可以作为布洛芬的溶剂或分散介质，替代辅料的应用，也有助于提高制剂的载药效果，达到"药辅合一"的效果。上述三点相结合，可以为痛经的治疗提供一种给药方便、维持时间长、没有胃肠道不良反应的新方案，提供一种安全有效且顺应性高的新型药品。

4. "发明点"及其三性审查　"发明点"为中药当归油与西药布洛芬联用制备透皮贴剂。经过检索该发明点，未被现有技术披露，具备《专利法》要求的新颖性；同时，因技术方案具备"突出的实质性特点"（当归油、布洛芬中西药的联用，需经过创造性思维活动才能够获取）和"显著的进步"（显著提升治疗效果，同时达到协同、促渗和"药辅合一"的效果），因而具有《专利法》要求的创造性；本领域技术人员通过本技术方案的描述可再现技术效果，因而具有实用性。因此，该"发明点"同时具备新颖性、创造性、实用性，授权前景良好。

（二）说明书的撰写

1. 意义　说明书是一个技术性文件，申请人通过说明书将发明的实质内容向社会公开，达到所属领域技术人员能够实现某种技术或功能的程度；同时，说明书是一个法律性文件，起支持权利要求的重要作用。所以，说明书撰写的好坏直接影响专利权能否获得，以及专利技术的稳定性，这就要求我们充分理解撰写说明书的特定要求。

2. 组成部分　《专利法实施条例》第 17 条第 1 款规定，说明书一般由以下 5 个部分内容组成：技术领域、技术背景、发明内容、附图说明、具体实施方式。

3. 撰写要求　《专利法》第 26 条第 3 款规定："说明书应当对发明或实用新型做出清楚、完整的说明，以所述领域的技术人员能够实现为准"，其描述了说明书的法律要求，即同时满足"清楚""完整"和"能够实现"三项要求。

（1）清楚：指简洁、明确，没有含糊不清之处，所属领域的技术人员容易理解。

（2）完整：应当包括有关理解和实现发明所需的全部技术内容。

（3）能够实现：指所属领域技术人员根据说明书记载的技术内容，能再现发明的技术方案，解决技术问题，产生预期的技术效果。

4. 注意事项　说明书作为权利要求书的支撑依据，其内容应尽量详尽与充分，用语要清晰，不能产生歧义，把撰写前构思的几个问题（技术问题、技术方案、技术效果、"发明点"及其三性）在不同的模块中进行充分的表达，尤其要注意具体实施方式部分，由于实施方式所用的例子是权利要求审查过程中的重要依托，无论是技术方案的描述，还是技术效果的阐述，均需从实施的例子得到充分的证明，并且证明的角度应尽可能多方面与翔实。

（三）说明书实例全文

1. 技术领域　本发明涉及医药技术领域，具体涉及一种经皮给药具有治疗痛经效果的药物组合物及应用其制备的外用制剂及其制备方法。

2. 背景技术　背景技术段落应重点阐述现有技术中存在的问题。痛经是女性月经前后及行经期间出现的下腹及腰部痉挛性疼痛症状，严重时可伴有恶心、呕吐、手足厥逆，甚至剧痛晕厥，也是女性常见疾病之一。生殖器官无明显器质性病变者称为原发性痛经，占痛经的 90% 以上。痛经以青少年女性为多见，发病率高，不同研究小组报道的痛经发病率在 30%~80%，并且约有四分之三痛经者会影响正常工作和生活质量。

西医认为原发性痛经的发生主要与月经时子宫内膜前列腺素含量增高有关，其中，PGF2α 含量升高是造成痛经的主要原因。PGF2α 含量高可引起子宫平滑肌过强收缩、血管痉挛，造成子宫缺血、乏氧的状态而出现痛经。西医在治疗方面主要应用前列腺素合成酶抑制剂，常用的药物有布洛芬、酮洛芬、甲氯芬那酸、双氯芬酸等。中医认为痛经属于妇科血瘀证范畴，女子以血为本，血行阻滞、淤塞不通、不通则痛，因此治疗以温经去寒、补血调经为主。

布洛芬是常用的解热镇痛类药物，具有抗炎、镇痛、解热作用，给药途径以口服为主，有片剂、胶囊剂、混悬液等剂型，其副作用主要为消化道反应，如胃烧灼感或消化不良、胃痛或不适感（胃肠道刺激或溃疡形成）、恶心、呕吐等，发生率可达 3%~9%。研究表明，布洛芬治疗痛经有效，吴国英等报道口服布洛芬缓释胶囊治疗女大学生原发性痛经的有效率为 93.33%，主要不良反应为消化道不良反应。李根区报道口服布洛芬片治疗原发性痛经 206 例，有效率达到 86.1%，并且治疗后经血 PGF2α 含量显著降低。布洛芬口服治疗痛经的主要问题是需要多次给药，如口服缓释胶囊一天两次，口服片剂一天三次，而治疗痛经需要药效维持较长时间（5~7 天），给药不够方便，需要长效制剂；另一个问题就是存在胃肠道不良反应，限制了口服给药的应用。布洛芬也可以外用，但其透皮吸收的效果有限，目前市售的布洛芬乳膏和搽剂主要用于局部抗炎镇痛。将布洛芬溶液分别口服和经皮给药于兔，经皮给药相对于口服给药的相对生物利用度约为 18.9%，不得不借助于离子导入等物理技术促渗。因此，如何有效提升其透皮吸收效果，同时减少不良反应，是布洛芬治疗痛经应用需要解决的关键问题。

当归为伞形科植物当归 *Angelica sinensis*（Oliv.）Diels 的干燥根，属于常用中药，具有补血活血、调经止痛、润肠通便的功效。当归既能行血之不畅，又能补血之不足，可使气血当有所归、各行其脉，故名当归。近 15 年治疗痛经的中药方剂系统研究的结果表明：常用中药中当归的出现频率竟高达 90.90%，显示该药物在痛经治疗中居重要地位。

当归中含有的挥发油是其调经止痛的主要活性成分，主要含有藁本内酯、正丁烯呋内酯等苯酞类成分。药理学研究表明，"当归油"无论对正常未孕离体子宫还是对经催产素处理的离体子宫，都能抑制子宫平滑肌的收缩；对在体大鼠子宫的平滑肌收缩的频率、强度、张力和子宫活动力均有抑制作用；对催产素所致小鼠痛经（扭体）具有较好止痛作用；有抗炎作用；对小鼠子宫、卵巢发育以及雌孕激素无明显影响。因此，当归油可用于治疗痛经，例如市售的口服当归腹痛宁滴丸，也有报道将当归油开发成一种透皮贴剂用于治疗痛经（专利号：CN103976983A）。

当归油治疗痛经存在的主要问题是治疗剂量过高，导致给药很不方便，例如前述的当归腹痛宁滴丸，需要每天口服两次，每次 10~15 粒（20mg/ 粒）。将当归油制成透皮贴剂，考虑到其透皮吸收生物利用度一般远低于口服，载药效果要达到有效治疗剂量存在很大的难度。

3. 发明内容　发明内容段落处详尽阐述技术方案。权利要求书中每个技术特征均在说明书中有相应的文字记载，即说明书内容应大于或等于权利要求书内容。

（1）所要解决的技术问题：痛经治疗的现有技术中布洛芬口服制剂需多次给药且存在胃肠道不良反应，而外用制剂透皮吸收的效果有限；同时当归油口服给药剂量过高，透皮贴剂的透皮吸收生物利用度低。

（2）技术方案：为实现以上目的，本发明提供一种当归油与布洛芬的药物组合物，并提供了其外用制剂的制备方法。

该药物组合物由当归油与布洛芬按下列重量份数配比所制成：布洛芬 1~10 份、当归油 1~120 份。

作为本发明的进一步改进，当归油与布洛芬的比例为 9∶1~1∶1。

作为本发明的更进一步改进，当归油与布洛芬的比例为 3∶1。

作为本发明的一种优选的方案，外用剂型选自凝胶剂、乳膏剂、贴膏剂。

作为本发明的进一步优选的方案，外用剂型选自贴膏剂。

同时，本发明还提供一种制备上述贴膏剂的方法，其具体操作步骤如下：采用亲水性高分子材料作为基质。主要基质成分有：聚乙烯吡咯烷酮（PVP）、羧甲基纤维素钠（CMC-Na）、聚乙烯醇（PVA）、甘油、高岭土等。布洛芬溶解或分散在当归油中并加入基质。制备工艺如下：①将 1~5 份 PVA 加入 5~20 份水中制成溶液，将 1~5 份 CMC-Na、5~8 份 PVP 加入 10~20 份水中制成溶液；②将 PVA 溶液加入到 PVP 与 CMC-Na 溶液中，加入 5~15 份甘油，混匀；③将 1~5 份布洛芬溶解或分散在 1~20 份当归油中，加入上述水溶性基质，乳化；④加入 0.5~10 份高岭土，混匀；⑤将含药基质涂布于背衬层上，适当干燥；⑥覆盖防黏层、裁切和密封包装，于阴凉避光处贮存。

4. 有益效果　药效学实验证明当归油与布洛芬联用能显著提升痛经治疗效果，其技术效果取决于以下三方面作用：①协同作用，当归油与布洛芬联用协同显效，显著降低各自的剂量，降低了对制剂载药效果的过高要求；②当归油对布洛芬的透皮吸收起促进作用，显著提升了布洛芬的生物利用度，进一步降低其给药剂量；③当归油可以作为布洛芬的溶剂或分散介质替代辅料的应用，也有助于提高制剂的载药效果，达到“药辅合一”的效果。以上三点相结合，为痛经的治疗提供了一种给药方便、维持时间长、没有胃肠道不良反应的新方案，提供了一种安全有效且顺应性高的新型药品。

5. 具体实施方式　具体实施方式段落处应详述技术方案与技术效果的实例支撑，需尽可能详尽与多维。

（四）权利要求书撰写

1. 简介　权利要求书是按法律规定编写，阐述发明方案的实质性内容，确定专利保护范围的法律文件。由此可知，权利要求书本质是法律文件，其目的是确定专利的保护范围。所以，权利要求书旨在阐述说明书中需要法律保护的技术特征，这部分内容必须同时具有新颖性、创造性、实用性才能够被授予专利权，也即权利要求书中方案必须包含前述“发明点”，同时其撰写规范也更加严格。如无特殊情况，建议此部分由具有相关资质的专利代理人撰写，作为技术人员需提供构思的“发明点”。

2. 内容　权利要求分为独立权利要求（简称独权）和从属权利要求（简称从权）两种，独权要求从整体上反映发明的技术方案，记载解决技术问题的必要技术特征，即独权中一定要包含完整的技术方案，一定要包含“发明点”。从权引用其他权利要求，在此基础上添加附加的技术特征，对引用的权利要求作进一步的限定，从权一定要包含完整的技术方案和“发明点”，但此“发明点”并不在附加的技术特征中，即附加的技术特征为对方案的进一步限定或优化，无此附加的技术特征，技术方案依然能够达到相应的技术效果。当然，后续的专利审查过程，在与审查员的博弈中，有时会把附加的技术特征作为替补上升至“发明点”的位置，所以“从权”的撰写隐藏着“让步”的战略，也是至关重要的。

3. 实例　根据“专利说明书”，接下来写“权利要求书”。

(1) 一种经皮给药、具有治疗痛经效果的药物组合物，其特征在于由当归油与布洛芬按下列重量份数配比所制成：布洛芬 1~10 份、当归油 1~120 份。

(2) 如权利要求 1 所述的具有治疗痛经效果药物组合物，其特征在于：当归油与布洛芬的重量配比为 9∶1~1∶1。

(3) 如权利要求 1 所述的具有治疗痛经效果药物组合物，其特征在于：当归油与布洛芬的重量配比为 3∶1。

(4) 一种经皮给药治疗痛经的外用制剂，其特征在于含有权利要求 1~3 任一项所述的药物组合物与一种或多种药学上可接受的载体或赋形剂制成的临床上任何可接受的外用剂型形式，包括凝胶剂、软膏剂、乳膏剂、贴膏剂、洗剂、搽剂、涂剂、涂膜剂、膜剂。

(5) 如权利要求 4 所述的经皮给药治疗痛经的外用制剂，其特征在于：所述外用剂型形式为凝胶剂、乳膏剂、贴膏剂。

(6) 如权利要求 5 所述的经皮给药治疗痛经的外用制剂，其特征在于：所述外用剂型形式为贴膏剂。

(7) 如权利要求 6 中所述的经皮给药治疗痛经的贴膏剂的制备方法，采用亲水性高分子材料作为基质，主要基质成分有聚乙烯吡咯烷酮、羧甲基纤维素钠、聚乙烯醇、甘油、高岭土；布洛芬溶解或分散在当归油中加入基质；具体制备工艺按如下步骤进行：

步骤 1：将 1~5 份聚乙烯醇加入 5~20 份水中制成溶液，将 1~5 份羧甲基纤维素钠、5~8 份聚乙烯吡咯烷酮加入 10~20 份水中制成溶液。

步骤 2：将步骤 1 中制得的聚乙烯醇溶液加入到步骤 1 中制得的聚乙烯吡咯烷酮与羧甲基纤维素钠溶液中，然后加入 5~15 份甘油，混匀，制得水溶性基质。

步骤 3：将 1~5 份布洛芬溶解或分散在 1~20 份当归油中，加入步骤 2 中制得的水溶性基质，乳化。

步骤 4：在步骤 3 中制得乳化液中加入 0.5~10 份高岭土，混匀，得含药基质。

步骤 5：将步骤 4 中制得含药基质涂布于背衬层上，干燥。

步骤 6：把背衬层覆盖防黏层，裁切，密封包装，于凉暗处贮存。

4. 注意事项　由以上权利要求的撰写可知，一份权利要求书可包含多个独权，多个从权，也可包含多种发明方式：产品发明、方法发明、应用发明。但是，值得注意的是，所有的权利要求，其发明点均为当归油与布洛芬的联用，也即一个专利只能够要求保护一个发明点，如有多个发明点，审查员在后续审查过程中可能会要求分案，即分成多个专利申请进行审查。

（五）发明名称的确定

在权利要求撰写完毕之后，明确了此专利申请所保护的技术内容，这些技术内容在发明名称中均需体现，所以发明名称到此处才开始构思，示例专利中发明名称拟定如下："一种经皮给药具有治疗痛经效果的药物组合物及应用其制备的外用制剂及其制备方法"。此名称包含权利要求中诉求保护的"产品、方法、应用"三方面的发明内容。

（六）说明书摘要的撰写

说明书摘要为说明书内容的缩写，对拟解决的技术问题、提供的技术方案与达到的技术效果进行简要阐述，需要注意的是，说明书摘要最多为 300 字，现拟示例专利的说明书摘要如下：

针对痛经治疗的现有技术中布洛芬口服制剂需多次给药且存在胃肠道不良反应、外用制剂透皮吸收的效果有限、当归油口服给药剂量过高、透皮贴剂透皮吸收生物利用度低的缺陷，提供一种经皮给药能够治疗痛经的药物组合物，其由布洛芬 1~10 份、当归油 1~120 份重量份数配比所制成，优选为当归油：布洛芬 =3：1；同时提供含有此药物组合物的外用制剂，包括凝胶剂、乳膏剂、贴膏剂等；以及其中贴膏剂的制备方法。本发明所提供的药物组合物将当归油与布洛芬联用，药效学实验证明其具有协同作用，不仅能显著提升痛经治疗效果，而且当归油还具有对布洛芬的透皮吸收促进作用，联用后能显著降低各自的给药剂量，同时当归油还可以作为布洛芬的溶剂或分散介质，起到"药辅合一"的效果。

（七）专利文献检索途径

考虑到教材篇幅有限，授权专利相关文件中的各种文书的页面式样在此不再给出，但为了方便读者查寻有关授权药学专利的各种文书，下面介绍常用的专利文献检索的印刷型检索工具和网络型检索平台。

1. 印刷型检索工具　常用的检索专利文献的印刷型工具有：中国专利公报、中国专利索引、中国专利文摘和世界专利索引，等等。

2. 网络型检索平台　常用的网络型检索专利文献的平台有：中国国家知识产权局专利信息检索系统（http://www.sipo.gov.cn）、中国知识产权网（CNIPR）（http://www.cnipr.com）、中国专利信息网（http:/patent.com.cn）、中国医药信息网（http://www.cpi.gov.cn）、世界知识产权组织网站数据库（http://www.wipo.int）、美国专利商标局专利数据库（http://www.uspoto.gov）和欧洲专利局网络数据库（http://www.ep.espacenet.com）等。

[思考题六]

6-1　简述药学科普论文基本要求。

6-2　简述如何撰写药学科普论文。
6-3　药学教育论文的选题应遵循哪些原则?
6-4　简述药学教育论文的撰写步骤。
6-5　简述药学教育论文写作的注意事项。
6-6　什么是药学服务论文?
6-7　简述如何撰写药学服务论文。
6-8　发明专利申请应当提交哪些申请文件?

第七章　药学文献应用与学术不端文献检测

［导引］

对于论文作者来说，药学文献的积累和管理是写好药学论文的前提；对药学文献的评价与分析是应用好现有文献和写好药学论文的基础；引文索引与循证医学文献检索的应用也是进一步提高药学论文写作的必要知识；对学术不端文献检测系统的了解，有助于研究生提高论文质量，杜绝学术不端行为的发生。

第一节　药学文献的积累与管理

一、文献积累的原则

积累是创造的基石。牛顿所谓的"我比别人看得远，那是因为我站在巨人的肩膀上"，就是指在前人的基础上学习、思考、继承和创新。任何一个学科，都是经历了几代甚至几十代人的不断努力，方有如今的体系、水平和高度。针对每一个具体的学术问题，在浩瀚的文献海洋中获取数量可控、内容相关和质量上乘的知识信息，应遵循以下原则：

（一）目的性原则

随着现代科技的发展，知识学科门类日趋细化，各类学科文献信息浩如烟海，掌握全部文献信息即使是一个天才也不可能做到。由于每个人所从事的专业和研究方向的不同，对文献的需求也各不相同。贯彻目的性原则有利于提高文献积累的针对性，从而避免或减少文献积累的盲目性。因此，应围绕自己的专业或爱好，有目的、有方向、有重点和有层次地积累文献信息。当确定某一研究主题或方向后，应将能体现学科前沿、研究动态及发展趋向等方面的文献作为文献积累的重点，同时兼顾边缘学科的文献情报的积累。

（二）全面性原则

在当今技术变革、信息爆炸的时代背景下，文献载体与时俱进，信息类型层出不穷，知识更新日新月异。文献积累的全面性原则应包含以下几个方面：从文献的载体类型上讲，不能仅仅满足于传统的纸质文献，更应包含电子文献与互联网信息；从文献的时效性上看，必须要做到时间上的连接，保证相关专题报道的连续性、完整性和新颖性；从文献的类型上说，固然不能缺失图书、期刊，更应兼顾学位论文、会议论文、专利等特种文献，还要留意与研究主题相关的非公开出版的政府文献（报告）；不公开发行的会议文献、科技报告、技术档案；不对外发行的企业文件、企业产品资料、贸易文件和工作文件；未刊登稿件以及内部刊物、交换资料、赠阅资料等一些"灰色文献"。

（三）准确性原则

文献积累的准确性原则即要求所搜集到的文献真实可靠且内容符合自己的研究方向和研究思路。搜集过程中，要有强烈的信息意识和责任感，对有关资料多作评价分析，不断总结和积累经验，以提高对虚假信息的鉴别能力和判断能力。一般来说，来自于大型科研院校、知名专家或是高水平科研项目资助的文献报道，其可信度较高，是文献积累的重点对象。

（四）时效性原则

知识更新频率的加速，导致其使用价值也随着时间的推移而迅速弱化，超过了有效期，文献信息的使用价值将大打折扣。这种时效性与信息处理能力高低、信息渠道是否畅通和信息获取手段是否先进密切相关。为了积累时效性强的文献信息，要求具有高度的责任感与紧迫感，保持敏锐的信息意识，时时洞察本研究领域的发展动态，利用现代化的计算机技术和多元化的信息来源，搜集、整理最新的文献信息。

二、药学文献搜集与积累

（一）搜集方法

药学工作者所搜集的文献资料一般为间接资料，即同行发表的相关文献资料。间接资料的搜集方法，主要有检索法、查阅法、追溯法、咨询或委托搜集法以及网络信息收集法。

1. 检索法　药学文献的检索分为手工检索和计算机检索两种。手工检索主要依赖于医药科技情报部门所收集和建立的资料目录、索引、文摘、参考指南和文献性综述，如当前我国出版的 3 种主要纸质中文药学文献检索工具《中文科技资料目录·医药卫生》《中文科技资料目录·中草药》及《中国药学文摘》和与药学专业有关的世界闻名的四大文献《化学文摘》（*Chemical Abstracts*，CA）、《生物学文摘》（*Biological Abstracts*，BA）、《医学索引》（*Index Medieus*，IM）和《医学文摘》（*Excerpta Medica*，EM）。计算机检索则是现代计算机技术与传统文献检索相结合的产物，其主要特点是检索速度快、范围广和信息量大，是现在收集药学文献资料的主要手段。如三大中文期刊论文全文数据库《中文期刊全文数据库（CNKI）》《中国数字化期刊全文资料库（万方数据）》《中文科技期刊数据库（重庆维普）》和国外的《CUP 剑桥电子期刊》《Springer Link 数据库》等，以及题录型数据库《中国生物医学文献服务系统（SINOMED）》和《PUBMED》等，均是计算机检索药学文献资料的首选。

2. 查阅法　通过查阅国内外发表的药学相关文献报道获取信息，其检索对象为各种公共出版物和内部资料，如专利说明书、技术标准、期刊、报纸、手册和年鉴等。

3. 追溯法　充分利用文献资料后方所附的参考文献，可由此及彼、由远及近、追本溯源地查找一种知识信息发生、发展的文献脉络，是文献积累查漏补缺的有效方法，更是发现研究主题相关边缘学科文献的重要手段。

4. 咨询或委托搜集法　即咨询情报信息机构专门从事文献检索的专业人员进行指导，制定并反复修改检索策略进行查找，或者直接委托情报部门、有关单位或数据库技术人员帮助收集文献资料。

5. 网络信息收集法　互联网上丰富的药学资源、电子读物、论坛帖子、开源期刊，一直以来都是药学文献积累的重要来源，慕课（mooc）等在线课程以及虚拟图书馆则是近年来网络信息收集工具的后起之秀。随着互联网进入 WEB2.0 时代，这种开放式的平台、聚合化的信息、共建共享的用户体验，使对某个或者某些问题感兴趣的群体得以聚集，不受时间和地域的限制，分享各种观点和信息，成为专业领域知识信息交流的重要阵地，也是一些难以公开发表的“灰色文献”的主要来源。

（二）步骤

1. 筛选　所谓筛选，即根据研究目的选择有用的文献类型与篇目。首先，根据获得文献的外在形式或内容，选择适合于研究使用的一种或几种文献类型。然后分门别类地将各种所获文献纳入相应的类目之中，制作文献的目录。目录一般有分类目录、书（题）名目录、作者目录和主题目录四种。最后，可根据文献围绕研究主题的实际价值分为高、中、低和无价值四种。

2. 标记　精读与研究主题高度契合并准备使用的文献，并标记重要内容。常用的标记方法如下：

着重号（ · ）　表示关键性的内容
直　线（——）　表示比较重要的内容
曲　线（~~~~）　表示特别重要的内容
夹　线（══）　表示定义或经典论述
惊叹号（ ！ ）　表示对某些内容欣赏
问　号（ ？ ）　表示对某些内容疑问
三角号（ △ ）　表示文献中并列的观点
双圈号（ ◦◦ ）　表示文献中重要内容的结束

3. 摘录　即从文献中抄录或精练浓缩有关内容。其主要形式有两种，一种是指示性文摘，即对题目、作者、出处、主题等进行概括，无须具体的数据或内容，字数以几十字为宜；另一种是报道性文摘，即对文献的主要内容、观点、数据进行叙述，字数一般为几百字。

4. 鉴别　即对文献的真实性、可靠性进行判断，去伪存真；或对同样内容和观点的文献进行比较，去粗取精。

5. 登录　对最后保留下的文献进行分类和登记，建立纸质卡片分别保存，或依托文献管理软件加以标记和存储，最终形成符合实际需要的、简单实用的文献资料库。

三、个人文献管理

个人文献管理（personal document management，PDM），即对隶属于个人的各式文件（包括电子文献）进行管理。从广义上讲，个人存储的一切文献资料、网页、通讯录、账号密码、ID 信息、日程安排、财务信息等均隶属于个人文献管理的对象。从狭义上讲，个人文献管理指个人因学习、科研等目的针对某个或多个主题所收集的文献资料进行管理。本节主要探讨狭义范围的专业文献资料的文献管理方法与技巧。文献管理方法主要分为传统的读书卡片管理与现代的计算机文献管理。

（一）读书卡片管理方法

读书卡片式的资料保存方法历史悠久，直到 21 世纪随着计算机技术的发展和个人计算机的普及才逐渐淡出人们的视野。读书卡片管理方法的一般步骤是：先拟定一个分类简表，可参照“中图法”进行分类，也可以根据自己的特定需求确定类目，然后将读书卡片根据类目从大到小、从粗到细地纳入，就形成了按一定科学和逻辑体系归纳的资料系统。

在读书卡片分类时，应当注意要紧密围绕所学的专业知识或所从事的专业工作（设为 A 资料群）和外围边缘学科知识或兴趣爱好（设为 B 资料群），A 资料群要加以细分，B 资料群则可粗略一点。当然，细则不宜太细，过细则繁杂琐碎，粗亦不宜太粗，过粗就不方便查找，粗细合适、类目相宜是建立手工卡片式文献管理体系的基本要求。

（二）计算机文献管理

早期的文献资料计算机管理主要基于操作系统自带的文件夹，具有很大的局限性。目前，已有诸如 EndNote、NoteExpress、CNKI E-Study 等一系列文献管理软件可供使用，其共同的作用包括：根据研究主题建立个性化的数据库，存储收集到的文献资料；随时检索、更新文献内容；准确定位文献内容、图片或表格；整合 Word 处理软件，随时将文献的相关信息插入 Word 文本，或自动生成参考文献目录等。CNKI E-Study 正是由于国外的文献管理软件对于中文文献并非完美支持，国内数据库开发人员着力开发的适合中国研究人员使用的中文文献管理软件，CNKI E-Study 因其界面简洁、功能实用、操作简单，尤其适合高职院校学生学习使用。综上所述，CNKI E-Study、EndNote 和 NoteExpress 各有千秋，但 CNKI E-Study 更适合初学者使用。

第二节　药学文献的评价与分析

由于日常科研、教学和生产等工作的需要，药学工作者将与专业文献频繁接触。同时，又由于个人的科研能力、主观态度和写作水平等因素的不同，不同药学工作者所发表文献价值的高低也就大不相同。一篇高质量的文献能够引发更多的思考和学术共鸣，能够激发更多新的思路和方法，能够带来新的突破和创造。而一篇低水平甚至是肆意编纂的文献，只能够产生误导。为了不浪费宝贵的学习、科研和工作时间与精力，避免用错误的思路和方法指导日常学习、论文写作、科研设计和研究、生产过程等，正确评价、分析所收集到的文献就显得尤为重要。

一、药学传统文献评价

这里所谓的传统文献，是指通过印刷或数字化方法而形成的纸质或电子文献，包括图书、期刊、学位论文、会议论文和专利文献等特种文献。由于其经过一定的编审过程，相对于网络文献，其真实性、可靠性和科学性更强。对于传统文献评价，一般可通过以下几个步骤进行。

（一）对表面特征的评价

1. 作者　科研文献作者一般分为三种，即个人作者、集体作者和团体作者。个人作者的科研文献可通过了解作者的身份、单位、专业成就和获得奖项等，从而推测文献内容的可靠性。一般来说，知名专家、学者所发表的文献质量要高于其他研究人员。集体作者的可靠度较个人作者高。团体作者多由机构或单位命名，故质量最为稳定。

2. 文献出版单位　文献出版单位不同，水平也参差不齐。总体来说，知名出版社出版的文献质量较高，如人民卫生出版社、科学出版社等；著名的学会、协会等学术团体以及知名大学创办的出版社、杂志社，其文献质量较高，如清华大学出版社、北京大学出版社和中华医学会系列期刊等。

3. 文献发表时间　一般来说，发表时间越是近期的文献，其内容越新颖，但有两种情况需要注意：一是发表时间较近，但写作时间远远早于发表时间，导致文献内容与当前实际生产水平和生产力有较大脱节。二是图书文献应了解其版本情况，如果是首次出版，说明该文献内所载的科技内容是新颖的；如果是再版，则说明内容不变或稍作修改；如果是修订版，则文献内容与初版的内容相比肯定有较大变化，研究方式有了新的突破，研究成果有了新的发现。因此，在获取图书文献时，应尽量选择近期首次出版或修订出版的图书。

4. 期刊文献的定量评价指标　在文献的评价体系中，最有代表性的是对科技期刊的评价。利用一系列量化指标，就可以从一个角度反映期刊质量的好坏，从而作为一个参照依据，反映该刊所载科技论文质量水平的高低。

(1) 发文率：期刊的发文率是指单位时间内某期刊发表论文的数量与期刊总页数之比。发文率体现的是信息密度，同样页数的两种期刊，一种发表论文 30 篇，另一种发表论文 60 篇，后者发文率是前者的 2 倍，意味着可提供更多的有用信息。

(2) 载文率：期刊载文率是指以某种期刊的每一期为基本单位进行统计，计算在一份期刊内，刊载某方面学科论文占其全部论文的百分比。1934 年，英国文献计量学家布拉德福（Samuel Clement Bradford）首次发现论文在期刊中的分布规律——对某一主题而言，将科学期刊按其登载相关论文减少的顺序排列时，可以划出对该主题最有贡献的核心区。这些少数信息密度大、载文量多的期刊可称为核心期刊，载文率是评价期刊质量重要指标之一。

(3) 引文率：期刊的引文率是指某期刊中被引文献数量与该期刊载文量之比。科学发展的继承性是以科学文献为前提，并通过文献之间的引证与被引证、参考与被参考的关系来实现的。一般来说，引文率高的期刊，其质量相对较高。

(4) 平均响应时间：期刊的平均响应时间是指期刊中的论文从发表到首次被引用所经历时间的平均值。该指标可以用来衡量期刊在信息传递过程中的重要性、及时性、新颖性和适用性。

值得注意的是，对传统文献表面特征的评价并不是绝对的，其评价结果也仅供参考。在实践中发现，知名的专家、高等级科研机构也会发表低质量的文献，高被引期刊或核心期刊也存在低质量的论文。因此，评价文献质量的高低，更要注重文献的内容本身，而不是对知名专家、机构、出版社和期刊等的盲从。

(二) 对文献内容的评价

科研文献价值的高低，主要体现在其内容上。因此，对于文献内容的评价则更符合科研应用的实际需求。其评价方法主要包括以下五个部分。

1. 文献结构的评价　从文献的结构可以看出作者的科研能力和态度。文献结构的安排是否合理，可以从以下几个方面进行评价：

(1) 选材是否集中，材料是否真实。

(2) 主题是否单一，表述是否符合逻辑。

(3) 结构是否清晰，观点是否正确，论据是否充分、有力。

(4) 界限是否明确，数据是否准确。

(5) 格式是否规范，引文是否确有所出。

(6) 结论是否可信，质量有无保证。

2. 文献先进性的评价　一篇高水平的文献，其研究成果的先进性可以从两个方面进行评价：

(1) 理论水平：理论探讨是否有新的突破，结论是否有普适价值。

(2) 实践操作：技术是否先进、效率是否提高。

3. 文献科学性的评价　评价文献的科学性，主要看其方法是否合理，设计是否规范，结论是否可靠。以药学实验为例：

(1) 实验设计是否严密，包括样本是否有代表性，选用的实验单位是否合适，拟定的观测指标是否有意义，是否有对照或对照组的计划安排是否合理等。

(2) 实验观测方法是否精确完善。

(3) 实验条件是否严格控制。

(4) 观测记录是否客观。

(5) 实验结果是否可重现。

4. 文献实用性的评价　评价一篇文献的实用性，可从两方面进行探讨：

(1) 文献中所描述的研究方法（研究条件和研究对象）是否具备。

(2) 文献中所解决的问题是否常见，能否解决理论和实践中的实际问题。

5. 文献结论真实性评价　在医药学文献中，文献结论真实性评价是最为困难的。因为这涉及思维方法、实验设计、数据获取、结果评价和结论总结等一系列过程，中间任何一个环节出现疏漏或是不负责任甚至是伪造编纂，都会极大地降低文献的可靠性。

比如，考察药学实验类文献结论是否真实正确，要仔细推敲以下几个关键点：

(1) 从“一种实验内容”所得到的事实材料得出“另一种实验内容”的结论。

(2) 从“离体”的实验结果得出“在体”的结论。

(3) 从“一种实验单位”的结果得出“另一种实验单位”的结论。

(4) 从“一种实验对象”的结果得出“另一种对象”的结论。

(5) 从“先后”或“同时”发生的现象推出“因果”关系的结论。

(6) 从“原因”可能“很多”的事物中推出“唯一原因”的结论。

(7) 把“新引进”的因素作为出现现象“原因”的结论。

(8) 把“统计学的结论”当作阐明因果关系的“实验结论”。

(9) 由错误的观点、方法推出错误的结论。

二、药学网络文献评价

网络文献是借助信息技术而存在于互联网上、形式比较特殊的文献，包括网站或网页、网络数据库、网络报刊、BBS 讨论区、网络多媒体信息以及其他网络出版物等。网络文献具有内容丰富，信息涵盖量大；形式多样，语种复杂；分布广泛，检索途径多等特点。据调查，80% 以上用户在检索学术资料时，更加倾向于利用专业网站或专题数据库。用户也更愿意浏览那些专注于新闻报道的网站或网页，特别是用户在利用虚拟图书馆时，更多的是查询书目、索引和文摘等工具性的网络资料；其次是利用相关专业的网络期刊，查找最新最全的网络信息。

网络文献纷繁复杂，其文献质量良莠不齐，因此，在网络文献的科研应用中，须使用最审慎的态度对网络文献进行评价。其具体过程大致可分为如下三步：

（一）对网站和作者进行评价

首先，要看网页主办者的声誉，网站及其建站机构的权威性与知名度。一般来说，权威机构或者知名机构发布的信息在质量上比较可靠，尤其是政府机构、著名研究机构或大学发布的文献信息，可信度是比较高的。从网站的域名后缀我们可能预先了解网站的目的和网站上文献的相关信息。

.net：Network operations and service centers，网络服务商

.org：Other organizations，非营利组织

.gov：Governmental entities，政府部门

.edu：Educational institutions，教研机构

.pub：public，大众、公共、知名

.info：information，信息网与信息服务

.name：一般由个人注册和使用

一般来说，域名后缀为 .edu 和 .gov 的网站上的文献质量和可信程度较高。

其次，要看网络文献的作者的个人情况。比如作者的声誉与知名度如何，通常某领域的著名专家、学者或者社会知名人士发布的文献信息可信度较高，更能赢得用户的信任。如果能查到网络文献作者的 E-mail 地址、电话，可以和作者取得联系，并和他讨论你关心的问题；相反，如果查到的文献没有作者、组织结构名称，甚至连 E-mail 地址都没有，无法确定文献的权威性，不管其内容多么吸引人，都不能采用。

（二）对文献的时效性进行评价

对许多研究课题来说，时效性是非常重要的。与印刷材料不同的是，网络文献可以被不停地修改和更新，因此需要确定最初的文献创建日期、更新间隔周期和最新修改日期，确定其是否还有其他的提供方式，如：是否有印刷形式或者别的电子形式，然后确定该文献对研究课题是否必要、是否为最新的研究成果。如果所查到的文献达不到要求，或是需要更新的文献，就必须查找更好的资源。

（三）对文献的内容进行评价

评价文献内容，可参考对传统文献内容的评价方法进行。

第三节　引文与循证医学文献检索

文献之间互相引证关系可以反映学术研究之间的相关度和学术交流情况，还可以评价科研人员的科研绩效以及期刊质量。

一、引文检索基础知识

（一）基本概念

1. 引用文献　也称引证文献或施引文献，指列有参考文献或脚注的文献。引用文献的作者称为引

用作者。

2. 被引文献　指被列在文献末尾或脚注中的参考文献。被引用文献的作者称为被引作者。在一篇文献中，引用文献和被引文献是相互的。在一篇刚发表的文献中，因其后列有参考文献，因此这篇文献被称作引用文献，该篇文献中的参考文献均称为被引文献。经过一段时间的积淀，这篇新发表的文献可能又被列于其他新文献的参考文献中而成为被引文献。

3. 自引和他引　自引分作者自引和期刊自引。"作者自引"指的是作者引用自己发表的文献，"期刊自引"是指同一期刊上文献的互相引用。非同一作者之间或者非同一期刊之间的引用称为"他引"。在考察科研人员学术水平时，往往不包含作者自引。

4. 引文检索　以被引文献为检索起点来检索引用文献的过程，引文检索中最常见的检索词是被引作者、被引刊名、被引年份、被引文献标题等字段。

5. 引文数据库　指含有引文检索的数据库。引文数据库除了提供引文检索之外，还提供篇名、作者、来源出版物等常规检索。

（二）引文检索的意义

引文检索作为揭示科技文献之间关联性的检索方式，其发展历经了依附在期刊论文库中检索、独立的引文数据库、与期刊论文库相连的引文数据库三个阶段。而基于引文分析的文献计量研究也越来越受到研究人员的青睐，文献的被引情况常用作评价科研机构、科研人员的学术水平的客观指标之一，同时也用于评价学术期刊的质量。

引文检索在学术活动中常常有下列几点意义：

1. 提供查找相关文献的线索　在对某一项研究课题进行调研时，通过查找参考文献来获取更多的相关文献。

2. 表达对被引作者的尊重　将科研过程中所参考的文献以引文形式展现出来，是对被引作者的尊重，也反映出文献作者的科学态度。

3. 反映文献的研究起点　可以通过对文献所引用的参考文献，考察文献研究内容的新颖性和文献的质量。

4. 通过对文献计量学研究，实现对科技文献的评价　对引文分析是文献计量学的重要研究内容。目前，科技期刊的总被引频次和影响因子已成为评价科技文献和科技期刊质量高低的重要指标。

二、常用引文检索工具介绍

引文检索的发展历经依附在期刊论文库中检索、独立的引文数据库、与期刊论文库相连的引文数据库三个阶段。目前，引文检索工具主要以独立的引文数据库、与期刊论文库相连的引文数据库两种方式提供检索。常用的英文引文检索工具主要有美国科学引文索引（SCI）、NSTL 国际科学引文数据库等；中文引文检索工具包括中国科学引文数据库、中国知网中文引文数据库、维普中文科技期刊数据库（引文版）、万方中国科技论文引文分析数据库等；此外，百度学术、Google 学术、Bing 学术等学术搜索引擎因其免费提供使用而备受关注。

（一）美国科学引文索引（Web of Science、SCI）

1. 资源概述　Web of Science（WOS）是最常用的文摘数据库之一。由美国科技信息所（Institute of Science Information，ISI）编辑出版。它包含 3 个引文索引：科学引文索引（Science Citation Index，SCI）、社会科学引文索引（Social Sciences Citation Index，SSCI）以及艺术及人文科学引文索引（Arts&Humanities Citation Index，A&HCI），包含了近 9 000 种学术期刊。

SCI 的内容涉及 150 多个学科领域，涵盖了自然科学、工程技术、生物医学等所有科技领域，所收录的文献侧重基础科学学科，以生命科学、医学、化学、物理比重最大。2004 年收录 8 600 多种期刊，数据年代回溯至 1900 年，并提供 1991 年以来的作者摘要。

SSCI 收录 1 800 多种社会科学期刊，数据年代回溯至 1956 年，并提供 1992 年以来的作者摘要。

SSCI 所涉及的学科有人类学、商业、经济学、教育、环境研究、历史、图书馆学和信息科学、法律、社会学等。

A&HCI 收录 1 100 多种艺术与人文类期刊，数据年代回溯至 1975 年，并提供 2000 年以来的作者摘要。A & HCI 所涉及的学科有：考古学、建筑、艺术、亚洲研究、电影 / 广播 / 电视、民俗、历史、哲学、语言学、文学评论、文学、音乐、诗歌、宗教、戏剧等。WOS 收录的文献主要是期刊，并有少量专著和书评等。在期刊文章中，文章级别最高的为 review(综述性或评述性文章)，级别最低的为 correction(订正类)。其编排特点是：按 WOS 收录期刊上发表文献的著者和被引文献的著者之间引用和被引用的关系来报道文献。其中，在 WOS 收录期刊上发表的文献称为来源文献，对应的著者称为来源著者；来源文献中所附的参考文献称为引文文献或被引文献，对应的著者称为引文著者或被引著者。

2. 检索方法　Web of Science 检索界面有中文、英文和日文等多种语言供用户选择，国内可以使用中文版检索界面，方便使用，但检索词必须为英文。Web of Science 提供基本检索、作者检索、被引参考文献检索、化学结构式检索和高级检索五种方式。其中，论文的收录检索主要选择基本检索和高级检索，论文的被引用检索选择被引参考文献检索。

Web of Science 的检索规则包括：①根据实际情况选用“添加一个字段”，提供逻辑运算符 AND、OR、NOT 进行组配运算；Same 表示它所连接的检索词出现在同一个句子中或者一个关键词短语里；②可以进行语言及文献类型限制，并定义检索结果的排列方式；③如果需要优先检索一组词，可以用“( )”将一组词概括起来，这组词将作为一个整体概念优先处理；④ 3 个通配符和截词符：“*”代表 0 或多个任意字符，如输入“acupunct*”，可以检出以 acupunct 开头的所有单词；输入“tum*or*”，可检出该单词的所有变化形式和单复数，包括 tumor、tumour、tumors、tumouigenesis 等。“？”代表 1 个任意字符；“$”代表 0~1 个任意字符；⑤检索词及逻辑运算符均不区分大小写。

(1)基本检索(search)：进入 Web of Science 检索界面默认的检索方式即为基本检索，提供主题、标题、作者、团体作者、编者、出版物名称(包括刊名等)、出版年、地址、会议、语种、文献类型、基金资助机构、授权号等字段供用户检索时选择。

【检索示例】查找研究红景天苷提取方法被 SCI 收录的文献。哪些文献是高被引？

检索步骤：

第一步：在图 7-1 所示的 Web of Science 首页选择“Web of Science 核心合集”数据库

第二步：确定检索词，需要考虑同义词。

红景天苷：Salidroside

提取：extract、isolation、purification

第三步：选择检索途径。结合题目的要求，选择“主题”途径，可检索论文的标题，关键词，扩展词及文摘。

组成检索表达式：Salidroside AND (extract OR isolation OR purification)

第四步：查看检索结果，以被引排序，筛选高影响力论文(具体参见：3. 检索结果管理)。

Web of Science 可供选择的检索字段的基本用法：

主题(Topic)：选主题字段检索时，是表示在文献标题、关键词、摘要、增补关键词四个字段中查询。由于 Web of Science 不设主题词，在检索时要考虑同义词情况。

作者(Author)：在 Web of Science 中检索作者姓名的方法是先输入姓，接着输入空格，之后再输入不超过 5 位的名的首字母。也可以利用作者索引(Author Index)选择并添加到检索框中。对于比较复杂的姓名或者姓名中含有特殊符号情况，应检索该姓名可能的各种写法。

团体作者(Group Author)：应输入团体作者可能出现的各种写法。例如应包括作者名的全拼方式和可能的缩写形式；也可以通过右侧给出的团体作者索引来锁定团体作者的具体写法。

来源刊名(Source Title)：用期刊的全称检索，或用期刊刊名的起始部分加上通配符“*”检索，刊名全称列表(Full Source Titles List)列出了 Web of Science 收录的全部期刊，可以复制准确的期刊名称。

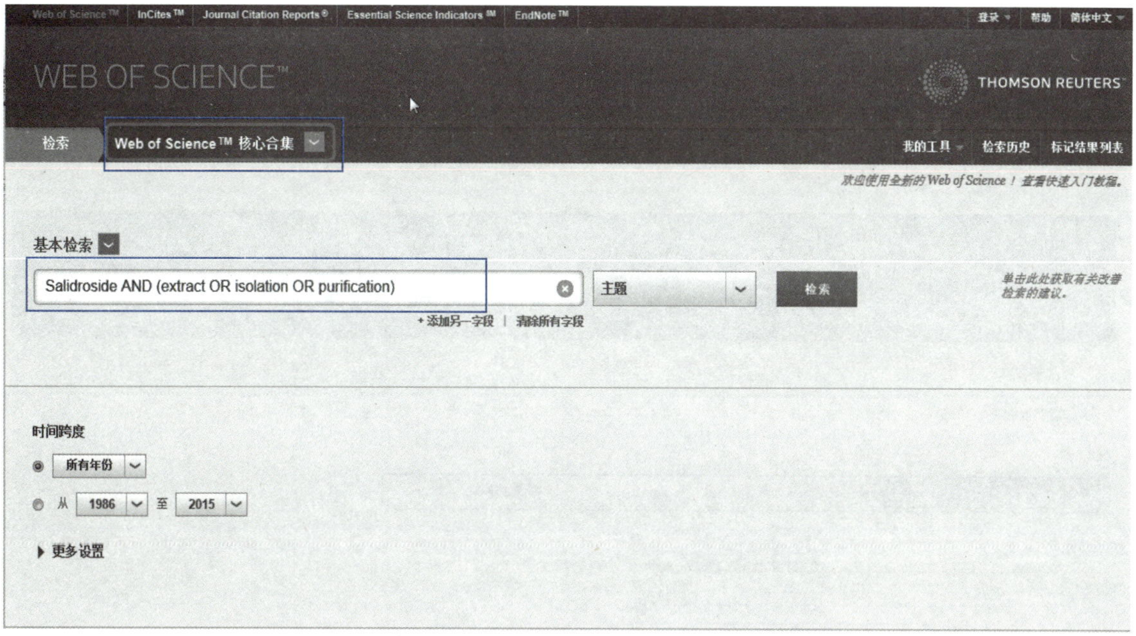

图 7-1 Web of Science 核心合集首页基本检索界面

地址(Address):按作者所在机构或地理位置检索,包括大学、机构、公司、国家、城市等的名称和邮政编码等。当选择地址检索途径时,界面会提示"查看缩写列表"供选择。系统将缩写的地址检索词映射为已知的完整的地址检索词,反之亦然。例如:

※ Ave 映射为 Avenue;Avenue 也映射为 Ave。

※ Med 映射为 Medicine、Medical 和 Medicinal;而 Medicine、Medical 和 Medicinal 也映射为 Med,并且这三个检索词也互相映射。

※ Pkwy 映射为 Parkway,并且 Parkway 映射为 Pkwy。

※ Univ 映射为 University,并且 University 映射为 Univ。

当通过著者机构进行地址检索时,可以输入机构名称中的单词或短语(经常采用缩写形式);从机构名称检索时,可输入公司或大学的名字;检索某一地点的机构时,可用"SAME"连接机构及地点;检索某一机构中的某个系或部门时,可用"SAME"连接机构、系或部门名称。地址检索中可使用逻辑符(AND、OR、NOT、SAME)。

(2)作者检索:按顺序完成三个部分,即先输入作者姓名,再选择研究领域,最后选择组织,也可以单独一个部分完成检索,如图 7-2 所示。

【检索示例】查找 2010—2014 年福建中医药大学刘献祥教授作为第一作者或通讯作者被 SCI 收录的文献。哪一篇论文的被引次数最多?他的研究方向是什么?

检索步骤:有两种检索方式。

第一种,通过基本检索的方式。

第一步:在图 7-3 所示的 Web of Science 首页选择"Web of Science 核心合集"数据库的检索。

第二步:输入作者姓名,要求分开输入作者姓名,先姓(必须是全称),后名(只需写拼写的首字母,最多允许 4 个首字母),可以添加作者姓名的不同拼写形式输入框。

第三步:输入作者地址,即福建中医药大学(Fujian Univ Trad*Chin*Med*)或者(Fujian Univ Chin*Trad*Med*)或者(Fujian Univ Chin*Med*)等,也可以直接输入福建(Fujian)。

第四步:限定时间 2010—2014。共有 57 条记录,经过筛选得到符合条件的 40 条结果。(2014.8.8. 检索)

※ 注意:无法在检索条件上限定第一作者、通讯作者等条件,需要经过浏览筛选辨别。

第二种:通过作者检索的方式。

第一步：在图 7-1 所示的 Web of Science 首页选择"Web of Science 核心合集"数据库，选择作者检索途径。

第二步：输入作者姓名，如图 7-2 所示。

第三步：在选择研究领域的条件下，全选（因为无法判断）。

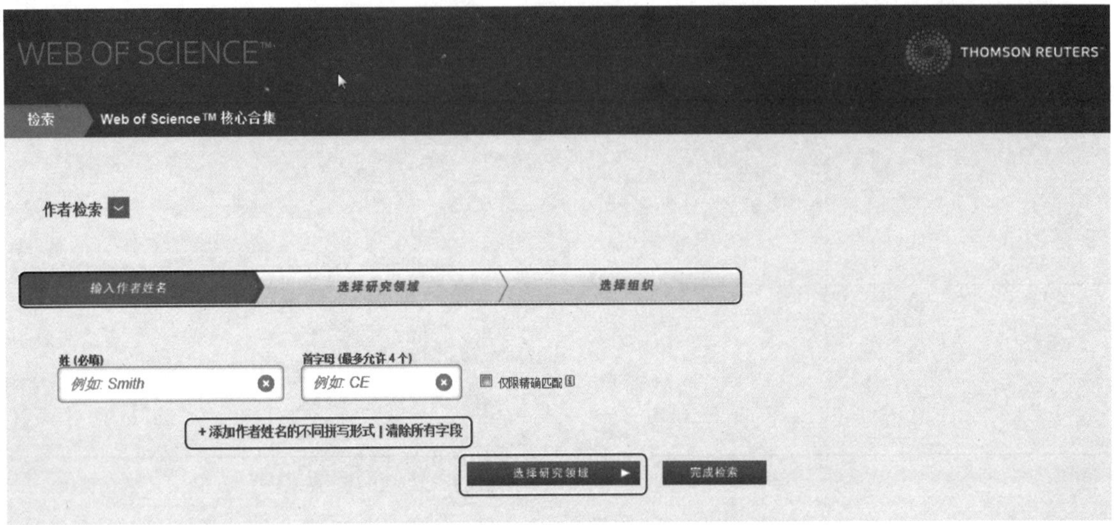

图 7-2　Web of Science 核心合集作者检索界面

第四步：在选择组织机构的条件下，选择 F 开头的机构，勾选"FUJIAN COLL TRADIT CHINESE MED"，"FUJIAN UNIV TCM"，"FUJIAN UNIV TRADIT CHINESE MED"。

第五步：限定时间，完成检索，得到符合条件的检索结果。按照被引次数排序，得知刘献祥教授的论文最高被引频次 20，是 2011 年发表在 *CHEMICAL COMMUNICATIONS* 上第 47 卷、第 44 期，位于 12 157—12 160 页的论文。刘教授的研究领域涉及：Chemistry；Biochemistry & Molecular；Integrative & Complementary Medicine；Oncology 等。

※ 对比两种检索方式，如果能提前准确知道作者所在的机构，应该首选作者检索。研究领域界面提供"生命科学""物理学""社会科学""技术"等四个领域供选择，如图 7-3 所示。

组织机构选择界面，按照首字母顺序排列组织机构及分布的收录论文数，如图 7-4 所示。

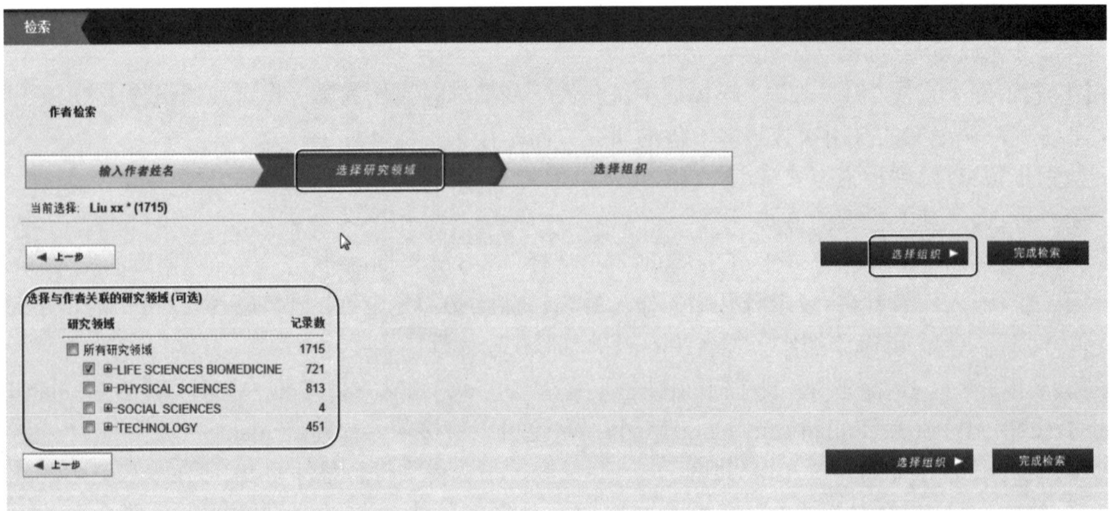

图 7-3　作者检索的选择研究领域界面

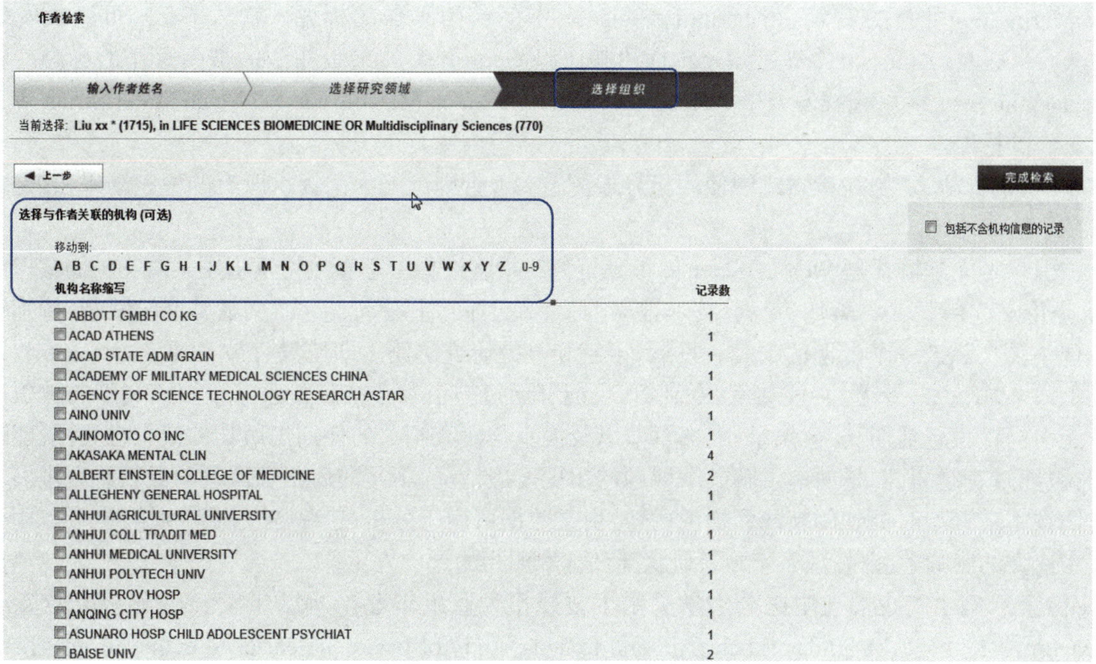

图 7-4　作者检索选择组织机构界面

（3）被引参考文献检索（cited reference search）：提供“被引作者”“被引著作”和“被引时间和出处（包含年份，卷、期、页）”“被引标题”等多种检索入口，如图 7-5 所示。

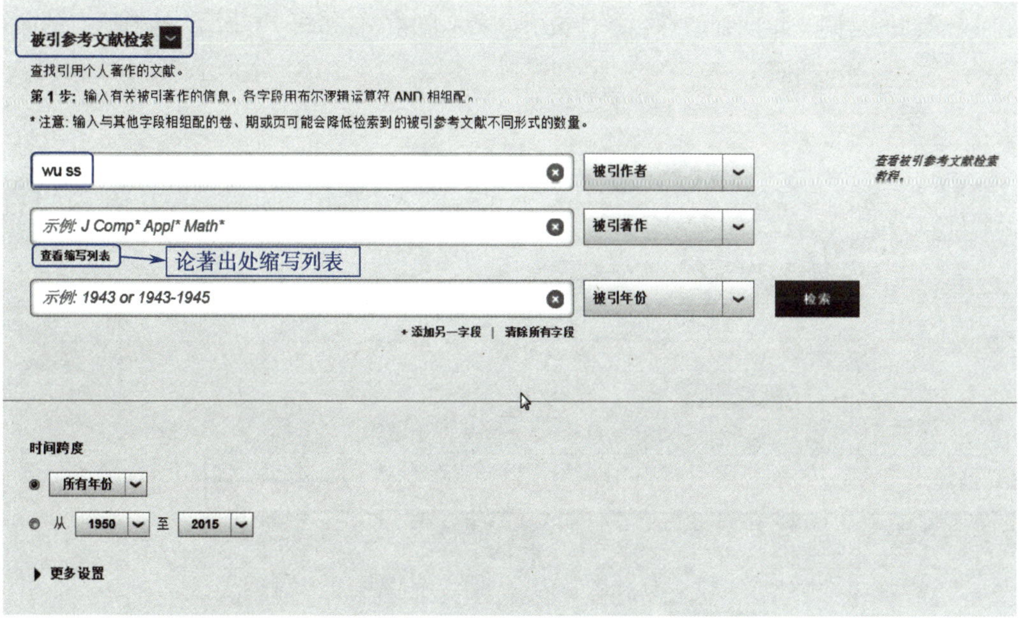

图 7-5　被引参考文献检索界面

“被引作者”为输入被引用的作者姓名。

“被引著作”为输入被引用的研究文献。可检索被引期刊、被引会议、被引书籍和被引书籍章节等引用的著作，提供索引列表供选择。输入期刊标题缩写，可在“查看缩写列表”中查找被引期刊的缩写列表。期刊可能有一个以上的缩写形式，应使用截词符以便与同一标题的几种不同缩写形式相匹配。使用 OR 检索运算符连接多个期刊标题。检索被引会议时，应提供标题、地点、日期和赞助方。如输入 Mark*Sci* 可查找发表于 Marketing Science 中的被引著作的标题。输入 Geol* 可查找发表于 Geology、Geology Journal（缩写为 Geol J）和其他以 Geol 开头的出版物中的被引著作的标题。输入 J Mech*Mat*Struct* 可查找发表于 J Mech Mat Struct、J Mech Mats Structs、J Mech Mater Struct 等处的被引著作的标题。

※ 特别提醒：建议在检索式中使用星号通配符（*），否则可能无法提供所有的检索结果，或是根本没有结果。

被引参考文献检索是 Web of Science 最具特色的检索途径。它直接检索引用某篇文献的参考文献（无论是论文、会议文献、著作、专利、技术报告等），不受时间、主题词、学科、文献类型的限制，特别适用于发现一篇文献或一个课题的起源和发展，了解和掌握研究思路。即使没有被 Web of Science 收录的期刊上发表的论文，专著，会议文献，专利等，也能够通过被引参考文献检索来了解该文献的被引用情况。能引导检索包括期刊、会议录、图书章节以及揭示与研究相关的任何出版物的信息，而且既能越查越旧，也能越查越新，旧是向前了解某个课题的历史发展情况，新是向后跟踪课题的最新研究进展。正如我们在本节开始时提到的新闻联播的内容，引文数据可用于分析、追踪热点研究领域，也可以用于评估学术论文的影响力、评估国家宏观科研状况及学术期刊的评价等。

【检索示例】查找福建中医药大学吴水生教授作为通讯作者在 2013 年发表在 *Food and Chemical Toxicology* 上的论文“A 90-day subchronic oral toxicity study of triterpene-enriched extract from Alismatis Rhizoma in rats”的被引用情况。

检索步骤：

第一步：选择“被引参考文献检索”，如图 7-5 所示。

第二步：在“被引作者”框中输入 wu ss；在“被引著作”框中输入期刊名“*Food and Chemical Toxicology*”；限定时间 2013，点击检索。

第三步：返回的是同一年期刊的符合条件被引参考文献索引，如图 7-6 所示，核对所有的已知信息，查看记录。

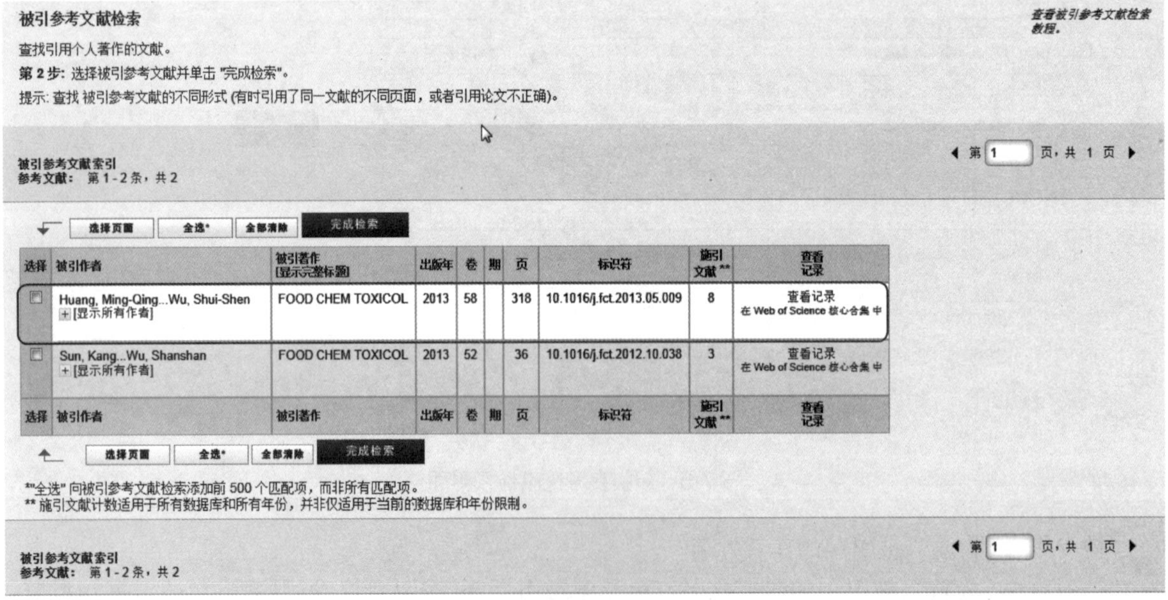

图 7-6　被引参考文献索引界面

（4）化学结构检索：自 2003 年升级到 6.0 版开始，ISI Web of Science 将 ISI Chemistry 与 SCIE 完全整合到一起，从而为 ISI Web of Science 提供了化学结构信息的检索和更为丰富的化学内容，化学结构检索包括 Current Chemical Reactions（简称 CCR）和 Index Chemicus（简称 IC）两个数据库的化学信息。

CCR 和 IC 的主要用途：①取得分子合成反应的信息，检查某类分子是否已被分离、合成的有关文献资料；②了解最新的催化剂，各类分子的生物活性、天然来源等信息资料；③新的有机金属化合物设计、合成与应用；④各种单体分子的合成，催化剂的利用，材料的各种合成途径；⑤了解化合物、药物分子的生物活性，迅速发现潜在的药物母体及其合成；"组合化学"所必需的固相合成反应；⑥缩短项目的研究周期，减少不必要的重复开发，提高工作效率；⑦信息来源：期刊、专利、会议录文献。

（5）高级检索：如图 7-7 所示，可以使用右边的字段标识符，运用较复杂的检索策略，多字段组合检索，允许使用布尔逻辑运算符和通配符。

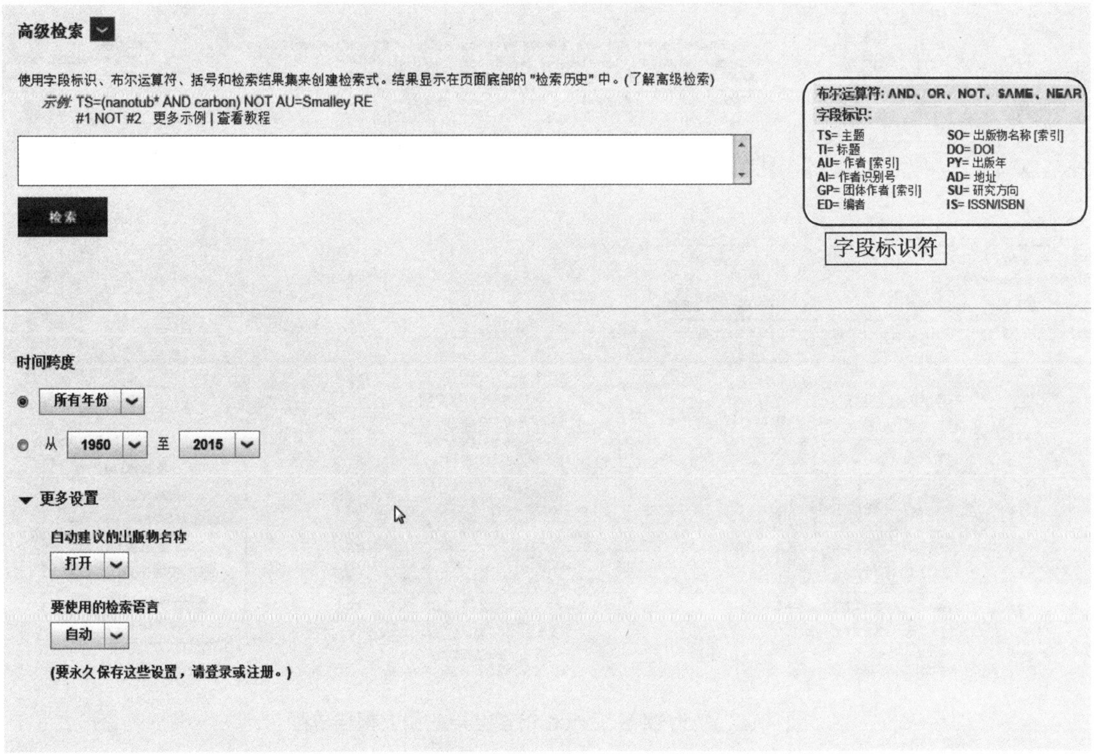

图 7-7　Web of Science 的高级检索界面

3. 检索结果管理

（1）检索结果界面：Web of Science 除了具备强大的引文检索功能外，还提供了多层次的文献分析功能，能够帮助用户把握学科发展的最新动态。如检索到"研究红景天苷提取方法被 SCI 收录"的文献共 170 篇，检索结果界面，如图 7-8 所示，左上角显示检索结果和检索表达式；排序方式选择"被引频次（降序）"；右侧上方提供了文献分析功能按钮，包括"分析检索结果"和"创建引文报告"。

1）引文分析报告：从下面的检索结果中勾选文献，点击检索结果右上角的"创建引文报告"按钮，即可生成一份有关红景天苷提取方法命中文献数为 170 篇的引文报告，如图 7-9 所示。该报告包括 170 篇论文的总被引频次、自引频次、他引频次、施引文献和 H 指数（h-index），表明有关红景天苷提取方法的 170 篇论文在发表后一共被 2 003 篇论文作为参考文献进行了引用，平均每篇论文的被引用数是 11.78 次，当前 H 指数是 26，说明在 2 003 篇论文里，有 26 篇文献每一篇的被引用次数都大于或等于 26，是本次检索结果中的高影响力论文。

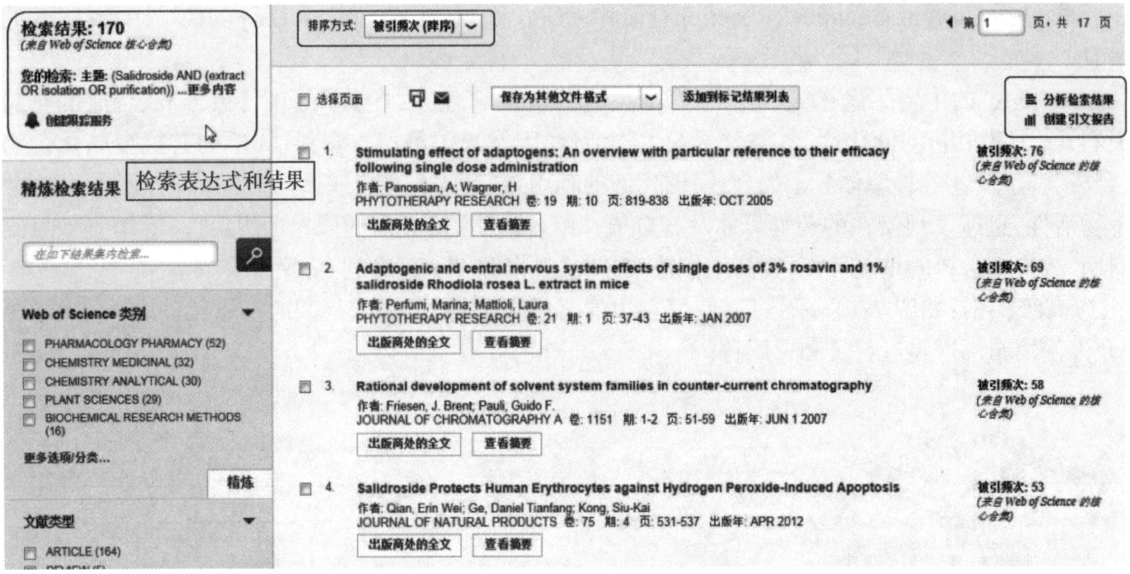

图 7-8　Web of Science 的检索结果输出界面

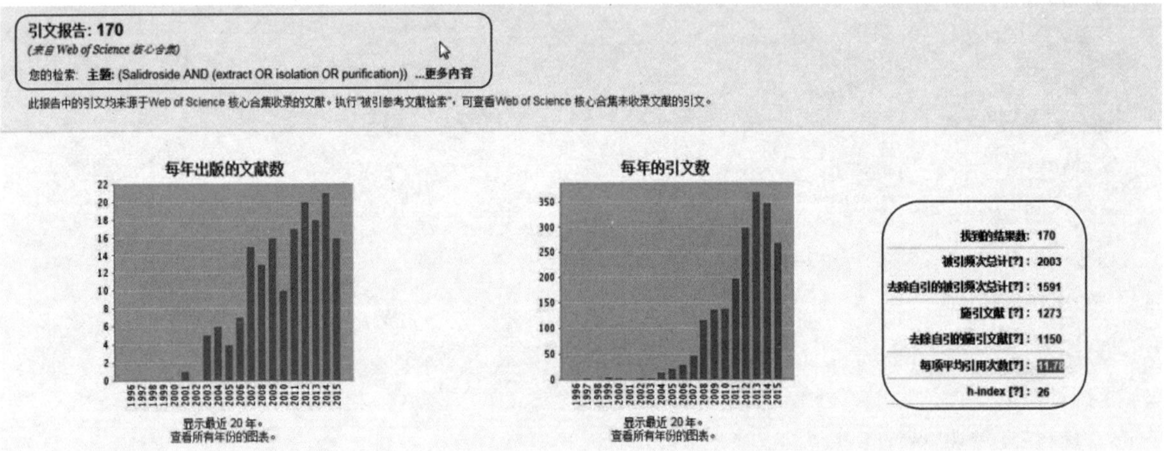

图 7-9　Web of Science 检索结果的引文报告界面

2）文献的多层次分析：点击检索结果界面的“分析检索结果”按钮，可以从作者、丛书名称、会议名称、国家 / 地区、文献类型、编者、资金资助机构、授权号、团体作者、机构、语种、研究方向、出版年、来源出版物、Web of Science 类别等 15 个角度对检索结果的数据集进行分析，如图 7-10 所示。

（2）施引文献输出界面：包括施引的次数、被引频次统计的来源数据库、分析检索结果、创建引文报告等。

对施引文献进行检索结果的分析，有以下益处：

1）了解哪一个作者引用选定论文的次数最多，从而确定谁在延续跟踪并从事这一领域的研究工作。

2）知道引用选定论文的文献主要以什么文献类型进行发表。

3）知道哪一个机构最经常引用您感兴趣的研究论文。

4）知道引用了您选定的文献的主要语种是什么。

5）知道选定论文的文章主要发表在什么时间，从而显示这篇文章被引用的时间趋势。

6）了解选定的论文经常被哪些杂志所引用，以便选择未来发表论文的投稿方向。

7）了解一篇论文被不同领域的研究论文引用的状况从而了解该课题研究的学科交叉趋势。

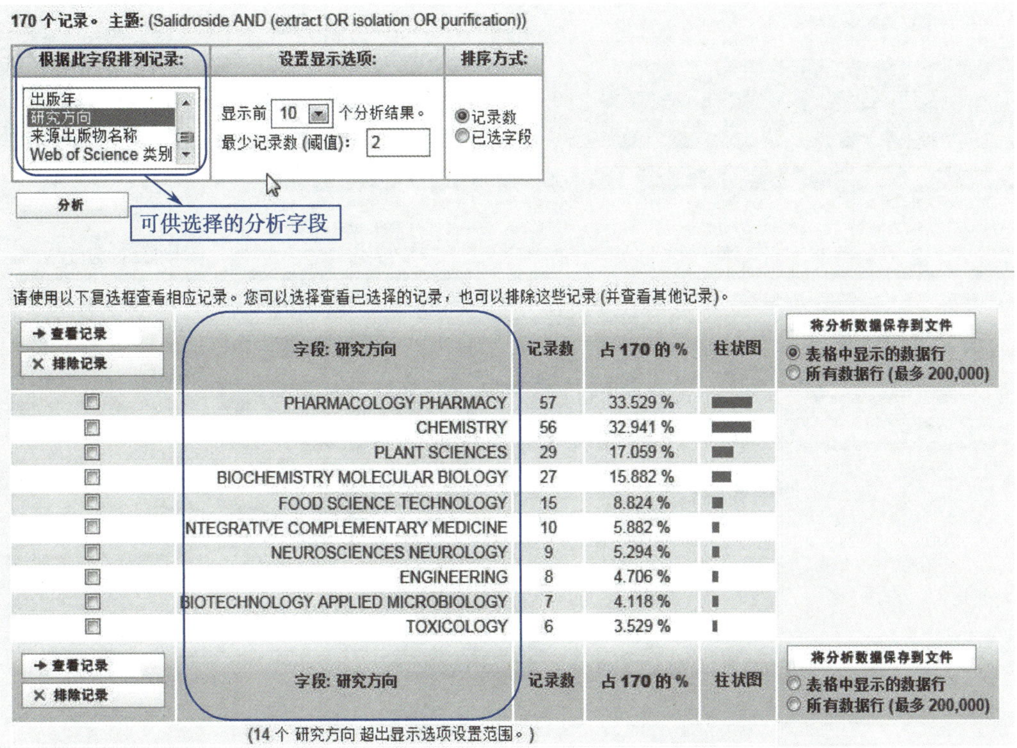

图 7-10　Web of Science 检索结果的引文分析界面

(3)数据输出：除了在检索结果列表上方有数据输出按钮外，在检索结果列表下方也有输出选项。先勾选需要输出的记录，再选择输出方式输出；或将选中的记录添加到标记结果列表，再点击标记结果列表，选择需要输出的字段，再选择输出格式和输出方式。可供选择的输出方式有打印、E-mail 发送、存盘，或保存到 EndNotc、EndNotcwcb 等文献管理软件。

(4)全文获取：Web of Science 是个引文数据库，本身并不收录全文，但用户可以通过 Web of Science 提供的强大的链接功能获取全文。①通过每条记录下方的全文链接按钮直接下载全文；②通过基于 OpenURL 协议的链接获取全文线索；③通过本地图书馆馆藏链接获取全文；④直接联系论文作者获取原文。

(二) 中国科学引文数据库

1. 数据库简介　中国科学引文数据库(Chinese Science Citation Database，CSCD)1989 年由中国科学院国家科学图书馆研发(http://sdb.csdl.ac.cn)，CSCD 首页如图 7-11 所示。该数据库收录了我国数学、物理、化学、天文学、地学、生物学、农林科学、医药卫生、工程技术、环境科学和管理科学等领域，出版的中英文科技期刊，目前已积累从 1989 年到现在的论文记录 400 多万条，引文记录近 5 000 万条。2007 年中国科学引文数据库实现了与 Web of Science 的跨库检索。

该数据库具有以下特点：

1)具有一定的权威性：数据库的来源期刊经过大范围的遴选，是各学科领域中具有权威性和代表性的核心期刊，被引数据有一定的权威性，被誉为“中国的 SCI”。其被引数据在课题查新、基金资助、项目评估、成果申报、文献计量与评价等方面作为主要参考数据。但是由于其来源期刊经过筛选，往往造成未入围的期刊文献的引用情况不能检出。

2)集成科学文献服务系统，检索功能较完善：该系统除了提供引文检索外，还提供中国科学文献计量指标、中国科技期刊引证指标、中国科学文献数据库等检索服务，可供机构和个人检索，但是检索功能需要获得授权。

2. 检索方法　数据库提供来源文献检索和引文检索。引文检索有简单检索和高级检索两种方式。

图 7-11　CSCD 网页首页

(1)简单检索：提供在选定字段(题名、作者等)针对检索词进行检索，多个字段系统可提供逻辑关系选择。若系统默认的两个检索字段不能满足检索要求，用户可增加检索词输入框，如图 7-12 所示。

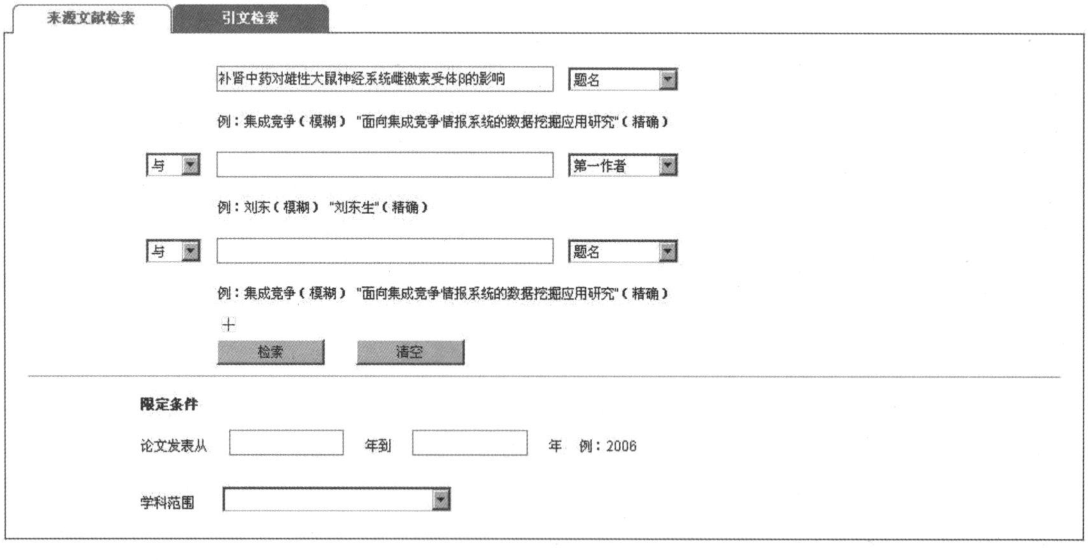

图 7-12　CSCD 引文检索简单检索界面

系统可供选择的字段包括题名、被引作者、被引第一作者、被引来源、被引机构、被引出版社等字段，此外还可提供时间、学科范围的限定。

(2)高级检索:通过在特定的字段输入检索词后,点击“增加”按钮将该检索词及字段信息添加到检索式输入框。当添加多个检索词时,应注意逻辑运算符的选择和检索词的顺序问题。系统提供被引作者、被引第一作者、被引来源、被引机构、被引实验室、被引文献主编、被引出版社、被引时间、出版时间等 10 个字段的检索框,供用户构建检索表达式,此外还有一个核心库的限定。核心库的限定是针对中国引文库的核心版和扩展版而限定的。用户若不增加对核心库的限定,系统则默认在核心库和扩展库都进行检索。与简单检索不同的是,用户在字段列表前输入检索词后,不能直接执行检索,而是需要通过点击“增加”来构建检索表达式。

如:在被引机构中输入“福建中医药大学”后,点击增加,系统会将被引机构转换成系统能识别的检索字段与检索词组合,点击确定,即可执行高级检索,如图 7-13 所示。

图 7-13　CSCD 引文检索高级检索界面

(3)检索结果管理:界面分成两个部分展示检索结果,即上半部分显示的是检索结果的初步分析情况,主要围绕来源、年代、作者、学科等字段进行分析;下半部分是检索结果的列表显示,按照题名、作者、来源、被引频次四个字段依次显示,如图 7-14 所示。

【检索示例】检索“补肾中药对雄性大鼠神经系统雌激素受体 β 的影响”论文的被引用情况。

检索步骤:

第一步选择“题名”字段,输入论文题名。

第二步输入“补肾中药对雄性大鼠神经系统雌激素受体 β 的影响”的论文题名。

第三步检索输出被引用的结果。

其中文献题名后有一个的图标,该图标是针对当前文献的全文链接服务,可提供原文传递和原文下载服务。

用户如需查看被引用的详细情况,可点击被引频次列表中的数字实现,如图 7-15 所示。

系统可提供检索结果被引用情况的下载,具体操作方式如下:①勾选需要下载的检索结果;②点击界面上的“下载”,系统会在新窗口提供需要下载字段的选择;③点击界面上的“下载”,保存到本地目录即可,所保存的文件为文本格式的文件,如图 7-16 所示。

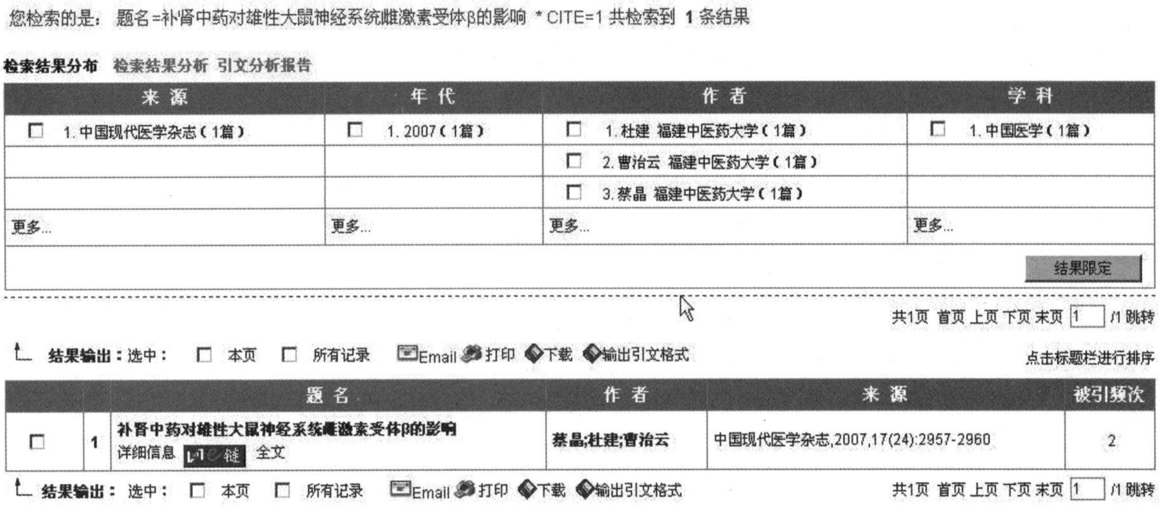

图 7-14　CSCD 引文检索显示界面

图 7-15　CSCD 当前记录被引用的详细情况界面

（三）CNKI 引文检索

1. 资源概述　CNKI 引文检索是基于 CNKI 旗下的中国学术期刊全文数据库、中国博士学位论文全文数据库、中国优秀硕士学位论文全文数据库、中国重要会议论文全文数据库等产品的参考文献，涉及期刊类型、学位论文类型、会议论文类型、图书类型、专利类型、标准类型、报纸类型等超千万次被引文献的数据库。

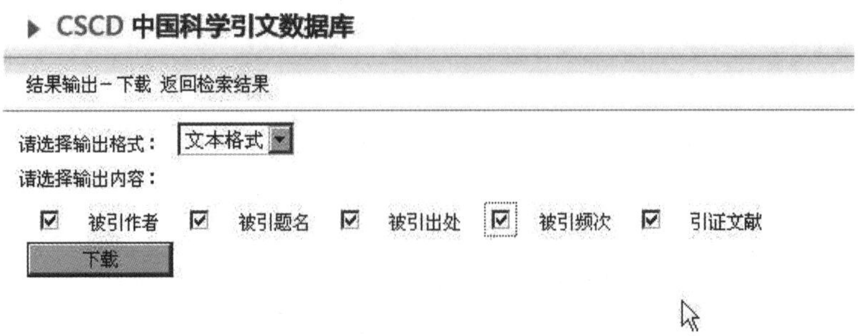

图 7-16　CSCD 当前记录被引情况的下载界面

2. 检索方法　在 CNKI 平台中，系统提供了引文检索入口界面，如图 7-17 所示。

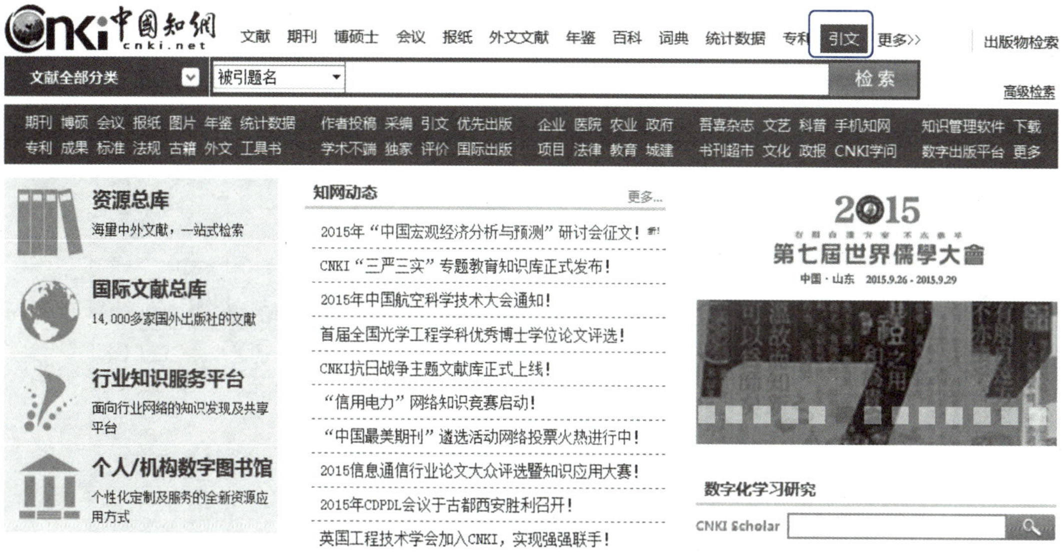

图 7-17　中国知网总库平台引文检索入口界面

此外，CNKI 平台还将文献的被引情况融合在源文献检索的结果中。在文献检索结果界面，会显示文献的被引频次，点击被引频次即可查看该篇文献的被引用情况。用户可以通过复制粘贴操作实现对当前文献的被引用情况的下载。一般而言，用户如果需要了解某一类文献的被引情况，则通过总库平台检索，在检索结果界面使用检索结果列表中的“被引频次排序”功能，能快速发现高被引频次的文献；如果用户仅仅需要了解某一篇被引文献的被引用情况，使用平台的“引文检索”和“源文献检索”两种检索模式均可。

【检索示例】检索国家自然科学基金资助的关于泽泻的论文被引用情况，并找到被引频次最高的论文是哪一篇。

在总库平台上，通过基金列表选择“国家自然科学基金”，选择主题字段，输入检索词“泽泻”，执行检索，如图 7-18 所示。

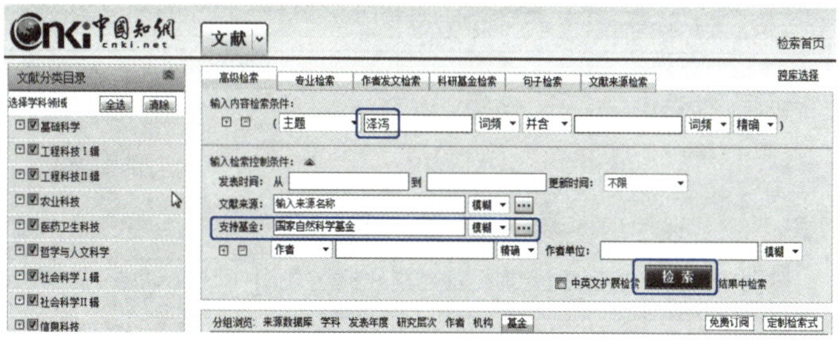

图 7-18　中国知网总库平台高级检索界面

在检索结果界面，选择“被引”的排序方式，即可获得 166 篇文献检索结果中被引频次最高的那篇文献，如图 7-19 所示。由图可知最高被引频次的文献是尹春萍等 2001 年发表在《中草药》的论文——《泽泻及其活性成分免疫调节作用研究进展》。

勾选一条检索结果，点击“查看引证文献”，可通过新窗口查看所选文章的被引用情况，执行期刊文献检索结果的存盘操作，实现所选文章被引用情况的选定格式下载。需要注意的是：一次只能查看一篇检索结果的被引用情况，如同时勾选两条检索结果，所查看的引证文献则不好进行区分。

（四）万方知识服务平台引文检索

万方知识服务平台的引文检索融合在文献检索结果中。在万方平台中，文献的被引情况直接显示在文献题名之后，若没有显示“(被引用 XX 次)”，则表明当前文献在万方平台中未找到引用情况，如图 7-20 所示。

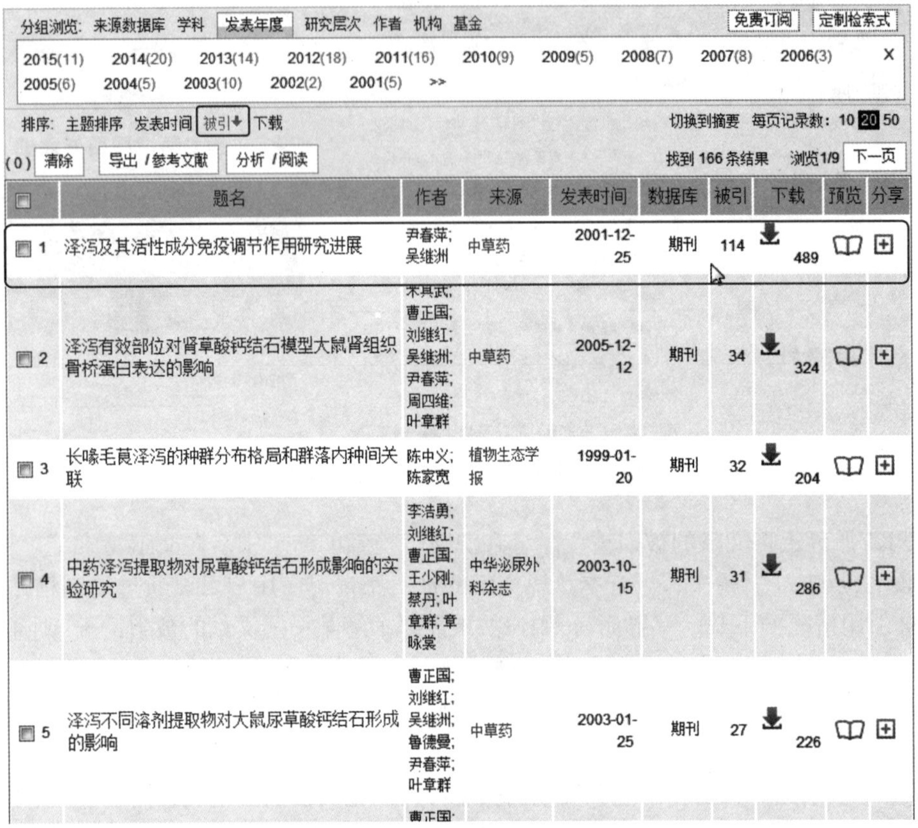

图 7-19　泽泻高被引检索结果界面

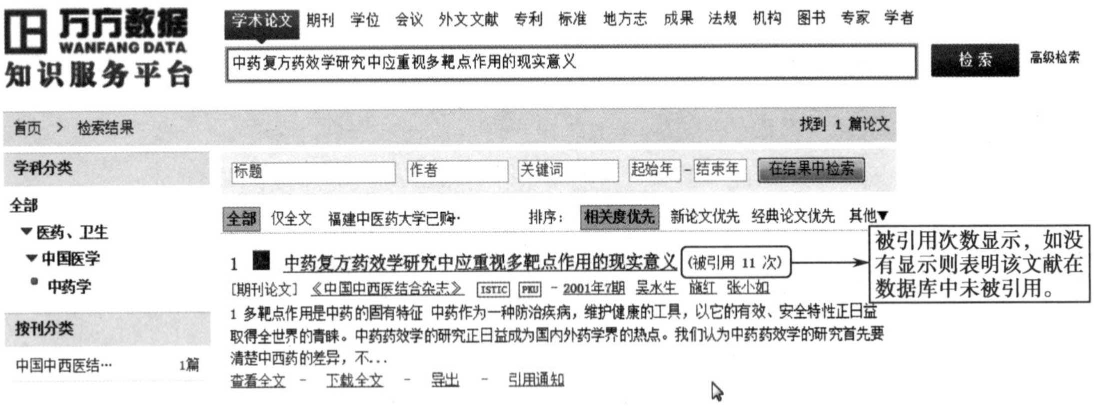

图 7-20　万方平台检索结果显示界面

如果需要查看该文献的被引用情况，则需点击文献题名，进入文献内容显示界面，通过“引证文献”字段，采用复制粘贴的方式获取当前文献的引用情况，如图 7-21 所示。

(五) 维普平台引文检索

维普平台的引文检索与万方数据库类似，在检索结果页面中，文献题名之后所显示的为当前文献的被引用频次。所不同的是当前文献被引用情况的展示和导出不一样。

图 7-21 万方平台论文引证文献显示界面

用户可以通过被引频次的链接，如图 7-22 所示，查看当前文献的被引用情况，如图 7-23 所示，并选择相应的引用文献后，批量导出题录。

（六）NSTL 国际科学引文数据库

国际科学引文数据库（DISC）是国家科技图书文献中心（NSTL）投入建设的集文献发现、引文链接、原文传递为一体的服务系统（http://disc.nstl.gov.cn），可以免费执行检索，并查看检索结果。数据库集成了 NSTL 外文期刊文献数据库（来自 17 000 多种外文期刊）和优选的理、工、农、医各学科领域的部分优秀外文期刊（来自 3 000 多种外文期刊）的引文数据库，并揭示和计算了文献之间的相关性和相关程度。

该数据库提供快速检索和字段逻辑组配检索两种方式，可执行文献检索、引文库收录文献检索、参考文献检索等检索类型。其中，文献检索融合了引文收录文献检索和参考文献检索。数据库提供的检索字段包括 ISSN、作者、题名、文摘、关键词、机构、刊名、出版时间、被引时间等。

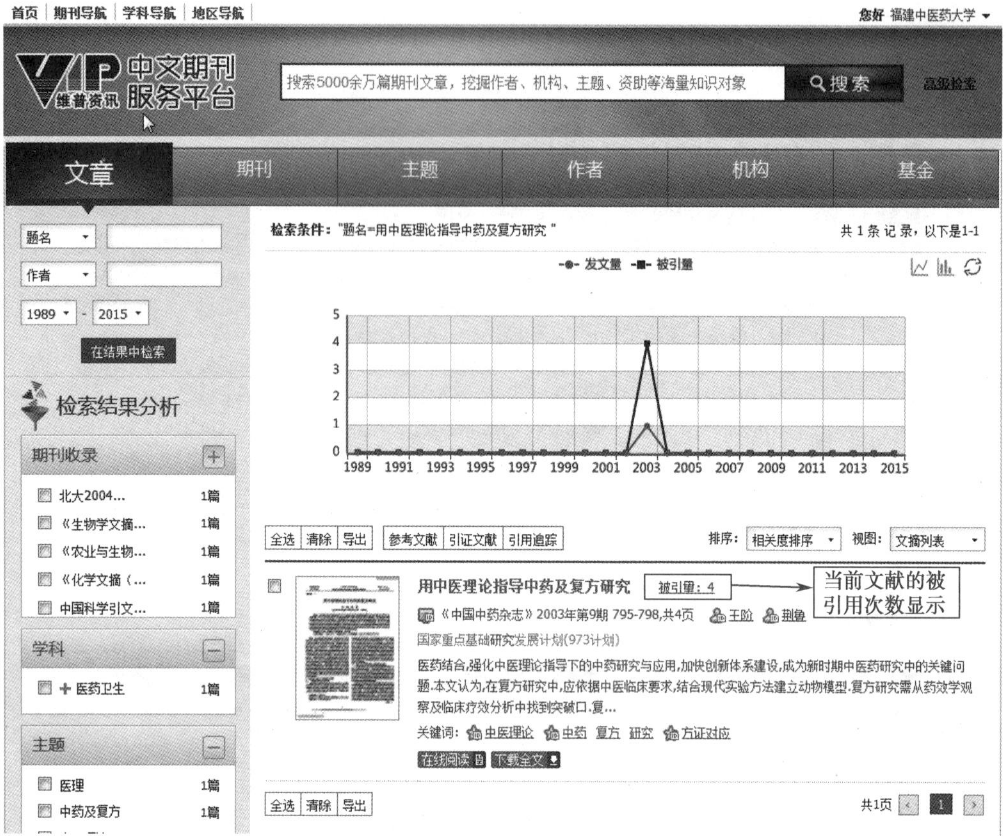

图 7-22　维普平台的检索结果界面

图 7-23　维普平台详细引用文献界面

该数据库还提供检索结果的可视化分析功能，可以通过检索结果分组、关键词云图、论文发表年代分布、被引年代分布、作者合作关系状态、引用强度等可视化分析图形实时联机分析检索结果。检索结果与 NSTL 文献原文传递和代查代借系统无缝链接，支持用户快速获取文献全文，如图 7-24 所示。

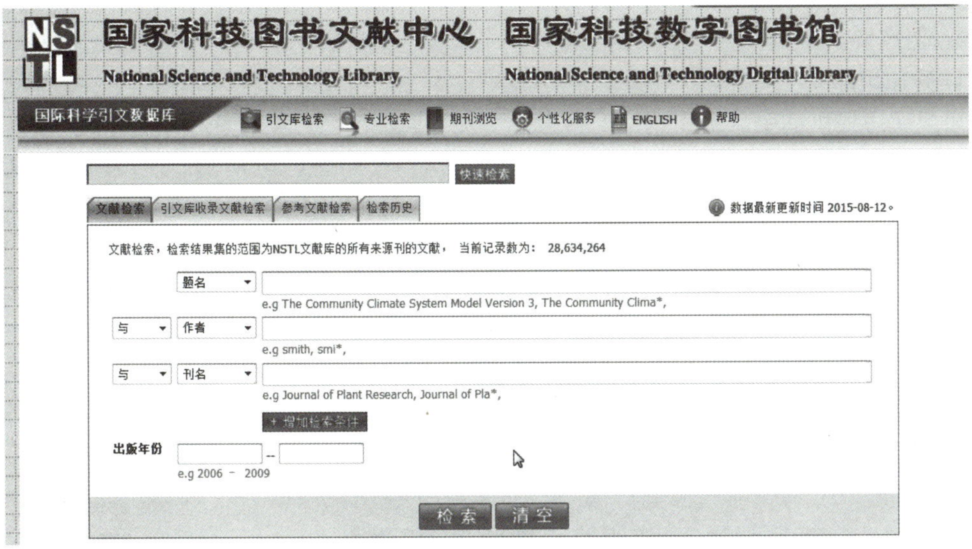

图 7-24　DISC 检索界面

（七）搜索引擎学术搜索的引文检索

当前百度学术、Google 学术、好搜学术、微软学术等学术搜索引擎以其方便的检索以及资源优势而深受欢迎。上述学术搜索引擎除了能提供学术文献的检索之外，还能查找图书和期刊的被引用情况，如图 7-25 所示。在其检索结果页面均有被引用次数的链接显示，通过该链接可以查看当前文献被引用的详细情况。需要注意的是，百度学术、Google 学术、好搜学术，均可直接通过引用频次链接直接查看当前文献被引用的详细情况，但引用的详细情况导出操作不方便，无法批量导出。

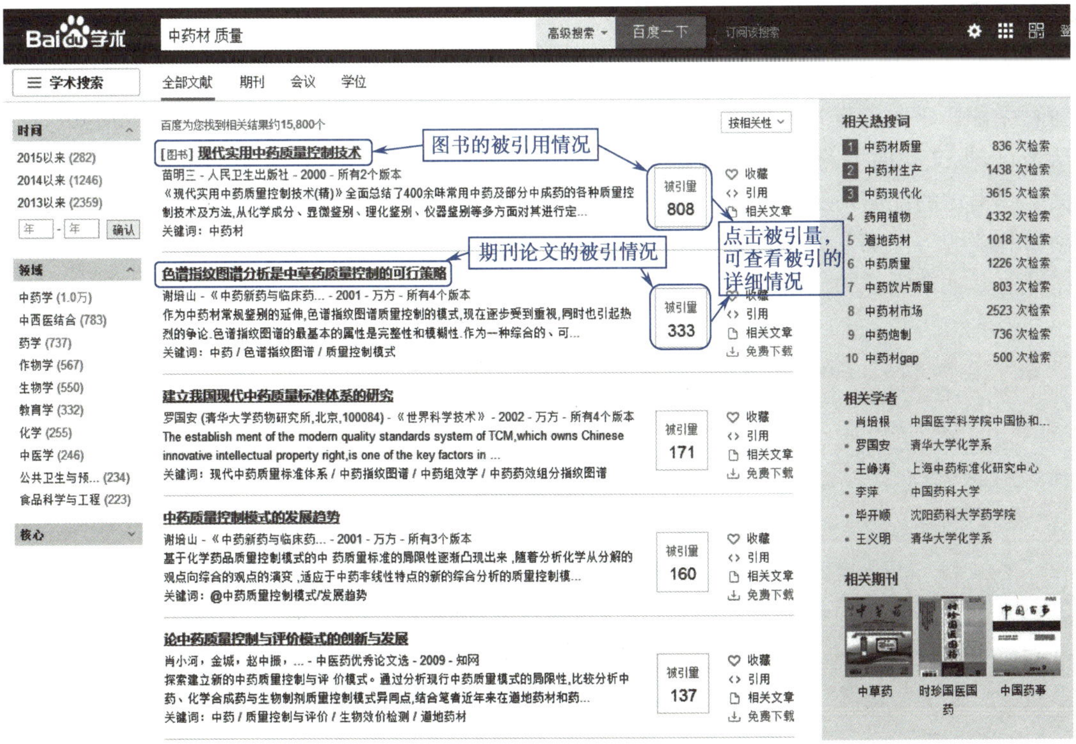

图 7-25　百度学术的文献检索结果界面

（八）中国生物医学期刊引文数据库（CMCI）

中国生物医学期刊引文数据库（CMCI）是由解放军医学图书馆开发的医学专业引文数据库，收录1995年以来的中文生物医学期刊900余种和1994以来的被引用期刊1 600种。目前，该数据库支持网络版的检索，但需要获得授权。

（九）读秀知识库

读秀知识库可提供图书的被引用情况检索。引文检索功能已经融合在图书检索的平台中，用户需要在图书检索的项目下，才能实现对图书的被引用情况查看，如图7-26所示。通过图书题名的链接进入图书详细信息查看界面，在界面中间的“引用图书（以下图书均引用了本图书）”可以看到当前查看的图书被其他图书引用的详细情况。

读秀知识库还提供较为宏观的年度图书引用情况报告。用户可通过读秀首页的“图书被引用情况报告”查看。

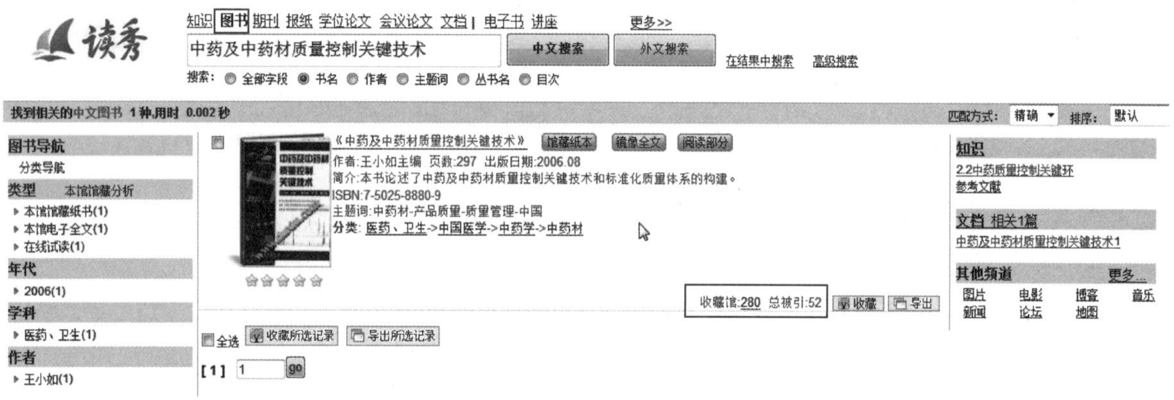

图7-26　读秀图书检索结果界面

三、循证医学资源介绍

（一）循证医学资源的5S模型

随着循证医学的证据量不断增加和信息技术的发展，循证医学信息资源的整理也日趋成熟。有的学者认为，根据文献加工的深度，循证医学的证据主要有一次文献和二次文献两种类型，此观点与国外有的医学图书馆的证据来源分类类似，即背景资源（如叙述性文献综述）、前景资源（如Cochrane Review）和原始研究资源等。加拿大McMaster大学临床流行病学与生物统计学教授R.Brian Haynes 2006年提出了循证医学证据资源的“5S”金字塔模型，如图7-27所示。

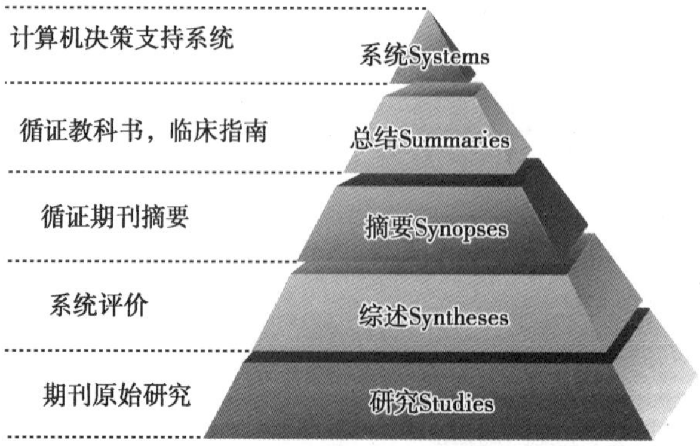

图7-27　循证医学证据资源的“5S”金字塔模型

Haynes 的模型最下面一层的“S”为 Studies，即原始研究，该层是基础；由此向上一层的“S”为 Syntheses，指的是系统评价，如 Cochrane 系统评价；再向上一层“S”为 Synopses，指那些出现在循证医学杂志中对原始研究和系统评价进行简介的文献；再上一层的“S”为 Summaries，指的是整合来自此层次级以下的最佳证据，并为某个特定的疾病相关选项提供全面的证据，如各类临床实践指南、循证医学教科书等；最上一层的“S”为 Systems，即将患者个体信息与来自研究证据适用信息相匹配的计算机决策服务系统。Haynes 等人认为，最上一层的“Systems”中的最佳证据可从其他“S”获取。目前，“5S”的循证医学资源种类得到大多数学者的共识。在循证医学证据检索的过程中，应根据实际条件，首选高级别的证据，以指导临床决策。

1. 系统（Systems） 即计算机决策支持系统，是指针对某个临床问题，概括总结所有相关文献的研究证据，并通过电子病例系统与特定患者的个体情况结合，为医生提供决策的信息支持系统。此类数据库整合度高，主动推送的信息有 Provation MD、ZynxCare 等，但目前功能还不完善，Clinical Evidence、PIER、UptoDate 等数据库具有部分的功能。

2. 总结（Summaries） 即证据总结，是指整合来自此级以下的最佳证据，并为某个特定的疾病相关选项提供全面的证据。这类资源既有像教科书一样的背景知识介绍，又有相关的最新证据总结，还结合专家针对不同临床主题和患者人群给出相应的推荐意见、推荐强度和证据级别，如 ACP PIER、DynaMed、Clinical Evidence、UptoDate、NGC 等数据库，目前进行循证医学实践检索临床证据主要应用此类数据库。

3. 摘要（Synopses） 即证据摘要，即循证期刊摘要。为了帮助临床医生快速、有效地查找文献，临床专家和方法学家一起对主要医学期刊上发表的原始研究和二次研究证据进行严格评估后，对所收集整理的文献综合成简述，并附上专家推荐意见，然后以摘要形式再次出版。常用的资源有 *ACP Journal Club*、*Evidence-Based Medicine*、*InfoPOEM*、*Bandolie* 和《中国循证医学杂志》。

4. 综述（Syntheses） 即系统评价，是针对某一具体的临床问题（如疾病的病因、诊断、治疗、预后）系统全面地收集已完成或正在开展的研究，经严格评价后，筛选出符合质量标准的文献，进行定性或定量分析（Meta 分析）后得出可靠的综合结论。系统评价可以分为 Cochrane 系统评价和非 Cochrane 系统评价，前者由 Cochrane 协作网制作并发表在 Cochrane 图书馆，后者发表在杂志上。常用的数据库资源有 Cochrane 系统评价数据库和 DARE。

5. 研究（Studies） 即原始研究，原始研究数据库主要包括前面各个章节所述的各种全文、文摘型的数据库。通常只有在上述 2 种数据库资源中未能实现检索需求时，才检索原始研究数据库。具有一定特色的原始资料库有 Pubmed Clinical Queries（http://www.ncbi.nlm.nih.gov/Pubmed）和 Cochrane 临床对照实验中心注册库（Cochrane Central Register of Controlled Trials，CENTRAL）。

（二）循证医学数据库的选择与分类

按照图 7-27 所示的“5S”模型，理论上选择数据库的方法为：①优先选择 Systems 类数据库，如所在单位没有此类数据库或不能解决问题时，再依次逐级选择 Summaries，Synopses，Syntheses 和 Studies 类数据库；②按“5S”模型逐级使用数据库检索，一旦在某一级数据库获得临床证据，就不需要去检索其他级别的数据库；③临床证据检索之前首先需明确临床问题及类型，从而选择相对应的数据库。例如，一个外科的临床问题，选择 ACP PIER 检索临床证据，很可能会令人失望。因为 ACP PIER 数据库内容主要以内科内容为主。

实际检索中，Systems 类数据库太复杂且极少，功能也不够完善，很少能用到。实际检索中具有分水岭意义的是 Summaries 类数据库，因为此类库是高度整合的知识库，提供一站式服务平台，囊括与临床问题相关的所有证据及背景信息，检索简单易上手，数据更新及时。Summaries 以下级别的数据库包含的内容通常零散发表在期刊上，可通过 PubMed、Embase 等其他索引数据库检索到相应内容。循证医学数据库可分为 Summaries 类数据库和非 Summaries 类数据库两种。

1. Summaries 类数据库 目前常用的 Summaries 类数据库主要有 ACP PIER、DynaMed、Clinical Evidence、UptoDate、NGC、First Consult 等。从内容覆盖面、质量和更新周期 3 个方面比较，综合评价最高的数据库是 DynaMcd。

(1) DynaMed：由数据库出版商 EBSCO 公司出版。提供 3 200 多个主题的临床证据总结，每一个主题主要包括疾病概况、病因和危险因素、并发症和相关疾病、病史、物理诊断、分期、预后、治疗措施、预防和筛查、质量改进、参考文献(包括综述和指南)等。支持个人掌上电脑查询，可以按照主题浏览数据库的内容，也可以直接输入关键词检索。DynaMed 将证据质量分为三级，一级证据为最有效的且以患者为中心的研究结论。基于对证据的分级给予 A、B、C 三级推荐意见，A 级最高，是一致且高质量的证据。该数据库需要付费使用。

(2) UptoDate (http://www.uptodate.com)：数据库采用统一的结构提出问题，较全面收集相关的循证医学文献，采用分级评价证据的质量，并提出推荐意见。UptoDate 覆盖了 14 个医学专业，7 700 个临床主题，并与 MEDLINE 摘要、26 万余条参考文献、一个药物数据库链接。该数据库需要付费使用。

(3) NGC (National Guideline Clearinghouse，美国国家指南交换中心，http://www.guideline.gov)：NGC 收集了全球 2 000 多个指南的摘要，涉及所有的主题，指南的制定遵照循证医学的原则和方法。系统提供结构式摘要，并能进行指南之间的比较，对指南内容进行分类，部分指南全文可链接，对指南的参考文献、指南制作方法、指南的评价、指南使用等提供链接、说明或注释。

(4) Clinical Evidence：由英国医学会组织研究、英国医学杂志出版集团(BMJ) (http://www.clinicalevidence.com/ceweb/conditions/index.jsp)出版，是目前世界上最具权威性的医学数据库之一，以治疗方法为主，涉及 200 多种疾病的 2 500 多种治疗方法。该数据库不断拓展新的题目和领域，针对每一种疾病，采用严格的过程评估每一种治疗方法的疗效和安全性，告诉查检者哪些治疗方法有益，哪些可能有益，哪些利弊相当，哪些可能无益，或者甚至有害或哪些疗效不确定。该数据库需要付费使用，北京大学的循证医学中心于 2008 年与 BMJ 达成协议，出版了《临床证据》中文版。

(5) ACP PIER (Physicians Information and Education Resource)：ACP PIER 是美国内科医师学会的产品(http://pier.acponline.org/index.html)，主要包括疾病诊治、筛查与预防、补充 / 替代医学、伦理和法律问题、流程、质量测量方法和药物信息。PIER 采用多层次结构指导临床医生应用研究证据，所有的问题均采用同样的结构，所有的推荐意见均与研究证据相连。PIER 主要涉及内科和初级保健方面的治疗问题。目前 PIER 需要付费使用。

2. 非 Summaries 类数据库　此类数据库的临床证据实用性不佳，数量多甚至庞大，篇幅冗长，质量参差不齐甚至无保障，需要使用者自己判断其质量，更新无保障。

(1) Cochrane 系统评价数据库(Cochrane Database of Systematic Reviews，CDSR，http://www.thecochranelibrary.com)：发表在 Cochrane 图书馆。Cochrane 系统评价是 Cochrane 协作网的评价人员按照统一的工作手册，在相应 Cochrane 评价小组编辑部的指导和帮助下所完成的系统评价。Cochrane 协作网采用固定格式和内容，统一的系统评价软件录入和分析数据、撰写系统评价计划书和报告，发表后根据新的研究定期更新，有完善的反馈和修改机制，因此 Cochrane 系统评价的质量优于收录在 MEDLINE 的系统评价数据。Cochrane 系统评价既可以从该数据库获得，也可从 Ovid、PubMed 和 Wiley 等检索系统获取。Cochrane 论文摘要可以免费检索。

(2) *ACP Journal Club* (http://www.acpjc.org)：美国内科医师学会主办的双月刊，数据库需付费使用，旨在通过筛选和提供已出版的研究报道和文献综述的详细文摘，使医护人员掌握治疗、预防、诊断、病因、预后和卫生经济学等方面的重要进展。*ACP Journal Club* 先由工作人员从 130 种杂志中筛选出方法学严格、涉及临床问题、报告了重要临床结局指标的高质量原始研究和系统评价，再让临床医生从中选择对临床有重要价值和影响的文献，以结构摘要形式进行总结，并由 1 名临床专家评估文献的方法和提出临床应用的建议。

(3) *Evidence-Based Medicine* (EBM 循证医学杂志，http://ebm.bmjjournals.com/)：由 BMJ 和美国内科医生学院(ACP)联合主办的双月刊，可免费获取全文，主要为医疗卫生工作者提供大量国际性医学杂志中经筛选的全科、外科、儿科、产科和妇科方面研究的证据，属于 *ACP Journal Club* 的系列产品之一。

(4) Pubmed Clinical Queries (http://www.ncbi.nlm.nih.gov/Pubmed)：可检索整个 MEDLINE 数据库，

其 Clinical Queries 检索可直接获得与临床应用相关的文献资料。

（5）DARE（Database of Reviews of Effects，http://www.crd.york.ac.uk/crdweb/）：DARE 是评价干预措施疗效的免费系统评价数据库，是采用非 Cochrane 系统评价方法评价的摘要，涉及主题较广。DARE 既是独立的信息资源，同时也包含在 Cochrane 图书馆中。DARE 每年收录 600 篇文献，检索简单方便。

（6）中国循证医学 /Cochrane 中心数据库（http://www.hxyx.com/corchrane_new）：包括随机对照试验（RCT）、半随机对照试验（CCT）和诊断试验数据库（DTD）。

（7）Cochrane 临床对照实验中心注册库（Cochrane Central Register of Controlled Trials，CENTRAL）：这是随机对照试验和半随机对照试验的数据库，由 Cochrane 协助网组织、协调和编制，对期刊、会议论文集、MEDLINE 和 EMBASE 及其他文献数据库收录的刊物进行检索，确定其中的随机对照试验和半随机对照试验，为系统评价提供原始资料。

利用中国知网、万方数据和维普也可检索到零散发表在期刊上的 Meta 分析、随机对照试验等原始研究的临床证据。

四、检索循证医学证据的实例

（一）Summaries 类数据库的检索实例

【检索示例】节食结合运动是减肥的有效方法吗？针灸减肥效果如何？

分析：按前述原则，优先选择 Summaries 类数据库，以 DynaMed 为例。

第一步：简单输入检索词 Obesity，按数据库页面智能选词提示选择 Obesity in adults 检索词，查看检索结果如图 7-28 所示。

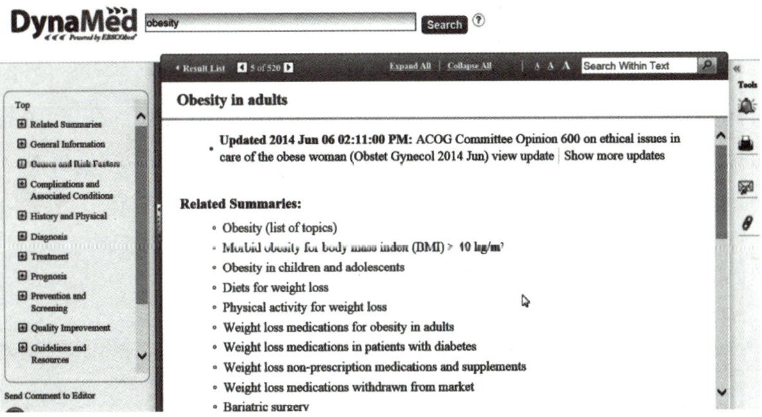

图 7-28　DynaMed 检索结果

检索结果页面左侧为 Obesity in adults 的内容大纲，包括疾病概况、病因和危险因素、并发症和相关疾病、病史、物理诊断、分期、预后、治疗措施、预防和筛查、质量改进、参考文献（包括综述和指南）等。

第二步：该案例属于肥胖的治疗措施，通过点击其中的“Treatment”链接，结果如图 7-29 所示。

成人肥胖症的治疗措施中，节食和运动为首先治疗方案，推荐级别为 1 级证据（是最有效的且以患者为中心的研究结论，为可靠的临床证据）。针灸治疗也是方案之一，推荐级别为 2 级证据（2 级证据是运用科学的研究方法但未满足 1 级证据要求，以患者为中心的研究结论，并不是可靠的证据）。

（二）非 Summaries 类数据库的检索实例

【检索示例】查证中药调理和针灸治疗失眠是否真的有效？

分析：问题涉及中医药学科，目前有关此学科的临床证据在 Summaries 类数据库基本没有，需要通过非 Summaries 类数据库来检索系统评价 /Meta 分析、随机对照试验（RCT）类型的文献，以寻找有关临床证据。

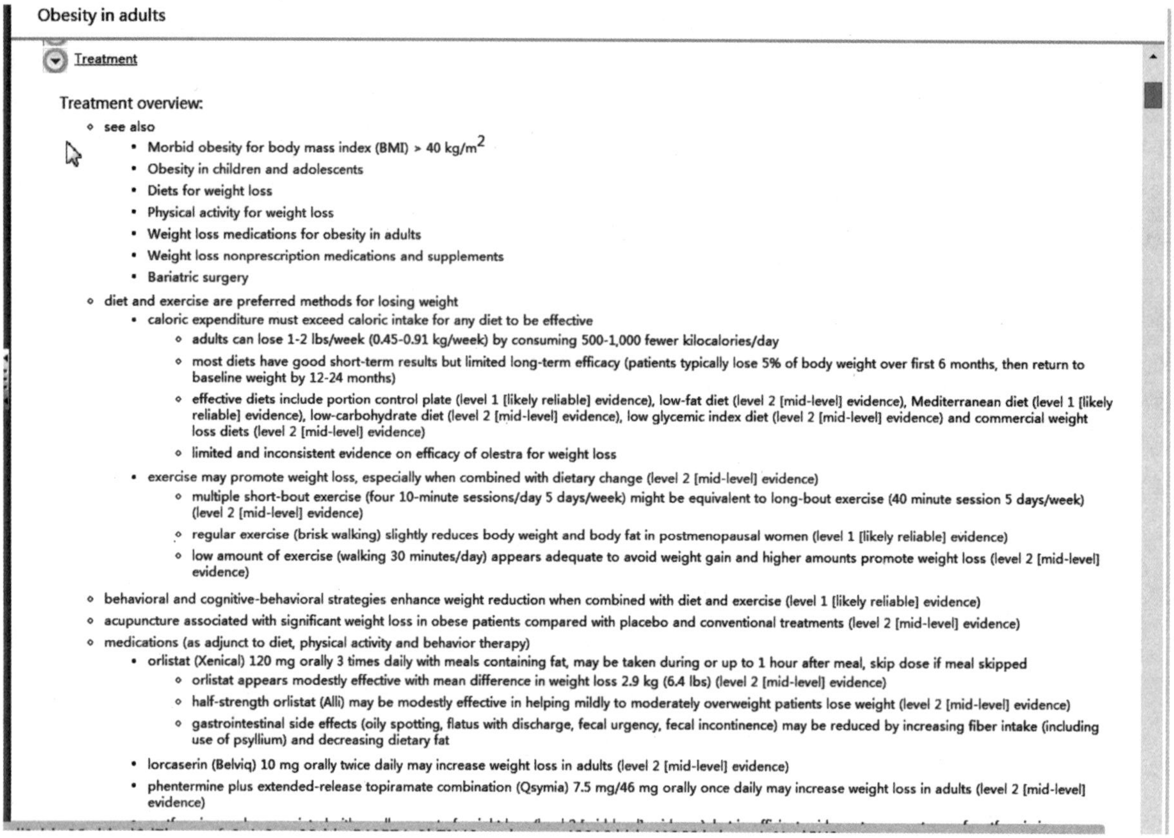

Obesity in adults

Treatment

Treatment overview:

- see also
  - Morbid obesity for body mass index (BMI) > 40 kg/m^2
  - Obesity in children and adolescents
  - Diets for weight loss
  - Physical activity for weight loss
  - Weight loss medications for obesity in adults
  - Weight loss nonprescription medications and supplements
  - Bariatric surgery
- diet and exercise are preferred methods for losing weight
  - caloric expenditure must exceed caloric intake for any diet to be effective
    - adults can lose 1-2 lbs/week (0.45-0.91 kg/week) by consuming 500-1,000 fewer kilocalories/day
    - most diets have good short-term results but limited long-term efficacy (patients typically lose 5% of body weight over first 6 months, then return to baseline weight by 12-24 months)
    - effective diets include portion control plate (level 1 [likely reliable] evidence), low-fat diet (level 2 [mid-level] evidence), Mediterranean diet (level 1 [likely reliable] evidence), low-carbohydrate diet (level 2 [mid-level] evidence), low glycemic index diet (level 2 [mid-level] evidence) and commercial weight loss diets (level 2 [mid-level] evidence)
    - limited and inconsistent evidence on efficacy of olestra for weight loss
  - exercise may promote weight loss, especially when combined with dietary change (level 2 [mid-level] evidence)
    - multiple short-bout exercise (four 10-minute sessions/day 5 days/week) might be equivalent to long-bout exercise (40 minute session 5 days/week) (level 2 [mid-level] evidence)
    - regular exercise (brisk walking) slightly reduces body weight and body fat in postmenopausal women (level 1 [likely reliable] evidence)
    - low amount of exercise (walking 30 minutes/day) appears adequate to avoid weight gain and higher amounts promote weight loss (level 2 [mid-level] evidence)
- behavioral and cognitive-behavioral strategies enhance weight reduction when combined with diet and exercise (level 1 [likely reliable] evidence)
- acupuncture associated with significant weight loss in obese patients compared with placebo and conventional treatments (level 2 [mid-level] evidence)
- medications (as adjunct to diet, physical activity and behavior therapy)
  - orlistat (Xenical) 120 mg orally 3 times daily with meals containing fat, may be taken during or up to 1 hour after meal, skip dose if meal skipped
    - orlistat appears modestly effective with mean difference in weight loss 2.9 kg (6.4 lbs) (level 2 [mid-level] evidence)
    - half-strength orlistat (Alli) may be modestly effective in helping mildly to moderately overweight patients lose weight (level 2 [mid-level] evidence)
    - gastrointestinal side effects (oily spotting, flatus with discharge, fecal urgency, fecal incontinence) may be reduced by increasing fiber intake (including use of psyllium) and decreasing dietary fat
  - lorcaserin (Belviq) 10 mg orally twice daily may increase weight loss in adults (level 2 [mid-level] evidence)
  - phentermine plus extended-release topiramate combination (Qsymia) 7.5 mg/46 mg orally once daily may increase weight loss in adults (level 2 [mid-level] evidence)

图 7-29 Obesity in adults 治疗措施

1. PubMed Clinical Queries 的检索操作——以针灸治疗失眠为例 在 PubMed Clinical Queries 平台输入检索式 insomnia AND acupuncture，执行检索，结果如图 7-30 所示，得到 Systematic Reviews（系统评价）24 条，临床试验 65 条。

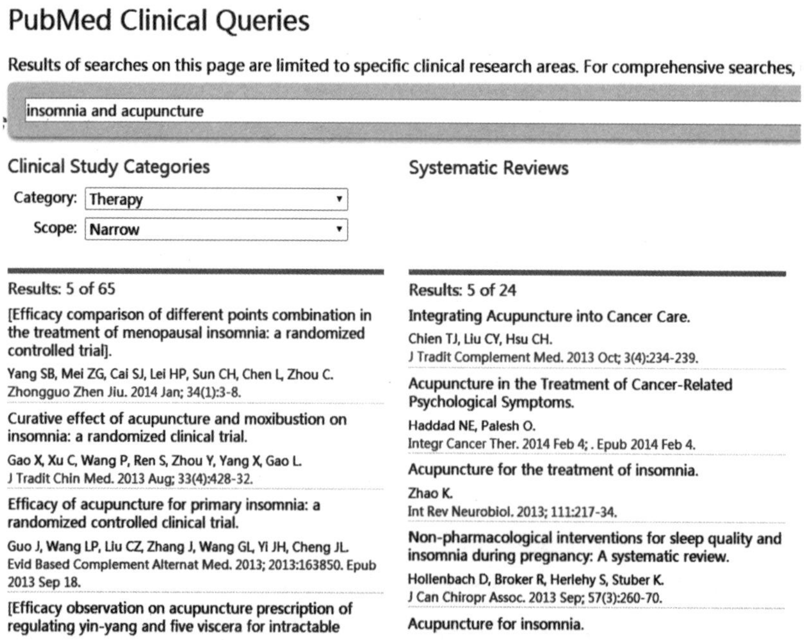

PubMed Clinical Queries

Results of searches on this page are limited to specific clinical research areas. For comprehensive searches,

insomnia and acupuncture

Clinical Study Categories

Category: Therapy

Scope: Narrow

Results: 5 of 65

[Efficacy comparison of different points combination in the treatment of menopausal insomnia: a randomized controlled trial].
Yang SB, Mei ZG, Cai SJ, Lei HP, Sun CH, Chen L, Zhou C.
Zhongguo Zhen Jiu. 2014 Jan; 34(1):3-8.

Curative effect of acupuncture and moxibustion on insomnia: a randomized clinical trial.
Gao X, Xu C, Wang P, Ren S, Zhou Y, Yang X, Gao L.
J Tradit Chin Med. 2013 Aug; 33(4):428-32.

Efficacy of acupuncture for primary insomnia: a randomized controlled clinical trial.
Guo J, Wang LP, Liu CZ, Zhang J, Wang GL, Yi JH, Cheng JL.
Evid Based Complement Alternat Med. 2013; 2013:163850. Epub 2013 Sep 18.

[Efficacy observation on acupuncture prescription of regulating yin-yang and five viscera for intractable

Systematic Reviews

Results: 5 of 24

Integrating Acupuncture into Cancer Care.
Chien TJ, Liu CY, Hsu CH.
J Tradit Complement Med. 2013 Oct; 3(4):234-239.

Acupuncture in the Treatment of Cancer-Related Psychological Symptoms.
Haddad NE, Palesh O.
Integr Cancer Ther. 2014 Feb 4; . Epub 2014 Feb 4.

Acupuncture for the treatment of insomnia.
Zhao K.
Int Rev Neurobiol. 2013; 111:217-34.

Non-pharmacological interventions for sleep quality and insomnia during pregnancy: A systematic review.
Hollenbach D, Broker R, Herlehy S, Stuber K.
J Can Chiropr Assoc. 2013 Sep; 57(3):260-70.

Acupuncture for insomnia.

图 7-30 PubMed Clinical Queries 检索结果

也可在 PubMed 检索结果利用 filtes 中的 Type of Article 选项来完成，限制文献类型为：临床试验（Clinical Trial）、分析（Meta-Analysis）、临床指南（Practice Guideline）、随机对照试验（Randomized Controlled Trial），或是直接以系统综述（Systematic Review）、荟萃分析（Cochrane、Meta Analysis）、多中心研究（Multicenter-Study）等为检索词在 PubMed 主页进行检索。

2. CNKI 的检索操作——以中医药治疗失眠为例　在 CNKI 采用专业检索方式，检索式为 SU=（失眠 + 睡眠）×（随机对照 +meta+ 系统评价）–（针刺 + 电针 + 针灸），并在文献分类目录中选择学科领域中医学、中药学和中西医结合。检索结果如图 7-31 所示，从检索结果中可挑选出系统评价 /Meta 分析、随机对照试验（RTC）类型的文献。从已有文献可知，中医药治疗失眠的疗效目前尚无法定论，需要严格设计的多中心随机对照试验予以证实。

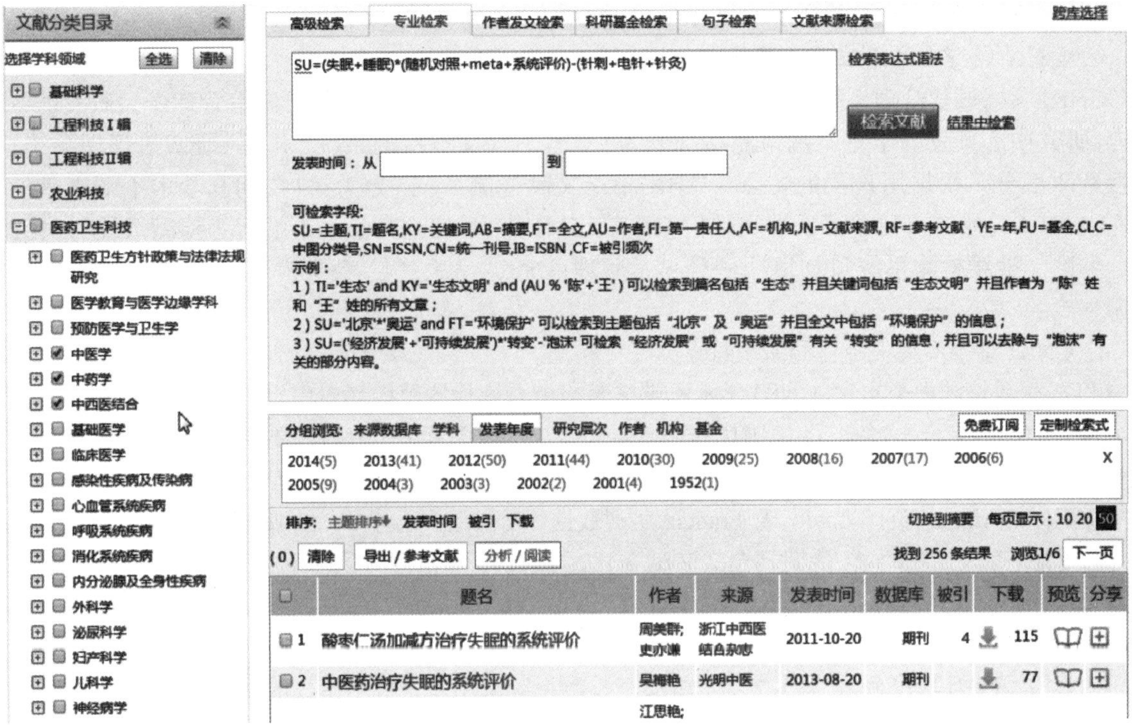

图 7-31　CNKI 检索结果

第四节　学术不端文献检测系统

一、简介

诚信是科学研究的基石，科研诚信既是对科学究过程可信性的保证，也是科学繁荣发展的保证。长期以来，广大科研人员坚持严谨治学、为科研事业做出了重要贡献。但也有极个别的科研人员存在着潜在或已发生一些令人忧虑的学术失范问题和学术不端行为，有的甚至败坏学术风气、制约学术发展，造成了不良的社会影响。

学术行为规范的迫切性获得国际公认。英国、德国、加拿大等普遍采用“保证体系”，要求研究机构定期提交关于学术不良行为的报告，引导和促使研究机构树立诚信意识、加强学术诚信教育和管理，但这只是自我约束的规则，而不是法律的一部分。美国对学术不端的查处是最为有力的，有多种惩处措施，情节严重者将面临法律的制裁。美国政府部门中负责处理学术不端行为的机构是研究诚信办公室，该机构随时公布违规者的姓名、单位、违规情节和处置决定。近年来我国高校和出版机构相继公布了学术道德守则，例如2010年，南开大学通过了《南开大学学风建设委员会章程》，设置委员会对学术不端行为进行判定和惩罚。教育部研究决定成立学风建设协调小组，对学术不端行为者会有被开除公职甚至判刑的处罚，而后者是迄今最为严厉的惩罚。

整体来讲，现有的学术不端行为主要分为四类：抄袭、伪造、篡改及其他。"其他"主要包括不当署名、一稿多投、一个学术成果多篇发表等不端行为。传统上学术不端现象的发现多是通过举报等手段，这种方法耗时耗力，还会因专业知识的不足无法进行准确的判断。随着互联网的发展，在线检测技术逐渐成熟，学术不端文献检测系统实现了对抄袭与剽窃、伪造、篡改等学术不端行为的准确、快速检测，成为编辑初审稿件时的主要工具。

二、国内学术不端文献检测系统

（一）CNKI学术不端文献检测系统

CNKI科研诚信管理系统研究中心是同方知网出版集团旗下，从事科研诚信管理产品研发的专门机构，研究中心开发的学术不端检测系统分为"学术不端文献检测系统"和"科研诚信管理系统（人事版）"两部分。根据用户群的特点，"学术不端文献检测系统"分为：科技期刊学术不端文献检测系统（AMLC）、社科期刊学术不端文献检测系统（SMLC）、学位论文学术不端行为检测系统（TMLC）、大学生论文抄袭检测系统（PMLC）；科研诚信管理系统（人事版）包括英文检测系统和中英文对照检测系统。

1. CNKI学术不端文献检测系统特点

（1）资源数量和种类丰富：CNKI学术不端文献检测系统检测范围涵盖中国学术期刊网络出版总库、中国博士学位论文全文数据库、中国优秀硕士学位论文全文数据库、中国重要会议论文全文数据库、中国重要报纸全文数据库、中国专利全文数据库、互联网资源、英文数据库（涵盖期刊、博硕、会议的英文数据以及德国Springer、英国Taylor & Francis期刊数据库等）、港澳台学术文献库、优先出版文献库、互联网文档资源、个人比对库，包括期刊全文文献2 480万篇、63万篇优秀硕士学位论文、8.7万篇博士学位论文、会议论文94.7万篇、报纸462万篇、年鉴787万篇以及国家标准、专利、字典、词典、百科全书、图录、表谱、手册、名录、第三方数据库资源等。资源类型和数量明显优于其他同类产品。

（2）检测结果比较准确：CNKI学术不端文献检测系统采用基于数字指纹的多阶快速检测方法，对用户指定的文档做数字指纹分析，与相关文档进行指纹比对，按照文档类型与内容特征不同，支持从词到句子、段落、篇章级别的数字指纹比对，使得检测结果更准确。

（3）指标体系全面详细：检测结果中除总复制比外，还有复制比（去除引用文献检测结果复制比、去除本人文献检测结果复制比）、总检测指标（重合字数、总字数、总段落数、疑似段落数、前部重合字数、后部重合字数）、子检测指标（重合字数、小段落数、大段落数、最大段长、平均段长、前部重合度、后部重合度）。

另外在检测结果中能详细显示比对源文献的篇名、作者、发表刊物、发表时间等信息。如果点击抄袭来源篇名，可以查看文件相似内容对比情况；也可以删除系统给出的某些抄袭来源文献，得到新的检测结果。

2. CNKI学术不端检测系统的使用方法　文章检测功能是学术不端文献检测系统的核心所在，每个检测系统功能范围不同。下面以AMLC为例详细介绍CNKI学术不端检测系统的使用方法。

（1）创建文件夹：根据不同需求创建多个文件夹，设定该文件夹下稿件的检测范围、检测数据库与检测时间。以下三种限定条件可以任意组合：

1）检测范围限定只和某些特定学科领域内文献进行比较。

2）检测时间限定只和特定时间段内发表的文献进行比较。

3）检测数据库限定只和特定类型的文献进行比较。

(2)提交稿件：系统支持单篇提交或多篇稿件压缩后提交。多篇稿件时需按照系统要求填写详细的稿件信息。具体操作如下：

1)选择稿件保存的文件夹，稿件可以保存为 doc、txt、caj、kdh、nh 以及 pdf 格式。

2)选择检测方式，包括有自动检测、手动检测、服务器自主检测。其中自动检测是检测后台依据自动分配检测的任务从而进行排队处理。手动检测是由通过触发实时检测提交内容。服务器自主检测是最低优先级检测，只在服务器空闲时检测。

3)上传至服务器进行检测。

3. 检测结果　检测结果可以通过提交稿件与文献的重合字数、文字重合度、引证关系和诊断类型(AMLC 诊查规则，见表 7-1 和表 7-2)等多个方面判断。

表 7-1　按照字符数量与相似比例划分的检测结果

检测结果	重合文字条件	总相似比例条件
轻度句子抄袭	各连续重合文字均 <200 字	<10%
句子抄袭	各连续重合文字均 <200 字	≥ 10%
轻度段落抄袭	存在连续重合文字≥ 200 字	<30%
段落抄袭	存在连续重合文字≥ 200 字	≥ 30% 且 <50%
整体抄袭	≥总字符数的一半	≥ 50%

表 7-2　按照作者与相似比例划分的检测结果

检测结果	作者(或部分作者)是否相同	文字重合度
整篇抄袭	不同	≥ 60%
疑似抄袭	不同	30%~60%
轻度复制	不同	10%~30%
轻微复制	不同	5%~10%
未复制	不同	<5%
一稿多投	相同	≥ 75%
一个学术成果多篇发表	相同	50%~75%
不当署名	部分相同	≥ 75%
学术不严谨(自抄)	相同	30%~50%

(二) 维普——通达论文引用检测系统

维普的通达论文引用检测系统(VTTMS)，是论文写作辅导及管理的一站式平台。VTTMS 与 CNKI 划分方式相同，提供个人自检测服务、高校学生论文检测服务、期刊稿件检测服务以及其他类型的检测服务等，可以满足教育界、出版社、媒体、科研机构等行业客户及各类论文撰写者等不同用户的需求。

1. VTTMS 的特点

(1)检测方法科学且速度快：VTTMS 单句检测速度可达到毫秒级，处于领先水平。系统采用自主研发的业界领先的"F & V"算法，集合了 VSM、语义指纹、自动分类三种方式的计算模型。语义指纹用于对整段文本进行检测；VSM 用于对语义片段进行分析；自动分类用于将被检测文档自动定位到专业的比对源中进行检测。检测颗粒度最小支持词组级语义，能够精确快速的命中并识别出论文与比对资源相似的内容。

(2)跨学科领域比对资源强：VTTMS 突破了单一学科领域比对资源的限制，可以同时与规模庞大的、跨学科领域的、跨文献类型的文本资源进行高速的比对。

(3)特殊的检测指标较全面：VTTMS 通过对文档关键语义片段的识别和检测，将一篇论文的语义片段分为明确引用其他文献内容、与其他文献内容存在雷同部分、其他内容三部分。VTTMS 根据这三部分的语义贡献比率定义了"引用率""复写率"和"自写率"三个指标，对论文的创新性进行评价。

2. 使用方法　VTTMS 使用方法简便易行。与 CNKI 不同，VTTMS 仅支持 doc、docx、txt 格式，且无须建立文件夹，在线自主选择数据库进行检测。

3. 检测结果　检测结果显示论文的复写率、引用率及自写率。系统默认相似度≥ 50% 为相似片段。

(三) 万方论文相似性检测系统

万方相似性检测系统可以对新论文、已发表论文和研究生学位论文进行检测，检测范围包括中国学术期刊数据库、中国学位论文全文数据库、中国学术会议论文数据库和中国学术网页数据库。

1. 特点　系统采用独创算法对论文的相似性进行评价，计算检测论文的总相似比、参考文献相似比、剩余相似比。

2. 使用方法　在线上传 pdf、word、txt、rtf 格式的文件后，系统自动与数据库资源进行比对。与 CNKI 不同，系统还支持断点续传、可与已有业务系统集成，并具有检测任务管理功能。

3. 检测结果　检测结果显示论文的总相似比、参考文献相似比、剩余相似比，比对源文献的篇名、作者、发表刊物、发表时间等信息，便于用户参考。

(四) PaperPass 检测系统

PaperPass 网站诞生于 2007 年，是全球首个中文文献相似度比对系统，已经发展成为最权威、最可信赖的中文原创性检查和预防剽窃的在线网站。

1. ParperPass 检测系统特点

(1)海量比对库：ParperPass 由超过 9 000 万的学术期刊和学位论文以及一个超过 10 亿数量的互联网网页数据库组成，资源丰富。

(2)检测方法先进：ParperPass 自主研发的动态指纹越级扫描检测技术，已经领先于国内外其它检测系统所用技术，成为了论文抄袭检测技术的领导者。

(3)检测结果准确：论文提交后，系统以句子为单位对论文进行检测，准确率可以达到 99%。

2. 使用方法　ParperPass 使用方法简单，用户在线提交论文后系统自行进行检测。

3. 检测结果　结果以不同颜色标示，红色和橙色表示相似度高。

(五) 国内其他文献检测平台

除上述常用检测系统外，国内还有其他学术不端文献检测系统。如由武汉大学信息管理学院出版科学系沈阳教授带领课题小组开发成功的文档相似性检测工具 ROST 反剽窃系统，该系统目前不对个人开放；采用动态语义跨域识别技术的 PaperRater 论文检测系统；通达恒远(北京)信息技术有限公司研制的基于五维的比对源，以语义指纹 +VSM+ 算法为核心技术的 Gocheck 论文引用检测系统；超星公司推出的大雅相似性分析系统，对比库资源类型齐全，包括图书、报纸、期刊等；等等。

三、国外学术不端文献检测系统

国外高校对于反剽窃的研究高度重视，在反剽窃领域研究较国内相关研究提前，技术成熟。目前，反学术不端、反剽窃系统作为论文初筛的工具，已经成为欧美高校的常用软件。

(一) Turnitin

Turnitin 是由 ROGEAM DIGITAL 推出的一款数字图书馆平台建设的产品。它是目前唯一有技术能力来检测是否为购买的论文、伪造或是学生之间相互剽窃的论文的系统，也是全球最权威、应用最多的英文检测系统。

1. Turnitin 特点

(1)资源丰富:ROGEAM DIGITAL 与国内外出版社和资源商紧密合作,为系统平台提供了 1.5 亿的海量论文数据库、90 000 多种世界知名期刊杂志数据库、200 多亿的网页数据库,涵盖自然科学、社会科学、人文科学、管理科学等诸多领域的学术文献、专利信息等科技资源。

(2)版本不同:Turnitin 系统分为两个版本,一个是国际版,另外一个是 UK 版。两个版本是有区别的,国际版适用于 30 多种语言;UK 版有个专门的英国文献的数据库,适合绝大多数英国学校。UK 版的这个特点在国际版中是不存在的,所以两个版本的检测结果也是不同的,使用的时候要注意选择。

2. 使用方法　在线上传了需检测的论文后,系统自动与数据库文献进行比对,无任何人工的干预。

3. 检测结果　在检测结果中显示被检测稿件与数据库中已发表文献的相似度,并将相似的文本在文中相应的位置标示出来。

(二) CrossCheck

CrossCheck 是由国际出版链接协会研发,全球六家国际出版集团共同参与实验,由 CrossRef 推出的用于帮助检测论文原创性的反剽窃工具。

1. CrossCheck 特点　CrossChec 与 Turnitin 不同,CrossCheck 更注重保护用户的隐私,被检测文献不会被 CrossCheck 数据库收录,可以放心使用。但 CrossCheck 目前只是最擅长比较英文论文,对其他语种并不支持。

2. 使用方法　CrossCheck 工作原理简单。通过客户端将论文上传,然后系统将该论文与 CrossCheck 数据库中的已发表文献进行比较。

3. 检测结果　结果中显示检测稿件与数据库中已发表文献的相似度,并将相似的文本标示出来。当其相似度总量超过 50% 时,系统会自动显示黄色背景。

(三) SafeAssign 和 PlagiarismSearch

SafeAssign 是 Blackboard 教学管理平台下强有力的反抄袭检测工具。系统采用独特的原创性检测算法,将提交的文章与数据库内批量收藏的文章进行对比,结果中显示相似百分比,作为评价文章原创性的指标;结果中还详细显示比对源文献的信息,用户可以删除系统给出的某些抄袭来源文献,得到新检测结果。

PlagiarismSearch(https://plagiarismsearch.com/)因为其安全高效的特点,已经在全球数百个国家应用。PlagiarismSearch 操作简单,系统支持所有文件格式,方便用户使用。

(四) 国外其他文献检测平台

除了上述几家著名的学术不端文献检测平台外,国外还有相当多数量的学术不端文献检测平台。如 Article Checker 公司、Plagiarism Detect 公司,以及 Elsevier 的 PERK 检测系统等。

学术不端文献检测系统,这个由计算机数字信息处理系统所组成的功能平台实际上起到的作用是预防剽窃,防止作者将文献投稿并公开出版后被公众指认为剽窃事件的发生。但检测系统的数据库有限,文字复制比只是经过执行一系列查询与比较算法后生成的数字和提示而已,至于可疑论文是否真的是剽窃而来,一定要由相关研究领域的专家对相似论文进行仔细比较,才能得出比较客观的结论。

[思考题七]

7-1　文献积累的原则有哪些?

7-2　药学文献搜集与积累的方法有哪些?

7-3　如何进行个人文献管理？

7-4　如何评价与分析药学文献？

7-5　什么是引文检索？引文检索有何用处？

7-6　什么是循证医学文献资源？

7-7　谈谈对学位论文查重（学术不端检测）的认识。

主要参考文献

[1] 张基温．大学信息检索[M]. 北京：中国水利水电出版社，2004.

[2] 刘振西，李润松，叶茜．实用信息检索技术概论[M]. 北京：清华大学出版社，2006.

[3] 汤韧，易涛，张宜．现代药学信息技术[M]. 北京：人民军医出版社，2003.

[4] 胡滨，蒋永光．中医药文献检索[M]. 上海：上海科学技术出版社，2006.

[5] 严季澜．中医文献检索[M]. 北京：学苑出版社，1995.

[6] 樊爱国，薛德钧．现代信息检索[M]. 北京：北京大学出版社，2006.

[7] 于占洋．药学检索与利用[M]. 北京：中国医药科技出版社，2005.

[8] 孙忠进，何华．药学信息资源检索[M]. 南京：东南大学出版社，2002.

[9] 胡佐超．专利基础知识[M]. 北京：知识产权出版社，2004.

[10] 沃联群．药学文献检索[M]. 北京：中国医药科技出版社，2000.

[11] 赵安军，曾应员，徐邦海，等．网络安全技术与应用[M]. 北京：人民邮电出版社，2007.

[12] 葛秀慧，田浩，金素梅．计算机网络安全管理[M].2 版．北京：清华大学出版社，2008.

[13] 汤韧．现代药学信息技术[M]. 北京：人民军医出版社，2004.

[14] Stallings W. 密码编码学与网络安全：原理与实践[M].4 版．孟庆树，王丽娜，傅建明，等译．北京：电子工业出版社，2006.

[15] 中华人民共和国国家标准化管理委员会．文后参考文献著录规则：GB7714—2005[S]. 北京：中国标准出版社，2005.

[16] 全国文献工作标准化技术委员会．科学技术报告、学位论文和学术论文的编写格式：GB7713—87[S]. 北京：中国标准出版社，1987.

[17] 蒋光祖．药学类综述文章的撰写[J]. 药学教育，2000，16(2)：10.

[18] 钱春梅，屈清慧，方宇，等．药学科技论文写作方法[J]. 西北药学杂志，2000(1)：41-43.

[19] 张学军．中英文医学科研论文的撰写与投稿[M]. 北京：人民卫生出版社，2008.

[20] 孙月梅．手检式主题索引的著录与编排[J]. 图书情报工作，1998(03)：39-41.

[21] 陈伟．手检期刊论文篇名主题索引编制之探讨[J]. 图书情报知识，1999(3)：39.

[22] 孙月梅．著者索引的作用与编制方法[J]. 曲靖师专学报，2000，19(4)：69.

[23] 王乐．现代索引理论与方法概述[J]. 图书馆建设，1999(1)：48.

[24] 郭清容．国内索引研究的回眸与思考[J]. 新世纪图书馆，2007(6)：41-43，79.

[25] 邱飚曾．医学科技写作[M]. 广州：华南理工大学出版社，1998.

[26] 姚黎英，梁慧敏，赵玮．医学应用文写作[M]. 北京：北方文艺出版社，2005.

[27] 徐传宏．科普写作技法[M]. 上海：上海科学技术出版社，2016.

[28] 邓翀．中医药文献检索[M]. 上海：上海科学技术出版社，2017.

[29] 刘雪立．医学论文写作的理论与实践[M]. 郑州：郑州大学出版社，2003.

[30] 上海市医学会，上海市医学会临床药学科专科分会组．药学科普知识读本合理用药[M]. 上海：上海科学技术出版社，2017.

[31] 高巧林，章新友．医学文献检索[M].2 版．北京：人民卫生出版社，2017.

[32] 章新友．药学文献检索[M]. 北京：中国中医药出版社，2017.

[33] 章新友．中药文献检索[M]. 北京：人民卫生出版社，2018.

（注：已在各章节的正文中标明了的参考文献在此不再列出。）

附　　录

附录1：中文药学主要期刊

刊物名	编辑单位	刊期
1. 安徽医药	安徽省药学会	双月刊
2. 安徽中医药大学学报	安徽中医药大学	双月刊
3. 北京中医药大学学报	北京中医药大学	双月刊
4. 长春中医药大学学报	长春中医药大学	季刊
5. 成都中医药大学学报	成都中医药大学	季刊
6. 大连医科大学学报	大连医科大学	季刊
7. 大众中医药	《大众中医药》编辑部	双月刊
8. 第一军医大学学报	第一军医大学	月刊
9. 第二军医大学学报	第二军医大学	月刊
10. 第三军医大学学报	第三军医大学	半月刊
11. 第四军医大学学报	第四军医大学	半月刊
12. 福建医药杂志	中华医学会福建分会	双月刊
13. 福建中医药大学学报	福建中医药大学	双月刊
14. 福建中医药	福建省中医药学会，福建中医药大学	双月刊
15. 甘肃中医药大学学报	甘肃中医药大学	季刊
16. 广东药学	广东省药学会	双月刊
17. 广东药科大学学报	广东药科大学	季刊
18. 广东医科大学学报	广东医科大学	双月刊
19. 广西医学	广西医学情报研究所	月刊
20. 广西中医药大学学报	广西中医药大学	季刊
21. 广西中医药	广西中医药大学、广西中医药学会	双月刊
22. 广州医科大学学报	广州医科大学	季刊
23. 广州医药	广州是第一人民医院	双月刊
24. 广州中医药大学学报	广州中医药大学	季刊
25. 贵州医科大学学报	贵州医科大学	双月刊

续表

刊物名	编辑单位	刊期
26. 贵州中医药大学学报	贵州中医药大学	季刊
27. 贵州医药	贵州省医药卫生学会	月刊
28. 国内医药信息总览	国家药品监督管理局	半月刊
29. 国外医学药学分册	军事医学科学院毒物研究所	双月刊
30. 国外医学中医中药分册	中国中医研究中医药信息研究所	双月刊
31. 哈尔滨医科大学学报	哈尔滨医科大学	双月刊
32. 哈尔滨医药	《哈尔滨医药》编辑委员会	季刊
33. 河北医药	河北医学科学情报研究所	月刊
34. 河北中医学院学报	河北中医学院	季刊
35. 河北中医药学报	河北医科大学	季刊
36. 黑龙江医药	《黑龙江医药》编辑部	双月刊
37. 黑龙江中医药	《黑龙江中医药》杂志社	双月刊
38. 湖北医药	《湖北医药》编辑委员会	月刊
39. 湖北中医药大学学报	湖北中医药大学	季刊
40. 湖南中医药导报	《湖南中医药导报》杂志社	月刊
41. 湖南中医药学刊	《湖南中医药学刊》编辑部	双月刊
42. 华西药学杂志	四川大学	双月刊
43. 江苏药学与临床研究	《江苏药学与临床研究》编辑部	季刊
44. 江苏医药	《江苏医药》编辑部	月刊
45. 江苏中医药	《江苏中医药》编辑部	月刊
46. 江西医药	《江西医药》编辑部	双月刊
47. 江西中医药	《江西中医药》编辑部	双月刊
48. 江西中医药大学学报	江西中医药大学	月刊
49. 昆明医科大学学报	昆明医科大学	季刊
50. 内蒙古中医药	内蒙古自治区中蒙医研究所	双月刊
51. 南京中医药大学学报	南京中医药大学	双月刊
52. 青海医药杂志	《青海医药杂志》编辑部	月刊
53. 全国医药信息	《全国医药信息》编辑部	旬刊
54. 山东医药	山东卫生报刊社	半月刊
55. 山东中医药大学学报	山东中医药大学	双月刊
56. 山西医药杂志	《山西医药杂志》编辑部	双月刊
57. 上海医药	《上海医药》杂志社	月刊
58. 上海中医药大学学报	上海中医药大学	季刊
59. 上海中医药杂志	《上海中医药》杂志社	月刊
60. 沈阳药科大学学报	沈阳药科大学	双月刊
61. 时珍国医国药	《时珍国医国药》杂志社	月刊

续表

刊物名	编辑单位	刊期
62. 实用中医药杂志	《实用中医药杂志》编辑部	月刊
63. 世界科学技术—中药现代化	《世界科学技术》编辑部	双月刊
64. 数理医药学杂志	《数理医药学杂志》编辑部	双月刊
65. 天津药学	天津市药学会	双月刊
66. 天津医药	天津医学杂志社	月刊
67. 天津中医药大学学报	天津中医药大学	季刊
68. 天津中医药	天津中医药大学	双月刊
69. 现代中药研究与实践	《现代中药研究与实践》杂志社	双月刊
70. 新疆中医药	新疆维吾尔自治区中医药学会	双月刊
71. 药物分析杂志	中国药学会	双月刊
72. 药学进展	中国药科大学	双月刊
73. 药学实践杂志	第二军医大学	双月刊
74. 药学学报	中国药学会主办,中国医学科学院	月刊
75. 云南中医中药杂志	《云南中医中药杂志》编辑部	双月刊
76. 浙江中医药大学学报	浙江中医药大学	双月刊
77. 中草药	中国药学会与天津药物研究所	月刊
78. 中成药	国家食品药品监督管理局	月刊
79. 中国生物学文摘	《中国生物学文摘》编辑部	月刊
80. 中国新药与临床杂志	中国药学会	月刊
81. 中国新药杂志	中国药学会	月刊
82. 中国药房	《中国药房》杂志社	月刊
83. 中国药科大学学报	中国药科大学	双月刊
84. 中国药理学报	中国药理学会、中国科学院上海药物研究所	月刊
85. 中国药理学通报	中国药理学会	月刊
86. 中国药理学与毒理学杂志	中国药理学会	双月刊
87. 中国药物化学杂志	中国药学会	双月刊
88. 中国药物与临床	中华医院管理学会	双月刊
89. 中国药学文摘	《中国药学文摘》编辑部	月刊
90. 中国药学杂志	中国药学会	月刊
91. 中国医药学报	中国中医药学会期刊编辑部	双月刊
92. 中国医院药学杂志	中国药学会	月刊
93. 中国中药杂志	《中国中药杂志》编辑委员会	月刊
94. 中国中医药科技	《中国中医药科技》编辑部	双月刊
95. 中国中医药信息杂志	全国中医药科技信息工作委员会、《中国中医药信息杂志》编辑委员会	月刊
96. 中药材	国家食品药品监督管理局中药材信息中心站	月刊

续表

刊物名	编辑单位	刊期
97. 中药经济与信息	《中药经济与信息》编委会	旬刊
98. 中药新药与临床药理	《中药新药与临床药理》编辑部	双月刊
99. 中药研究与信息	《中药研究与信息》编辑部	月刊
100. 中药药理与临床	《中药药理与临床》编辑部	双月刊
101. 中医药管理杂志	《中医药管理杂志》编辑部、中国中医研究院中医药信息研究所、中国中医药学会	双月刊
102. 中医药信息	黑龙江中医药大学《中医药信息》编辑委员会	双月刊
103. 中医药信息月刊	《中医药信息月刊》编辑部	月刊

附录 2：外文药学主要期刊

Name	Publisher
1. Advanced Drug Delivery Reviews	Elsevier Science
2. Adverse Drug Reaction Bulletin	Lippincott Williams & Wilkins
3. Adverse Drug Reactions and Toxicological Reviews	Adis International Ltd.
4. American Journal of Botany	Botanical Society of America
5. The American Journal of Chinese Medicine	World Scientific Publishing Co.Pte.Ltd.
6. Amino Acids	Springer Verlag Wien
7. Analytical Biochemistry	Elsevier Science
8. Analytical Chemistry	American Chemical Society
9. Annals of Applied Biology	Association of Applied Biologists
10. Annals of Botany (prior to Jan.1, 2002)	Elsevier Science
11. Annals of Clinical Biochemistry	Royal Society of Medicine Press
12. Annals of Pharmacotherapy	Harvey Whitney Books Company
13. Annual Review of Biochemistry	Annual Reviews Inc.
14. Annual Review of Pharmacology and Toxicology	Annual Reviews Inc.
15. Applied Spectroscopy	Society for Applied Spectroscopy
16. Aquatic Botany	Elsevier Science
17. Archiv der Pharmazie	WILEY-VCH Verlag GmbH
18. Arzneimittel-Forschung-Drug Research	Editio Cantor Verlag GmbH
19. Asian Chemical News	Reed Business Information Ltd.
20. Assay and Drug Development Technologies	Mary Ann Liebert
21. Australian Journal of Botany	CSIRO Publishing
22. Australian Systematic Botany	CSIRO Publishing
23. Biochemical Engineering Journal	Elsevier Science

续表

Name	Publisher
24. Biochemical Pharmacology	Elsevier Science
25. Biochemical Society Transactions	Portland press Limited
26. BioDrugs	Adis International Ltd.
27. Bioelectrochemistry	Elsevier Science
28. BioEssays	John Wiley & Sons, Ltd.
29. Bioinorganic Chemistry	Elsevier Science
30. Biologia Plantarum	Kluwer Academic Publishers
31. Biological and Pharmaceutical Bulletin	Maruzen Company Ltd.
32. The Biological Bulletin	Marine Biological Laboratory
33. Biological Chemistry	Walter de Gruyter GmbH & Co.
34. Biomacromolecules	American Chemical Society
35. Biomedical Chromatography	John Wiley & Sons, Ltd.
36. Bioorganic Chemistry	Elsevier Science
37. Biopharmaceutics & Drug Disposition	John Wiley & Sons, Ltd.
38. Bioseparation	Kluwer Academic Publishers
39. Biotechnology & Bioengineering	John Wiley & Sons, Inc.
40. Biotechnology and Applied Biochemistry	Portland press Limited
41. Biotechnology Progress	American Chemical Society
42. British Journal of Pharmacology	Nature Publishing Group
43. Bulletin of the Chemical Society of Japan	Chemical Society of Japan.
44. Canadian Journal of Botany	NRC Research Press
45. Carbohydrate Polymers	Elsevier Science
46. Carbohydrate Research	Elsevier Science
47. Catalysis Reviews	Marcel Dekker, Inc.
48. Cell	Cell Press
49. Cell and Tissue Research	Springer-Verlag Heidelberg
50. Chembiochem	WILEY-VCH Verlag GmbH & Co.
51. Chemical and Pharmaceutical Bulletin	Pharmaceutical Society of Japan
52. Chemical Communications	The Royal Society of Chemistry
53. Chemical Reviews	American Chemical Society
54. Chemistry & Biology	Elsevier Science
55. Chemistry-A European Journal	WILEY-VCH Verlag GmbH & Co.
56. Chemistry International	IUPAC
57. Chemistry Letters	Chemical Society of Japan
58. Chemistry of Natural Compounds	Consultants Bureau

续表

Name	Publisher
59. Chemphyschem	WILEY-VCH Verlag GmbH
60. Clinical Acupuncture and Oriental Medicine	Elsevier Science
61. Clinical and Experimental Pharmacology and Physiology	Blackwell Science Asia Pty Ltd.
62. Clinical Drug Investigation	Adis International Ltd.
63. CNS Drugs	Adis International Ltd.
64. Critical Reviews in Biochemistry and Molecular Biology	CRC Press LLC
65. Critical Reviews in Plant Sciences	CRC Press LLC
66. Critical Reviews in Toxicology	CRC Press LLC
67. Current Drug Metabolism	Bentham Science Publishers Ltd.
68. Current Drug Targets	Bentham Science Publishers Ltd.
69. Current Drug Targets-Cardiovascular & Hematological Disorders	Bentham Science Publishers Ltd.
70. Current Medicinal Chemistry	Bentham Science Publishers Ltd.
71. Current Medicinal Chemistry-Anti-Cancer Agents	Bentham Science Publishers Ltd.
72. Current Medicinal Chemistry-Anti-Inflammatory & Anti-Allergy Agents	Bentham Science Publishers Ltd.
73. Current Opinion in Pharmacology	Current Biology Ltd.
74. Current Pharmaceutical Biotechnology	Bentham Science Publishers Ltd.
75. Current Pharmaceutical Design	Bentham Science Publishers Ltd.
76. Current Topics in Medicinal Chemistry	Bentham Science Publishers Ltd.
77. Designed Monomers and Polymers	VSP/International Science Publishers
78. DNA and Cell Biology	Mary Ann Liebert
79. DNA Repair	Elsevier Science
80. Doklady Biological Sciences	Maik Nauka/Interperiodica
81. Drug and Chemical Toxicology	Marcel Dekker, Inc.
82. Textbook of Drug Design and Discovery	Taylor & Francis Health Sciences, part of the Taylor & Francis Group
83. Drug Development and Industrial Pharmacy	Marcel Dekker, Inc.
84. Drug Development Research	Wiley-Liss, Inc.
85. Drug Discovery Today	Elsevier Science
86. Drug Metabolism and Disposition	American Society for Pharmacology and Experimental Therapeutics
87. Drug Metabolism Reviews	Marcel Dekker, Inc.
88. Drug News and Perspectives	Prous Science Publishers
89. Drug Resistance Updates	Elsevier Science
90. Drug Safety	Adis International Ltd.
91. Drug Utilization Review	American Health Consultants

续表

Name	Publisher
92. Drugs	Adis International Ltd.
93. Drugs of the Future	Prous Science Publishers
94. Enzyme and Microbial Technology	Elsevier Science
95. EPPO Bulletin	Blackwell Science Ltd.
96. European Journal of Medicinal Chemistry	Elsevier Science
97. European Journal of Pharmaceutical Sciences	Elsevier Science
98. European Journal of Pharmaceutics and Biopharmaceutics	Elsevier Science
99. European Journal of Pharmacology	Elsevier Science
100. European Journal of Pharmacology: Molecular Pharmacology	Elsevier Science
101. Experimental Biology Online	Springer-Verlag Heidelberg
102. Experimental Cell Research	Elsevier Science
103. Flora	Urban & Fischer Verlag Jena
104. Functional Plant Biology (formerly Australian Journal of Plant Physiology)	CSIRO Publishing
105. Gas Separation & Purification	Elsevier Science
106. Gene Analysis Techniques	Elsevier Science
107. Gene Expression	Cognizant Communication Corporation
108. Genes & Development	Cold Spring Harbor Laboratory Press
109. Genes and Function	Blackwell Science Ltd.
110. Genes to Cells	Blackwell Science Ltd.
111. Genescreen	Blackwell Science Ltd.
112. Helvetica Chimica Acta	Verlag Helvetica Chimica Acta AG
113. Heteroatom Chemistry	John Wiley & Sons, Inc.
114. Heterocycles	Elsevier Science
115. Hippocampus	John Wiley & Sons, Inc.
116. The Histochemical Journal	Kluwer Academic Publishers
117. Histochemistry and Cell Biology	Springer-Verlag Heidelberg
118. Hospital Pharmacy	Facts & Comparisons
119. Human and Experimental Toxicology	Arnold
120. Industrial & Engineering Chemistry Research	American Chemical Society
121. The International Journal of Biochemistry & Cell Biology	Elsevier Science
122. International Journal of Biochromatography	Taylor & Francis Health Sciences, part of the Taylor & Francis Group
123. International Journal of Mass Spectrometry	Elsevier Science
124. International Journal of Mass Spectrometry and Ion Physics	Elsevier Science
125. International Journal of Mass Spectrometry and Ion Processes	Elsevier Science

续表

Name	Publisher
126. International Journal of Pharmaceutical Medicine	Lippincott Williams & Wilkins
127. International Journal of Pharmaceutics	Elsevier Science
128. International Journal of Plant Sciences	The University of Chicago Press
129. Internet Journal of Chemistry	Northern Illinois University
130. Investigational New Drugs	Kluwer Academic Publishers
131. JAAS (Journal of Analytical Atomic Spectrometry)	The Royal Society of Chemistry
132. Journal of Aging & Pharmacotherapy	Haworth Press
133. Journal of Analytical Chemistry	Maik Nauka/Interperiodica
134. Journal of Applied Spectroscopy	Consultants Bureau
135. Journal of Biochemical Toxicology (now called Journal of Biochemical and Molecular Toxicology)	John Wiley & Sons, Inc.
136. Journal of Biochemistry and Molecular Biology	Springer-Verlag Singapore
137. The Journal of Biological Chemistry	American Society for Biochemistry and Molecular Biology
138. Journal of Biomedical Informatics	Elsevier Science
139. Journal of Biomedical Materials Research	John Wiley & Sons, Inc.
140. Journal of Biomolecular NMR	Kluwer Academic Publishers
141. Journal of Biomolecular Structure and Dynamics	Adenine Press Inc.
142. Journal of Biopharmaceutical Statistics	Marcel Dekker, Inc.
143. Journal of Bioscience and Bioengineering	Elsevier Science
144. Journal of Biotechnology	Elsevier Science
145. Journal of Carbohydrate Chemistry	Marcel Dekker, Inc.
146. The Journal of Cell Biology	Rockefeller University Press
147. Journal of Cellular Biochemistry	Wiley-Liss, Inc.
148. Journal of Chemical Research (Synopses)	The Royal Society of Chemistry
149. Journal of Chromatography A	Elsevier Science
150. Journal of Chromatography B	Elsevier Science
151. Journal of Chromatography B: Biomedical Sciences and Applications	Elsevier Science
152. Journal of Electron Spectroscopy and Related Phenomena	Elsevier Science
153. Journal of Herbal Pharmacotherapy	Haworth Press
154. Journal of Herbs, Spices, & Medicinal Plants	Haworth Press
155. Journal of Heterocyclic Chemistry	Hetero Corporation
156. Journal of Histochemistry and Cytochemistry	The Histochemical Society
157. Journal of Liquid Chromatography & Related Technologies	Marcel Dekker, Inc.
158. Journal of Marine Biotechnology	Springer-Verlag New York
159. Journal of Mass Spectrometry	John Wiley & Sons, Ltd.

续表

Name	Publisher
160. Journal of Medicinal Chemistry	American Chemical Society
161. Journal of Molecular Structure	Elsevier Science
162. Journal of Near Infrared Spectroscopy	NIR Publications
163. Journal of Nutraceuticals, Functional & Medical Foods	Haworth Press
164. Journal of Pharmaceutical and Biomedical Analysis	Elsevier Science
165. Journal of Pharmaceutical Sciences	John Wiley & Sons, Inc.
166. Journal of Pharmacoepidemidemiology	Haworth Press
167. Journal of Pharmacokinetics and Pharmacodynamics	Plenum Publishers
168. Journal of Pharmacological and Toxicological Methods	Elsevier Science
169. Journal of Pharmacy and Pharmacology	Pharmaceutical Press
170. Journal of Pharmacy Practice	Sage Publications
171. Journal of Pharmacy Teaching	Haworth Press
172. Journal of Plant Research	Springer-Verlag Tokyo
173. Journal of Sol-Gel Science and Technology	Kluwer Academic Publishers
174. Journal of Structural Chemistry	Consultants Bureau
175. The Journal of Supercritical Fluids	Elsevier Science
176. Macromolecular Bioscience	WILEY-VCH Verlag GmbH
177. Magnetic Resonance in Chemistry	John Wiley & Sons, Ltd.
178. Marine Biology	Springer-Verlag Heidelberg
179. Marine Biotechnology	Springer-Verlag New York
180. Mass Spectrometry Reviews	John Wiley & Sons, Inc.
181. Medical Letter on Drugs & Therapeutics	Medical Letter
182. Medicinal Research Reviews	John Wiley & Sons, Inc.
183. Microscopy Research and Technique	Wiley-Liss, Inc.
184. Mini Reviews in Medicinal Chemistry	Bentham Science Publishers Ltd.
185. Molecular and Cellular Biochemistry	Kluwer Academic Publishers
186. Molecular and Cellular Biology	American Society for Microbiology
187. Molecular Cell Biology Research Communications	Elsevier Science
188. Molecular Marine Biology and Biotechnology	Springer-Verlag Heidelberg
189. Natural Product Research	Taylor & Francis Health Sciences, part of the Taylor & Francis Group
190. Natural Product Updates	The Royal Society of Chemistry
191. Nature Biotechnology	Nature America Inc.
192. Nature Reviews Drug Discovery	Nature America Inc.

续表

Name	Publisher
193. Nature Reviews Molecular Cell Biology	Nature Publishing Group
194. New Journal of Chemistry	The Royal Society of Chemistry
195. NMR in Biomedicine	John Wiley & Sons, Ltd.
196. Organic and Biomolecular Chemistry	The Royal Society of Chemistry
197. Patent Fast-Alert (Formerly Investigational Drugs Patent Fast-Alert)	Current Drugs Ltd.
198. Perspectives in Drug Discovery and Design	Kluwer Academic Publishers
199. Pharmaceutica Acta Helvetiae	Elsevier Science
200. Pharmaceutical Biology (Formerly International Journal of Pharmacognosy)	Swets & Zeitlinger BV
201. Pharmaceutical Chemistry Journal	Consultants Burcau
202. Pharmaceutical Development and Technology	Marcel Dekker, Inc.
203. Pharmaceutical Journal	Pharmaceutical Press
204. Pharmaceutical Research	Plenum Press
205. Pharmaceutical Science & Technology Today	Elsevier Science
206. Pharmaceuticals Policy and Law	IOS Press
207. Pharmacoepidemiology and Drug Safety	John Wiley & Sons, Ltd.
208. The Pharmacogenomics Journal	Nature Publishing Group
209. Pharmacological Research	Elsevier Science
210. Pharmacology	S.Karger AG
211. Pharmacology & Toxicology	Munksgaard International Publishers Ltd.
212. Pharmacology and Therapeutics	Elsevier Science
213. Pharmacology and Toxicology-Supplement	Munksgaard International Publishers Ltd.
214. Pharmacology, Biochemistry and Behavior	Elsevier Science
215. Pharmacotherapy	Pharmacotherapy Publications Inc.
216. Pharmacy and Pharmacology Communications	Pharmaceutical Press
217. Pharmacy Education	Taylor & Francis Health Sciences, part of the Taylor & Francis Group
218. Pharmacy World & Science	Kluwer Academic Publishers
219. Phytochemical Analysis	John Wiley & Sons, Ltd.
220. Phytochemistry	Elsevier Science
221. Phytochemistry Reviews	Kluwer Academic Publishers
222. Phytomedicine	Urban & Fischer Verlag Jena
223. Phytotherapy Research	John Wiley & Sons, Ltd.
224. The Plant Cell	American Society of Plant Biologists
225. Plant Cell, Tissue and Organ Culture	Kluwer Academic Publishers

续表

Name	Publisher
226. The Plant Journal	Blackwell Science Ltd.
227. Plant Molecular Biology	Springer Netherlands
228. Plant Molecular Biology Reporter	Springer New York
229. Plant Physiology and Biochemistry	Elsevier Science
230. Plant Science	Elsevier Science
231. Planta	Springer-Verlag Heidelberg
232. Planta Medica	Georg Thieme Verlag Stuttgart
233. Polycyclic Aromatic Compounds	Taylor & Francis
234. Progress in Biophysics and Molecular Biology	Elsevier Science
235. Rapid Communications in Mass Spectrometry	John Wiley & Sons, Ltd.
236. Regulatory Toxicology and Pharmacology	Elsevier Science
237. Russian Chemical Bulletin	Consultants Bureau
238. Russian Chemical Reviews	Turpion Ltd.
239. Russian Journal of Bioorganic Chemistry	Maik Nauka/Interperiodica
240. Russian Journal of Marine Biology	Maik Nauka/Interperiodica
241. Separation and Purification Methods	Marcel Dekker, Inc.
242. Separation and Purification Technology	Elsevier Science
243. Separation Science and Technology	Marcel Dekker, Inc.
244. Separations Technology	Elsevier Science
245. Solvent Extraction and Ion Exchange	Marcel Dekker, Inc.
246. Spectroscopy	IOS Press
247. Spectroscopy Letters	Marcel Dekker, Inc.
248. Theoretical and Experimental Chemistry	Consultants Bureau
249. Toxicology and Applied Pharmacology	Elsevier Science
250. Transgenics Biological Analysis Through DNA Transfer	Harwood Academic Publishers
251. Trends in Biochemical Sciences	Elsevier Science
252. Trends in Biotechnology	Elsevier Science
253. Trends in Pharmacological Sciences	Elsevier Science

附录 3：药学文献检索主要工具及数据库

（一）国内检索工具

1.《国外科技资料目录》（医药卫生）由中国医学科学院图书馆和医学情报研究所编辑出版，是当前国内编译出版的用中文查找国外医药文献资料的唯一题录性检索工具。

2.《国外医学》是我国出版的报道国外医学科技信息的重要情报系列。

3.《国外医药》是经国家科技情报编译委员会批准，于1980年出版的报道国外药学的科研、教学、生产、临床应用等各种情报信息的检索系列刊物。

4.《全国报刊索引》(科技版)由上海图书馆编辑出版，是一套综合性的国内期刊、报纸的主要检索工具。

5.《医学论文累积索引》由南京医学院图书馆编辑出版的一套大型医学文献检索工具书。

6.《中国生物学文献》由中国科学院上海文献情报中心编辑出版，主要报道我国生物科学领域的研究成果与进展，沟通国内生物学文献信息，促进我国生物学科研工作的进展，为专业人员检索国内的生物学文献信息提供方便。

7.《中国药品专利》以摘要或题录形式报道在我国申请的有关药品、医药包装等方面的发明专利和外观设计专利，向公众宣传国家对药品专利的方针、政策等。

8.《中国药学文摘》由国家医药科技情报研究所编辑出版，是中文药学信息的重要检索工具。

9.《中国医学文摘》是国内出版的系列性医学文献信息检索刊物。

10.《中国专利公报》是中国专利局编发，由《发明专利公报》《实用新型专利公报》《外观设计专利公报》三种刊物组成，编排结果基本一致。

11.《中文科技资料目录》(化学工业)由化学工业部科技情报研究所编辑出版，是查找中文化学工业文献的全国性检索刊物。

12.《中文科技资料目录》(医药卫生)由中国医学科学院情报研究所编辑出版，是当前国内医药文献的主要检索工具之一。

13.《中文科技资料目录》(中草药)由科学技术出版社出版，是查阅国内中草药及有关方面文献资料的主要检索工具。

14.《专利文献通报》是由我国出版的、适于我国使用的、系统的中文专利检索刊物。

15.《中国专利年度索引》分为《中国专利索引分类年度索引》和《中国专利索引申请人、专利权人年度索引》两个分册，是检索中国专利最有效的工具书。

(二) 国外检索工具

1. 荷兰《医学文摘》(Excerpta Medica，简称EM)由荷兰阿姆斯特丹医学文摘基金会(The Excerpta Medica Foundation)编辑出版，是一套大型国际性医学文摘检索刊物。

2.《WPI目录周报》(WPI Gazett Weekly，简称WPIG)是以题录形式出版，主要报道现期专利，每周出版一次，共四个分册。

3. 美国《化学文摘》(Chemical Abstracts，简称CA)，是由美国化学协会化学文摘服务社(Chemical Abstracts service of the American Chemical Society，简称CAS)编辑出版，是当今世界上公认的最完美的化学化工文献检索工具和最有权威的文摘刊物之 。

4. 美国《科学引文索引》(Science Citation Index，简称SCI)由美国科学情报所(Institute for Scientific Information，ISI，http://www.isinet.com/)编辑出版，目前最有代表性的引文索引。

5. 美国《生物学文摘》(Biological Abstracts 简称BA)由美国生物科学情报服务社(Bioscience Information Service of Biological Abstracts，简称BIOSIS)编辑出版，是以文摘形式报道生物学及相关学科文献的一种。

6. 美国《医学索引》(Index Medicus，简称IM)，由美国国立医学图书馆(National Library of Medicine，简称NLM)编辑出版，是目前世界上使用范围最广、影响最大的题录型医学文献检索工具。

7.《美国专利分类表》(Manual of Classification of U.S.Patents)由美国专利局出版，用于查阅美国(专利公报)(Official Gazette)和《年度索引》(Patent Index)的必备工具书。

8.《美国专利分类表索引》(Index to Classification of U.S.Patent)是一种便于快速查询专利分类表的辅助工具书。

9. 美国《专利公报》(Official Gazette)是经专利局和商标局批准的专利，以文摘形式出版的一种检索性刊物。

10. 美国《专利年度索引》(Index of patent)是查阅美国专利说明书、专利公报的主要工具，相当于专利公报分类索引的年度累积索引。

11.《世界专利索引》(World Patent Index.WPI)是由英国的温特公司出版的目前世界上最完备的专利文献检索工具。

12.《世界专利文献》(World Patents Abstracts Journal，简称WPA)是由德温特公司出版。

(三) 国内数据库

1. 万方数据资源镜像系统，由中国科技信息研究所万方数据股份有限公司开发的万方数据资源系统，是一个以科技信息为主，涵盖经济、文化、教育等相关信息的综合性信息服务系统。

2. 中国国家知识产权局专利全文数据库，由中华人民共和国国家知识产权局提供。

3.《中国科学引文索引(CSCI)》是由中国科学技术信息研究所推出的基于期刊引用的检索评价工具,囊括了2000年以来我国出版的科技类和部分社科类学术期刊9 000余种,累计论文4 061万余篇,引文记录19 434万余条,是目前最完备的中文论文引文库。

4. 中国期刊网专题全文数据库,是中国学术期刊(光盘版)电子杂志社和北京清华同方光盘股份有限公司合作研制的中国知识基础设施工程(China National Knowledge Infrastructure),简称CNKI。

5.《中国生物学文献数据库》(Chinese Biological Abstracts,CBA)经中国科学院立项,由中国科学院上海文献情报中心于1987年研建,是目前国内容量最大的生物学文献综合性文摘数据库之一。

6.《中国生物医学文献数据库》(CBMdisc)是中国医学科学院医学信息研究所开发研制的综合性医学文献检索数据库。

7.《中国学术期刊(光盘版)》全文数据库由清华大学主办,《中国学术期刊》电子杂志社编辑出版,是目前全球最大的中文科技文献全文数据库之一。

8.《中国药学文摘数据库》是国内唯一的中西药学文献大型数据库。

9.《中国医药产品数据库》是由中国中医研究院中医药信息研究所研制。

10.《中国医药科技成果数据库》是由中国中医研究院中医药信息研究所研制,共收录了1979年以来中国医药科研获奖成果。

11.《中国医药企业数据库》收录了我国1998年以来医药企业的各类信息。

12.《中国中医药文献数据库》是中国中医研究院中医药信息研究所开发的大型中医药文献检索系统。

13.《中国藏药数据库》是由中国中医研究院中医药信息研究所研制。

14. 中国专利数据库,是中国专利局检索咨询中心和长通正华信息技术有限公司共同创建的中国专利信息网上的免费数据库。

15. 中国专利文献数据库和失效专利文献数据库,是北京经济信息中心和北京市专利局共同开发的,具有全面性、权威性和实用性。

16. 中国专利文摘数据库,是由北京经济信息网上提供的免费专利数据库。

17.《中文科技期刊数据库》,简称"中刊库",是由西南信息中心编辑出版的以自然科学为主的大型中文数据库。

18.《中文生物医学期刊数据库》(Chinese Medical Current Contents,CMCC)是解放军医学图书馆研发的,便于用户查询收录期刊的出版信息。

(四)国外数据库

1. First Search是由美国联机计算机图书馆中心公司(Online Computer Library Center,Inc.OCLC)于1991年起向公众提供的一种网络数据库检索系统。

2. MEDLINE光盘数据库是目前世界公认的最具权威性和代表性的医学文献数据库之一,由美国国立医学图书馆出版。

3. 国际药学文摘光盘数据库(International Pharmaceutical Abstracts,IPA)是由American Society of Health-system Pharmacists(美国医院药剂师学会)于1970年首次推出的药学文献数据库。

4. 荷兰医学文摘(药物与药理学)光盘数据库,是由荷兰阿姆斯特丹爱尔泽维科学出版社(Elsevier Science Publishers B.V)编辑出版的生物医学数据库。

5. 美国《化学文摘》光盘数据库(Chemical Abstracts on CD-ROM,简称CA on CD)是目前公认的最具权威性和代表性的化学文献数据库。

6. 美国专利数据库,由美国专利和商标局(United States Patent and Trademark Office)在互联网上提供全免费。

附录4:网络药学信息主要资源

1. http://www.baidu.com/;百度是全球较大的中文网站和中文搜索引擎之一,也是全球数据挖掘、分布式索引和检索技术与处理速度较快的网站之一。
2. http://www.google.com/;Google开发出世界上较大的搜索引擎,提供最便捷的网上信息查询方法,整合了全球的信息。
3. http://yahoo.com/;Yahoo! 著名的搜索引擎,全球性的门户搜索网站,由美国斯坦福大学研制。
4. http://www.altavista.com/;Alta Vista是功能比较全面的搜索引擎之一,也是搜索精度较高的全文搜索引擎之一。

5. http://www.infoseek.com/;是 1995 年由 Infoseek 公司研制的网上收费查询系统,但查询数目在 100 个以内不收费。
6. http://go.com/;是由 Infoseek 和 Disney 共同开发的一种高效率搜索引擎,它提供全文检索功能。
7. http://www.excite.com/;创建于 1995 年底,是一个内容全面的搜索引擎。
8. http://www.lycos.com/;是互联网上资格最老的搜索引擎之一,由卡耐基·梅隆大学的机器翻译中心开发研制。
9. http://www.medexplorer.com/;是目前医学最重要的医学专业搜索引擎。
10. http://www.Mwsearch.com/;是一个独特的医学搜索引擎,能够使医务工作者或任何具有医学基础知识的用户进行精确、恰当的查询,并获得所需的准确信息。
11. http://www.healthatoz.com/;HealthAtoz 是一个功能强大的 Internet 免费全文医学信息资源搜索引擎,它能对与医学有关的信息进行准确、有效地搜寻。
12. http://www.who.org/;世界卫生组织(WHO)的网站。
13. http://www.nhc.gov.cn/;中华人民共和国卫生健康委员会的网站。
14. http://www.nmpa.gov.cn/;国家药品监督管理局。
15. http://www.fda.gov/;美国食品药品管理局的网站。
16. http://www.ashp.com/pub//index.html/;是美国医院药剂师协会(ASHP)的网站。
17. http://pctgazette.wipo.int/;是由世界知识产权组织(WIPO)提供,收录了 1997 年 1 月 1 日至今的 PCT 国际专利。
18. http://ipdl.wipo.int/;是由世界知识产权组织建立的知识产权电子图书馆。
19. http://www.european-patent-office.org/;是欧洲专利局提供,可用于检索欧洲各国的专利。
20. http://www.isinet.com/;提供的信息是制药公司发现的新药物,为企业优化其知识产权和发现竞争情报。
21. http://www.patent.com.cn/;是由中国专利数据库集中了我国自 1985 年实施专利制度以来的全部发明专利和实用性专利。
22. http://www.patents.ibm.com/;是由美国 IBM 公司提供,用户可通过该网站免费检索多个专利数据库。
23. http://www.nal.usda.gov/bic;农业生物技术专利库,是由美国农业局的全国农业图书馆提供。
24. http://patents.uspto.gov/;艾滋病专利数据库,记录了与艾滋病有关的专利全文和影像文件。
25. http://stneasy.cas.org/html;化学文摘专利累积库,本数据库可免费搜索 1971 年至今的美国专利文献全文。
26. http://www.ncbi.nlm.nih.gov/pubmed/;是当今世界上最具有权威性的医学文献数据库检索系统,可以检索出大量的医药学信息。
27. http://www.Biomednet.com/;是向用户免费提供多个生物医药数据库。
28. http://www.Bmn.com/;是由美国许多大学、政府机构、非营利学术机构合作的 Internet Community for Biological and Medical Researches 支持,向用户免费提供的多个生物医学和药学数据库。
29. http://www.cas.org/;是世界上较大且具综合性的化学信息数据库,也是最著名的化学商业数据库。
30. http://www.chemfinder.com/;提供权威和可靠的化学信息导航,整合文献信息资源系统及其检索利用,并逐步支持开放式集成定制。
31. http://www.mdx.com/;提供药学、毒理学、紧急救护、职业卫生等综合数据库。
32. http://www.dialogweb.com/;其数据库范围涉及自然科学和社会科学的十七个学科,五十多种语言。
33. http://www.imicams.ac.cn/cbmdisc/;是由中国医学科学院医学信息研究所开发研制的,面向生物医学领域的综合性医学文献数据库——中国生物医学数据库。
34. http://www.chinanfo.gov.cn/;是由中国科技信息研究所万方数据(集团)公司建立在互联网上的大型中文网络信息资源系统——万方数据资源系统。
35. http://www.nj.cnki.net/;是由清华同方光盘股份有限公司、清华大学光盘国家工程研究中心、中国学术期刊(光盘版)电子杂志社、清华同方光盘电子出版社、清华同方知识网络集团、清华同方教育技术研究院联合承担。
36. http://202.195.136.17/;是由重庆维普资讯有限公司出品的国内最大的综合性文献数据库——中文科技期刊数据库。
37. http://Webbook.nist.gov/;提供热、离子能量和汇编的数据根据美国国家标准与技术局(NIST)的标准参考的数据计划。
38. http://physics.nist.gov/asd/;为美国国家标准与技术局(NIST)的原子光谱数据库,含原子和离子中辐射跃迁和能级的数据,数据较为完整。
39. http://www.aist.go.jp/RIODB/SDBS/menu-e.html;里约热内卢数据库光谱数据库的有机化合物网站。
40. http://www.matrixscience.com/;是提供质谱数据,以确定蛋白质的主要序列数据库。
41. http://www.tcmt.com.tw/;是由中国台湾中医药委员会研制的电子中医药古籍文献(TCMET)数据库。
42. http://www.hon.ch/MedHunt/;HON 已成为网上非营利性质的,是最受尊敬的提供医学信息的门户网站之一。

43. http://www.Medscape.com/;是互联网上最大的免费提供临床医学全文文献和继续医学教育资源的网点。
44. http://www.medmatrix.org/index.asp;可提供免费 Mailing lists,只要订阅 Mailing lists,即可定期收到网上新增医学节点的通知。
45. http://www.fastsearch.com/med.Med Engine/;是美国 Goldberger & Associates 公司在互联网上建立的生物医药信息的专业搜索。
46. http://www.medweb.com/;由美国埃默里大学卫生科学中心图书馆建立的生物医学资源导航系统,很具有国际影响力。
47. http://www.healthweb.org;由美国国家医院图书馆主办,通过 Healthweb 检索的信息来源可靠、可信度高。
48. http://www.Reutershealth.com/frame/drug.html/;(健康信息网)及时报道 FDA 批准的药物资料。
49. http://www.freemedical journals.com/;是由德国的一个医药科研所机构开发研制的,可免费下载期刊全文。
50. http://www.pharmweb.net/;Pharmweb 是检索搜寻器,可按检索方向(如药学会议、药剂等)进行关键词查找。
51. http://www.fda.gov/cder/;可以查阅国际药品编码、药物词典、新药审批和其余各种信息。
52. http://www.pharminfo.com/pharInfo/;是介绍新药动态、药物应用的英文网站。
53. http://www.gm.net.cn/;中国金药网是医药卫生行业信息化产业工程,可进行全面的药品搜索。
54. http://www.chinapharmarket.com/;中国医药市场是 B to B 的电子商务专业性网站。
55. http://www.yyjm.net.cn/;医药网,超一流医药招商平台,较早从事中国医药招商、药品招商、医药代理、药品代理、中国医药网、药品网、医药、药品、药交会的医药招商网站。
56. http://www.chinapharm.com.cn/;药网,中国医药门户网站,可以进行药品信息和公司信息查询,新闻文章的阅读和查询,药品名称翻译,各种医药数据库查询等。
57. http://www.drugstore.com./;是关于药品销售的网站。
58. http://www.rxlist.com/Rxlist/;是美国的一个处方药物查询网站。
59. http://mcb.harvard.edu/BioLinks.html;Medall 是哈佛大学收集医药网点的列表,按字序排列和主题排列,特别是有大量网上医学院校和图书馆的资料。
60. http://www.37c.com.cn/literature/literature07/literature07.html;提供医药卫生、疾病防治、保健养生等网站分类导航,并按学科进行分类。
61. http://www.cintcm.ac.cn/;由中国中医研究院信息中心制作,提供中医药方面的 Web 界面文献检索服务。
62. http://www.ohsu.edu/cliniweb/wwwvl/;是一个分布式的资源系统,通过这些医药相关虚拟图书馆为起点,与分布在互联网上的信息连接,提供关键词查找,并按字序排列的列表。
63. http://www.golgi.harvard.edu/;是由哈佛大学建立,其文献覆盖了生物医学的全部领域。
64. http://www.bio.net/;为斯坦福大学的“生物科学论坛”,可提供 WWW 界面的医学讨论组,可直接进行全文检索、浏览、发布消息等。
65. http://www.netsci-journal.com/;是一个生物化学杂志的网站,包括化学,但特别着重于研究生物的重要分子。此外,该杂志推动计算机的应用在化学,如分子模拟、化学信息学和生物信息学。
66. http://www.docguide.com/dgc.nsf/;Doctor's Guide 是临床医生最大的在线帮助网站,特别提供网上在线报道的医学会议查询。
67. http://www.cancer.org/;美国癌症协会,提供关于癌症的各方面的信息。
68. http://www.indiana.edu/~cheminfo/;是由美国印第安纳大学编制,它汇集了网站在美国印第安大学与重大化学信息的内容。
69. http://www.chinweb.con.cn/;是由中国科学院化工冶铁研究所建立,是国内最好的化学化工网站。
70. http://www.cisti-icist.nrc-cnrc.gc.ca/cisti-e.shtml;加拿大研究所的科学和技术信息(核管理委员会,CISTI)包括加拿大国家科学图书馆和领先的科学资料。
71. http://www.iso.ch/;国际标准化组织(ISO)是世界上最大的开发商和发行国际标准。

附录5 :《学位论文编写规则》(GB/T 7713.1—2006)

ICS 35.240.30
A 14

GB

中华人民共和国国家标准

GB/T 7713.1—2006
部分代替 GB/T 7713—1987

学位论文编写规则

Presentation of theses and dissertations

(ISO 7144:1986,Documentation—
Presentation of theses and similar documents,NEQ)

2006-12-05 发布　　　　2007-05-01 实施

数码防伪

中华人民共和国国家质量监督检验检疫总局
中国国家标准化管理委员会　发布

目　次

前 言

GB/T 7713 共分 3 部分：

——第 1 部分：学位论文编写规则；

——第 2 部分：学术论文编写规则；

——第 3 部分：科技报告编制规则。

本部分是 GB/T 7713 的第 1 部分，部分代替 GB/T 7713—1987《科学技术报告、学位论文和学术论文的编写格式》。

本部分修改采用 ISO 7144：1986《文献 论文和相关文献的编写》(英文版)。本部分在学位论文组成要素及结构等方面尽可能与国际标准保持一致，以达到资源共享和国际交流的目的。

本部分与 GB/T 7713—1987 相比主要变化如下：

——将原标准中的学位论文部分单独列为一个标准，并将标准名称改为《学位论文编写规则》，修改了相应的英文名称。

——增加了第 2 章"规范性引用文件"。

——在第 3 章中，将原标准中与学位论文编写规则无关的术语和定义去掉，增加了"封面"、"题名页"、"摘要"、"摘要页"、"目次"、"目次页"、"注释"、"文献类型"、"文献载体"等定义。

——将第 3 章"编写要求"改为第 4 章"一般要求"。

——将第 4 章"编写格式"改为第 5 章"组成部分"和第 6 章"编排格式"。

——增加了部分附录。

——按照 GB/T 1.1—2000 对原标准的格式、编排进行了重新调整。

本部分的附录 A 到附录 H 为规范性附录。

本部分由国务院学位委员会办公室提出。

本部分由全国信息与文献标准化技术委员会归口。

本部分主要起草单位：国务院学位委员会办公室，中国科学技术信息研究所。

本部分主要起草人：吴一、刘春燕、沈玉兰、白光武。

本部分为第一次修订。

GB/T 7713.1—2006

学位论文编写规则

1　范围

本部分规定了学位论文的撰写格式和要求，以利于学位论文的撰写、收集、存储、加工、检索和利用。

本部分对学位论文的学术规范与质量保证具有一定的参考作用，不同学科的学位论文可参考本部分制定专业的学术规范。

本部分适用于印刷型、缩微型、电子版、网络版等形式的学位论文。同一学位论文的不同载体形式，其内容和格式应完全一致。

2　规范性引用文件

下列文件中的条款通过GB/T 7713的本部分的引用而成为本部分的条款。凡是注日期的引用文件，其随后所有的修改单(不包括勘误的内容)或修订版均不适用于本部分，然而，鼓励根据本部分达成协议的各方研究是否可使用这些文件的最新版本。凡是不注日期的引用文件，其最新版本适用于本部分。

GB/T 788—1999　图书杂志开本及其幅面尺寸(neq ISO 6716:1983)

GB/T 2260　中华人民共和国行政区划代码

GB 3100　国际单位制及其应用(GB 3100—1993，eqv ISO 1000:1992)

GB 3101—1993　有关量、单位和符号的一般原则(eqv ISO 31-0:1992)

GB 3102.1　空间和时间的量和单位(GB 3102.1—1993，eqv ISO 31-1:1992)

GB 3102.2　周期及其有关现象的量和单位(GB 3102.2—1993，eqv ISO 31-2:1992)

GB 3102.3　力学的量和单位(GB 3102.3—1993，eqv ISO 31-3:1992)

GB 3102.4　热学的量和单位(GB 3102.4—1993，eqv ISO 31-4:1992)

GB 3102.5　电学和磁学的量和单位(GB 3102.5—1993，eqv ISO 31-5:1992)

GB 3102.6　光及有关电磁辐射的量和单位(GB 3102.6—1993，eqv ISO 31-6:1992)

GB 3102.7　声学的量和单位(GB 3102.7—1993，eqv ISO 31-7:1992)

GB 3102.8　物理化学和分子物理学的量和单位(GB 3102.8—1993，eqv ISO 31-8:1992)

GB 3102.9　原子物理学和核物理学的量和单位(GB 3102.9—1993，eqv ISO 31-9:1992)

GB 3102.10　核反应和电离辐射的量和单位(GB 3102.10—1993，eqv ISO 31-10:1992)

GB 3102.11　物理科学和技术中使用的数学符号(GB 3102.11—1993，eqv ISO 31-11:1992)

GB 3102.12　特征数(GB 3102.12—1993，eqv ISO 31-12:1992)

GB 3102.13　固体物理学的量和单位(GB 3102.13—1993，eqv ISO 31-13:1992)

GB/T 3469　文献类型与文献载体代码

GB/T 3793　检索期刊文献条目著录规则

GB/T 4880　语种名称代码

GB 6447　文摘编写规则

GB 6864　中华人民共和国学位代码

GB/T 7156—2003　文献保密等级代码与标识

GB/T 7408　数据元和交换格式　信息交换　日期和时间表示法(GB/T 7408—1994，eqv ISO 8601:1988)

GB/T 7714—2005　文后参考文献著录规则(ISO 690:1987，ISO 690-2:1997，NEQ)

GB/T 7713.1—2006

GB/T 12450—2001　图书书名页(eqv ISO 1086:1991)

GB/T 13417—1992　科学技术期刊目次表(eqv ISO 18:1981)

GB/T 13745　学科分类与代码

GB/T 11668—1989　图书和其他出版物的书脊规则(neq ISO 6357:1985)

GB/T 15834—1995　标点符号用法

GB/T 15835—1995　出版物上数字用法的规定

GB/T 16159—1996　汉语拼音正词法基本规则

CY/T 35—2001　科技文献的章节编号方法

ISO 15836:2003　信息与文献　都柏林核心元数据元素集

3　术语和定义

下列术语和定义适用于本部分。

3.1

学位论文　thesis; dissertation

作者提交的用于其获得学位的文献。

注1：博士论文表明作者在本门学科上掌握了坚实宽广的基础理论和系统深入的专门知识，在科学和专门技术上做出了创造性的成果，并具有独立从事创新科学研究工作或独立承担专门技术开发工作的能力。

注2：硕士论文表明作者在本门学科上掌握了坚实的基础理论和系统的专业知识，对所研究课题有新的见解，并具有从事科学研究工作或独立承担专门技术工作的能力。

注3：学士论文表明作者较好地掌握了本门学科的基础理论、专门知识和基础技能，并具有从事科学研究工作或承担专门技术工作的初步能力。

3.2

封面　cover

学位论文的外表面，对论文起装潢和保护作用，并提供相关的信息。

3.3

题名页　title page

包含论文全部书目信息，单独成页。

3.4

摘要　abstract

论文内容的简要陈述，是一篇具有独立性和完整性的短文，一般以第三人称语气写成，不加评论和补充的解释。

3.5

摘要页　abstract page

论文摘要及关键词、分类号等的总和，单独编页。

3.6

目次　table of contents

论文各章节的顺序列表，一般都附有相应的起始页码。

3.7

目次页　content page

论文中内容标题的集合。包括引言(前言)、章节或大标题的序号和名称、小结(结论或讨论)、参考文献、注释、索引等。

3.8

注释　notes

为论文中的字、词或短语作进一步说明的文字。一般分散著录在页下(脚注)，或集中著录在文后(尾注)，或分散著录在文中。

2

3.9

文献类型　document type

文献的分类。学位论文的代码为“D”。

3.10

文献载体　document carrier

记录文字、图像、声音的不同材质。纸质的载体代码为“P”。

4　一般要求

4.1　学位论文的内容应完整、准确。

4.2　学位论文一般应采用国家正式公布实施的简化汉字。学位论文一般以中文或英文为主撰写，特殊情况时，应有详细的中、英文摘要，正题名必须包括中、英文。

4.3　学位论文应采用国家法定的计量单位。

4.4　学位论文中采用的术语、符号、代号在全文中必须统一，并符合规范化的要求。论文中使用专业术语、缩略词应在首次出现时加以注释。外文专业术语、缩略词，应在首次出现的译文后用圆括号注明原词语全称。

4.5　学位论文的插图、照片应完整清晰。

4.6　学位论文应用 A4 标准纸(210 mm×297 mm)，必须是打印件、印刷件或复印件。

5　组成部分

5.1　一般要求

学位论文一般包括以下 5 个组成部分：

a)　前置部分；

b)　主体部分；

c)　参考文献；

d)　附录；

e)　结尾部分。

注：学位论文结构图见附录 A。

5.2　前置部分

5.2.1　封面

学位论文可有封面。

学位论文封面应包括题名页的主要信息，如论文题名、论文作者等。其他信息可由学位授予机构自行规定。

5.2.2　封二(可选)

学位论文可有封二。

包括学位论文使用声明和版权声明及作者和导师签名等，其内容应符合我国著作权相关法律法规的规定。

5.2.3　题名页

学位论文应有题名页。题名页主要内容：

a)　中图分类号

采用《中国图书馆分类法》(第 4 版)或《中国图书资料分类法》(第 4 版)标注。

示例：中图分类号 G250.7。

b)　学校代码

按照教育部批准的学校代码进行标注。

c) UDC

按《国际十进分类法》(Universal Decimal Classification) 进行标注。

注：可登陆 www. udcc. org，点击 outline 进行查询。

d) 密级

按 GB/T 7156—2003 标注。

e) 学位授予单位

指授予学位的机构，机构名称应采用规范全称。

f) 题名和副题名

题名以简明的词语恰当、准确地反映论文最重要的特定内容(一般不超过 25 字)，应中英文对照。

题名通常由名词性短语构成，应尽量避免使用不常用缩略词、首字母缩写字、字符、代号和公式等。

如题名内容层次很多，难以简化时，可采用题名和副题名相结合的方法，其中副题名起补充、阐明题名的作用。

示例 1：斑马鱼和人的造血相关基因以及表观遗传学调控基因—— 进化、表达谱和功能研究

示例 2：阿片镇痛的调控机制研究：Delta 型阿片肽受体转运的调控机理及功能

题名和副题名在整篇学位论文中的不同地方出现时，应保持一致。

g) 责任者

责任者包括研究生姓名，指导教师姓名、职称等。

如责任者姓名有必要附注汉语拼音时，遵照 GB/T 16159—1996 著录。

h) 申请学位

包括申请的学位类别和级别，学位类别参照《中华人民共和国学位条例暂行实施办法》的规定标注，包括以下门类：哲学、经济学、法学、教育学、文学、历史学、理学、工学、农学、医学、军事学、管理学。学位级别参照《中华人民共和国学位条例暂行实施办法》的规定标注，包括学士、硕士、博士。

i) 学科专业

参照国务院学位委员会颁布的《授予博士、硕士学位和培养研究生的学科、专业目录》进行标注。

j) 研究方向

指本学科专业范畴下的三级学科。

k) 论文提交日期

指论文上交到授予学位机构的日期。

l) 培养单位

指培养学位申请人的机构，机构名称应采用规范全称。

5.2.4 英文题名页

英文题名页是题名页的延伸，必要时可单独成页。

5.2.5 勘误页

学位论文如有勘误页，应在题名页后另起页。

在勘误页顶部应放置下列信息：

——题名；

——副题名(如有)；

——作者名。

5.2.6 致谢

放置在摘要页前，对象包括：

——国家科学基金，资助研究工作的奖学金基金，合同单位，资助或支持的企业、组织或个人。

——协助完成研究工作和提供便利条件的组织或个人。

——在研究工作中提出建议和提供帮助的人。

——给予转载和引用权的资料、图片、文献、研究思想和设想的所有者。

——其他应感谢的组织和个人。

5.2.7 **摘要页**

5.2.7.1 摘要应具有独立性和自含性，即不阅读论文的全文，就能获得必要的信息。摘要的内容应包含与论文等同量的主要信息，供读者确定有无必要阅读全文，也可供二次文献采用。摘要一般应说明研究工作目的、方法、结果和结论等，重点是结果和结论。

5.2.7.2 中文摘要一般字数为 300～600 字，外文摘要实词在 300 个左右。如遇特殊需要字数可以略多。

5.2.7.3 摘要中应尽量避免采用图、表、化学结构式、非公知公用的符号和术语。

5.2.7.4 每篇论文应选取 3～8 个关键词，用显著的字符另起一行，排在摘要的下方。关键词应体现论文特色，具有语义性，在论文中有明确的出处。并应尽量采用《汉语主题词表》或各专业主题词表提供的规范词。

5.2.7.5 为便于国际交流，应标注与中文对应的英文关键词。

5.2.8 **序言或前言（如有）**

学位论文的序言或前言，一般是作者对本篇论文基本特征的简介，如说明研究工作缘起、背景、主旨、目的、意义、编写体例，以及资助、支持、协作经过等。这些内容也可以在正文引言（绪论）中说明。

5.2.9 **目次页**

学位论文应有目次页，排在序言和前言之后，另起页。

5.2.10 **图和附表清单（如有）**

论文中如图表较多，可以分别列出清单置于目次页之后。图的清单应有序号、图题和页码。表的清单应有序号、表题和页码。

5.2.11 **符号、标志、缩略词、首字母缩写、计量单位、术语等的注释表（如有）**

符号、标志、缩略词、首字母缩写、计量单位、术语等的注释说明，如需汇集，可集中置于图表清单之后。

5.3 **主体部分**

5.3.1 **一般要求**

主体部分应从另页右页开始，每一章应另起页。

主体部分一般从引言（绪论）开始，以结论或讨论结束。

引言（绪论）应包括论文的研究目的、流程和方法等。

论文研究领域的历史回顾，文献回溯，理论分析等内容，应独立成章，用足够的文字叙述。

主体部分由于涉及的学科、选题、研究方法、结果表达方式等有很大的差异，不能作统一的规定。但是，必须实事求是、客观真切、准备完备、合乎逻辑、层次分明、简练可读。

5.3.2 **图**

图包括曲线图、构造图、示意图、框图、流程图、记录图、地图、照片等。

图应具有"自明性"。

图应有编号。图的编号由"图"和从"1"开始的阿拉伯数字组成，图较多时，可分章编号。

图宜有图题，图题即图的名称，置于图的编号之后。图的编号和图题应置于图下方。

照片图要求主题和主要显示部分的轮廓鲜明，便于制版。如用放大缩小的复制品，必须清晰，反差适中。照片上应有表示目的物尺寸的标度。

5.3.3 **表**

表应具有"自明性"。

表应有编号。表的编号由"表"和从"1"开始的阿拉伯数字组成，表较多时，可分章编号。

表宜有表题，表题即表的名称，置于表的编号之后。表的编号和表题应置于表上方。

表的编排，一般是内容和测试项目由左至右横读，数据依序竖读。

表的编排建议采用国际通行的三线表。

如某个表需要转页接排，在随后的各页上应重复表的编号。编号后跟表题(可省略)和"(续)"，置于表上方。

续表均应重复表头。

5.3.4 公式

论文中的公式应另行起，并缩格书写，与周围文字留足够的空间区分开。

如有两个以上的公式，应用从"1"开始的阿拉伯数字进行编号，并将编号置于括号内。公式的编号右端对齐，公式与编号之间可用"..."连接。公式较多时，可分章编号。

示例：

$$w_1 = u_{11} - u_{12}u_{21} \qquad \ldots(5)$$

较长的公式需要转行时，应尽可能在"="处回行，或者在"+"、"-""×"、"/"等记号处回行。公式中分数线的横线，其长度应等于或略大于分子和分母中较长的一方。

如正文中书写分数，应尽量将其高度降低为一行。如将分数线书写为"/"，将根号改为负指数。

示例：

将$\frac{1}{\sqrt{2}}$写成$1/\sqrt{2}$或$2^{-1/2}$

5.3.5 引文标注

论文中引用的文献的标注方法遵照GB/T 7714—2005，可采用顺序编码制，也可采用著者-出版年制，但全文必须统一。

示例1：引用单篇文献的顺序编码制

德国学者N.克罗斯研究了瑞士巴塞尔市附近侏罗山中老第三纪断裂对第三系褶皱的控制[235]；之后，他又描述了西里西亚第3条大型的近南北向构造带，并提出地槽是在不均一的块体的基底上发展的思想[236]。

示例2：引用多篇文献的顺序编码制

莫拉德对稳定区的节理格式的研究[255-256]

示例3：标注著者姓氏和出版年的著者-出版年制

结构分析的子结构法最早是为解决飞机结构这类大型和复杂结构的有限元分析问题而发展起来的(Przcmicnicki，1968)，而后，被用于共同作用分析(Haddadin，1971)，并且已经取得快速发展。

示例4：标注出版年的著者-出版年制

Brodaway等(1986)报道在人工饲料中添加蛋白酶抑制剂会抑制昆虫的生长和发育。Johnson等(1993)报道蛋白酶抑制剂基因在烟草中表达，可有效减少昆虫的危害。

5.3.6 注释

当论文中的字、词或短语，需要进一步加以说明，而又没有具体的文献来源时，用注释。注释一般在社会科学中用得较多。

应控制论文中的注释数量，不宜过多。

由于论文篇幅较长，建议采用文中编号加"脚注"的方式。最好不用采用文中编号加"尾注"。

示例1：这是包含公民隐私权的最重要的国际人权法渊源。我国是该宣言的主要起草国之一，也是最早批准该宣言的国家，③当然庄严地承诺了这条规定所包含的义务和责任。

…………

---

③ 中国为人权委员会的创始国。中国代表张彭春(P.C.Chang)出任第一届人权委员会主席，领导并参加了《世界人权宣言》的起草。

示例2：这包括如下事实："未经本人同意，监听、录制或转播私人性质的谈话或秘密谈话；未经本人同意，拍摄、录制或转播个人在私人场所的形象。"④

…………

---

④ 根据同条规定，上述行为可被处以1年监禁，并科以30万法郎罚金。

5.3.7　结论

论文的结论是最终的、总体的结论，不是正文中各段的小结的简单重复。结论应包括论文的核心观点，交代研究工作的局限，提出未来工作的意见或建议。结论应该准确、完整、明确、精练。

如果不能导出一定的结论，也可以没有结论而进行必要的讨论。

5.4　参考文献表

参考文献表是文中引用的有具体文字来源的文献集合，其著录项目和著录格式遵照GB/T 7714—2005的规定执行。

参考文献表应置于正文后，并另起页。

所有被引用文献均要列入参考文献表中。

正文中未被引用但被阅读或具有补充信息的文献可集中列入附录中，其标题为“书目”。

引文采用著作-出版年制标注时，参考文献表应按著者字顺和出版年排序。

5.5　附录

附录作为主体部分的补充，并不是必需的。

下列内容可以作为附录编于论文后：

——为了整篇论文材料的完整，但编入正文又有损于编排的条理性和逻辑性，这一材料包括比正文更为详尽的信息、研究方法和技术更深入的叙述，对了解正文内容有用的补充信息等。

——由于篇幅过大或取材于复制品而不便于编入正文的材料。

——不便于编入正文的罕见珍贵资料。

——对一般读者并非必要阅读，但对本专业同行有参考价值的资料。

——正文中未被引用但被阅读或具有补充信息的文献。

——某些重要的原始数据、数学推导、结构图、统计表、计算机打印输出件等。

5.6　结尾部分(如有)

5.6.1　分类索引、关键词索引(如有)

可以编排分类索引，关键词索引等。

5.6.2　作者简历

包括教育经历、工作经历、攻读学位期间发表的论文和完成的工作等。

示例：

姓名：程晓丹 性别：女 民族：汉 出生年月：1976-07-23 籍贯：江苏省东台市

1995-09—1999-07　清华大学计算机系学士；

1999-09—2004-06　清华大学攻读博士学位(直博)

获奖情况：

参加项目：

攻读博士学位期间发表的学术论文：

5.6.3　其他

包括学位论文原创性声明等。

5.6.4　学位论文数据集

由反映学位论文主要特征的数据组成，共33项：

A1　关键词＊，A2　密级＊，A3　中图分类号＊，A4　UDC，A5　论文资助；

B1　学位授予单位名称＊，B2　学位授予单位代码＊，B3　学位类别＊，B4　学位级别＊；

C1　论文题名＊，C2　并列题名，C3　论文语种＊；

D1　作者姓名＊，D2　学号＊；

E1 培养单位名称 * ,E2 培养单位代码 * ,E3 培养单位地址,E4 邮编;

F1 学科专业 * ,F2 研究方向 * ,F3 学制 * ,F4 学位授予年 * ,F5 论文提交日期 * ;

G1 导师姓名 * ,G2 职称 * ;

H1 评阅人;H2 答辩委员会主席 * ,H3 答辩委员会成员;

I1 电子版论文提交格式,I2 电子版论文出版(发布)者,I3 电子版论文出版(发布)地,I4 权限声明;

J1 论文总页数 * 。

注:有星号 * 者为必选项,共 22 项。

6 编排格式

6.1 封面

见附录 C。

6.2 目次页

见附录 F。

6.3 章、节

6.3.1 论文主体部分可根据需要划分为不同数量的章、节,章、节的划分建议参照 CY/T 35—2001。

示例:

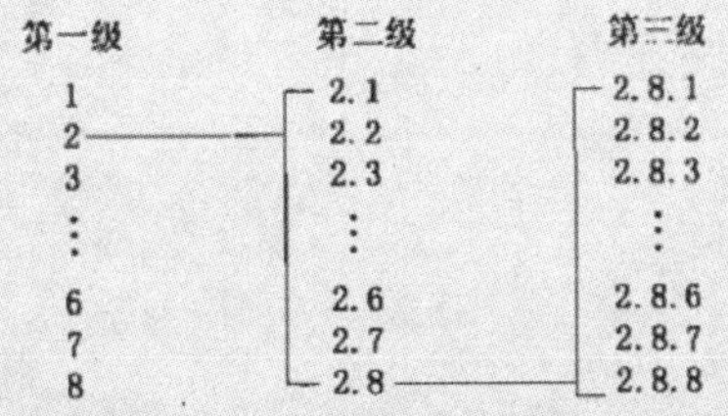

6.3.2 章、节编号全部顶格排,编号与标题之间空 1 个字的间隙。章的标题占 2 行。正文另起行,前空 2 个字起排,回行时顶格排。

6.4 页码

学位论文的页码,正文和后置部分用阿拉伯数字编连续码,前置部分用罗马数字单独编连续码(封面除外)。

6.5 参考文献表

见附录 G。

6.6 附录

附录编号、附录标题各占 1 行,置于附录条文之上居中位置。

每一个附录通常应另起页,如果有多个较短的附录,也可接排。

6.7 版面

论文在打印和印刷时,要求纸张的四周留足的空白边缘,以便于装订、复印和读者批注。每一面的上方(天头)和左侧(订口)应分别留边 25 mm 以上间隙,下方(地角)和右侧(切口)应分别留边 20 mm 以上间隙。

6.8 书脊

为便于学位论文的管理,建议参照 GB/T 11668—1989,在学位论文书脊中标注学位论文题名及学

附　录　A
（规范性附录）
学位论文结构图

- 前置部分
  - 封面（见 5.2.1）（见附录 C）
  - 封二（见 5.2.2）（如有）
  - 题名页（见 5.2.3）
  - 英文题名页（见 5.2.4）（如有）
  - 勘误页（见 5.2.5）（如有）
  - 致谢（见 5.2.6）
  - 摘要页（见 5.2.7）
  - 序言或前言（见 5.2.8）（如有）
  - 目次页（见 5.2.9）
  - 插图和附表清单（见 5.2.10）（如有）
  - 缩写和符号清单（见 5.2.11）（如有）
  - 术语表（见 5.2.11）（如有）
- 主体部分
  - 引言（绪论）（见 5.3.1）
  - 章、节
  - 图（见 5.3.2）
  - 表（见 5.3.3）
  - 公式（见 5.3.4）
  - 引文标注（见 5.3.5）
  - 注释（见 5.3.6）
  - 结论（见 5.3.7）
- 参考文献表（见 5.4）
- 附录（见 5.5）
- 结尾部分
  - 索引（见 5.6.1）（如有）
  - 作者简历（见 5.6.2）
  - 其他（见 5.6.3）
  - 学位论文数据集（见 5.6.4 和附录 J）
  - 封底（如有）

附 录 B
（规范性附录）
学位论文正文编排格式

1 （章的标题）

××
××××××××××××××××××××××××××××××××××××××

1.1 （节的标题）

××
×××××××××××××××××××××××××××××××××××

1.2 （节的标题）

1.2.1 ××
×××××××××××××××××××××××××××××

1.2.2 ×××
××××××××××××××××××××××××××××××××××

××
××××××××××××××××××××××××××××

××
×××××××××××××××××××××××××××××××××××

2 （章的标题）

2.1 （节的标题）

2.1.1 ××
××××××××××××××××××××××××××××××××

2.2 （节的标题）

××
××××××××××××××××××××××××××

××
×××××××××××××××××××××××××××××××

3 （章的标题）

3.1 （节的标题）

××
××××××××××××××××××

a. ×××××××××××××××××××××××××××××××××××

b. ××
××××××××××××××××××××××××××

4 （章的标题）

××
××
××××××××××××

……

GB/T 7713.1—2006

附　录 C
(规范性附录)
封面编排示例

清华大学
博士学位论文

矩形截面FS约束混凝土柱抗震
性能的试验研究与理论分析

Experimental Investigation and Theoretical
Analysis on Seismic Behavior of FS
Confined Rectangular Section

作　者　李　静

导　师　钱稼茹教授

清华大学土木水利学院
二〇〇三年十月

12

Experimental Investigation and Theoretical
Analysis on Seismic Behavior of FS
Confined Rectangular Section

By
Jing Li

A Dissertation Submitted to
Tsinghua University
In partial fulfillment of the requirement
For the degree of
Doctor of Engineering

Department of Civil and Engineering
October, 2003

13

附 录 D
（规范性附录）
题名页示例

中图分类号 TU375.3 学校代码 10003
UDC 624 密级 公开

清华大学
博士学位论文

矩形截面FS约束混凝土柱抗震
性能的试验研究与理论分析

Experimental Investigation and Theoretical
Analysis on Seismic Behavior of FS
Confined Rectangular Section

作　者 李静　　导　师 钱嫁茹 教授
申请学位 工学博士　　培养单位 清华大学土木水利学院
学科专业 土木工程　　研究方向 结构工程
答辩委员会主席　　评 阅 人

二〇〇三年十月

GB/T 7713.1—2006

附　录　E
（规范性附录）
摘要页示例

E.1　中文摘要页示例

论文题名

摘要：..
....。图 X 幅，表 X 个，参考文献 X 篇
关键词：(3-8)..............；..............；..............；..............；..............
分类号：(1-2)..............；..............

E.2　英文摘要页示例

Title

Abstract:

Keywords:
Classification:

注：学位论文的英文摘要一般另起一页。

GB/T 7713.1—2006

附 录 F

（规范性附录）

目次页示例

16

GB/T 7713.1—2006

附 录 G
（规范性附录）
参考文献表示例

参 考 文 献

[1] 昂温 G，昂温 P S. 外国出版史[M]. 陈生铮，译. 北京：中国书籍出版社，1998.
[2] 赵耀东. 新时代的工业工程师[M/OL]. 台北：天下文化出版社，1998[1998-09-26]. http://www.ie.nthu.edu.tw/info/ie.newie.htm(Big5).
[3] 马克思. 关于《工资、价格和利润》的报告札记[M]//马克思，恩格斯. 马克思恩格斯全集：第 44 卷. 北京：人民出版社，1982：505.
[4] 李炳穆. 理想的图书馆员和信息专家的素质与形象[J]. 图书情报工作，2000(2)：5-8.
[5] 姜锡洲. 一种温热外敷药制备方案：中国，88105607.3[P]. 1989-07-26.
[6] METCALF S W. The Tort Hall air emission study [C/OL]// The International Congress on Hazardous Waste, Atlanta Marriott Marquis Hotel, Atlanta, Georgia, June 5-8, 1995: Impact on human and ecological health [1998-09-22]. http://atsdrl.astdr.cdc.gov:8080/Cong95.html.

附 录 H
（规范性附录）
学位论文数据集

表 H.1 数据集页

关键词*	密级*	中图分类号*	UDC	论文资助
学位授予单位名称*	学位授予单位代码*	学位类别*	学位级别*	
论文题名*	并列题名*	论文语种*		
作者姓名*		学号*		
培养单位名称*	培养单位代码*	培养单位地址	邮编	
学科专业*	研究方向*	学制*	学位授予年*	
论文提交日期*				
导师姓名*		职称*		
评阅人	答辩委员会主席*	答辩委员会成员		
电子版论文提交格式　文本（ ）　图像（ ）　视频（ ）　音频（ ）　多媒体（ ）　其他（ ） 推荐格式：application/msword；application/pdf				
电子版论文出版（发布）者	电子版论文出版（发布）地	权限声明		
论文总页数*				
注：共33项，其中带*为必填数据，为22项。				

GB/T 7713.1—2006

中 华 人 民 共 和 国
国 家 标 准
学位论文编写规则
GB/T 7713.1—2006
*
中国标准出版社出版发行
北京复兴门外三里河北街16号
邮政编码：100045
网址 www.spc.net.cn
电话：68523946 68517548
中国标准出版社秦皇岛印刷厂印刷
各地新华书店经销
*
开本 880×1230 1/16 印张 1.5 字数 40 千字
2007年4月第一版 2007年4月第一次印刷
*
书号：155066·1-29273 定价 20.00 元

GB/T 7713.1-2006